Eccentric People in Britain

ed. Masaki Shimura

異端者たちのイギリス

志村真幸 編

志村真幸
以倉理恵
石井昌幸
大谷 誠
鍵谷寛佑
加藤昌弘
金澤周作
川口美奈子
川村朋貴
久保洋一
小関 隆
小林久美子
坂元正樹
坂本優一郎
スガンディ・アイシュワリヤ
妹島治彦
薗田章恵
田中健太
中西須美
乃村靖子
橋爪博幸
貝原（橋本）信誉
バッテ・バッラヴィ
林田敏子
藤井翔太
布施将夫
堀内隆行
松居竜五
森山貴仁
門田園子
安田忠典
山本範子

editorialrepublica
共和国

はじめに

イギリスは異端者たちの国だ。

などと言うと、たちまち反論を浴びそうだが、もちろんここで意味しているのは、キリスト教世界で「正統」とは見なされない信仰を奉じる人々が、イギリスにおいて多数派を形成してきたといったことではない。本書がタイトルに掲げる「異端者」とは、宗教的なそれではなく、社会的・文化的な意味のものであり、イギリス社会のいわば傍流に位置する人々をさすと理解されたい。

そうか、奇人・変人のことかなどと早合点はしないでいただきたい。本書が意図するのは、イギリス史上の奇人・変人たちの奇天烈なエピソードを並べ立てることではない。むしろ、数多くの傍流の人々を受けいれ、ときには彼らの力を活用してきたイギリスという社会の豊かさ、そして彼らを通じて、これまで充分に注目されてこなかったイギリス社会の諸側面を提示することこそが目的なのである。一枚岩とは対極にあるような雑多性に焦点を合わせて、イギリス史を描いてみたいのだ。その際に注意しておくべきは、異端ないし傍流がときとして正統や本流と入れ替わることだろう。異端と正統の関係は固定的ではなく、歴史を通じて転変してきた。徹頭徹尾、傍流に身を置いたものも少なくないにせよ、イギリス史を彩ってきたのは、異端と正統の抗争であり、馴れ合いであり、交錯であり、分断であった。こうした諸相を正統ではなく異端の視点から見ようとするのが、本書に収められた諸論考なのである。

そのわかりやすい例がスポーツだろう。石井昌幸「一七世紀のオリンピック」は、スポーツが娯楽として誕生し、広まっていく時代を扱ったものだが、その背後には当時支配的であったピューリタン的価値観への反発があった。異端的で不道徳なものとして排撃されていたスポーツは、しかし、やがては健全で好ましいものとして世界中に広がっていくことになる。たとえばサッカーといえば、イギリスを代表するスポーツとイメージされようが、田中健太「フットボールとスコットランド」は、グラスゴーのセルティックとレンジャーズのダービー・マッチの原点が、アイルランド移民という異物の流入と、そこで起きた反発にあったことを示している。異端はかならずしも外部からもたらされるとはかぎらない。藤井翔太「プロ・フットボールのガバナンスとチャールズ・サトクリフの理念」は、プロ・サッカーの黎明期に会長として活躍したサトクリフの改革の数々に焦点をあてている。サトクリフの強引なまでの変革こそが、その後の人気をもたらしたのである。これは鍵谷寛佑「一九世紀の風雲児、ジョージ・ベンティンク卿」にも共通しており、近代競馬を発展させた「風雲児」が、実は政治的にも文化的にも一九世紀イギリスの中心にいたことを示している。

異端と正統とは紙一重であり、当初は異端／ローカルだったものが、いつの間にか正統／世界基準となっているようなことも起こりうる。川口美奈子「海賊女王の邂逅」は、海賊であり女性でもあるという二重の異端者が、意外にもエリザベス女王と意気投合し、政府にも影響を与えていく姿を描いている。薗田章恵「ヴィクトリア朝後期の執事たち」も、保守的なイメージの強い執事像を見事に覆してみせる。金澤周作「急進主義者の後半生」の主人公ジョン・ウェイドは、「改革の時代」真っ只中の青年期には先鋭的な体制批判を繰り広げていたが、その後半生は啓蒙的な作品を量産する月並みな作家へと転向してしまったかに見える。しかし、ウェイドの軸はぶれていない。社会が変わったために、そう映るのである。小関隆「絶対平和主義と宥和政策」は、ドイツとの戦争が憂慮されるなか、絶対平和主義者であったクリフォード・アレンが対ナチス宥和を懸命に提唱するが、結局は挫折し、異端の位置に甘んじることになる経緯を描く。

異端者たち自身が魅力的な人間であるのはいうまでもない。妹島治彦の「ドクター・ウィリアム・キッチナー」は一八世紀の美食家だが、そもそも料理がまずいことで定評のあるイギリスにおいて異色の人物だ。しかし、妹島はキッチナーの虚実をあきらかにし、いかにもイギリスらしい社交の話へと導いてくれる。小林久美子「あるアイルランド人の死」も、ピーター・タイレルという強烈な人生を送った人物がなぜ死ぬことになったかを解き明かすことで、教会の抑圧下にあるアイルランド社会の実態を示している。林田敏子「大戦・ファシズム・同性愛」は、戦間期イギリスにおけるスキャンダラスな男装事件を取り上げることで、当時の女性が得た自由と危うさを説く。このように、異端者たちからは社会そのものが透けて見えるのである。

坂本優一郎「信用と偽造」は、近代金融システムの揺籃期に起きた詐欺事件に光をあてたものだが、そうしたシステム上の欠陥をただそうとする圧力が働く過程を確認できる。異端者はすぐさま取り除かれてしまうこともあるのだ。久保洋一「都市の共同墓地」は、従来とは異なる「共同墓場」が新設されるにあたっての政治的・宗教的な軋轢を、大谷誠「イングランドにおける『低能児』」は、低能児童の定義と、その階層的・社会的広がりをめぐる争いを取り上げることで、誰もが触れることをためらいつつも避けることのできない問題を扱っている。

イギリス人が旅行好きなことは、トマス・クックのパック・ツアーなどからも明白だが、本書でもスガンディ・アイシュワリヤ「トマス・コリヤット」が、一六世紀にインドまで出かけた旅行者を、坂元正樹「一九世紀の『盲目旅行家』ジェームズ・ホルマン」が、盲目ながらヨーロッパを周遊した人物を取り上げている。彼らが人並みはずれた体験をしたのはもちろんだが、その見聞は旅行記というかたちをとって本国へ伝えられ、多くの人々を旅へと駆り立てた。誰かが先駆者として道を開けば、たちまち人々が殺到する。現在ではインド旅行も、盲人の旅行もけっして例外的なものではなくなっているのである。

そして、イギリスの異端といったときに、スコットランドやアイルランドを見落とすことはできない。これらの地域はいわばイギリスに内包された異端であった。以倉理恵「式典プロデューサーとしてのウォルター・スコット」は、国王ジョージ四世のエジンバラ訪問に際して壮大な式典が織り上げられたさまを紹介し、それが現代的な祝祭空間へとつながることを教えてくれる。加藤昌弘「オルタナティブ・メディアとしての『海賊ラジオ』」は、海賊版のラジオ放送という違法な手段を通して、スコットランドの地域ナショナリズムが形成されていく過程に迫っている。乃村靖子「正統と異端を分けるもの――雑誌『パンチ』のアイルランド表象」にあるように、アイルランドはそもそも存在からして異端的なものであると同時に切り離しようもなくイギリスの一部であった。

アメリカもイギリスとは奇妙な距離感にある。植民地時代には、山本範子「『キリスト教知識普及協会』の事務長になった『アメリカ人』」のように、ヨーロッパ大陸とイギリス、そしてアメリカへのヒトの移動を司るという、特別な役割を求められた人物がいた。森山貴仁「異端者たちの社交場」は、アメリカのタバーンをイギリスと比較して、その共通性と差異を示してくれる。布施将夫「アメリカ海軍と日英同盟」は、日露戦争後のアメリカが、イギリスおよび日本との両面戦争を想定していたことを述べており、もちろん実現はしなかったものの、歴史の危うさを感じさせてくれる。

帝国も異端者の宝庫であり、川村朋貴「ある帝国主義者の挑戦と苦悩」のロバート・モンゴメリー・マーチンは、アジアの植民地の金融を司る銀行設立をもくろむものの、時代の異端者として敗れ去ることになる。堀内隆行「初期南アフリカ共産党の人びと」は、党員たちの素顔を追っていくことで、帝国史の再考を迫る。バッテ・パッラヴィ「マダン・ラール・ディングラによるウィリアム・カーゾン・ワイリー暗殺事件とその影響」は、ロンドンを舞台としたインド人による暗殺事件を取り上げたものだが、事件そのものの特異性とその影響の大きさはすさまじい。

イギリスへやってくる外国人たちも多く、貝原（橋本）信誉「一九世紀ロンドンの路上におけるイタリア人のオルガン少年たち」は、イタリアから見世物をするために渡英した少年たちの姿を描く。苛酷なノルマで倒れた少年たちが保護されるあたりはまさにイギリス的チャリティの典型だ。本来なら外国人など追い返してしまえばよいはずが、そうはしないところに、イギリス人の異なるものへの態度が見てとれる。中西須美「海軍技師仲野綱吉の洋行」は、戦艦大和の設計にも携わった人物の、イギリス時代の貴重な記録をあかしてくれる。門田園子「家具のジャポニスム」の場合は、イギリ生きた人間ではなくデザインが主人公となるが、まぎれもなくイギリスに受け入れられた異物のひとつであった。

イギリスに感化された人々もまた異端となっていく。この国で暮らしたひとたちはよい意味でも悪い意味でもイギリスに染められ、帰国後は異端的存在となってしまうのである。その代表例が南方熊楠だろう。東大予備門を中退し、アメリカを経てイギリスにわたった熊楠は、『ネイチャー』誌や『ノーツ・アンド・クエリーズ』誌といった学術誌に論文を投稿し、また大英博物館で「ロンドン抜書」を作成するなど、多くの成果をあげて帰国した。しかし、大学などに就職することはなく、中央の学会とは距離を置いたまま、和歌山県田辺市で後半生を過ごすことになる。本書には、熊楠関連の四篇が収められているが、橋爪博幸「H・P・ブラヴァツキーと南方熊楠の宇宙図」は、異端者たる熊楠が、異端者の代表ともいえるようなブラヴァツキーをどのように読んだかという極めつきの論文であり、松居竜五「『東洋の星座』再論」と志村真幸「南方熊楠と『ネイチャー』誌における天文学」は、熊楠の『ネイチャー』デビュー論文の再検討により、当時のイギリスにおける東洋の位置づけと、それを熊楠がどのように利用したかを描き出している。日本では変わりものの代表のようにいわれる熊楠だが、イギリスには、「熊楠的」な人物があちこちにいたのである。安田忠典「アカデミズムへの羨望」では、帰国後の熊楠の活動が解き明かされる。

このように異端者が多いのは、イギリス社会がその存在を許容しているからであろう。ひととは違う生き方が認められたからこそ、彼らはのびのびと個性を発揮できたのである。それは同質化とは正反対の方向性である。異端的なるものを抑圧し、平準化の圧力をかけてくるような社会に進歩はない。同化させるのではなく、他者は他者のまま野放しにする。そして、スポーツにせよ、科学や技術にせよ、芸術にせよ、きちんと結果が出れば、それでよしとする。つまり、異端を許容する社会とは、壮大な試行錯誤を行なう空間であり、その収穫こそがイギリスに、豊かで革新的な歴史をもたらしてきたのではないだろうか。

志村真幸

目次

第二部　娯楽のイギリス――スポーツと旅行

第三部　イギリスのなかの「異国」

第四部　南方熊楠のイギリス

第一部

異端者たちの系譜

Eccentric People in Britain

信用と偽造

ジョン・フェステンブルグ事件にみる近世ヨーロッパ商業経済の基盤

坂本優一郎

はじめに

英語で「マーチャント」とよばれる大貿易商は、フェルナン・ブローデルがいうように、近世ヨーロッパにおける経済社会の頂点に位置していた[1]。しかし、史料上の問題が多く、とくに貿易商会の実務については、現在でもなお十分に明らかにされたとはいいがたい。

例外的に史料上の幸運に恵まれたわずかな研究をひも解くと、貿易額や品目、事業に成功した貿易商の才覚、その結果としての豪商の家系《マーチャント・ダイナスティ》の政治的・経済的・社会的地位や影響力を知ることができる[2]。こうした優れた研究は、コスモポリタンな活動を特色とする商才と商運に恵まれた貿易商によって近世ヨーロッパ商業が支えられていたことを強く示唆する。しかし、貿易商が経営する貿易商会の実務は、いうまでもなく貿易商本人やその家族の能力のみによって担われていたわけではない。たとえ少人数によるパートナーシップ（無限責任による共同経営）が当時、経営の主流をなしていたとしても、もちろんパートナー（共同経営者）が実務のすべてをあつかっていたわけではなく、一定数の従業員は商会の経営上必要不可欠な存在であった。それゆえ、末端の従業員たちによる精確で堅実な日常業務の遂行は、信用にもとづく近世ヨーロッパの商業資本主義の基盤をどのようなかたちで支えていたのか、という問いを発することも可能だろう。

それでは、こうした貿易商会の末端従業員たちの日常が詳らかにされていないのは、なぜだろうか。その理由のひとつに、大貿易商たちと比較して、従業員たちの社会的階層や経済的な地位が高くないため、彼らがみずからの史料を残す契機に恵まれなかったことが考えられる。また、従業員の業務の多くがルーティンな業務であったがゆえに、「あたりまえのこと」が特記されなかったのかもしれない。いずれにせよ、史料に悩まされてきた貿易商研究よりも、さらに厳しい史料状況こそが、彼らの実像を知るうえで最大の桎梏であるにちがいない。

本章は、近世ヨーロッパ商業社会における貿易商会の日常業務と信用経済との関係に迫る。それを可能にする対象として、偽造（forgery）という、信用にもとづく経済の根幹をゆるがしかねない行為に注目する。具体例として参照するのは、七年戦争（一七五六〜一七六三年）直後のロンドンで起こった、当時西欧世界でも有数の規模を誇った貿易商会が、同商会が振り出したとされる手形を偽造された事件である[3]。この事件の法廷には多くの末端従業員が証人として出廷し、手形取引にかかわる証言が陳述された。史料上の隘路を突破する手段として、これらの証言を活用できないだろうか。手形偽造事件の再構成を通じて、貿易商会の末端従業員たちの日常に光を照らしつつ、そこに信用経済を支える基盤のひとつを見出したい。

1. 偽造

一七七二年、時はイギリス旧帝国体制が絶頂を迎えていた頃である。メトロポリス・ロンドンの中心部、イングランド銀行のすぐ隣、オランダ人教会が鎮座するオースティン・フライアスに居を構えるオランダ人貿易商ジョン（ヨハネス）・フェステンブルグは、一通の手形を偽造した罪で公判にかけられた。被害額は四五〇〇ポンド。ハンカチ一枚、家禽一羽の窃盗事件にすら極刑が適用されたという当時の「血塗られた」イングランドでは、四五〇〇ポンドという金額は刑事事件の被害額としては異例な高額である。

起訴状によれば、被告人ジョン・フェステンブルグは、一七六五年一〇月二一日、ロンドン・シティ内のオールド・ブロードストリート七番地の大商会、ヨシュア・ファン・ネック商会が振り出したとする手形を悪意をもって偽造した、とされる。彼への容疑は、支払銀行として指定されたイングランド銀行で偽造手形を提示し、同行のヨシュア・ファン・ネック商会の口座残高二万五〇〇〇ポンドから上記金額をイングランド銀行券で支払わせることにより詐取した、というものであった。最も重要な物的証拠として法廷に提出されたその手形の文面は、以下のとおりである。

ロンドン　一七六五年一〇月二一日

ナンバー六九四五R
イングランド銀行出納部殿

トマス・ウォルポール閣下、もしくは本手形持参人にたいし、ヨシュア・ファン・ネック商会に代わり、金四五〇〇ポンドを支払われたし。

署名[4]

約六年半後の一七七二年四月二九日午前一〇時、フェステンブルグは被告人としてオールドベイリ（中央刑事裁判所）の法廷に立っていた。公判で問われたのは、被告人がイングランド銀行にたいして、手形を故意に偽造したうえで行使し、同行を騙して現金を交付せしめたことが事実であるかどうか、および、ヨシュア・ファン・ネック商会にたいして、おなじく手形を故意に偽造してイングランド銀行内にある同商会の口座から現金を詐取せしめたことが事実であるかどうか、であった。

ここでまず、偽造罪の歴史的な展開をふまえておこう。たとえば一六世紀には星室庁法廷で不動産関係書類を対象とした偽造行為が犯罪として裁かれていた。星室庁法廷廃止後の一七世紀には、偽造罪はコモン・ロー下の軽犯罪とされていた[5]。しかし、一八世紀に入ると、事態は一変する。一七二四年には、金銭詐取目的の銀行券および手形の偽造が重罪とされた[6]。また、翌一七二五年には、南海会社および東インド会社の債券、司法会計官（Accountant General）や大法官府役人の署名入り文書、イングランド銀行出納部の署名入り文書の金銭詐取目的偽造が重罪とされ、聖職者特権が適用不可とされた。さらに対象物は拡大され、一七二九年には、捺印証書、遺言書、債券、為替手形、約束手形、債務証書、金品の受領書および納品書もそこに含まれた[7]。そのあとも、一七三四年、一七五八年、一七六三年、一七七三年、一七九二年と[8]、対象や適用刑罰など重要な変更が加えられていった。このように、とりわけ一八世紀を通じて、偽造罪に問われる偽造物や適用刑罰は大きく変容し、偽造罪を規定する議会制定法の数は増え続けていった。

表1　オールドベイリにおける偽造事件の判決（1680〜1819年）

	判決数	有罪（死刑）	無罪	死刑判決率(%)
偽造罪	898	416（307）	452	73.8
全犯罪	75,215	51,125（9,091）	27,702	17.8

出典：Old Bailey Proceedings Onlineより著者作成。

名誉革命からのナポレオン戦争終結にいたる「長い一八世紀」において、偽造罪はどのように処罰されていたのであろうか。おおまかな傾向を把握するには、数量統計を用いる手法が有効である。ただし、犯罪統計の扱いには注意を要する。一般に、「暗数」の問題から逃れることは難しく、また、一八世紀当時の当局による犯罪行為の認知と訴追にもそれぞれ裁量の余地が大きかったからだ。かつてE・P・トムソンが説いたように、(9) 犯罪にかかわる統計の解釈はつねに慎重でなければならない。この点をふまえたうえで、オールドベイリで公判にかけられた重罪犯の刑事事件データ・ベースから、偽造事件に関する数値を採集し、(10) 偽造罪の裁判の長期的な動向を概観する。

オールドベイリにおける偽造罪の有罪判決率は、他の犯罪よりも低い。ただし、偽造罪に極刑が適用されるようになったため、有罪の場合は死刑判決が下される比率が上昇した。表1は、一六八〇年から一八一九年までにオールドベイリで公判が開催された偽造事件裁判のうち、判決にいたった事件数を整理したものである。約一四〇年間で偽造事件の判決が八九八件下された。同期間のオールドベイリでの全判決数は七万五二一五件であり、偽造事件の判決数は全体の一二・〇%を占める。偽造事件の判決のうち、有罪は四一六四件、無罪は四五二件であり、有罪率は約四六・三%にとどまった。同期間中の全判決に占める有罪判決は五万一一二五件で有罪率は六八・〇%であるから、偽造事件裁判の有罪率は低い。これは、偽造罪の立証が比較的難しいことによるものと考えられる。ただし、偽造事件裁判での死刑判決は三〇七件にのぼり、有罪判決に占める死刑判決率は七三・八%と高率だ。なお、九〇九一件の全死刑判決が全有罪判決に占める割合は一七・八%だが、偽造事件の死刑判決数は全死刑判決の三割を占める。偽造事件で訴追されると、被告人はただちに死の恐怖におびえることとなった。

偽造事件の公判数は、「長い一八世紀」を通じて増加傾向を示す。また、厳罰化の傾向も強くなっていく。グラフ1によると、偽造事件裁判の判決数は、一七一〇年代から一七四〇年代にかけて、平均で一〇年間に約四〇件ほどであった。しかしそれは、一七五〇年代に急伸し、一七五〇年代から一八〇〇年代までで、一〇年平均で約八八件と倍増する。判決数は一八一〇年代には一六三件とさらに倍増した。また、一七二〇年代から死刑率が上昇し、一七四〇年代以降つねに九〇%台を記録したのちに、一八一〇年代に若干数値が下落して六七・七%に落ち着く。

数値の背後には、偽造罪適用対象の拡大の動きや処罰の厳罰化があった。それらはとりもなおさず、名誉革命以降の経済活動の活発化や一八世紀中葉における「投資社会」の勃興にともなう偽造の動機や契機の増加にたいして、法制度的に対処した結果にほかならない。さらに、一七九七年二月、公信用不安によってイングランド銀行での金兌換が停止されたため、小額決済手段の不足が深刻化し一種の社会問題と化したことも見逃せない。イングランド銀行券のデノミネーション（紙幣額面の小口化）が決

グラフ1　オールドベイリーにおける偽造事件と死刑判決（1680〜1819年）

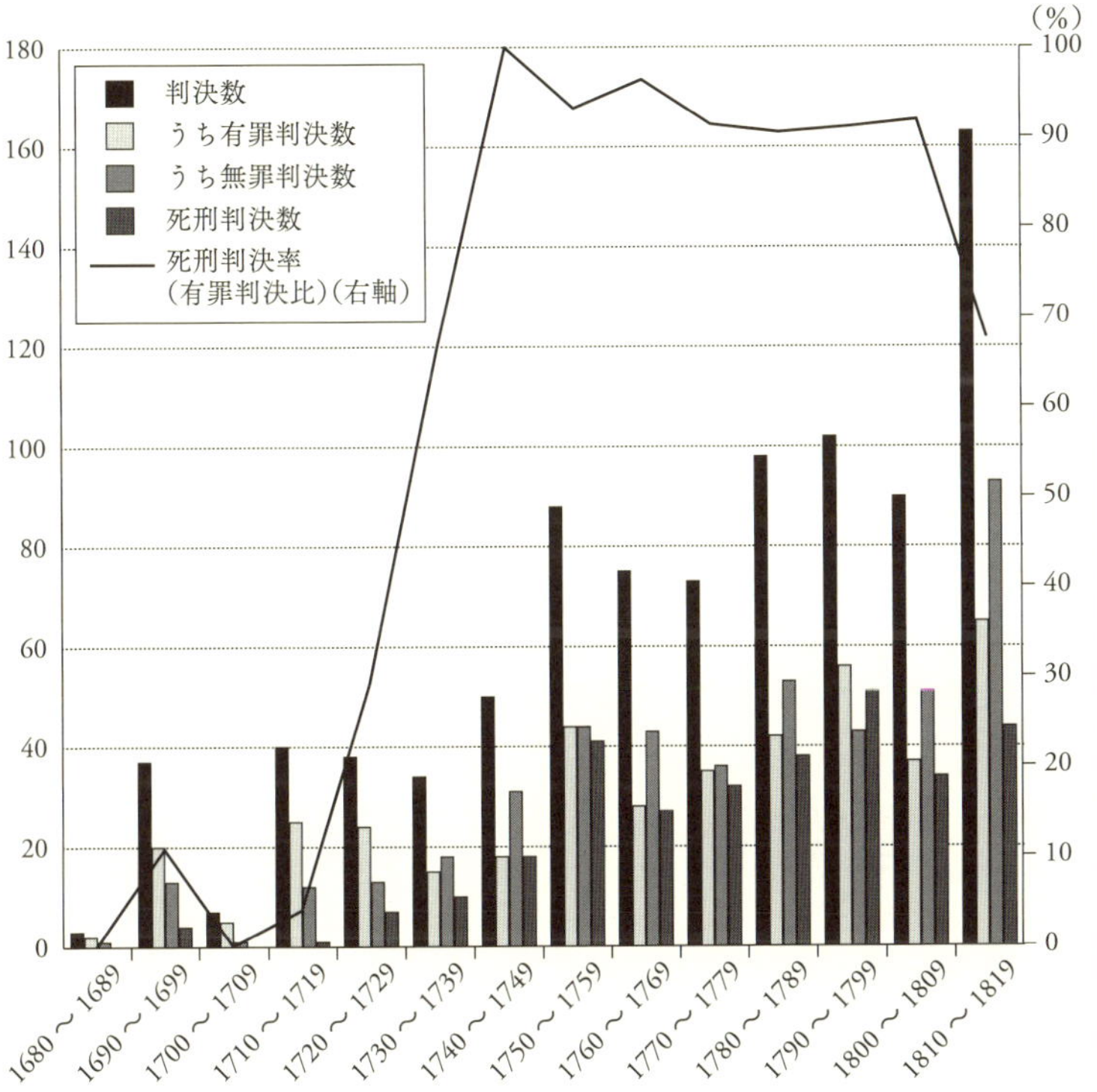

出典：Old Bailey Proceedings Online より著者作成。

済手段不足への対応策として実行されたものの、それにともない小額紙幣を偽造する行為が急増したからである。(12) 一八一〇年代に小額紙幣の偽造数が急増し、イングランド銀行は銀行券の信用を守る目的で厳格な姿勢で臨んだ結果、偽造罪での訴追数が急伸した(13)。紙券信用の制度的な導入とその副作用によって、一八一〇年代にオールドベイリにおける偽造罪の判決数が増加したのだ。

一八世紀のイングランドでは、偽造が認知・立件されたのち判決にまでいたる事例が長期的に増加していった。それとともに、偽造罪にたいする量刑は原則的に死刑が適用されるという厳罰化をみた。それらは、商取引、公信用の発展、紙券信用の拡大にみられる信用経済の発達と、まさに表裏一体の関係にあったといえる。手形偽造事件である本件もまた、その例外ではない。

2. 署名と信用

法廷に戻ろう。国王側の証人として、ユダヤ系オランダ人レイオナルト・ヤコブ・ファン・ヘルンペックが法廷にいる。彼は、被告人ジョン・フェステンブルグとトマス・ウッドの二人とともに、この事件の根幹部分に関与した人物である。ファン・ヘルンペックは、事件から数年後経過した一七七二年の年初、当局側にその存在が認知された。ファン・ヘルンペックは、当時居住していたアムステルダムからロンドンへと身柄を移されたのち、公判の七日前に彼がいうところの本件の全貌を告白した(14)。被害者であるイングランド銀行は、彼に恩赦を与えることで検察側証人として法廷で証言させ、残りのふたり、すなわちトマス・ウッドとフェステンブルグへの有罪判決の獲得を目論む。フェステンブルグもまたオランダへ渡航する寸前にドーヴァーで身柄を押さえられ、ポウルトリ監獄に移送されてオールドベイリで裁きを受けることとなった。他方、公判でイングランド銀行の意の通りに証言したファン・ヘルンペックには国王から恩赦が与えられ、彼は偽造罪から放免された(15)。

法廷では、詐取状況の確認とともに、この手形が真に偽造されたものであるのかどうか、物的証拠にそくして認定作業がおこなわれた。証人として法廷に立ったのは、イングランド銀行で手形業務に従事する係員と、被害者であるヨシュア・ファン・ネック商会の現場の従業員たちであった。

最初に証言台に立った証人オウエン・ゲシングは、イングランド銀行の引出部の係員である。彼の供述内容は、同行における一般的な手形取引の説明および犯行当日の状況におよんだ。貿易商たちがイングランド銀行に開設した口座の管理業務に従事する彼によれば、貿易商会ごとに借方・貸方を記した帳簿がアルファベット順に数千冊保管されており、貿易商会の従業員が支払いに訪れるとイングランド銀行の担当者によって金銭の動きがただち帳簿に記入されたという。さらに、貿易商会が手形用紙の交付を希望した場合、帳簿が同行内の割引部に送付されたうえで、担当職員は多くの場合（フォーマットが）印刷された手形用紙を貿易商会の担当者に交付する。こうして、金額や署名などの必要事項が記入された手形が貿易商によって支払い手段として利用され、手形を受け取った人物が払出し目的でイングランド銀行へ出頭し、払出しを要求して現金を受領する。こうした通常の商取引における手形業務を説明したうえで、事件にそくして陳述が行われた。法廷で物証としてゲシングの目の前に提示された手形が、一七六五年一〇月二一日の午後にじっさいに払出し目的で提示されたものであると、彼は認めた。イングランド銀行で手形を提示した人物について原告・被告人弁護人の双方から問われたゲシングは、中背で積極的な印象をもたなかったという。そのうえで、その人物の要求に応じてイングランド銀行券で払出しに応じたこと、さらに、その時点でのヨシュア・ファン・ネック商会の口座内の現金残高が二万五〇〇〇ポンドであったことを、証言している。

銀行券を交付した担当者も証言台に立った。この偽造手形によって詐取されたのは四五〇〇ポンドであった。イングランド銀行の出納係ジョージ・ホールは一七六五年一〇月二八日に五〇〇ポンドを、また、おなじくジェイムズ・エアスは一〇月二三日に四〇〇〇ポンドを、ピカデリの「ジェイコブ・ボーン」という名の人物に渡したという。出納係のウィリアム・ホジキンによれば、一〇月二九日に三〇〇〇ポンド、三〇日に六〇〇〇ポンドを「異国風の風変わりな体」の「紙幣を数えるのが速くない」「英語を話すのに不自由な」人物に渡したという。つまり「ジェイコブ・ボーン」は、一〇月二三日から一週ほどの時間をかけて、分割して四五〇〇ポンドを受け取った「外国系」の人物と考えられる。

一方で、手形をヨシュア・ファン・ネック商会へ交付したイングランド銀行割引部のソロモン・ジョーンズによれば、事件に先立つ一七六五年一〇月五日に番号六九二〇番から六九五〇番までの手形を背の高い人物に交付したという。それが今回の事件にもちいられた手形用紙であった。その背の高い人物が割引部のオフィスを立ち去る際、上品な係員風の人間も立ち去ったという。法廷での質問に答えるかたちで、彼の言ではその上品な係員風の人物とはフェステンブルグ、すなわち被告人ではないかと、当時もそう述べたし、現在でもそれを否定する理由がないと、当時ヨシュア・ファン・ネック商会に勤めていた被告人の名を挙げる。

今回の事件で手形偽造の被害にあったヨシュア・ファン・ネック商会の当主は、

ロッテルダムからロンドンに渡ってきたオランダ人ヨシュア・ファン・ネックである。ファン・ネックは、七年戦争におけるイギリス政府の戦費調達において最も重要な役割を演じ、最高額の政府公債を請け負った国際金融界の大物である。一八世紀中頃にはすでにヨーロッパ商業世界の頂点に位置していた彼は、その死に際して「ヨーロッパでも最も富裕な貿易商」と評されるにいたった。貿易業と金融業をいとなむ彼の商会には、三人が共同経営者として名を連ねていた。筆頭が当主ヨシュア・ファン・ネック。もうひとりが、初代オーフォード伯爵ロバート・ウォルポールの甥で、ヨシュア・ファン・ネックの娘エリザベスを妻に迎えたトマス・ウォルポール（一七二七〜一八〇三年）。最後に亡命ユグノーであるダニエル・ジョサイア・オリヴィエである。そのため、この商会は「ヨシュア・ファン・ネック、トマス・ウォルポール、ダニエル・オリヴィエ商会」か、あるいはたんに「ヨシュア・ファン・ネック商会」と自称・呼称されていた。フェステンブルグによる偽造行為の被害者として、この三名の名があげられている。オランダ人、イギリス人、プロテスタント系フランス人によって経営されていたことこそが、この商会のビジネスのありかたを如実に示している。じっさい、ロンドンに本拠を置く同商会は、イギリスのみならず、クリフォート兄弟商会、マルマン兄弟商会、テリュッソン・ネッケル銀行など、オランダやフランスの大商会や銀行とも深い商業・金融上の結びつきをもっていた。このようなヨシュア・ファン・ネック商会の特性は、共同経営者以下の従業員構成にも影響を及ぼしており、オランダ人のフェステンブルグもそのひとりにほかならない。

法廷へ戻ろう。手形が偽造物であるかどうかの確認は、ヨシュア・ファン・ネック商会の末端従業員への質問からはじまった。同商会に一二年間勤務しているジョージ・

バーナード・ディスコアは、手形の署名が三名の経営者のものかどうかという質問にたいし、オリヴィエのものに最も近似しているが、オリヴィエが署名したとは思えず、だれのものかわからない、と答えている。（偽造手形のように）手形の本文が手書きである場合、それを書いたのが三人の経営者以外であれば、経営者の三人は絶対に署名しないからだという。要するに、本文と署名が同一人物のものであることが、ヨシュア・ファン・ネック商会の内規であるから、手形の真正性は否定される、というわけだ。

また、ヨシュア・ファン・ネック商会の「外回り」をつとめ、イングランド銀行へ赴いて手形を受領する係であったイサーク・ルシアの証言に耳を傾けてみよう。彼はイングランド銀行から手形をもち帰るとき、およそ五〇枚ほどをもち帰ることが常であること、事件当日、手形をもち帰ったあと、商会の手形箱に入れられていた偽造手形が目に入ったさい、署名がオリヴィエのものではないといったこと、共同経営者のひとりウォルポールが当時外国出張中で不在でありその直後に帰国したことをはっきりと記憶していることをそれぞれ陳述した。また、オリヴィエによる署名であるならば書体はもっと大きいものであるはずだと、署名が本人によるものではないと判断した根拠を述べる。不審を感じたルシアは、偽造手形と未使用手形の連番や文字の書体を比較確認し、偽造手形がその他とまったく異なっていることを確認したという。

イングランド銀行の係員ソロモン・ジョーンズは、さらに証言を求められた。ジョーンズのいう「上品な係員風」の人間がヨシュア・ファン・ネック商会の「外回り担当」であるイサーク・ルシアではないこと、そのうえで、ジョーンズがルシアのことをよく知っていること、事件時を除いてルシア以外のヨシュア・ファン・ネック商会の人物が手形をイングランド銀行に受け取りに来ていないことも、確認されている。信用の現場は、こうした相互に顔を見知った末端従業員たちによって担われていたのである。

証言に立ったのは末端の従業員だけではなかった。「手形の署名をみて、貴殿のものか、サー・ヨシュアのものか、それともオリヴィエ氏のものか、法廷の出席者に述べてください」と弁護士から問われたウォルポールは、「私のものではないことは確かです。そのとき、外国に滞在していました。サー・ヨシュアのものでもないです。オリヴィエ氏のものにとてもよく似ていますが、わたしには彼の筆跡にみえません」と答えた。当主ファン・ネックもまた、自分やウォルポールの署名ではないと否定したのち「オリヴィエ氏のもののようですが、そうではないと考えます。オリヴィエ氏は署名するとき、もうすこし大きな文字で書きます」と、商会の末端従業員と言を一にする。被告人側弁護人は反対尋問を通じて、ジョン・フェステンブルグについて問うた。ファン・ネックは、ジョン・フェステンブルグが偽造事件が明るみになったあと疑いのまなざしでみられていたにもかかわらず、ヨシュア・ファン・ネック商会に引き続き勤めていたこと、しかしそのあと、オリヴィエがフェステンブルグを解雇したとき、フェステンブルグはパトニにあったファン・ネックの屋敷に赴き、解雇されたことについての不満を述べ次の勤め先のための推薦状を望んだこと、ファン・ネックが通常よりも推薦ランクの高い推薦状を彼に出したことを証言している。要するに、被告人が真に犯罪であると認識していたなら事件後にとりえない行動をしていたことを、被害者であるファン・ネックに証言させたのである。また、オリヴィエにも、手形について質問が出された。彼は、ウォルポールやファン・ネックとおなじく、署名が商会の三名の共同経営者のものではないと述べた。「商会内の他の従業員にオリヴィエに代わって署名させる権限を与えていたのか」という問いに、オリヴィエは「商会の誰にも署名をする権限を与えていない」と否定した。

オリヴィエが振り出したとされる偽造手形によって、ヨシュア・ファン・ネック商会のイングランド銀行内の口座から、残高の二割弱にあたる四五〇〇ポンドが引き出されてしまった。しかし、一七六五年一一月初頭に手形が偽造であることが発覚したのち、翌年二月二二日にイングランド銀行総裁の命によりヨシュア・ファン・ネック商会の口座に四五〇〇ポンドが払い戻されており、商会の損失は補填されている。

手形取引の実態確認から始まり、手形の形式、署名の書体や権限の有無を検討することで、手形の真正性が否定されそれが偽造物であることが確認された。ヨシュア・ファン・ネック商会やイングランド銀行の末端の従業員たちによるルーティンな確認作業こそが、手形取引にもとづく信用経済の最前線を担っている実態や、偽造によって一連の取引が一気に崩壊しかねない信用にもとづく経済の脆弱性がここにあらわになっている。

3. 罪のゆくえ

国王側の証人として証言台に立ったレイオナルト・ヤコブ・ファン・ヘルンペックは、今回の公判における最重要証人であった(16)。事件の四、五カ月前に、当時同居していたトマス・ウッドを通じておなじオランダ人のジョン・フェステンブルグと知己を得たという彼は、事件の核心部分について、物証を目の前に以下のように述べる。

〔正確に〕思い出すのは不可能ですが、トマス・ウッドからこの〔偽造〕手形を受領しました。そのとき、ジョン・フェステンブルグもそばにいました。ふたりはその手形を私に与えてイングランド銀行に行かせました。わたしはイングランド銀行で手形と引き換えにイングランド銀行券を手にしました。その指示を誰が私にしたのかは、明確にはわかりません。トマス・ウッドがイングランド銀行のドアのところまでわたしについてきました。わたしは手形をイングランド銀行の係員に提示しました。その手形をふたりから受け取ったときに、ふたりは一枚の紙を渡していました。そこには、どの券種の銀行券を手形と引き換えに受け取るべきなのか、説明が記されていました。その紙を渡したのは、ウッドだと思います。紙の指示どおりに、銀行券を受領しました。受け取った金額は、四五〇〇ポンドです。(17)

ファン・ヘルンペックは、受け取った銀行券を最初はビショップスゲイトにあったウッドの滞在先の宿舎に二回にわけて運んだ。二回目の訪問でようやく姿をみせたウッドの指示にしたがい、銀行券をムアフィールズにあるグローブという名のタバーンに持参した。ファン・ヘルンペックがウッドに「手形が偽造である」と打ち明けられたのは、その時であった。絞首刑がファン・ヘルンペックの頭をよぎったという。その日の夜、ファン・ヘルンペックはセントポール・チャーチヤードの「クイーンズ・アーム」でウッドやフェステンブルグと会食した。席上、イングランド銀行での取引に話がおよんださい、ウッドはふたりに「あれは偽造手形であった」と繰り返し、フェステンブルグもそれにうなずいた。そのうえで、ウッドは善後策として、四五〇〇ポンドの資金を提供するのでオランダへ渡って身を隠すよう、ファン・ヘルンペックに指示した。ファン・ヘルンペックはオランダへの高飛びの二、三日前にウッドからは現金で八〇ポンドを、フェステンブルグからは五〇ポンドの手形を資金として手渡された。その手形は、ロンドンのピータ&リチャード・マルマン商会から振り出されヨーロッパ有数の大商会であるアムステルダムのマルマン兄弟商会で換金できるように指定されており、フェステンブルグによる裏書（「ヨハネス・フェステンブルグ」名）も添えられたものであった。ファン・ヘルンペックはふたりと二、三度グローブ・タバーンで会い一七六五年一一月五日か六日に金を受け取り、オランダへ渡った。そのあと、一年半のあいだ、ウッドの指示によりオランダ各地を転々として、一カ所に居を構えようとしなかった。そのあと、ようやくアムステルダムに落ち着いたファン・ヘルンペックはレボール・デプロナ商会に勤めていたが、一七七二年一月にそこへイングランド銀行から数人の者がロンドンから訪ねてきて、ファン・ヘルンペックはイングランドへ戻ることに同意した。そのさい、ヨシュア・ファン・ネックがファン・ヘルンペックに書簡を送り、イングランドに戻るなら赦免する旨、伝えてきたという。以上が、ファン・ヘルンペックのいう本事件の「真実」である。ファン・ヘルンペックは偽造手形と知らずに換金したこと、ウッドとフェステンブルグは共犯であること、ファン・ヘルンペックのオランダへの「逃走」にふたりは深く関与していたことを主張していると考えられる。これら三名の人的結合関係の背後には、マルマン兄弟商会をもふくむオランダ人コネクションがあったことが、ファン・ヘルンペックの陳述から理解できる。

しかし、法廷では、事件への関与について、異なる証言もなされた。一七七二年一月、ウッドら三人の「謀議」を耳にしたという人物の供述によって、ウッドが偽造罪で摘発された。ロンドン・シティのイクスチェインジ・アリー裏にあった「アンチガリカン・コーヒーハウス」のウェイターであるトマス・ペリマンは、一報をファン・ネックに伝えるよう、トマス・ウォルポールの関係者から依頼された。その時、ペリマンの頭のなかをある考えがよぎった。この情報をウッドの知己であったフェステンブルグに伝えたら、フェステンブルグの命を救うことができるのではないか、ということであった。ペリマンはフェステンブルグの従者に至急重大な知らせあり、とフェステンブルグの従者にメッセージを託した。それだけではなく、みずからフェステンブルグの寓居に急行し、床についてるフェステンブルグに直接いった。何事かと驚くフェステンブルグにペリマンが「ウッド氏が偽造をやらかしたぞ」と告げる。フェステンブルグは「不可能だ、神よ、ありえない」と叫んだと、ペリマンはいう。フェステンブルグの反応からみて、彼が偽造事件には直接関与していないのではないかという陳述である。

事件発覚後、フェステンブルグはどのような行動をとったのであろうか。オランダ人聖職者であるメルコア・ユスタス・ファン・ヘッセン師は、ウッドが連行された日に、顔面蒼白となったフェステンブルグが八年の知己という同師を訪ね、相談をもちかけてきたと証言する。翌日、食事をともにしたさい、不安そうな表情を浮かべるフェステンブルグが、友であるウッドのために力を尽くしたいといったこと、ウッドの父親に手紙で知らせるつもりであること、ウッドにも手紙を書くなどと述べたことを、ファンヘッセン師は証言した。

さらに、一七七二年一月一五日と一六日、フェステンブルグと会った同郷の個人銀行家ジョン・ホッジとジョセフ・ホッジ兄弟によれば、「ウッドと〔オランダの〕隣同士の家に生まれて幼馴染である」というフェステンブルグは、カネでウッドを助けられないから、ウッドの両親に会うことでウッドを助けたいと述べ、みずからオランダにいくつももりであること、この時点でのこのような行動によってフェステンブルグにウッドによる偽造に関与していた疑いがかけられかねないことはわかっていると、述べたという。

それでもフェステンブルグは、ドーヴァーから大陸に渡ろうとした。しかし、イングランド銀行からフェステンブルグをとらえるために派遣されたラッセルという名の人物ほか一名が、ドーヴァー市長と連携した結果、フェステンブルグの身柄の確保に成功した。ロンドンに連行されたフェステンブルグは、ラッセルにどのような罪に問われているのかを知りたいとたずねた。ラッセルに「本令状は、ジョン・フェステンブルグがサー・ヨシュア・ファン・ネックの口座から四五〇〇ポンドを支払わせる指示を偽造した罪に問う」と記された令状を読ませた。彼は死に直面していることを悟った。

フェステンブルグは、被告人本人による弁論で、自身が無実であること、ウッドにたいしてしたことはすべて、オランダの地方都市に隣家で生を受けたものとしての友情によるものであることを訴えた。また、オランダ人の知己であるホッジは、フェステンブルグが首尾よくオランダに渡航できたとしても、フェステンブルグがオランダで過去に起こしていた商事紛争により逮捕される可能性があったと証言した。オランダでの事情をよく知るマルマン商会の当主からも、こうした経緯でフェステンブルグが秘密裏に行動せざるをえなかったのは理にかなう、という見解が法廷に提出された。フェステンブルグを擁護する証言はさらにつづく。ロンドンの著名な個人銀行であるボルデロ銀行のジョン・ボルデロは、事件後の彼の行動を陳述する。彼が営むボルデロ銀行は、フェステンブルグと一七六八年以来付き合いがあり、同行とフェステンブルグとのビジネスが一七七〇年八月二二日時点で七万から八万ポンドにのぼると証言した。当時、フェステンブルグは現金で一万六五二〇ポンドの資産を有し、高額の手形取引を高頻度でおこなっており、とくに一七七〇年八月二八日には一通で二万二一八〇ポンドもの高額の手形取引をおこなっていると強調し、フェステンブルグがビジネス上での信用が高く、危険を冒して手形を偽造する動機に乏しいことを傍証する。ボルデロへはさらに弁護側からフェステンブルグの人物を問う質問があった。ボルデロは、フェステンブルグがつねに公正な人物であったと返答している。そのあと、八名の証人が登場し、フェステンブルグの人格と振る舞いを賞賛する陳述が続いた。オランダの大商会マルマン兄弟商会の当主からは、被害者であるファン・ネックがフェステンブルグにあたえた紹介状が読みあげられた。

一七六六年三月二〇日

ジョン・フェステンブルグは、小生の商会〔ヨシュア・ファン・ネック商会〕に記帳係として勤めており、オランダに渡航しようとしているすばらしい人格の持ち主です。小生はここに誓って、彼が自己の行為に誠実であり、彼の職務において名誉もって能力を発揮する原則の持ち主であることを断言します。小生は彼がこれからつくであろう職において成功を収めることを心から祈念していることを誓います。(18)

朝一〇時に開かれた法廷は、すでに午後八時近くにさしかかっていた。詳細な点で供述に食い違いを見せていたが、ここで休廷が宣言された。一五分後、フェステンブルグに判決がくだった。手形偽造罪に問われていたフェステンブルグにたいして、無罪が宣告された。なお、ウッドには罪一等を減じて流刑がいいわたされたようだ。[19] しかし、その詳細は残念ながらわからない。

むすびにかえて

この手形偽造事件の公判は、注目を集めた。その内容は、いくつかの地方紙に掲載されている。[20] また、公判の速記録も出版された。[21] 当時、ヨーロッパ第一級の大商会とイングランドの中心的な銀行を襲った事件であることや、偽造事件としては最高水準に近い被害金額であったこと、二〇名もの証人が出廷し朝一〇時から夜の八時まで丸一日を費やした公判であったことなどが、耳目を集めた理由であろう。

当時の信用経済が依拠する基盤は、この事件で露呈したように、かくも脆弱なものであった。たしかに、商会内の内規やイングランド銀行内での諸手続きによって、手形の処理に事故が発生しないよう、信用にもとづく取引への担保はいくつか存在していた。また、こうしたルーティンとして確立した一種の非公式な制度の下で、署名の真正性は最高度の重要性を有していた。さらに、事後的ではあるが、処罰の厳格化によって、一定の抑止効果ももたらされたことであろう。しかし、内部関係者など、事情に精通する者であれば、手形の形態や署名の相似という要件さえ満たせば、偽造をつうじて現金を詐取することは、さほど困難であったわけではない。それを防ぐ最後の砦は、相互に顔を見知った人間関係であった。ヨシュア・ファン・ネック商会の末端従業員とイングランド銀行の窓口担当者との関係にみられるように、匿名性の低い人的関係は、想定外の取引を排除する機能をもっていた。やむをえない側面はあったとはいえ、イングランド銀行が最終的にヨシュア・ファン・ネック商会へ高額の損失を補填した事実からは、イングランド銀行の係員による署名の真正性の確認に結果的に落ち度が認められることに加えて、ヨシュア・ファン・ネック商会以外の人間が手形用紙を受領しにくるという通常のルーティンから逸脱した取引であったにもかかわらず、それに担当者の注意がおよばなかったというイングランド銀行側の責任認識を読みとることができる。

ヨーロッパ有数のこの国際的な大商会の特性を反映して、末端従業員にもオランダ人の顔がみえるが、ジョン・フェステンブルグもまさにこうした末端従業員のひとりであった。この末端従業員はヨシュア・ファン・ネック商会から離れたあと、オランダ人のネットワークによって、ヨシュア・ファン・ネック商会とならぶ大商会であるマルマン兄弟商会に職を求め、さらに独立してロンドンの代表的な個人銀行と相当規模の事業を展開するにいたる。こうした公的な面でのオランダ人のネットワークと末端従業員の経済的な上昇との関係も示唆すると同時に、この事件はさらに、フェステンブルグが私的な面でもオランダ人ネットワークに強固に組み込まれていたこともまた物語る。偽造事件に巻き込まれた背景にオランダ人の密接な関係があったことは明らかであるし、事件発覚後の彼の行動にもまた、彼がオランダ人の人的関係に依存していたことが顕著に表れているからである。

近世最末期の信用経済が成立する基盤のひとつとして、日常の業務を注意深く堅実に執行する末端従業員も含めた、匿名性の低い人間関係の連鎖を挙げることができよう。

注

（1）フェルナン・ブローデル、山本淳一訳、『物質文明・経済・資本主義　十五～十八世紀　Ⅱ－2　交換のはたらき』みすず書房、一九八八年、第四章。

（2）David Hancock, *Citizens of the world: London merchants and the integration of the British Atlantic community, 1735-1785*. Cambridge: Cambridge University Press, 1995; Perry Gauci, Emporium of the world: the merchants of London, 1660-1800. London: Continuum, 2007. 深沢克己編『ヨーロッパ近代の探求9　国際商業』ミネルヴァ書房、二〇〇二年など。

（3）以下の事実関係の再構成は、特記しないかぎり *Old Bailey Proceedings Online*（www.oldbaileyonline.org, version 7.2, 18 October 2015), April 1772, trial of JOHN VESTENBURG（t17720429-78）にもとづく。以下、OBPと略す。長文の史料を引用する場合のみデジタル化前の原史料を示す。

（4）*OBP*, April 1772, trial of JOHN VESTENBURG（t17720429-78), Proceedings of the Old Bailey, 29th April 1772, p.40; London Metropolitan Archives（LMA), LSP/1772/Feb./184.

（5）Sir William Holdsworth, *A history of English law*, Boston: Little, Brown, and Company, 1938, vol.XI, p.534; Randall McGowen, 'Making the "bloody code"? Forgery legislation in eighteenth-century England,' in Landau, Norma（ed.), *Law, crime and English society, 1660-1830*. Cambridge: Cambridge University Press, 2002, pp. 117-138.

（6）11 Geo.I c.9.

（7）12 Geo.I c.32.

（8）7 Geo.II c.22; 2 Geo.III c.25; 4 Geo.III c.25; 13 Geo.III c.79; 31 Geo.II c.10; 32 Geo.III c.56.

（9）Edward Palmer Thompson, 'The Crime of Anonymity,' in Douglas Hay et al. ed., *Albion's Fatal Tree: Crime and Society in Eighteenth-Century England*. New York; Pantheon, 1975, pp.260-263.

（10）*OBP*（www.oldbaileyonline.org, version 7.2, 18 July 2015).

（11）坂本優一郎『投資社会の勃興　財政金融革命の波及とイギリス』名古屋大学出版会、二〇一五年、第三章。

（12）代表的な研究のみ記す。Randall McGowen, 'The Bank of England and the Policing of Forgery 1797-1821,' *Past & Present*, 186 (2005), pp. 81-116; do. 'Managing the Gallows : The Bank of England and the Death Penalty, 1797-1821,' *Law and History Review*, 25:2 (2007), pp. 241-282.

（13）McGowen, 'The Bank of England,' p. 87.

（14）LMA, SL/PS150830076; 150830077.

（15）*Derby Mercury*, 8 May, 1772.

（16）LMA, SL/PS150830088.　裁判に先立つ二月二四日に「彼［ファン・ヘルンペック］なしでは公判を安全に維持することは不能」と訴追側に認識されていた。

（17）*OBP*, April 1772, trial of JOHN VESTENBURG (t17720429-78), Proceedings of the Old Bailey, 29th April 1772, page 47; London Metropolitan Archives, LSP/1772/Feb./191.

（18）*OBP*, April 1772, trial of JOHN VESTENBURG (t17720429-78), Proceedings of the Old Bailey, 29th April 1772, page 50; London Metropolitan Archives, LSP/1772/Feb./194.

（19）*Salisbury and Winchester Journal*, 11 May, 1772.

（20）*Derby Mercury*, 08 May, 1772; *Kentish Gazette*, 05 May, 1772; *Northampton Mercury*,11 May, 1772; *Leeds Intelligencer*, 12 May 1772; *Stamford Mercury*,14 May, 1772; *Bath Chronicle and Weekly Gazette*,14 May, 1772.

（21）*The trial of John Vestenburg : for forging a draught ... on Tuesday the 5th day of May, 1772*, [London], 1772.

本稿は、平成二七年度日本学術振興会科学研究費助成事業（基盤研究C）（ISK02964）「近世西欧金融市場の多様性と投資家による主体的選択」（研究代表者　坂本優一郎）による研究成果の一部である。

急進主義者の後半生

ジョン・ウェイドを／が回顧する

金澤周作

はじめに――人は何者として記憶されるのか

イギリスの長い「改革の時代」（一七六〇年代～一八四〇年代）に燦然と輝く急進主義者《ラディカル》の星々の中でも、ひときわ異彩を放つのが、『ゴーゴン』誌（一八一八～一九年）と大著『ブラックブック』（初版一八二〇年）で知られるジョン・ウェイド（Wade, John 一七八八～一八七五）である。ナポレオン戦争後から一八二〇年代初頭の「民衆急進主義《ポピュラー・ラディカリズム》の英雄時代」にあって、否定しようのない堅固な事実を収集し、それに基づいて鋭く体制を批判する方法は、それまでもっぱらレトリックに依存した攻撃に終始していたウィリアム・コベットらの急進主義者の文化の潮目を大きく変化させるものであった。E・P・トムスンは彼の「独創力と偉大な応用力」を高く評価し、『ブラックブック』を「急進派がおこなった同じようなほかのいかなる調査よりもはるかにすぐれている」とした。[1]『イギリス国民伝記辞典』も叙述の重点は彼の急進主義者としての著述の内容に置かれているし、それは『近代イギリス急進主義者伝記辞典（第一巻）』での項目でも同様である。その後ウェイドについて言及があるときは、これらの文献が参照されるにとどまっている。最近になって、ウェイドの一八二〇年代、三〇年代の経済分析の先駆性――資本主義経済に内在する、消費者物価の高下に連動した好況・不況の循環の指摘――に注目し、彼の議論が明示的にエンゲルスやマルクスに取り入れられているとする議論が提出されてはいるものの(3)、歴史上、ウェイドは明らかに「急進主義者」として位置付けられてきてきた。

しかし、一八七五年まで長命を保ったウェイドは、高揚する改革の夏が過ぎた後、どのような人間として生きかつ書いたのであろうか。彼は最後まで急進主義者だったのだろうか。別の言い方をすれば、彼は、その最期の歳月、自分を何者だと考えていたのか、何事を成した人間だと自負していたのか――。じつは、著述の多さとは対照的に、彼の人となりを知る素材がほとんどないため、その後半生をたどることは非常に困難であった。それもあって、ウェイドはその盛名にもかかわらず、本格的な伝記研究を一つも持たない。ところが、ある史料の中には老境に入ったころのウェイドの肉声が多く含まれており、そこからわれわれは、研究史上はじめて、ウェイド自身による人生の回顧、作品の評価を知ることができ、先の問いに答えを与えることができるのである。

本稿では、まず第一節でウェイドを突出する急進主義者たらしめた時期の活動をおさえ、第二節では、著述からうかがい知られるウェイドの後半生における活動と思想の概要を記す。その上で、第三節では新史料に基づいて、ウェイドが自身を回顧し位置づけるさまを描きだし、「おわりに」でこの回顧がウェイド像に対して持つ意義を明らかにしたい。

1．急進主義者としての活躍

先述の先行研究が一致して述べるところによれば、ウェイドは労働者の両親の元に生まれたロンドンっ子で、一〇年以上一人前の撰毛工（a journeyman wool sorter）として身を立てていたという。やがて読書を通じて関心を拡げるにつれ、ロンドン船大工のリーダーとして一九世紀初頭の労働組合運動を主導したジョン・ガストや、職人から身を興してチャリング・クロスに仕立て屋を開業して成功し、膨大な蔵書を揃えて一九世紀初頭の急進主義者の拠点を提供したベンサム主義者フランシス・プレイスらと親交を結ぶに至った。

ウェイドの最初の出版物は一八一六年に出た『レッドブック』で、この中で彼は、閑職・年金・俸給の受給者を、その受給額とともにアルファベット順で網羅してみせた。(4) 事実に拠って「旧き腐敗」を批判するスタイルは、すでに明確だった。その後すぐにウェイドはプレイスの紹介でジェレミー・ベンサムとヘンリ・ビッカーステス（後のラングデイル男爵）から資金援助を受け、一ペニーの週刊誌『ゴーゴン』を発行し始める。一八一八年五月から翌年四月まで続いた同誌は、一般に「勤労諸階級」に寄り添い労働組合運動の大義に焦点をあてた最初の定期刊行物として知られるが、扱っているテーマや主張は多岐にわたる。(5)

『ゴーゴン』は「最大多数の最大幸福」を目指して、「人民」ないしは「勤労諸階級」のために、「悪辣な寡頭体制」の「腐敗と不正」を撃つ。だから不偏不党の立場で「現実的な改革」を志向する（no.1）。急進主義の下院議員フランシス・バーデットを最大限に賞賛しその議会や選挙での動向を注視し（nos.5-9）、改革を成功させるためには諸セクト間の対立を棚上げして団結し、人民が妥協して団結し、普通選挙——乳幼児と狂人を除く男女全員に選挙権——を求めるべきだと主張する(nos.8, 10)。国際競争力を弱め国内労働者の暮らしを疲弊させる商品価格の高騰の原因を資本家の利潤とこれと結託する国家の課税にあるとして、旗色の悪い労働者のストも辞さない団体交渉と賃上げ要求を積極的に支持し(no.11)、税金の不払いさえも呼びかける(no.13)。自然権思想を批判して、身体・財産の権利の源泉は社会にあると唱える(nos.14, 35)。イングランド銀行の紙幣システムを批判する(nos.19, 34, 38)。また、親方の専制に苦しむ職人(journeymen)の現状を大々的に報じ境遇改善の方途を模索したり(nos.19-23, 27, 28, 30)、農場労働者を搾取し、穀物法で不当な利益を得ている「社会でもっとも愚かな階級」たる地主と農場経営者層を指弾する(nos.29, 31, 32, 34)。トマス・ペイン『理性の時代』を引き合いに出してキリスト教への妄信的態度に否をつきつけるし(nos.29, 47)、他にも全編にわたり、信託型チャリティの不健全運営の実態を糾弾し、刑法改革やアメリカへの移民を推奨するといった内容が展開されている。

記事の作成にはガストやプレイスをはじめ何人もの協力者がいた模様だが、それにしてもウェイドはかなり主体的に誌面を構成していたと思われる。その証拠に、商品の価格の要素に関して独特の理解を開陳した第一一号を受けて、熱烈なベンサム主義者ペレグリン・ビンガムなる法律家は、ベンサムに次のような注進の書簡を送っている。

……これまで私たちは、彼の手に委ねていたら招いていたであろう面倒事から『ゴーゴン』を救ってきました。しかし、(先週木曜日の)一一号を見ると、彼

> がやはり役に立たないのではないかと思うのです。この男は好人物で、話して聞かせるとすべてを明確に、しかも正しく理解しているように思われます。ですが、いざ紙面で論じる段になると、残念な出来栄えになり、私が与えた情報でさえも退屈で下手な仕方で語るのでした。……彼を情報発信の道具として用いても、益より害になるのではないでしょうか……[6]（傍点は引用者）

つまり、ウェイドはたんなるベンサム主義者の手先ではなかった。E・P・トムスンが『ゴーゴン』は功利主義を鵜呑みにするのではなく「格闘しているようにみえる」と書いたのは、けだし炯眼である。[7] ウェイドは、誰かのではなく自分の意見を誌面に書きつけていた。

さて、急進主義者としてのウェイドの代表作は『ブラックブック』である。一八一九年の半ばごろから、一部六ペンスの月刊『ブラックブック』をスタートさせ、これは合本されて一八二〇年に初版『ブラックブック』（約四八〇頁）が出版され、三年後には第二巻に相当する別冊版（約四二〇頁）も出た。この書物は、これまで漠然と認識されていた体制の腐敗を、具体的に名前や数字を挙げ、歴史的経緯と現状を解説し、腐敗体制の要素をあらゆる細部に至るまで追究し、網羅的に描き出した。そのページ構成と特徴、その後一八三五年まで繰り返される改訂のあらましについてはすでに別稿で述べたことでもあり、また本稿の目的ともややずれることにもなる。[8] そこで、ここでは一八二〇年、二三年版とほぼ同じ内容を扱っているがより行き届いた整理ができている一八三二年版『新版特別ブラックブック』[9]（約七〇〇頁）の目次と概要を記し、一連の『ブラックブック』が持った射程を示しておきたい（表1）。

表1 『新版特別ブラックブック』(1832年)の目次と概要

目次		概要
第1章	イングランド国教会	パトロネジ、兼職、高位聖職者とその他の聖職者との間に広がる収入格差、高位聖職者の怠惰安逸、国教会のカトリック的性格、非国教徒の台頭
第2章	イングランド国教会主教ら高位聖職者・兼職者のアルファベット順一覧	高位聖職者の収入リスト
第3章	アイルランド国教会	莫大な収入の寡占、パトロネジ、カトリック大衆にとっての無益・負担
第4章	王室歳入	無用の長物としての王室、莫大な世襲歳入(王領地、海軍司令長官俸禄など)
第5章	王室費	増額され続けて政府の政治資金化した王室費(反対勢力の懐柔手段)
第6章	枢密院・外交任務・領事制度	ほとんど職務の無い枢密院、莫大な公金を費消するだけの外交
第7章	貴族	有利な諸特権を不当に享受する貴族(税制優遇、狩猟法、貴族院など)
第8章	法と法廷	司法と行政の癒着、矛盾だらけの法、社会生活の阻害、高額で遅い司法手続き
第9章	公債と税金の増大	債務の累積、増税
第10章	財政制度の暴露	公債制度の悪用(戦争)、財政破綻の危機、減債基金の不合理(返済に税金充当)
第11章	課税と政府歳出	無駄な官職への高額出費、超高率の間接税(砂糖、茶、穀物、新聞、保険など)
第12章	東インド会社	小国家化、パトロネジ、インドの搾取
第13章	イングランド銀行	政府との癒着、諸特権、兌換停止法による巨額の利益
第14章	都市自治体、カンパニ、ギルド、フラターニティ	閉鎖的な自治体や同業組合による利益(チャリティ信託も含む)の寡占
第15章	官職、年金、閑職、後任予約権、休職給、退職年金	これらへの無用の莫大な出費
第16章	官職・年金・閑職・補償金などの受領者のアルファベット順一覧	こうした人物の収入リスト
第17章	下院の過去・現在・未来	人民の声が反映されぬ従来の下院、1832年法案通過への期待、法案の利点

論調は功利主義の冷徹さを後景に退かせ、むしろ害悪を糾弾せずにはおかない執拗さと熱気を前面に出している。一八二〇年一一月二七日に、ベンサムは茫然自失といったおもむきで、フランシス・プレイスに次のように書き送ったほどである。

『ブラックブック』の男ウェイドはいったいどうなってしまったのですか。彼はこれからどうするつもりなのでしょう――いや、これまでどうするつもりでやってきたのでしょうか。(10)

前後の文脈が欠けている唐突な吐露なので理解は容易ではないが、おそらく、もともと『レッドブック』で目をつけ、ベンサム主義の「情報発信の道具」として利用するようになったウェイドが、ベンサムらのコントロールを離れ、独立した人格をもつ急進主義者の姿をあらわにしたことへの当惑のあらわれであろう。

実際、『ブラックブック』の影響はすさまじかった。諸版あわせて累計五万部以上という売上げにもそれは見て取れるが、改革熱が収まった後に同書に冠せられたさまざまな形容に、端的にあらわれている。いわく、「改革者たちのマニュアル」、「浩瀚で有益な政治辞書」、「新聞を読むための必携書」、「改革者たちのバイブル」など。また、同書一八三二年版の発行人エフィンガム・ウィルソンの追悼記念冊子（一八六八年）において、彼の代表作とされているのが『ブラックブック』であった。同冊子に引用されている雑誌の追悼記事にも次のように書かれている。「この本は高価であったにもかかわらず、驚くほど売れ、大きなセンセーションを巻き起こし、間違いなく一八三二年の改革法案の最終的可決を導いたあの熱気を高めることに大いに貢献した」。「一八三〇〜三二年の改革運動が生みだした騒動の渦中で、この本はたえず一方の党派によって引用され、他方の党派によって非難された(11)」。

このように、ジョン・ウェイドは「改革の時代」の象徴的な作品を、自らの意志と思想をこめて、生みだした。その意味で、彼はたしかに、主観的にも客観的にも、改革によって体制の根本的変革を求める正真正銘の急進主義者であった。

2. 後期の著述活動

ウェイドは莫大なエネルギーを傾けて対象を調べ尽くすタイプの健筆家であった。それは『ゴーゴン』と『ブラックブック』に限った話ではない。表2に、『レッドブック』以来の彼の主要著作を挙げておく。

この一覧から分かる事実は、ウェイドが右記の二作品以外に、必ずしも「急進主義者」のイメージに合致しないさまざまな著作をものしていることである。彼が明らかに「急進主義者」だった一八二〇年代でさえ、テーマ別の格言をアルファベット順で列挙した『万国格言集』や、『家庭の法律百科』を書いている。後者は一八七一年までに二三版を数えた。ほかにも銀行・商業論や貨幣論、罰金を課される事態の一覧や一連の歴史本、地名辞典、太古から現代に至る世界の女性史を概観した上で女性の現状を法、生活、能力、愛などの観点から縦横に論じた女性論など、とくに一八三二年の第一次選挙法改正法の成立以後のウェイドは、どの著作も包括性・網羅性が顕著な大部な労作であるが、ジャンルを問わず書き散らしている感がある。いったいこれは

no.	題名	出版年	原題	
20	中産・労働者諸階級の歴史	1833	History of the Middle and Working Classes	
21	罰金百科	1834	The Book of Penalties, or, Summary of the Pecuniary Penalties…	
22	改訂新版特別ブラックブック	1835	The Extraordinary Black Book…A New Edition greatly enlarged and corrected	
23	イングランド国教会統計	1836	Statistics of the Church of England	*
24	銀行業・商業原論―1825-6年危機に即して	1836	Principles of Banking and Commerce, as elucidated by the Great Crisis of 1825-26	
25	イギリス史大全	1839	British History, chronologically arranged	
26	時勢瞥見	1840	Glances at the Times, and Reform Government	
27	勤労諸階級の政治哲学史	1842	History and Political Philosophy of the Middle and Working Classes	
28	貨幣原論	1842	Principles of Money	
29	【定期刊行物】ロンドン評論	1844-5	London Review	*
30	校訂・コックス著マルバラ公伝	1847	William Coxe's Memoirs of the Duke of Marlborough, edited with Notes	
31	イングランドのブラックブック	1847	The Black Book of England	
32	国教会と国家の未改革の諸弊害	1849	Unreformed Abuses in Church and State	
33	校訂・ジュニアスの手紙	1850	The Letters of Junius, edited with Notes & Essay	
34	家庭の地名辞典	1853	The Cabinet Gazetteer: A Popular Exposition of the Countries of the World…	
35	イングランドの偉大さ	1856	England's Greatness: Its Rise and Progrss…	
36	女性の過去・現在	1859	Women, Past and Present	
37	娼妾論―別冊 女性の過去・現在	1859	Harlotry and Concubinage: A Supplementary Chapter to Women, Past and Present	

註）＊印はウェイドの自己申告の作品だが現物が確認できないもの。

表2　ジョン・ウェイドの著作（小冊子、編集をした定期刊行物を含む）一覧

no.	題名	出版年	原題	
1	レッドブック	1816	Extraordinary Red Book（1819年までに4版）	
2	【定期刊行物】ゴーゴン	1818-9	Gorgon	
3	【定期刊行物】月刊ブラックブック	1819	The Black Book	
4	マンチェスタの虐殺	1819	Manchester massacre!! An authentic narrative…	
5	初版ブラックブック	1820	The Black Book or Corruption Unmasked!	
6	ドウディ著イングランド王年代記続編	1820-1	"Chronicles of the Kings of England", A Continuation of Dodey's with Notes	*
7	政治辞書	1821	A Political Dictionary	
8	別冊ブラックブック	1823	Supplement to The Black Book; or Corruption Unmasked!	
9	【定期刊行物】有用知識の普及	1823-4	Circulator of Useful Knowledge	*
10	万国格言集	1824	Select Proverbs of All Nations（1847年に再版）	
11	新議会—ブラックブック補遺	1825	New Parliament. An Appendix to The Black Book	
12	家庭の法律百科	1826	The Cabinet Lawyer（1871年までに23版）	
13	銀行業・商業の事実と原理要覧	1826	Digest of Facts and Principles on Banking and Commerce	
14	新版ブラックブック	1828	The Black Book; or, Corruption Unmasked!...new edition	
15	チャリティ信託の解説	1828	An Account of Public Charities in England and Wales	
16	首都の警察・犯罪論	1829	A Treatise on the Police and Crimes of the Metropolis	
17	特別ブラックブック	1831	The Extraordinary Black Book	
18	バラ・システムのからくり	1831	Working of the Borough System…extracts from the Extraordinary Black Book	
19	新版特別ブラックブック	1832	The Extraordinary Black Book. A New Edition	

ウェイドについて何を示しているのだろうか。本節ではウェイド後期のいくつかの著作を取り上げて、検討してみたい。

まず、ウェイド最大のロングセラーとなった『家庭の法律百科』（初版一八二六年）を見てみよう。ここでは第六版（一八三〇年、約六七〇頁）を利用する。[12] 同版に採録された「初版への序文」によれば、同書の主目的は、法廷を利用する無駄な機会を減らし、法に不案内な読者に分かりやすく知識を授けることにあるという。「イングランド法の一般向けダイジェスト」をめざし、密林の如き煩雑な法の体系を、表3の通り、六部立てで解説している（p. vii）。

日常生活で出来する法律問題にすばやく正確な解答を与えようと、細部まで目を配った書物に仕上げている。そのため、版が変わるごとに法律の変更を反映して内容を更新している。たとえば、この第六版は、わずか一年前にでた第五版からの変更事項として、救貧、教区の街灯と夜警、査定課税、債務不履行者、相続財産、酒税、一般輸送業者、司法、文書誹毀といった問題に関する法律の修正と、法律解釈の揺れを解消したいくつかの重要判例を挙げている（Addenda, pp.iii-viii）。個々の法律に不満を述べるのではなく、今ある体系を受け入れ、咀嚼し、あらゆる立場の読者に提供する姿勢ははっきりしている。

一八三三年に出た『中産・労働者諸階級の歴史』（約六〇〇頁）は、ウェイドの著作の中では、『ゴーゴン』、『ブラックブック』に次いでよく知られている。[13] 第一部ではアングロサクソン時代から説き起こし、救貧法の歴史に深く棹差しながら資本家と労働者の生成を説き、続く第二部で政治経済学に立脚して、貨幣や紙幣、労働組合や賃金などを詳細に論じている。特徴的なのは、本書では『ゴーゴン』に見られたような

表 3 『家庭の法律百科』(第 6 版、1830 年)の目次と概要

目次		概要
第1部	イングランドの法と統治機構	法の起源・管轄、国制、王、上院、下院、人民の権利
第2部	司法	法廷、民事訴訟手続き、刑事訴訟手続き、大法官法廷での訴訟手続き、陪審、証拠
第3部	人と種別	聖職者、貴族・庶民、公職、教区役員、自治体、株式会社、共同経営者、信託財産管理人、遺言執行人、夫・妻、親・子、後見人・被後見人、親方・サーヴァント・徒弟、専門職、事業主《プリンシパル》・代理商《ファクター》、著述家・発行者・印刷業者、特許権所有者、地主・借地人・間借り人、宿屋、運送業者、駅馬車所有者・御者・車掌、質屋、競売人、農場主・牧場主、労働諸階級、行商人、浮浪者、陸軍・海軍、非国教徒・カトリック教徒
第4部	財とその付帯事項	10分の1税、共有地、抵当、遺言、無遺言、遺産、為替手形、奨学金、契約、口頭契約、保険、証書、担保権、破産、債務不履行
第5部	民事の権利侵害	文書誹毀、口頭誹毀、脅迫、姦通、婦女誘惑、不法侵入、誣告、生活妨害
第6部	犯罪	宗教・道徳、万国法、大逆、通貨偽造、犯罪隠匿、社会正義、社会平和、商業、健康と治安、生命、身体、住居、偽装、軽犯罪、器物損壊、狩猟法 法律用語、法諺、制定法、司法故事の辞
法律用語、法諺、制定法、司法故事の辞典		

労資の対立的性質への注目は薄れ、きわめて調和的で楽観的な世界観が披露されている点である。象徴的な箇所を引用してみたい。

生産的消費者と非生産的消費者、あるいは資本家と勤労者層といったような社会のあらゆる分類法は、正しい基盤を何ら持っていない。それは何もないところに、実際のことがらの本質に存していないところに、区別を設けているのである。あらゆる人間の営為の目的は一つ、生活の快適さと便益を増すことである。そして人間の職業の多様性は社会の必要の多様性に由来している。その人の仕事がモノ売りかモノづくりか、頭脳労働か肉体労働か、専門職か単純作業か、こうしたことは本人の意志ではまずどうにもならない状況に依存して決まるのであり、その人物の能力や威信を示す根拠にはほとんどならない。皆が共通善のために協働している。一部の人たちがたいへん無思慮にも掻き立てようと躍起になっている共同体内の諸階級間の相互不信などというものは、身体の各部、あるいは精神の各機能の間にそのような対立があり得ないように、まったく非常識である……(pp.182-3)。

有機体的な社会認識が明瞭にあらわれている。別の箇所では国の総資本が増大すれば賃金は増えると断じているところにも、世界の工場たらんとする右肩上がりのイギリスに生きた人間の現状の承認が見て取れる。

次にとりあげる一八三九年に出版された『イギリス史大全』[14]は、びっしりと文字の詰まった二段組みも活用した一一五四頁の圧倒的な大冊である。歴史家に特有のレトトリックと党派性を排し、ひたすら年代順に「各治世ないし時代を、序文からはじめ、統治権力の性質、政治的・社会的・産業的な時代の特徴、続いて出来事、諸事実、事件」と書いてゆき、さらに個別の項目として「立法、財政、商業、科学、風俗、文学、国内の改良事項、その他時代の主要な特徴をなしかつコモンウェルスの状態に影響を与えたことがら」を、相変わらず統計など具体的なデータを駆使して叙述している（p.iv）。ウェイドはこのような構成の自作を、解剖学に例えている（p.vi）。もっとも紙幅が割かれているのは、参照する歴史書の乏しい一七五八年から一八三七年の時期で、ここにウェイドのオリジナルな叙述がもっとも顕著にみられる。興味深いのは、ウェイドが『レッドブック』、『ゴーゴン』、『ブラックブック』の時代を非常に醒めた目で振り返っていることである。一八一六年から二〇年の戦後不況の時期、「共和主義的な作品が巷にあふれ、統治にかんする抽象的な理論がいくつも提起され、参政権に対する全員の平等な権利が大胆にも主張され、あっさりと信じられた」（pp.728-9）。このような「国中を興奮の渦に巻き込んだ社会的政治的な改革に関する粗雑で非現実的な諸理論」が、一八三二年の第一次選挙法改正をめぐる動きにおいてはまったく姿を消したとウェイドは好意的に書いている。「時代の流れは、王国の知性と節度に支えられ、より穏健で実現可能性のある要求の伸長へと道を開いた」（pp.871-2）と。

最後に一八四七年の『イングランドのブラックブック』を取り上げよう[15]。同書は、かつての『ブラックブック』さながらに、三八〇頁あまりを費やして微に入り細にうがち、三〇年代の改革にもかかわらず国制に残存している諸弊害を、白日の下にさらす意図をもって書かれた。穀物法撤廃を断行して倒れた第二次ピール内閣（保守党）の跡を襲った第一次ラッセル内閣（ホイッグ党）の下で実施される、一八四七年総選挙を目前に控えたタイミングで同書は出版された。攻撃対象は、法の旧弊と法廷の不効率とコスト、国制上根拠のあやしい内閣および政府省庁の不安定さ、植民地を維持することの負担、年金や給与の重荷、特権を手放さないオックスブリッジ、なお改善の余地のある下院、そして経済と政治を依然阻害するロンドンの自治体や同業組合。一見、急進主義者ウェイドの面目躍如といったところである。しかし、初期の『ブラックブック』の激しい論調とまったく異なるのは、新しい議会を待望しているだけでなく、解散されようとしている現議会についても、穀物法撤廃に踏み切った点を意識して、高い評価を与えている点である。「独立して行動し、説得に対して開かれた心を持ち、原理原則にこだわらないではないが、冷たい科学の抽象の奴隷にはならず、事実に基づく証拠と人道の訴えに耳を傾けてきた」と。そして、「デマゴーグ」や「空疎なレトリック」が国をあやまる危険は消え、「いまどき国民の福利よりも個人的な贔屓や虚しい野心を優先するような」人物はまともな大臣になれはしないと(p.viii)。つまり、ウェイドにとって旧き腐敗は、もはやイギリス国制の本質なのではなく、敗北が決定づけられている最後の残滓なのだ。現状に対する全般的な満足は明白である。

以上から結論できるのは、ウェイドがかなり早い段階から、後にミドルクラスとしてイギリス社会を支配することになる人々との自己同一化を進め、三二年改革法以降のイギリス社会を総じて肯定的に受け止め、その進歩を寿ぎ、その価値観をわが身に引き受けていたということである。ウェイドの後半生は、およそ急進主義者とは程遠いものであった。

3. 本人の回顧

急進主義者から体制順応的な著述家へ——。このイメージは妥当なのか。たしかに『イギリス国民伝記辞典』の「ウェイド」の項目で、著者フィリップ・ハーリングも、「政治潮流が彼の方向に沿ったため、残りのキャリアは前よりもやすやすと歩んで行けた」と書いている。[16] ウェイドの主張は体制にとってあまりに無害になったので、「手元不如意のウェイド」、「王室費に対するかつての攻撃者」は一八六二年に五〇ポンドの年金を受領したとも。[17] しかし、ある新史料からは、この評言にはそぐわない、厳しい覚悟をもった彼の後半生の生き様が浮かび上がってくる。

国からの五〇ポンドの年金受領に先立つこと数年、六〇歳代半ばのウェイドは経済的に困窮し、王立文芸協会（The Royal Literary Fund）なるチャリティ団体に救援申請を行った。「定評ある文筆での功績」を持った困窮した文筆家の救済を目的とする文芸協会（一八〇六年に摂政王太子——後のジョージ四世——をパトロンに迎えて以来「王立」を冠した）は一七九〇年、非国教の牧師デイヴィッド・ウィリアムズの主導によって設立された。当初のメンバーには急進主義者としてのウェイドの先達にあたる、かのジョン・ウィルクスや既出のフランシス・バーデット、ユニタリアンで反ピットの立場からフォックスと結んだギルバート・ウェイクフィールドなどがいた。識字向上に資する組織だと目されたからである。創設者ウィリアムズ自身、一七九二年にフランスを訪問し革命政権から名誉市民権を授与された人物であった。ただ一方で、同団体は体制に近い有力者たちの支持もとりつけており、会長職にはビュート侯やサマセット公らが就いた。やがてディケンズやトロロープ、サッカレーやキプリングといった成功した文筆家も次第に積極的に関わるようになり、現代まで続く名門団体となった。[18]

この文芸協会への申請書類がすべて残されている。ウェイドは一八五五年、五八年、六〇年、六一年、六二年の五度にわたって申請し、そのつご三〇、四〇、三〇、三〇、二〇ポンドを与えられた。[19] 五度目の六二年七月七日付のある推薦者から協会に宛てられた書簡には「これが最後の申請になるでしょう。というのも、彼の友人たちは、貴協会にこれ以上負担をかけずに彼の晩年を支える充分な収入を確保してやる算段が立ったと確信しているからです」とあり、[20] これは間違いなく、先行研究に見える、一八六二年に決定した国からの五〇ポンド年金のことを指すだろう。それでは、これら五度の申請書からウェイドの声を聞き、文筆家としての誇り、困窮の経緯、自身の文筆業への総括という三つの点を検討してみたい。

一八五五年七月、ウェイドは、彼を支持する四人の友人の推薦状とともに、第一回目の援助申請書類を提出した。定型用紙の書類には、「一一月二七日、リーズ生まれ」――しかも一七八八年ではなく一七九〇年生まれとしている――というおそらくこれまでの研究では指摘されてこなかったウェイドの出生が記されていたり、「学位、肩書なし」、「独身」、「文筆が唯一の収入源」、「執筆のために資金が尽き、その結果借財がかさみ、家賃を滞納」といった、短いが老境のウェイドの思いが詰まった記載がみえる。[21]

ところで、本来、同協会の与える救済はすべて、「申請者の困窮解消のための寄付」であって、「貸与」でも「なんらかの作品を書き上げるため」の補助金でもない、とある。[22] つまり、何の留保もない純然たるチャリティ、施しなのである。にもかかわらず、ウェイドは、申請理由の説明の中では、『イングランド発達史』(翌年に出た『イングランドの偉大さ』を指す）を完成させるための現金の「貸与」を求めている。そして、もし委員会が貸与ではいけないというなら「私はその援助を無償のものとして受けとりますが、必ずすぐに返済いたします」と自尊心をにじませる。その自尊心を支えているのは、「私の作品は見通しの立たない企画ではありませんし、わたしはこの道の初心者でもありません」というベテランの経験、「私はもう四〇年近くもペンで生きてきました」という自負であった。[23]この強い思いは五度のチャリティへの申請の間も保たれた。一八六一年一月二日付の書簡にも「私は自分のことを、成功しなかった、あるいは非常に不運な文筆家だとはまったく思っていません」とある。[24]

それでもウェイドは経済的に困窮していた。なぜだろうか。収入と支出の両面からウェイドは説明を与えてくれている。これほどの多作でありながら収入がずっと不安定であった理由は、ウェイドにとって大きく分けて二つあった。一つは、これまで知られていなかった事実、「耳が不自由（deafness）」という点であった。このために「定期的でしばしば実入りの良い収入を得られる出版社との長期契約ができなかったのです」という。[25]このことは一八五九年一二月に推薦者アルフレッド・レナードが協会に宛てた手紙からも確認できる。いわく「老齢と耳が不自由という障害が、ひどく彼を追い詰め、それさえなければ彼の才能と勤勉からしてそれなりの生活の糧を得ることができたはずの、出版社につながる職業に就くことができませんでした」。[26]いつから、そしてどの程度、彼の耳は聞こえなかったのか、それを知ることはできない。しかし、彼の人生につきまとうある種の孤独を読み取りたい気になる。

もう一つは本の執筆が金にならないという点である。一八五五年の申請書にウェイドはこう書いている。本の執筆にかかる「労苦は富よりも有用性を生みだすもので、著者にとっての収支はゼロかマイナス」であると。[27] 一八五八年の第二回目の申請時にも似たような心情が綴られている。「本は企画し出版するのに非常に費用がかさみ、売り上げも非常に不透明なので、すべての作品を当然のように読者、図書館、文芸団体がみな買ったり借りたりしてくれる一部の非常に幸運な作家でもない限り、著者の手元にはほんの少ししか残りません[28]」。

ただし、ウェイドは爪に火をともす生活をしていたわけではなかったようだ。一八五八年三月二日付の理由書の一節には次のようにある。

著述家の金銭的困窮……について、一般に言われているのとはいささか異なる説明をしてみたいと思います。著述家は他の人たちよりもみじめで先々を考えないというのではありません。かれらの本性がずっと完全に発達しているということなのです。彼らの欠乏や欲求はより多岐にわたっていて、しかも非難すべき種類のものではありません。たいていの著述家は書物に対する大きな欲求を持っていて、買えるとなれば買うのです。また、美術品を愛好する人もいて、えりすぐりの絵画や胸像に手もなく金を巻き上げられてしまうのです。しかもわたしたちは、歴史家や尚古家や道徳・社会哲学者と同じく、世界を旅し、見ることを好みます。これらはみな仕方がないことで、精神を拡張し、そこに有用で必要な知識を蓄え、広く情報と楽しみを提供することは、わたしたちの仕事の一環なのです。[29]

三人称がいつのまにか一人称に変わっているところに注意したい。ウェイドも欲しい本を買い、行きたいところへ旅行していたのかもしれない。収入が少ない割に支出が多くなってしまうのが、文筆家の宿業である――。ウェイドはそのように主張し、ある意味で堂々と、援助を要求した。

それでは、金にもならない作品をなぜウェイドはこれほど書いたのか。また、かくも見返りの乏しい自身の文筆業をウェイドはどのように評価していたのだろうか。まず、なぜ書いたかについて。金銭的見返りがほとんどない、書物の執筆という生活をウェイドが貫き通した理由は、部分的には、それ以外の生き方を選びたくなかったということもあったであろうが、書きたいことがあったからというところが本質ではないか。後で述べるが、ウェイドはある志を持って書いてきた。現在の我々には書き散らしているようにしか見えない後半の一連の著述は、生活に迫られてやむなく書いたのではなく、そのつど、志に照らして書かねばならぬと思ったから書いたと思われるのだ。

ここで重要になるのは、書物執筆のための生活度外視の態度を可能にしたのは、新聞や雑誌への無数の寄稿だったという点である。先行研究でもウェイドが『スペクテイタ』紙などに多数の記事を寄せたということは指摘されているが、その範囲と意味は追究されてこなかった。しかし、ウェイド自身の言葉に注目したい。「雑誌と新聞がもっとも良い金を払ってくれました。実際それがなければ生きて行けなかったでしょう[30]」。三度目の申請時から著作欄の他に「定期刊行物への寄稿」欄が加わり、そこにウェイドは以下の刊行物を挙げている。『有用知識の普及』、『マンスリー・マガジン』、『ニュー・マンスリー・マガジン』、『フレイザーズ・マガジン』、『ウェストミンスタ評論』、『チェインバー・ジャーナル』、『エディンバラ・マガジン』、『ロンドン評論』、『新エディンバラ評論』、『アスター』紙、『スペクテイタ』紙、『リヴァプール・アルビオン』紙、『バーミンガム・ジャーナル』紙、その他地方新聞各紙。[31]こうした多数の媒体への寄稿――そして部分的には編集――が生活を支え、書物のための調査費用をまかなったのであろう。

次に、ウェイドの自己評価を検討したい。一八五五年七月の第一回申請時に文芸協会に提出した過去の著作一覧には、表2のうちの10、12、15、16、20、21、25、30、33、34の一〇作のみを挙げている。一八五八年には2、6、9、13、23、26、27、28の八作を、一八六〇年には32、35、36の三作を追加しているが、それでも本稿が把握している彼の全著作と編集を担った定期刊行物あわせて三七点のうち、二一点にすぎない。[32]興味深いのは、本人によって言及されなかった一六点のうち、じつに一〇点が一連の『ブラックブック』であり、その他三点は『レッドブック』、いわゆるピータールー虐殺事件を詳細にレポートした『マンチェスタの虐殺』、そして諷刺的な定義集『政治辞書』であることである。つまり、彼は急進主義者ウェイドの代名詞といえる作品群を意図的にリストから外しているのだ。

これに対する一つの説明は、『ブラックブック』が「危険」な書物であり、これまでの著述が「道徳や宗教に対して攻撃的」でないこと、という文芸協会の申請資格に抵触する可能性があったため、あえて隠したというものであろう。具体的な個人名満載の同書は、協会を支援してくれる貴顕層の気分を害するおそれもあったかもしれない。しかし、協会に提出した著作リストには、『ブラックブック』よりもはるかに「危険」な立場をとった『ゴーゴン』が挙がっている。そして『ブラックブック』は一八三二年以前の体制にとって「危険」だったのであり、新体制にとってはいわば生みの親ともいえるはずである。申請先の文芸協会そのものが多分に急進主義の土壌から発生していたし、ウェイドが『ブラックブック』の著者であることを、文芸協会の面々が知らなかったとも考えにくい。そうすると、もう一つの説明、すなわち後年のウェイドにとって、『ブラックブック』は、否認したかったわけではないだろうが、必ずしも代表作として見られたくない書物だった可能性も出てくる。三〇歳過ぎの時に書いた書物としてのデビュー作のイメージにいつまでも縛られレッテル貼りをされることに、ウェイドは苦しんでいたのかもしれない。

いずれにせよ、『ブラックブック』を主著にしていないとすれば、ウェイドはどの自作を高く評価していたのか。推薦者たちはもっぱら、『イギリス史大全』、『家庭の法律百科』、そして『中産・労働者諸階級の歴史』を彼の代表作として挙げている。彼自身の考えは一八五八年申請時の理由書にもっとも詳しい。それによれば、『チャリティ信託の解説』は「ロンドン、ブリストル、バース、リーズ、その他の町々」で大きな関心を呼び、実際にいくつかのチャリティ信託の改善をもたらしたという。また『首都の警察・犯罪論』は新警察誕生前夜に多くの提案をしていて、そのうち、土曜の早い時間から日曜日の午前礼拝後までのパブの閉店という提案は連合王国全体で施行されたとウェイドは強調している。そして、「何度も版を重ねた『家庭の法律百科』は民衆の間に我が国の法と制度の知識を非常に広範囲に普及させたはずで、一八二六年の初版の時から著作権を持っていたら非常に儲かったでしょう」とし、さらに、「今も頻繁に法的な意見をもとめる依頼がきますが、なにぶんアマチュア法律家ですから、相談料を取れないのです」と述べている。そして「長い労苦と思索の結晶」たる『イギリス史大全』もたくさん売れたとしている。(33)

これら老年期ウェイドの自己理解を貫いているのは、「わたしの文筆生活の初期および中心的な部分はほとんどすべて、事実と原理、そしてわたしの考えるところの有用知識の普及に傾けられてきました」という一文に集約されている。(34) 五度の申請書のはしばしに、自分が「有用知識」を民衆に伝えてきたのだという思いがにじみでている。現代から見た場合も、この方針は『レッドブック』や『ゴーゴン』、そして『ブラックブック』をも貫いているように思われる

おわりに――人は何者として自身を振り返るのか

著作だけを追えば、ウェイドは一八二〇年代、三〇年代の改革を経て、急進主義者であることをやめ、無害な、大衆向けの著述家になったように見える。しかし、晩年の彼自身による回顧を踏まえるなら、別の見方をしなくてはならないのではないか。彼は一貫して民衆啓蒙家であった。変わったのは社会であって、彼ではなかった。たしかに、彼の自己意識は抑圧された民の側から世を支配する社会層へと動いたといってよい。労働者階級からミドルクラスへ。しかしこれは部分的にはアナクロニズムであろう。彼はつねに「人民（people）」たろうとしたし、「人民」にとって有用な知識を伝達しようとした。「人民」の内実が労働者階級とミドルクラスに分化していったために、われわれは理解が難しくなったのだ。(35)

表面上の「転向」とみまがう自己認識と立場の移動の底流には、ほぼ一貫して旺盛な知識欲と有用知識伝達への熱い思いがあった。ウェイドは自分の業のため、そして人民の福利のために人生を捧げたといったらよく言いすぎだろうか。少なくとも彼は、そのような自負を抱いて後半生を過ごし、人生を総括していたのであって、現代の歴

史家が彼に急進主義者のレッテルを貼るのは偏見だろう。『ブラックブック』は「改革の時代」の代表作であり続けるだろうが、ウェイドにとっての代表作ではないのかもしれない。

注

（1） エドワード・P・トムスン、市橋秀夫・芳賀健一訳『イングランド労働者階級の形成』青弓社、二〇〇三年（初版一九六三年）、九二三頁。

（2） Philip Harling, 'Wade, John (1788-1875)', *Oxford dictionary of national biography* (Oxford University Press, 2004); Robert E. Zegger, 'Wade, John', in Joseph O. Baylen & Norbert J. Gossman (eds.), *Biographical dictionary of modern British radicals, vol.1. 1770-1830* (Harvester Press: Sussex, 1979), pp. 501-4.

（3） Daniele Besomi, 'John Wade's early endogenous dynamic model: 'commercial cycle' and theories of crises', *The European Journal of the History of Economic Thought*, 15-4 (2008), pp. 611-39.

（4） *Extraordinary red book. A list of all places, pensions, sinecures, &c.* (London, 1816).

（5） *The Gorgon, a weekly political public* (London, 1818-19).

（6） No. 2505, Peregrine Bingham to Jeremy Bentham, 16 Aug. 1818, in Stephen Conway (ed.), *The correspondence of Jeremy Bentham, vol.9, January 1817 to June 1820* (Clarendon Press: Oxford, 1989), p. 248.

（7） トムスン、前掲書、九二三頁。

（8） 金澤周作「旧き腐敗の諷刺と暴露——十九世紀初頭における英国国制の想像／創造」近藤和彦編『歴史的ヨーロッパの政治社会』山川出版社、二〇〇八年、四四四—七九頁。

（9） *The extraordinary black book. A new edition* (London, 1832).

（10） No. 2718, Bentham to Francis Place, 27 Nov. 1820, in Stephen Conway (ed.), *The correspondence of Jeremy Bentham, vol.10, July 1820 to December 1821* (Clarendon Press: Oxford, 1994), p. 184.

（11） この段落にかかわる情報源は、非売品で私的に流通した次の冊子による。Walter Begehot (?), *In memory of Effingham Wilson* (London, 1868).

（12）*The cabinet lawyer; or, popular digest of the laws of England, 6th edition*（London, 1830）.

（13）*History of the middle and working classes; with a popular exposition of the economical and political principles*(London, 1833).

（14）*British history, chronologically arranged*（London, 1839）.

（15）*The black book of England*（London, 1847）.

（16）Harling, *op.cit.*

（17）*Ibid.*

（18）同団体の歴史については次を参照。Nigel Cross, *The Royal Literary Fund 1790-1918: An introduction to the Fund's history and archives with an index of applicants*（London: World Microfilms Publications, 1984）.

（19）The British Library, MSS, Loan 96 RLF 1/1386 にウェイドの申請にまつわる書類一式が収められている。以下、同ファイル内の通し番号と日付で出典を示す。なお、同じ史料の Loan 96 RLF 2 のシリーズは申請内容を審議する委員会の議事録になっており、RLF 2/1/5, Minute Book, vol.5, 1849-1860, pp. 290, 427, 522、および RLF 2/1/6, Minute Book, vol.6, 1860-1872, pp. 47, 104 で、ウェイドへの五度の現金供与を決めている。

（20）No.30, Joseph Parkes to Octavian Blewitt（Secretary to the Royal Literary Fund）, 7 Jul. 1862.

（21）No.1, Form of application, 9 Jul. 1855.

（22）*Ibid.* この二ページ目に Regulations in regard to applications for relief として申請資格が明記されている。

（23）No.2, Wade to Blewitt, 4 Jul. 1855.

（24）No.28, Wade to RLF, 3 Jul. 1862.

（25）No.3, Explanations to be submitted to the General Committee of the R.L. Fund, 8 Jul. 1855.

（26）No.18, Alfred Leonard to the G.C. of the RLF, 31 Dec. 1859.

（27）No.3, Explanations to be submitted to the General Committee of the R.L. Fund, 8 Jul. 1855.

（28）No.9, Form of application, 2 Mar. 1858.

（29）No.10, Wade to the General Committee of RLF, 2 Mar. 1858.

（30）No.9, Form of application, 2 Mar. 1858.

（31）No.15, Form of application, Dec. 1859. No.21, Form of application, 4 Mar. 1861.

（32）Nos.1, 9 and 15.

（33）No.10, Wade to the General Committee of RLF, 2 Mar. 1858.

(34) No.9, Form of application, 2 Mar. 1858.

(35) こうした階級分化の脈絡の言説分析については、金澤前掲論文を参照。

都市の共同墓地

一九世紀における三種類の墓地の継承関係

久保洋一

はじめに

一九世紀のイギリスには多くの共同墓地（cemetery）が建設された。共同墓地は民間と自治体のものに二分できる。二種類の共同墓地の運営組織はどのようなものであったか。一八五一年に人口が三万人以上であった六八都市のうち六一都市を対象としたデータが得られる。それによると、六一都市で一八二〇年から五三年までに墓地を建設・拡張した組織の数は五三である。(1) 内訳は株式会社が四二、国教会が六、市議会が二、そして改良委員会、企業家、公益財団がいずれも一である。一九世紀前半においては市議会や改良委員会と言った自治体よりも、株式会社を中心とした民間組織が墓地事業に関与していた。

民間共同墓地の一部と自治体共同墓地の建設には議会制定法が必要であった。(2) 先のデータで得た民間共同墓地の一部と自治体共同墓地の建設には地域個人法に属す法が制定された。民間共同墓地の大半を占めた株式会社の一部の共同墓地にせよ、サウサンプトンとコヴェントリーの市議会の共同墓地にせよ、墓地の建設には地域個人法が必要であった。冒頭のデータには収録されなかったが、イギリス初の自治体共同墓地として建設されたリーズの墓地では九〇条からなる地域個人法が制定された。(3)

個別性が重視された地域個人法ではあったが、共同墓地の建設のために同じタイプの地域個人法が度々制定されることで、処理の効率化を図るために法の制定過程が簡素化された。共同墓地に限らず地域個人法を要した複数の分野で模範条項法と総称できる一般法が一八四七年に制定された。(4) 一八五五年に開設されたハダズフィールドの自治体共同墓地では五二年に法が取得された。(5) 同法は分類の上では一般法に含まれるものの、ハダズフィールドの墓地のみを対象とした法であったために地域個人法に近い。(6) ハダズフィールドの法は共同墓地や公衆衛生などの模範条項法を取り込むことで条項数が三八条にまで減った。

模範条項法以上に共通ルールを成文化したのが一般法である。地域個人法に属す法を要した共同墓地が一八五〇年頃までに開設されたのに対して、一般法による共同墓地は一八五〇年代末から相次いで開設された。自治体共同墓地に関する一般法として、一八五二年にロンドンを対象とした改正首都埋葬法が、翌年にイングランド及びウェールズに対象を拡大した改正全国埋葬法が制定された。(7) これらの二法を併せて埋葬法と本稿では呼ぶ。埋葬法は、改正救貧法が機能する行政単位を、自治体共同墓地を建設・運営する単位とした。そのためそれらの単位は、市、教区連合、教区、分教区、町区にまで広がった。各単位には墓地を建設・運営する埋葬委員会が設けられた。

一九世紀における共同墓地の個数はどれくらいであったのか。民間共同墓地は、最初のものがマンチェスターに建設された一八二〇年から五三年までに、約六〇カ所が建設された。(8) 一方で自治体による共同墓地は埋葬法が施行されて間もない一八五〇年代だけで四二五カ所が建設された。[9] 建設数は一八七六年には六一九カ所に達した。[10]

全埋葬者数に対する共同墓地の埋葬者が占める割合は、例えばレディング、ノーサンプトン、ヨークといった都市では民間共同墓地が一八五〇年前後に半数程度を占めた。[11] 一九世紀中葉には多くの教会墓地で埋葬が停止された。すなわち埋葬を停止した墓地の数は一八五三～七五年にロンドンだけで三二〇カ所に及び、一八五四～七五年にイングランド及びウェールズで二八四八カ所に及んだ。[12] したがって世紀後半に建設された自治体共同墓地では全埋葬者に対する埋葬者の割合が民間共同墓地の場合を上回った。一八七九年五月にシェフィールド町区の自治体共同墓地では、町区における一年の死者二五三八人のうち二〇〇〇人つまり約八割が埋葬されると見積もられた。[13] 共同墓地への埋葬の集中は、多くの都市の共同墓地で世紀後半には日曜日の埋葬制限が検討・実施されるまでに至った。[14] 一九世紀が進むにつれ都市における死者は、教会墓地から共同墓地へ、共同墓地でも民間より自治体の墓地に埋葬される割合が高くなったのである。

共同墓地に関する先行研究では民間共同墓地に関する研究が多い。ジェームズ・スティーブン・カールは著名な民間共同墓地の景観や併設された建物の建築様式を詳述し、[15] ラグは民間共同墓地の建設要因について分析を行った。[16] 二人以降の研究では地域ないし都市を特定した民間共同墓地研究が積み重ねられている。[17] ここにおいては二つの焦点を指摘できる。まず一つめの焦点としては特定の方向に特化した民間共同墓地に関する研究がある。二つ目の焦点としては、ヨークやエディンバラなど民間共同墓地が墓地の中心となった都市における墓地の利用状況に関する研究がある。自治体共同墓地に関する研究としては埋葬委員会の動向に注目した一連の拙稿がある。[18]

本稿では、先行研究では分断された感のある、二種類の共同墓地と教区教会墓地とを併せた三つの墓地の継承関係を検討する。

1．民間共同墓地

二種類の共同墓地はその埋葬地が聖別地と非聖別地とに二分される。この二つの埋葬地の問題を考えるには教区教会墓地について考える必要がある。教区教会墓地の埋葬地は聖別地であった。聖別地は国教会の聖職者による宗教儀礼で聖別された埋葬地である。教区教会墓地の聖別地には国教徒が国教会の儀礼で埋葬された。国教会は制度化された教会であると同時に体制教会でもあった。つまり国制上は、イギリス国民は国教会に属す国教徒であり、教区教会墓地は国教徒の墓地であるだけではなく国民墓地でもあった。教区教会墓地にイギリス国民は埋葬される権利を持っていた。[19]しかし非国教徒はイギリス国民でありながら、教区教会墓地では自宗派の儀礼で葬儀を挙げることはできなかった。そのため非国教徒は聖別地には国教徒として即ち国教会式の儀礼で埋葬されるか、宗教儀礼なしの葬儀で埋葬された。

埋葬地を聖別地へと転じる聖別という宗教儀礼は二種類の共同墓地にも導入された。一八七六年にロンドンのハムステッドに開設された自治体共同墓地で主教は、『教会墓地ないし共同墓地の聖別の文言集』から祈祷文を読み上げることで聖別式を司式した。[20]主教が祈祷文を読み上げた書物のタイトルから、教会墓地における聖別式が共同墓地にも継承されたことを確認できる。

二種類の共同墓地のうち時代的に先行したのは民間共同墓地である。その起源はロンドンにあるバンヒル・フィールズ共同墓地である。[21] 一六六〇年代に開設されたこの墓地は聖別地への反発が開設の要因であった。つまり非国教徒は教区教会墓地では自宗派の儀礼で葬儀を司式できないことに反発したため、埋葬地が非聖別地のみ即ち聖別されない埋葬地を持つこの墓地を開設した。

一六六〇年代は国教会体制が確立する時期であった。[22] この時期には王政復古によって国教会の優位性が確立すると同時に非国教徒、特にプロテスタント非国教徒への弾圧がなされた。クラレンドン法典と総称される一六六〇年代に成立した四つの法律、すなわち自治体法、礼拝統一法、秘密集会法、五マイル法によってプロテスタント非国教徒は弾圧された。この時期には、正統たる国教徒が優位性を確保すると同時に異端としての非国教徒という範疇ができあがった。

民間共同墓地は一九世紀前半には約六〇カ所が建設された。既に述べたように、民間共同墓地を開設した組織の大半を占めたのは株式会社であった。ラグは民間共同墓地を建設した株式会社が設立された主たる要因を三つ挙げた。[23] すなわち宗教上の不満解消、衛生改善、投機である。これらの要因のうち株式会社が墓地を建設できた割合を高い順に並べると、一位は宗教上の不満解消の場合である。この場合には、設立された株式会社の数が二二社と建設された墓地の数が二〇カ所であり、株式会社が墓地を建設できた割合は九割を越した。次に株式会社が墓地を建設できた割合が七割程度と高かった主因は、衛生改善を目的とした場合であり、会社数が三七社と墓地数が二五カ所であった。一九世紀前半のイギリスでは不衛生な墓地が都市では問題になっていたために、その対策として一部の民間共同墓地が建設された。株式会社が民間共同墓地を建設できた割合が最も低かった主因は投機である。この場合は会社数が三〇社と墓地数が一一カ所であったため、墓地を建設できた割合は四割程度に留まる。株式会社は利益のみを求める場合には墓地建設が困難、つまり株の売却による建設資金確保という形での支持を得ることが難しかった。

宗教上の不満解消を謳って建設された民間共同墓地は埋葬地が聖別されないことを、すなわち埋葬地が非聖別地のみであることを強調した。例えばリヴァプールの一八二五年に開設されたロー・ヒル共同墓地、(24)リーズの一八三三年に開設された一般共同墓地、(25)シェフィールドの一八三六年に開設された一般共同墓地、(26)そして一八四〇年にロンドンに開設され、もう一つのバンヒル・フィールズと呼ばれたアブニー・パーク共同墓地などは、(27)埋葬地が非聖別地のみの著名な民間共同墓地であり、プロテスタント非国教徒を主たる埋葬者とした。

全ての民間共同墓地が非聖別地のみを埋葬地としたわけではなかった。非聖別地と聖別地の双方の埋葬地を持った墓地もある。一八三四年にニューカッスルに開設された一般共同墓地は、聖別地と非聖別地の双方の埋葬地を持った最初の民間共同墓地であった。(28)ロンドンの著名な民間共同墓地であり、一八三七年に開設されたケンザル・グリーン共同墓地でも、聖別地と非聖別地の埋葬地が設定された。(29)

さらには聖別地のみの民間共同墓地も存在した。例えばリヴァプールでは、一八二五年に開設され埋葬地が非聖別地のみだったロー・ヒル共同墓地に対抗して二九年に開設されたセント・ジェームズ共同墓地は、埋葬地が聖別地のみだった。(30)リヴァプールに一八五九年に開設されたフォード共同墓地はカトリック専用の民間共同墓地であった。(31)

民間共同墓地は非聖別地を中心に発展した共同墓地であったものの、埋葬地における聖別地と非聖別地の設定は墓地が立地する共同体の意向に一任されていた。民間共同墓地は立地する共同体の意向に左右された共同墓地であった。

2. 自治体共同墓地

自治体共同墓地の埋葬地において聖別地と非聖別地はどのような関係にあったのか。前述したように四二五カ所の自治体共同墓地がイングランド及びウェールズで一八五五〜九年にかけて建設された。それらの埋葬地の面積は、聖別地が非聖別地を上回ったものが三五六カ所、聖別地と非聖別地が均等だったものが五八カ所、聖別地が非聖別地を下回ったものが八カ所、聖別地と非聖別地は存在するもののその面積が不明な墓地が三カ所あった。聖別地と非聖別地の面積では、聖別地が非聖別地を圧倒した。ただし自治体共同墓地には非聖別地も必ず設定、つまり埋葬地の全体が聖別されることはなかった。これは、埋葬法が自治体共同墓地では聖別地のみならず非聖別地も確保するように命じたことを反映している。

一方で埋葬地調査と同時期の一八五一年に実施されたセンサスによると、調査日(一八五一年三月三〇日〔日曜日〕)の朝、昼過ぎ、夕方における礼拝出席者数は、イングランド及びウェールズにおいて、宗派別に多い順に、約四九四万人(礼拝出席者の中の比率〔以下略〕、約四七%)を国教徒、約四八六万人(約四七%)をプロテスタント非国教徒、約三七万人(約四%)をカトリック教徒、約二六万人(約二%)を諸派が占めた。[32]一九世紀中葉には国教徒に匹敵するプロテスタント非国教徒がいた。またプロテスタント非国教徒、カトリック教徒、諸派などを含んだ非国教徒の数(約五四九万人)は国教徒の数（約四九四万人）を上回る。バンヒル・フィールズ共同墓地が開設され間もない時期である一六七六年にロンドン主教ヘンリ・コンプトンによって実施された宗教調査では、国教徒が九割を越したのに対して非国教徒は一割以下であった[33]。一六七六年の宗教調査と一八五一年のセンサスから、一九世紀における非国教徒の数的な増加は明らかである。

共に一八五〇年代に実施された埋葬地調査とセンサスとを比較すると、センサスが礼拝参加者数を数えたのに対して、埋葬地調査は埋葬地の広さを比較した。センサスが個人を対象とした宗教調査であるのに対して、埋葬地調査は墓地が立地する共同体を支える制度の調査であった。センサスの対象と比べて埋葬地調査の対象は、国制上の上位の概念を調査した。したがって埋葬地調査で聖別地が非聖別地を遥かに凌駕した原因は、センサスにおいて非国教徒が国教徒を数の上で上回ったことを勘案するならば、国教会の他宗派に対する優越を保証する国教会体制に多くを負っていたと判断できる。しかも、非国教徒が聖別地と非聖別地の設定に関与することは国教徒の場合と比べると難しい。それは、国教徒とは違い、非国教徒が共通の一元化された宗教的権威を持てなかったためである。

したがって聖別地と非聖別地の面積が均等な五八の墓地は宗派別の人口比に対応しているのではなく、別な理念を表しているようだ。つまり自治体共同墓地において、国教徒の墓地と非国教徒の墓地が共に遜色なく並立しあうという試みが極端な形で表れたのではないか。

同様の傾向は聖別地の境界線の囲いにも表れた。聖別地の境界線は、道ないし低い囲いによる境界線が一般的であった[34]。つまり埋葬地において、聖別地と非聖別地が共に設定されただけでなく、聖別地に道ないし低い囲いで境界線を設けることで聖別地と非聖別地との差を打ち消し、両者の同質性までも示されたのである。

自治体共同墓地での国教徒の埋葬地と非国教徒の埋葬地の並立を考える上で聖別地と非聖別地の面積、聖別地の境界線以上に示唆的なのがチャペルである。埋葬される遺体を一時安置し葬儀を行うチャペルは聖別地と非聖別地にそれぞれ設けられた。

ロンドンのシティが所有する自治体共同墓地がエセックス州のリトル・イルフォードに建設された[35]。シティ内に土地を確保できなかったので、シティの外に設けられたようだ。聖別地に対応するチャペル即ち国教徒用のチャペルはゴシック様式で建設された（図1）。ゴシック様式とは一九世紀前半を中心に復興した建築様式であり、中世の建築に範が置かれた。その建物は全体として鋭角的な構造となった。ゴシック様式は教会建築にも取り入れられ、国教会の教会建築で度々採用された[36]。建築におけるこの流れを受けてこの国教徒用チャペルは建設されたようだ。では非聖別地に対応したチャペルはどうか（図2）。このチャペルの平面図は正面の辺のみ手前に突き出た六角形であった。チャペルの平面図が六角形であったのは、ここを利用する人々の多くがプロテスタント非国教徒であったためであろう。というのも平面図が六角や八角と言った正多角形となった教会は、プロテスタント非国教徒の教会建築の一つの伝統であったからだ[37]。シティが有する自治体共同墓地の二つのチャペルはこのように教会建築における流れを反映していた。

次に取り上げるのは、同じロンドンのランベス教区が所有する自治体共同墓地である[38]。この墓地もランベス教区内に土地を確保できなかったので、その外であるトゥーティング教区に設けられたようだ。図3の中心左側に聖別地の国教徒用チャペル

図 3　*The Builder*, vol. 12, 1854, p. 223.

図 1　*The Builder*, vol. 13, 1855, p. 579.

図 4　*The Builder*, vol. 20, 1862, p. 11.

図 2　*The Builder*, vol. 14, 1856, p. 31.

がある。ポーチの上に塔が付属している。塔を設けたのはゴシック様式の影響であろう。国教徒用チャペルの向かいに、非聖別地の非国教徒を対象としたチャペルがある。このチャペルの右端が図3では切れているので完全には分からないが、外観が国教徒用チャペルと類似している。塔の有無が主たる違いであろう。

次はバーミンガム市の自治体共同墓地のチャペルを見てみよう。[39] 図4の中央に二本の塔がそびえる。左側の塔を含む建物群ではその平面図である図5と照応すると、塔、聖具室付のチャペル、廊下、遺体安置所、廊下、待合所が並ぶ。右側の塔を含む建物群では同様に塔、聖具室と内陣を備えたチャペル、待合所、開放廊下、遺体安置所が並ぶ。解説記事には、図4に描かれたどちらのチャペルが国教徒用チャペルか、非国教徒用のチャペルなのか明記されていない。内陣を備えたチャペルが国教徒用チャペルなのかもしれない。また二つの建物群で遺体安置所と待合所が対照に配されていない。しかし全体として二つの建物群は同じ機能を果たし、かつ外観が類似している。また両チャペルに塔があるということはプロテスタント非国教徒を対象とした塔のないチャペルに対して、国教徒用の塔のあるチャペルというチャペル建築の流れを否定している。塔が両チャペルに配されたのも、二つの建物群の同質性を強調するためであろう。

最後にロンドンのパディントンに新設された自治体共同墓地を取り上げよう。[40] 敷地の中心に建設されたのが、二つのチャペルを連結した建物である（図6）。この建物の平面図である図7によると、建物の両脇から、チャペル、ポーチ、ゲートウェイ、式服着替え室が並ぶ。塔を中心にシンメトリーに各部屋が配された。二つのチャペルのうち窓が一つしかないものが国教徒用チャペルである。両チャペルは前面の窓の数

図 6　*The Builder*, vol. 13, 1855, p. 403.

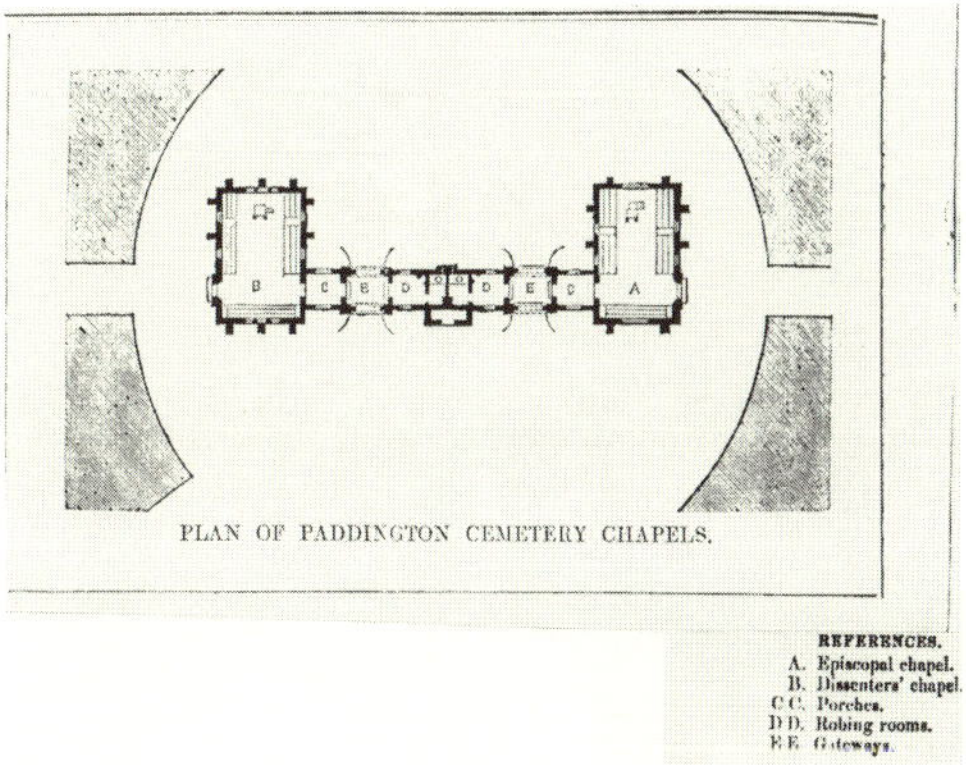

図 7　*The Builder*, vol. 13, 1855, p. 402.

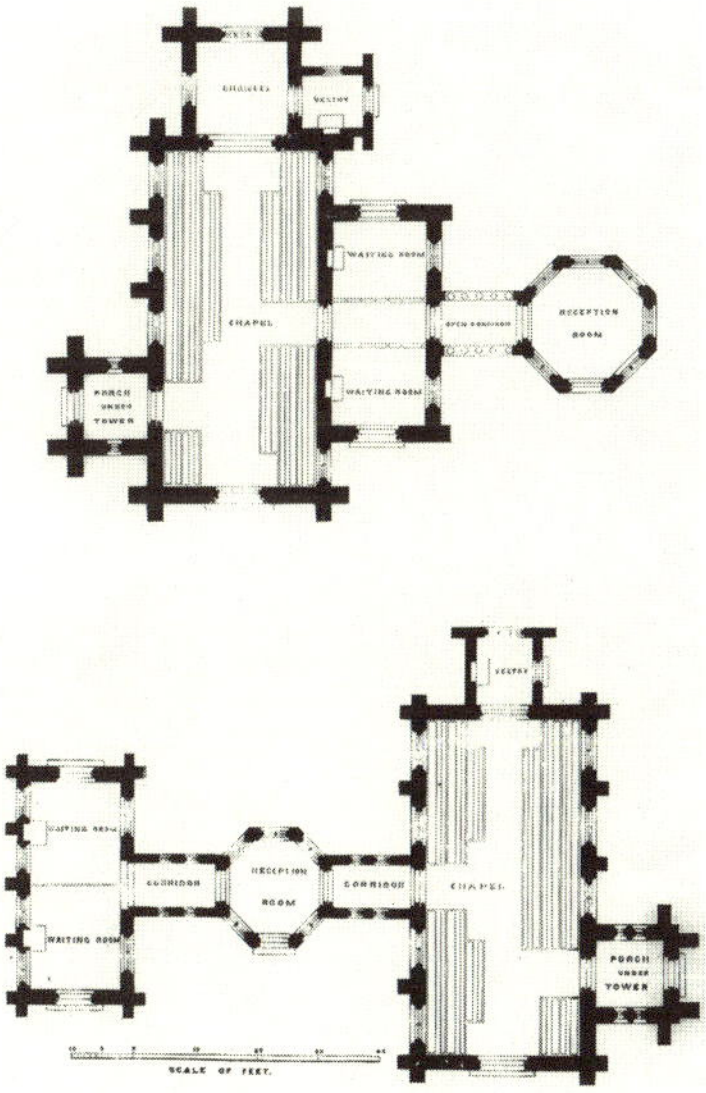

図 5　*The Builder*, vol. 20, 1862, p. 10.

や形が違うだけである。

これらのチャペルから明らかであろう。二つのチャペルは並立しつつ、その同質性も視覚に訴える形で建築されたのである。そのためには、チャペルの形や塔の有無といった教会建築の伝統を無視することさえ起きた。確かに聖別地と非聖別地においても均等な面積という方法で、国教徒の埋葬地と非国教徒の埋葬地が並立しあうという状況が生じた。しかし、面積の均等は埋葬される者が必要とする埋葬地を確保できなくなる可能性があるため、実現は容易ではない。また聖別地に道ないし低い囲いで境界線を設けることは、聖別地と非聖別地の同質性を示す方法として容易ではあるが、さほどインパクトはないであろう。これらの方法に比べて、二つのチャペルでの同質性の追求は容易であり、かつ明確な意志表示となった。

同質な二つのチャペルについて、「無駄な出費として認識されている、共同墓地のそっくり同じのチャペルに代えて、一つのチャペルで全キリスト教徒が満足すればいいのだが」と嘆いたのは名士ジョゼフ・ピースである。[41] 土地付の共同墓地の寄贈を望んだ彼の死後、その望みを息子が実施した。[42] 同質の二つのチャペルの弊害を、土地付の共同墓地を寄贈するほど資力のある人物でさえ感じていた。

この並立する二つの埋葬地はより大きな文脈で何を意味したのか。一九世紀に国教会は国家から制度上切り離され、多くの権限を喪失した。この過程を強力に推進したのが、プロテスタント非国教徒、カトリック教徒である。一九世紀にその数と社会的な影響力を増した彼らは、国教会の権限の剥奪つまり国教会の非国教化に努めただけでなく、多くの権限を獲得することで宗教差別の撤廃に努めた。つまり一九世紀は国教会体制が攻撃を受けるとともに、非国教徒が多くの権限を求めた宗教的平等を志向する時代であった。

この宗教的平等が限定的に表れたのが自治体共同墓地である。国教徒が国教会という一つの宗派に属しているのに対して、非国教徒は国教会以外の諸宗派に属す人全てを意味する。宗教的平等を厳密に実現するのであれば、自治体共同墓地において、非国教徒の諸宗派のそれぞれに、国教徒の埋葬地と同質の埋葬地を設ける必要がある。もしくは、自治体共同墓地を国教会を含む全宗派の混在した一つの埋葬地としなければならない。しかし実際は、国教徒と対になるべく、非国教徒は一つの非国教徒にまとめられることで、面積が均等な聖別地と非聖別地、強調されない聖別地の境界線、そして同質な二つのチャペルが実現した。つまり限定的に宗教的平等は自治体共同墓地に表れたのである。

おわりに

教区教会墓地、民間共同墓地、そして自治体共同墓地における埋葬地は、遺体を埋葬する場であっただけでなく、共同体における宗教を反映する場でもあった。これらの墓地で宗教は聖別地と非聖別地の関係として表れた。教区教会墓地が国教会の墓地であるだけではなく、国民墓地でもあったことは、国教会体制下のイギリスにおける墓地の有り様を反映していた。教区教会墓地に反発して非国教徒が主に発展に寄与した民間共同墓地では、墓地の建設・運営を担う組織に聖別地と非聖別地の関係が委ねられた。株式会社を主たる運営組織とした民間共同墓地は、利用者たる埋葬者の需要に応じるために非聖別地を中心に発展した。非国教徒のなかでもプロテスタント非国教徒やカトリックに特化した民間共同墓地までが設置された。教区教会墓地の伝統と民間共同墓地の伝統とを、いわば止揚する形で展開したのが自治体共同墓地であった。自治体共同墓地は、上から即ち埋葬法と下から即ち共同体の二つの要求に応えた。自治体共同墓地は埋葬法の規定で聖別地と非聖別地を設定し、それぞれにチャペルも建設しなければならなかった。この義務を負った自治体共同墓地では、聖別地が非聖別地に優勢だったものの、宗教的な平等と言う社会的圧力を受けて、聖別地と非聖別地の割合は度々均等なものともなった。非聖別地が聖別地を上回った自治体共同墓地が極めて稀であったことからは、非国教徒は意図して非聖別地が聖別地を上回らないようにした可能性もある。つまり非国教徒は宗教的な平等への拘りが強く、その拘りが新しい国民墓地たる自治体共同墓地の成立に寄与した。自治体共同墓地における二つの埋葬地の関係は、共同体の分裂を回避するイギリス流の妥協の政治文化でもあった。

本稿で検討した自治体共同墓地はその後にどのような展開を辿ったのか。関連法の変遷を辿ることで本稿の議論の有効範囲を確認したい。

一八七九年には公衆衛生法が成立した。[43]同法は一八七五年に成立した公衆衛生法と一八四七年に成立した共同墓地の模範条項法を結びつけた法である。遺体安置所の拡大版として自治体共同墓地を捉えた一八七九年の公衆衛生法によると、衛生当局が自治体共同墓地を建設・運営でき、しかも聖別地を設定する義務を負わなかった。チャペルの建設は聖別地で必要とされたものの、非聖別地では任意であった。埋葬法が内務省によって管轄されたのに対して、一八七九年の公衆衛生法は地方自治局によって管轄された。[44]公衆衛生法は自治体共同墓地に本稿で検討した埋葬法と異なる体制で関与した。

二つの体制の集約を図った一九〇〇年に成立した埋葬法では、自治体共同墓地への管轄部局が地方自治局に一本化された。[45] 聖別地の設定とチャペルの建設は現地の埋葬当局に一任された。非聖別地に埋葬当局が費用を負担して建てることができたチャペルはその利用を特定宗派の信徒に限定しなかった。特定宗派の信徒に利用が限定されたチャペルは、埋葬地のうち特定宗派の信徒に埋葬が限定された一画にその利用者が費用を負担して建てた。こうして自治体共同墓地が国教会を含む全宗派の混在した一つの埋葬地となる前提が生じ、この墓地における宗教上の平等が法の上では達成された。本稿で論じた埋葬法体制は一九世紀末には変容し始めるのである。一九世紀末のこれらの法と実際に建設された自治体共同墓地の関係を問うのは更なる課題である。

注

（1）Julie Rugg, *The Rise of Cemetery Companies in Britain, 1820-53*（University of Stirling, Ph.D., 1992）p. 63.
（2）民間共同墓地のうち聖別（consecration）されない埋葬地だけの墓地では法が不要であった。Rugg, *The Rise of Cemetery Companies in Britain* p. 98. この説はロンドンの複数の民間共同墓地が個別の地域個人法と共に引用された法において、埋葬地が非聖別地に限られた二つの墓地では該当すべき地域個人法が引用されなかったことからも傍証できる。15&16 Vict.c.41 schedule（B）
（3）5&6 Vict.c.ciii; Sylvia M.Barnard, *To Prove I'm Not Forgot: Living and Dying in a Victorian City*（Stroud, Rev. edn 2009, 1st edn 1990）
（4）10&11 Vict.c.65; John Prest, *Liberty and Locality*（Oxford, 1990）p. 29.
（5）15&16 Vict.c.41.
（6）同法は一八四九年に成立した有害物除去・疾病予防改正法の権限を利用したために分類上は一般法に属した。12&13 Vict.c.41,ss.viii,ix.

（7）15&16 Vict.c.85; 16&17 Vict.c.134.

（8）Rugg, *The Rise of Cemetery Companies in Britain*, pp. 87, 92, 97.

（9）'Return of Number of Burials on Cemeteries provided under the Burial Acts from 1855-1859', 1860（560）LXI 505, *Parl.Paps.*

（10）'Return Relative to Population and Burial Places（England and Wales）', 1876（60）LVIII. 535, *Parl.Paps.*

（11）Rugg, *The Rise of Cemetery Companies in Britain* , pp. 328-329.

（12）'Return of London Burial-Grounds partially open and closed by Orders in Council, 1853-75', 1876［C.1447］LVIII.531, *Parl.Paps*; 'Return of Burial-Grounds partially open and closed by Orders in Council, 1854-75', 1876［C.1448］LVIII.531, *Parl.Paps.*

（13）*Sheffield and Rotherham Independent*（15 May 1879）5d.

（14）久保洋一「一八八七年ダービー市の日曜埋葬問題——一九世紀後半イギリスの自治体共同墓地の運営」『社会科学』四二巻、二・三号、二〇一二年。

（15）James Stevens Curl, *The Victorian Celebration of Death*（Stroud, Rep. 2001, 1st edn 2000）

（16）Rugg, *The Rise of Cemetery Companies in Britain.*

（17）久保洋一「一九世紀イギリスの墓地——共同墓地を中心とした研究動向の整理」『歴史文化社会論講座紀要』一〇号、二〇一三年。

（18）以下の研究とその注を参照。久保洋一「ハダズフィールドの二つのチャペル——一九世紀イギリスの共同墓地」『歴史文化社会論講座紀要』一二号、二〇一五年。

（19）Gerald Bray, *The Anglican Canons 1529-1947*（Woodridge, 1988）pp. 359, 591.

（20）*The Times*（11 November 1876）10e.

（21）久保洋一「一九世紀イギリスの墓地——ロンドンのバンヒル・フィールズ埋葬地を事例として」『人間・環境学』一七巻、二〇〇八年。

（22）浜林正夫『イギリス宗教史』大月書店、一九八七年、一七五——一七六頁。

（23）Rugg, *The Rise of Cemetery Companies in Britain*, pp. 87, 92, 97, 225.

（24）*Liverpool Mercury*（4 February 1825）8c;（1 April 1825）6a-c.

（25）Barnard, *To Prove I'm Not Forgot*, p. 18.

（26）開設時には非国教徒用であったこの墓地は一八四〇年代末には国教徒用の埋葬地が整備された。David Hey, *A History of Sheffield*（Lancaster, 3rd Rev.edn. 1st edn 1998）p. 137.

（27）James Branwhite French, *Walks in Abney Park*（London, 1883）p. 9.

（28）Rugg, *The Rise of Cemetery Companies in Britain*, p. 303.

（29）James Stevens Curl ed, *Kensal Green Cemetery*（Chichester, 2001）

（30）James Stevens Curl, 'The Historical Background', Curl ed, *Kensal Green Cemetery*, pp. 17-19.

（31）久保洋一「一八六〇年代リヴァプールにおける日曜埋葬問題―一九世紀後半イギリスの自治体共同墓地の運営」『歴史文化社会論講座紀要』八号、二〇一一年、四章。

（32）浜林『イギリス宗教史』二二一―二二八頁。

（33）浜林『イギリス宗教史』一七四―一七七頁。

（34）久保洋一「一九世紀後半イギリスにおける墓地―自治体立共同墓地新設について」『人間・環境学』六巻、二〇〇七年、一四三頁。

（35）*The Builder*, vol.13, 1855, p. 578.

（36）Kenneth Clark, *The Gothic Revival: an Essay in the History of Taste*（London, 2nd edn, 1950）chs 5&8〔ケネス・クラーク著、近藤在志訳『ゴシック・リヴァイヴァル』白水社、二〇〇五年〕

（37）Chris Waking, 'The Nonconformist Traditions: Chapels, Changes and Continuity', Chris Brooks and Andrew Saint, eds, *The Victorian Church: Architecture and Society*（Manchester, 1995）pp. 94-95.

（38）*The Builder*, vol.12, 1854, p. 222.

（39）*The Builder*, vol.20, 1862, p. 13.

（40）*The Builder*, vol.13, 1855, p. 402.

（41）*The Times*（11 November 1872）5d.

（42）*The Builder*, vol.32, 1874, p. 356.

（43）31&32 Vict. c.31.

（44）Deborah Wiggins, *The Burial Acts: Cemetery Reform in Great Britain, 1815-1914*（Texas Tech University, Ph.D., 1991）p. 184.

（45）63&64 Vict. c.14.

ヴィクトリア朝後期の執事たち

薗田章恵

ヴィクトリア朝時代のイギリスは、上流階級（人口比率で二％）、中流階級（二八％）、労働者階級（七〇％）というはっきりとした階級社会であった。持てる者と持たざる者という二つの国民が住んでいて、彼らはお互いに出会うこともなかったと言われていた。しかし資産を持つ上流階級である貴族にとって、お屋敷という同じ屋根の下で暮らす労働者階級の家事奉公人は欠くべからざる存在であった。特に家事奉公人のトップであった執事がいなければ公私ともに生活が成り立たなかったのである。

貴族のお屋敷では、コック、庭師、従僕、御者、馬丁、台所女中、洗濯女中など多くの家事奉公人が働いており、執事は彼らの管理、監督、採用、教育を行った。貴族はロンドンにタウンハウスを持ち、田舎では大きなカントリー・ハウスを所持していた。夏の社交シーズンにはロンドンで過ごし、シーズンオフには田舎で狩りをしたり、お客を招いていた。

主人と同じ階級のお客が快適に過ごせるようにマネージメントをしたのが執事であった。特にパーティの企画、指揮、演出は彼らの腕の見せどころであった。チャールズ・クーパーという執事は、自伝に自分がしたテーブル・セッティングが『デイリー・メイル』紙に写真付きで掲載されたことを自慢げに書いていた。

執事は、英語でバトラーと称され、語源は酒のボトルから来ている。その名のとおり酒類の在庫管理は、主要な仕事であり、料理との取り合わせを考えて客に給仕するソムリエの役目も果たしていた。

『パンチ』という風刺画に「正直な執事」というタイトルでワインセラーの鍵をめぐっての主人と執事のやり取りが次のように描かれていた。

鍵を預けるとワインが盗まれるのではと疑う主人は執事に「お前はワインセラーの鍵を預かりたいのだろう」と試すような聞き方をした。それに対して執事は「それはワインの質によりけりですな」と対抗している。ワインについて熟知している執事に、大したワインが入っていないことを見透かされていたのである。

ただ服従しているだけではなく、主人にアドバイスや苦言を呈する執事もいた。あるパーティでスキャンダルにもなりかねなかった事件が起こったことがあった。公的に大変有名な客が女主人に「かわいくてだらしない台所女中をさがしているのだが、お宅の奉公人でいい子はいないですかな」と尋ねた。それを聞いた従僕が、あわやその客の頭に熱いソースをかけようとしていた。執事のリー氏は、その従僕の腕を掴んで食堂の外へ連れ出し事なきを得た。リー氏はその従僕を叱りはせず、翌日女主人に「奥様、昨夜の客が私たち奉公人についてあのようなことを言う権利などありません。許すことができません」と訴えた。女主人は「リー、お前が全く正しい。二度とあの人はお招きしません」と応えて、昨夜嫌な思いをした従僕に心から詫びを言ったのだ。このようなエピソードから、主人と執事の関係は、互恵的であったと言えるだろう。

彼らの自伝の中で、執事になるための過程が示されていたが、彼らは労働者階級の子どもであった。学校教育を満足に受けることができず、親が職人になるための徒弟奉公の謝礼金を払う余裕がなく、一〇代で奉公に入って、経験を積みながら昇進していったのである。もし、彼らが教育を受けることができたら、下層中流階級への異動が可能であった。

家事奉公人の中にもヒエラルキーがあり、最初は下級奉公人の屋外奉公人として下働きをした。次に屋内奉公人の従僕になり、執事助手から上級奉公人の執事へと昇進していったのである。下級奉公人と上級奉公人の賃金の差は五倍ぐらいであった。

彼らがスキルを身につけたのは、学校教育ではなく、仕事を通しての自学自習であった。彼らの共通点は勘の良さで、見ているだけでも覚えていく能力があったのだ。また、昇進も上の者が辞めないと可能性が少ないので、昇進するために奉公先を変えている者も多かった。奉公先の情報を得たのは、直接の縁故、出入りの商人や同業者からで、彼らは人脈を築くのが得意であった。

彼らは、階級の差から、普通は知りえなかった上流階級の貴族と生活を共にしてきた。体裁を保つために自由が制限されるなど、貴族の悩みも身近で見てきた。階級と幸福度が比例するとは限らず、執事経験者のアルバート・トーマスは、彼のキャリアを振り返って「正直な話、大変な金持ちが幸せであるのを見たことがない」と語っている。

絶対平和主義と宥和政策

クリフォード・アレンの「建設的平和主義」

小関 隆

はじめに——「異端」の貴族院議員

本章の主人公クリフォード・アレン（一八八九～一九三九年）は、一九三二年一月に男爵の称号を与えられ貴族院議員となった人物である。一見して「異端」からはきわめて遠い。しかし、彼の名が今でも知られているとしたら、それはなにより第一次世界大戦（以下では、大戦）の際に導入されたイギリス史上初の徴兵制に対する抵抗運動の指導者としてであろう。いわゆる良心的兵役拒否者の代表格であったアレンは、まさに総力戦体制下の「異端」に他ならぬ存在であった。それでは、「異端」であったアレンが男爵となり、その後は「正統」の道を歩んだのかといえば、話はそう単純でもない。本章の狙いは、一九三〇年代のアレンに焦点を合わせて、結局のところ彼が「異端」とならざるをえなかった事情を明らかにすることにある。

大戦中に三度投獄されたアレンが最終的に釈放されるのは一九一七年一二月、相対的に早い釈放となった理由は健康不安であった。一五カ月以上に及んだ獄中生活の結果、体重は五〇キロにまで激減し、結核菌にも蝕まれたため、右の肺はまともに機能しなかった。アレンの健康は半永久的に失われ、出獄後にも病床に伏す日々が繰り返された。

大戦以降、アレンが力を注いだのは労働運動や社会主義運動であり、一九三三年以前の段階で平和運動にコミットした形跡はない。この間の経緯は省略し、叙爵についてだけ確認しておこう。世界恐慌に直面したラムジ・マクドナルドの労働党政権が失業給付の一〇%削減を決断すると、それへの賛否をめぐって労働党は分裂、一九三一年八月にはマクドナルドを首班とする挙国政権が成立するが、アレンはマクドナルドに同調する労働党少数派の側に身を置き、精力的にマクドナルド支持の論陣を張った。経済危機の解決のために小異を捨て大同につくべき時であり、保守党単独政権を回避できたという意味で、マクドナルドの選択は正しかったというのである。保守党が支配的な挙国政権の中で多少とも影響力を確保すべく、マクドナルドは側近アレンを貴族院議員とすることを発案し、アレンは男爵の爵位を受けいれた。健康不安ゆえ、庶民院議員の激務には耐えられないものの、貴族院議員であればなんとか務められる、というのがアレンの言い分であった。挙国政権支持を呼びかけた彼の行動はかつての同志たちの信頼を揺るがし、あたかも報賞として爵位を与えられたかに見える事態が不信感を増幅したため、以降のアレンは孤立感を深めることになる。それでも、帯剣が慣習となっていた貴族院への初登院にあたり、アレンが史上初めてそれを拒んだ事実は、平和主義者の矜持を示すエピソードとして、記憶されてもよいだろう(1)。

1.——「建設的平和主義」と集団安全保障

戦間期には、大戦中は圧倒的な少数派にすぎなかった平和・反戦の声が世論に浸透してゆくが、その一方、アレンをはじめとするいわば筋金入りの平和主義者の多くは、いっさいの戦争や武力行使を否定する絶対平和主義では現実に対処できないという認識を強めていった。たとえば、アレンとともに反徴兵制運動を指導したフェナ・ブロックウェイもバートランド・ラッセルも、反ファシズム戦争としての第二次世界大戦には支持を与えている。戦間期の平和運動の基調となったのは絶対平和主義ではなく、国際連盟に依拠して戦争抑止を目指す国際主義的な平和主義であった。平和・反戦を求める世論の広がりは、絶対平和主義の伸長を促しはしなかったのである。(2)

アレンが絶対平和主義をはっきりと否定したのは一九三三年七月、久々に平和運動の現場に登場してきた時であった。ナチズムの台頭と戦争の脅威の顕在化が平和運動への復帰を後押ししたと思われるが、しかし、彼の姿勢は良心的兵役拒否者だった時代とは大きく違っていた。「建設的でない限り平和主義は無意味だ」と宣言して、アレンはこうつづけた。

……人々が戦いをやめさえすれば戦争は終わるなどと論証するために、一緒に立派な演説をしあっても、無駄なことです。そんなことは、万人が善良であれば世界はもっと幸福になる、というのと同じです。……

……火事から自分の子どもを救いだすことを拒否するのなら、レイプされている幼い子どもを助けるために警官に頼ることを固辞するのなら、その時は、そしてその時だけは、貴方たちは非暴力平和主義者を自任してもよいでしょう。しかし、そうであるならば、……実践的な政治案件にかかわることをやめ、代わりに、世論を教育する者として、あるいは、宗教的なプロパガンダをする者として、貴方たちは荒野に向かわなければなりません。武力を用いて法と秩序の支配を追求しようという信念をもった人々から成る世界の統治に参加する権利はないのです。(3)

「法と秩序の支配」を実現するには武力が不可欠と考える者が多数派だという「現実」に対して「非暴力平和主義」は無力である、アレンはいわば「現実主義」の立場から絶対平和主義を否定した。彼の認識によれば、戦争の可能性が拡大している現下の情勢は、絶対平和主義を唱えて多数派が軍事力信奉を捨てることを待ってなどいられぬほど緊迫していた。絶対平和主義という「最善」を当面は棚上げしてでも「次善」を追求しようという姿勢を、アレンは打ち出したのである。(4)

「建設的平和主義」が具体的に意味したのは、国際連盟を通じた集団安全保障に他ならない。「非常措置としての［国際連盟による］軍事的制裁」に戦争回避の有効な手法を見出したアレンは、国際連盟の管轄下に国際空軍を創設し、「世界の警察」の役割を負わせることを構想したのだが、もちろん、絶対平和主義の原則を保つ者たちにとっては、軍事的制裁は批判の対象でしかなかった。たとえば、アレンのかつての仲間であり、彼の叙爵にも好意的だったヘレナ・マリア・スウォンウィックは、「道を誤った」として次のように諫めている。「現実には、貴方のいう国際連盟の戦争は、他のあらゆる戦争を終わらせるための戦争や権利のための戦争、等々と大差ないものとなるでしょう。……戦争を統御したり文明的にしたり法で規制したりすることが可能だとは、私には考えられません。」しかし、こうした批判にもかかわらず、アレンはますます軍事的制裁を支持する論調を強め、大量の死者が出ることを防げるのなら「少々の人命の喪失」は致し方ない、とまで述べるようになる。「現実主義」の精髄ともいうべき「レッサー・イーヴル」の議論である。(5)

アレンの著作として最もよく読まれた一九三六年刊の『私たちの時代の平和』を見ると、彼が想定する集団安全保障がある種の対ドイツ有和と組み合わされていたことがわかる。

国際連盟事務局との連携の下で集団的行動を準備する意志をもつ諸国によって、すぐにでも制裁局を設置すべきです。その機能は、経済的制裁から最後の手段としての軍事的行動までにわたります。しかし、制裁局の設置後ただちに、あらゆる不満を検討の俎上に載せる念入りに考案された機関を発足させることも必要です。……最終的にはヴェルサイユ講和会議にとって代わる平和会議が必要になるでしょう。(6)

ヴェルサイユ条約に代わる新たな講和条約の必要性は、ドイツが抱くヴェルサイユ体制への不満にある程度の理を認めるアレンがかねてから主張するものであった。制裁局と「あらゆる不満を検討の俎上に載せる念入りに考案された機関」とをセットにする(アレンのいう「デュアル・スキーム」)趣旨はそこにある。軍事力なき世界という「理想」を抱きつつ、軍事力への依存を断ち切れない「私たちが生きている世界」の「現実」を直視しようとするアレンは、国際連盟による軍事的制裁を容認するわけだが、しかし実際には、国際連盟の弱体が彼の「現実主義」の前提を揺るがしていた。国際空軍の創設が具体的な日程に上ることはなく、それどころか、国際連盟は着々と機能不全に陥ってゆく。一九三五年一〇月に始まるイタリアのエチオピア侵攻の際にも効果的な制裁を科すことができず（経済制裁は実施されるが、石油の禁輸は除外）、結果的に国際連盟の「死」が語られるようになる。要するに、国際連盟の制裁実施能力はごく小さく、「デュアル・スキーム」の柱たりえないのが実状であって、「建設的平和主義」構想はいわば片肺飛行を強いられるのである。(7)

2. 「デュアル・スキーム」の空洞化

アレンは以前からドイツとの友好を提唱してきた人物であった。ヒトラー政権成立後になっても、ドイツが抱く不満のいくつかは正当だ、という認識に大きな変化はなく、たとえばラインラント進駐の際にも、それを阻む理由はないとの反応を示した。(8)『マンチェスター・ガーディアン』に掲載された一九三三年五月一八日付けのアレンの手紙は、ドイツへのスタンスを明確に述べている。

現在のドイツで起きているほとんど信じがたいほどの蛮行への私たちの恐怖は大変に深刻で、それゆえ、このことへの憤りに導かれて、ドイツ問題の他の側面に関して誤った、危険でさえある思考をしてしまう恐れがあります。……ドイツが唯一関心を寄せているのは、平等を確保することです。ヒトラー氏は、他国も同じようにするのであれば、ドイツの武装を放棄しようとの意向を表明しています。

この条件が拒否されるなら、彼にとって平等とは再軍備の権利を意味します。この平等の原則をドイツに与えることこそ、現在、本当に緊要なことなのです。(9)

キーワードとなっている「平等」は、アレンの議論においては宥和とほぼ同義であって、平等ないし宥和の促進こそが平和の志向に適うものと把握され、ナチスによる「信じがたいほどの蛮行」も再軍備も、平等ないし宥和による平和構築を妨げる理由とはならない。ヒトラーの言い分を無批判に紹介する点も合わせ、アレンの親ドイツ的な姿勢は明瞭である。

一九三〇年代半ばには、ナチスの反ユダヤ主義の実態がイギリスでも段々と知られるようになる。アレンが対ドイツ協調を説くにあたっても、ユダヤ人その他への「蛮行」に歯止めをかける努力が伴わなければ、説得力を欠くことは明らかであった。そして、アレンはドイツへ赴きナチス指導者と会談しようと考えるようになる。ナチ党内にも、外相ヨアヒム・フォン・リッベントロップをはじめ、イギリスの親ドイツ的な知識人や政治家とのコンタクトを重視する人々がおり、彼らは「高潔にして公正」なアレンとの接触は政治的に有益だと判断した。(10) 一九三五年一月二五日、アレンはヒトラーと会談する。

アレンがヒトラーから受けた印象を見ておこう。

最初に私が直観的に行ったのは、有名なクレムリンで話したことがあるレーニンとどれくらい比較できるかを考えることだった。ロシア人は、抜け目なくはあるが大変に明敏で学者肌の人物という印象であった。ヒトラー氏は、その圧倒的なヴァイタリティで人を即座に捕える。しかし、……私といた時の彼は物静かで抑制され、それでいて容赦のない人物であった。……この人物は政治をある種の宗教と見なしており、歴史に幾度も記録されてきたように、彼もまた自分の宗教のためであれば、人を迫害し殺すだろうし、自ら死にもするだろう。しかし、それでも彼は、偽ることも戯画化することもできないだけの誠実さと決意をもって自分の宗教を信じているのだ。……

会談の席にいたヒトラーは火の玉のようなデマゴーグではないが、噴き出すほどのエネルギーの持ち主であって、自分の立場を完璧に理解していた。私たちはヨーロッパ全体の問題について専門的な詳細にわたり議論し、代わりうる外交政策の方向性について考察し、ヨーロッパのすべての主要国がもつ動機と意図を検討した。……主張は正確で、進行は迅速にして論理的であった。会話が一方的になることもなかった。(11)

アレンが描くのは、暗部を抱えてはいても、冷静かつ双方向的に論理的な対話のできる人物としてのヒトラーである。しかし、「一方的」なものではなかったとはいえ、会談の成果は乏しかった。「有力なイングランド人」が「ドイツの情勢が平和的であること」に納得してくれるのは「大変に喜ばしい」といったリップ・サーヴィスこそあったものの、ヒトラーはいっさいの歩み寄りを見せていない。アレンが持ち出した「イギリスとドイツの間の相互支援合意」の可能性は一蹴され、「蛮行」をやめさせるための手がかりもつかめなかった。(12)

多少とも「蛮行」を問題にしようとしている点で、注目されるのは内相ヴィルヘルム・フリック宛ての手紙（一九三五年四月一七日付け）である。

社会主義者であれ共産主義者であれ、ユダヤ人であれ平和主義者であれ、政治的マイノリティのメンバーや政府に対立する者たちを強制収容所に送るというやり方全般について、多くのわが国におけるドイツの友人たちは懸念を抱いています。……

私個人は、政府の転覆を望む人々を暴力的な方法で拘束の下に置くことが必要な時があるだろうということを、全面的に理解しています。しかし、イギリスにいる多くのドイツの友人たちは、暴力的な手法を提唱してもいない市民がなぜ逮捕されねばならないのか、理解に苦しんでいます。[13]

しかし、暴力的拘束も必要な時はある、などと最大限の配慮を示したにもかかわらず、アレンの訴えにドイツ政府が前向きの対応を見せた形跡はない。「蛮行」除去の見通しは一向に開けてこなかったのである。

既に述べたように、アレンの「建設的平和主義」の内実は、正当性のあるドイツの不満にはきちんと対応する一方、不当な野心には集団安全保障によって立ち向かう、というものであった。しかし、集団安全保障の実践が困難である中では、「デュアル・スキーム」はドイツの要求にほぼ一方的に譲歩する方向で作用しかねなかった。「私たちの主張がドイツ人によって利用されてしまう」危険性はアレンも認識してはいたが、とはいえ、実際に彼が提唱できる方針は宥和だけだった。[14]

宥和を語る際、アレンが常套的に持ち出したのは「レッサー・イーヴル」論、より大きな悪を遠ざけるために相対的に小さな悪は容認しよう、という考え方である。一九三八年五月一七日付けの歴史家アーノルド・トインビーへの手紙では、集団安全保障のシステムによってドイツに遵法を強いるのは不可能だ、と「デュアル・スキーム」の一方の主柱の実質的不在を認めたうえで、「二つの悪から一つを選択する」必要性を述べる。「法を擁護しようと試みてカタストロフを招くという悪か、道義におけるー時的な犠牲を許容するという悪か」が選択肢であるなら、「道義にかかわるリスクを冒そうと思う」と。ドイツを圧倒できる軍事力が存在しない現状では、法の遵守を求めることがドイツの反撃を誘発し、いずれ世界規模の戦争に至る可能性が小さくない。残されているのは法に一時的に反してでもドイツを宥める道であり、道義のうえでは屈辱的だが、戦争を招く可能性はより小さい。「レッサー・イーヴル」たる後者を選択すべきとアレンは判断するのである。戦争回避に向けて「現実主義」的に対処しようとする彼のスタンスは一九三〇年代を通じて一貫していたと見てよいが、しかし、「現実」の変化（なかんずく、国際連盟の権威失墜）に対応して、「現実主義」の中身もまた変化を余儀なくされた。もはや集団安全保障というカードは「現実的」ではなかったのである。(15) それでは、こうした「現実」の中で実践された対ドイツ宥和とはいかなるものだったか、以下では具体的な事例に即して検討しよう。

3. ミュンヘン会談の周辺

最大の案件となったのはズデーテン問題である。三〇〇万人以上のドイツ系住民が圧倒的多数を構成するズデーテン地方はもともとハプスブルク帝国に属していたが、サン・ジェルマン条約によってチェコスロヴァキアに帰属することとされた。ドイツ系住民の間で根強かった自治の要求に乗ずるかたちで、ドイツが割譲を迫るようになるものの、チェコスロヴァキアには、ズデーテンを譲るつもりはなかった。豊富な鉱物資源を有し、防衛にとっても枢要な位置にあったズデーテンを譲るつもりはなかった。不当に侵略された場合にはチェコスロヴァキアを守るという合意がフランスとソ連の間に存在したため、ズデーテンをめぐるドイツの動きは戦争の引き金になりかねず、イギリスとしても事態の推移を座視していることはできなかった[16]。

ズデーテンのドイツ帰属を認め、ドイツが軍事的な手段に訴える事態を回避しようとするのが、アレンの基本姿勢であった。アレンの認識では、人工的に構築されたチェコスロヴァキアには国としての一体性はなく、ドイツ系住民が圧倒的多数を占めるズデーテンがドイツに帰属することには充分な正当性があった。そもそも無理を孕んだチェコスロヴァキアの現状を保つために、「イギリスの若者が殺され、ヨーロッパが恐るべきカタストロフに巻き込まれることもありうるとの主張をつづけることは、正しいのでしょうか？」ズデーテン問題くらいで戦争に巻き込まれてはたまらない、といった本音が透けて見える点で、ミュンヘン会談前々日（一九三八年九月二七日）の首相ネヴィル・チェンバレンのラジオ演説（「ずっと遠くの国の、知っているわけでもない人たちの間の論争を理由に、私たちが塹壕を掘り、ガス・マスクを着けなければならないとしたら、それはなんと恐ろしく、気違いじみた、途方もないことでしょう」）にも通じる論調である。チェコスロヴァキアに犠牲を強いてズデーテン問題を収めることへの道徳的な躊躇をほとんど見せぬまま、いわば確信犯として、アレンは事態の解決に乗り出してゆく。公平な立場でズデーテン問題に介入しようというコーダー・キャッチプール（かつて良心的兵役拒否者であったクエイカー）の提案を受け、アレンはドイツ・チェコスロヴァキア訪問の準備を開始するが、この決断に対し、医師は五〇〇〇フィート以上の高度のフライトは結核にとってリスクがあると警告した。実際のフライトは一万フィート近くに達し、アレンの病状に深刻な影響を与える(17)。

ズデーテン問題の打開のため、なんらかの手立てを求めていたイギリス政府は、アレンの訪問にゴー・サインを出す。どれほどの期待がかけていたかはともかく、アレンはたしかに一枚のカードではあった。ドイツとチェコスロヴァキアの政府からも訪問に前向きの返答が来るが、チェコスロヴァキアの側には、親ドイツ派のアレンがズデーテン問題をドイツの目論見に沿って動かすために訪問するのではないか、という危惧もあった。これに対しアレンは、「侵略に抗してチェコスロヴァキアを防衛するよう世論を喚起することは平和を愛するすべての者の責務だ」と述べ、懸念の払拭に努めている(18)。

一九三八年七月二七日にアレンが貴族院議員として行った生涯最後の演説は、対ドイツ協調志向が今や広く共有されているとの認識を示した。「過去数年間を通じて、わが国の世論のあらゆる階層において、ドイツとの協調を求める声が大きくなっています。ここ数年間の悲劇に自分たちも責任があることを、ある程度の恥の意識とともに、イギリス国民は認識するようになったのです」。自分は世論の大勢とともにある、という強気な認識に基づいて、アレンはイギリスに譲歩を求める。

私たちは……イギリス連邦に地球全体の面積の四分の一を保有しているのです。そして、この広大な保有地を今日の午後に私たちが討論してきたそれのような問

> 題への対処に利用するため、国際的にどう協力しあえるのかを考え始めない限り、地球の面積の四分の一を保有しつつ、私たちが法と法の保護、合法的な手続きについて語りつづけられる、などということはありえません。それは、なんらかのかたちで私たちに犠牲を強いることを意味するに違いありません。私が思うに、私たちのイギリス連邦は、今は不幸なユダヤ人やその他のマイノリティの双肩に押しつけられている苦難を、ある程度は共有することを避けられないでしょう。[19]

イギリスは多少とも植民地を放棄するなどして犠牲を払い、ドイツの不満を抑えるべきだ、これが演説の趣旨であり、最後の演説になると予測していたか否かはわからないが、アレンは絵に描いたような親ドイツ派として貴族院議員のキャリアを締め括った。

アレンとキャッチプールがベルリンに到着したのは一九三八年八月六日、盛夏の暑さでアレンは呼吸困難に陥り、絶え間なく咳をしていたという。ドイツ政府およびチェコスロヴァキア政府の要人、イギリス政府により仲介のためにプラハに派遣されていたウォルター・ランシマンとの会談に加え、八月一二日にはズデーテン・ドイツ人党の指導者たちとも会談した。この会談の内容はリッベントロップにこう報告された。「アレン卿は解決を見出そうとするランシマン卿の努力について語りました。……ランシマン卿が問題を解決できないとすれば……戦争か、それとも四列強（イギリス、イタリア、フランス、ドイツ）の会談か、という選択肢しかない、と。」ランシマンはズデーテン・ドイツ人党の要求への共感を強めており、チェコスロヴァキア政府が納得できるような妥協が成立する可能性は小さくなっていた。アレンはそのあたりを察知し、もはやとりうる道は四カ国会談しかないとの認識に至っていたと思われる。もちろん、チェコスロヴァキアには犠牲を強いることになるが、ヨーロッパ規模の戦争を回避するためにはやむをえない、との判断に基づいて、割譲の方向で事態を収めようとするのがアレンの方針である。チェコスロヴァキア政府が抱いていた懸念通りの展開といえる。対ドイツ宥和の使者としてベルリンとプラハに赴いたアレンは、来るべきミュンヘン会談をお膳立てするうえで役割を果たしたのである。その代償が病状の悪化であった。八月一五日に帰国すると、アレンは大出血を起こして病床に伏せる。医師が警告した通り、大陸へのフライトは彼の死の直接的な引き金となった。[20]

病床から『タイムズ』に送った一九三八年九月一九日付けの手紙は、ズデーテン問題の解決案を提示する。「二五年間で二度もイギリスとドイツが戦争状態に陥るようなことがあれば、それは途方もないことでしょう。……ぎりぎりまで追い込まれた状況ではあっても、チェコスロヴァキア人に安全を、そしてドイツ人に正義を与えるようなすべての提案を本当に検討したと確言できるのかどうか、私たちは自問しなければなりません。」アレンは、ズデーテンのドイツ系住民に「国際的管理の下でのなんらかの自決」を与えるとともに、チェコスロヴァキアの「新たな国境線」（つまり、「自決」に含意されているのは割譲である）を国際的に保証する、という「デュアル・レミディ」で事態を収拾することを説く。この方針の正当性は「レッサー・イーヴル」論によって主張される。「……こうした手順がどれほどご強い反対を惹起するか、よくわかっています。私はただ、これに代わりうるものは世界戦争しかないのだ、ということを想起させてもらうことで、返答したいと思います」。防衛戦略上の要衝を喪失したチェコスロヴァキアがドイツの侵略を受けぬよういかなる措置がとれるのか、という問いへの回答はこうである。

……チェコスロヴァキア政府が戦略的に決定的な重要性を有するフロンティアを含むマイノリティ民族に完全な自決権を与えることを期待できるとしたら、それは、このマイノリティとそれを強力に保護する隣人であるドイツが、自らが要求しているそれと同じ自決権をチェコスロヴァキアに与える場合だけです。……ズデーテンのドイツ人に自決を認めるのが正当にして公正であるのとまったく同じく、……チェコスロヴァキア政府が公正な取引をした結果として生じるかもしれない危機から守られるように、チェコスロヴァキアにしっかりとした保証を与えるのも正当にして公正に違いありません。(21)

「デュアル・レミディ」は宥和と集団安全保障を二本柱とする「デュアル・スキーム」の変種といえるが、落差は小さくない。「デュアル・レミディ」において、宥和と対になるのは集団安全保障ではなく、チェコスロヴァキアにも同様の自決権を認めましょう、というドイツの善意である。国際連盟にもイギリスにもフランスにもドイツから善意を引き出すだけの軍事力がない現状では、「デュアル・レミディ」は一方的な宥和へと容易に変質しえた。ドイツの侵略的意図をあえて甘く評価し、譲歩により問題を先送りして束の間の安寧を得る、これがアレンの提案の内実であったといわねばならない。実際、イギリス、ドイツ、フランス、イタリアの首脳がズデーテン割譲で合意した一九三八年九月二九〜三〇日のミュンヘン会談では、チェコスロヴァキアの主権と独立の尊重も同時に確認されたものの、これはほとんど実践的な意味をもたず、翌年三月、ドイツ軍はプラハを占領することになる。チェンバレンが誇らしげに語り、少なくとも当初は世論も歓迎した「名誉ある平和」「私たちの時代の平和」とは、このようなものであった。[22]

病床でミュンヘン会談の報に接したアレンは、自らが働きかけた方向で合意が形成され、戦争が回避できたことに安堵感と達成感を覚えた。ミュンヘン会談のような手法についての「非常に喧しい毀誉褒貶」には、「チェコスロヴァキアが実際に侵攻される事態を防止し、世界戦争を阻止し、ドイツを国際的な協議の場に復帰させることもできるかもしれない、という無上の長所」がある、との反論が対置された。[23] しかし実際には、彼のいう「無上の長所」はいずれも儚かった。チェコスロヴァキアに重大な犠牲を強いてでも確保したつもりの平和は、現実にはほんの短期の問題の先送りに他ならなかった。

一九三八年一〇月二〇日の『マンチェスター・ガーディアン』にアレンが寄せた手紙は、生涯最後のメディア発言となった。

今日の私たちが不名誉と呼ばれるかもしれないもので平和を購わねばならなかったのだとしたら、それは二〇年前に不名誉によって平和を押しつけたからであることを想起するよう努める必要があります。今日のドイツ国民が激情的で憎悪に充ちた残酷な感情が支配する政府によって統治されているとしたら、その原因の一部はヴェルサイユで連合国が行ったことであり、さらに大きな理由はその後何年にもわたってヴェルサイユで行われた悪を帳消しにできなかったことです。こうして、現在の悲劇がほとんど不可避にされたのであり、さらに大きくさえある悲劇、すなわち、名誉の名による戦争という悲劇を付け加えることを拒んだ点で、ミュンヘンの首相は正しかったのです。

名誉を守ることが戦争を伴うなら、不名誉によって平和を購うという「レッサー・イーヴル」を選ぶのは妥当だ、との評価である。かつての絶対平和主義がそうだったように、集団安全保障もまた「現実」に阻まれ（「今日の武力による集団安全保障は、軍事同盟がほぼ同等の力のもう一つの軍事同盟と対峙することでしかありません」）、棚上げを余儀なくされたわけであり、今や宥和はアレンにとって平和維持の唯一の手段となっていた。集団安全保障に依拠する「デュアル・スキーム」からドイツの善意にすがるしかない「デュアル・レミディ」へと移行した末、ありうる「次善」として、アレンはミュンヘン合意を前向きに評価するのである。「戦争という恐るべきカタストロフを選ぶのではなく、不適切なやり方に屈服するカタストロフを選んだ点で、首相は正しかったと私は考えます(24)」。

病床で死の予感がよぎる中、アレンの心中では自分がやってきたことは正しかったと了解したい気持ちが強まっていたと思われる。一九一〇年代以来の知己ジム・ミドルトンへの手紙（一九三八年一〇月二八日付け）には、根拠もなしに楽観的な予測が記される。「私は予測します。MG（『マンチェスター・ガーディアン』）への手紙に示した私の命題は時の試練に最終的に耐えるだろう、と」。「予測」を裏切るドイツ軍のチェコスロヴァキア侵攻が始まる一二日前、一九三九年三月三日に、スイスはモンタナのサナトリウムでアレンは息を引きとった(25)。戦争回避に向けた自分の努力が空回りにすぎなかったことを知らされずにすんだという意味で、幸運なタイミングであったといえるかもしれない。以降の世界はアレンの思いを真っ向から裏切る方向へと展開してゆく。

おわりに——絶対平和主義の運命

イギリスで対ドイツ宥和政策が浮上してきた主要な理由としては、大戦経験の衝撃ゆえ、戦争への嫌悪が広く世論に共有されたこと、ヴェルサイユ条約への批判的評価が浸透し、対ドイツ同情論が影響力をもったこと、財政事情にも規定されて、ドイツに対抗しうるだけの再軍備が順調に進まず、帝国の支援についても楽観しがたかったこと、ナチズム以上にコミュニズムを脅威と捉え、反ナチズムのためにソ連と手を結ぶことに反発する声が無視しえなかったこと、国際連盟の権威が失墜し、集団安全保障に依拠しがたかったこと、等々が挙げられよう。もちろん、宥和政策がこうした条件の下で採用可能な唯一の方針だったわけではないが、ドイツと戦争をすることは国益に反するとの認識が広がる中、イギリス政府に与えられた選択の幅は決して広くなく、宥和による戦争回避の試み自体はたしかに「現実的」ではあった。そして、ミュンヘン会談から帰国したチェンバレンが熱狂的な歓迎を受けた事実が端的に示すように、少なくとも一九三八年九月の時点では宥和政策は広範な支持を得ていた。壊滅的なものとなる可能性が大きいドイツとの戦争をどうしても回避したいという思いは、かくも強かったのである。

ドイツ軍のチェコスロヴァキア侵攻を受けて、チェンバレンの名声は文字通り地に墜ちる。そして、「宥和」も全面的にネガティヴなことばと化してゆくのだが、その際に決定的な役割を果たしたのが、フランス降伏の二週間後（一九四〇年七月五日）

に刊行された匿名のジャーナリスト三人（そのうち一人は後に労働党の党首となるマイクル・フット）による『罪深き者たち』であった。チェンバレンをはじめとする「罪深き者たち」が宥和政策でヒトラーを増長させ、「バスに乗り遅れた」＝戦争準備で後手に回ったため、イギリスはドイツのフランス侵攻という事態にまったく対応できない状況に置かれてしまった（「過去五年間における遅滞は犯罪的と呼ぶに足る」）、との趣旨を述べるこの本は瞬く間にベストセラーとなり、宥和政策をめぐる議論を方向づけた。宥和政策を提唱・推進した者たちは、ここではっきりと「異端」に位置づけられたといえる。死の段階ではまだ「異端」ではなかったかもしれないが、アレンもこの運命を逃れることはできなかった。彼が良心的兵役拒否者としてばかり記憶されがちなのは、こうした事情によるところが大きい。(26)

アレンの平和主義の変遷をまとめるなら、以下のようになる。①絶対平和主義は軍事力信奉の根強さという「現実」に阻まれる、②軍事力を賢明かつ有効に用いる方法としての集団安全保障は国際連盟の弱体という「現実」に阻まれる、③宥和によってナチスの侵略的意図という「現実」との対峙を先送りするが、先送りは短命でしかない。こうした変遷の根底には、万難を排してでも大規模な戦争は回避すべきという信念が常にあったと考えられるが、しかし、それだけではなぜ絶対平和主義が宥和政策に帰着したのかは説明しきれない。「現実主義」がアレンの中で大きくなってきた事情を合わせて考えておく必要があろう。

そして、その起点には大戦期の経験があるように思われる。「非暴力平和主義」を否定した一九三三年七月の演説において、アレンは、絶対平和主義は戦争回避の目的にとって有効でない、との結論に達したのは十六年前、戦時の獄中にあった時のことだと述べている。背景にはロシア革命とそれに伴う労働運動の活発化がある。戦争と徴兵制に抗する絶対平和主義の闘争は、未来を切り開く力を帯びているかに見えた社会主義運動や労働運動に比較して、いかにも政治的意味が希薄と映るに至ったのである。一九二〇年代のアレンが平和運動とかかわりをもたなかったことは、既に述べた通りである。さらに、大戦の休戦が合意された際にアレンが抱いた苦渋の思いも紹介しておこう。「他の国民と一緒でありたいと、彼らの歓喜とその理由を共有したいと、この時ほど強く切望したことはなかった。……戦争が終わりそうだということは、私にも嬉しかった。しかし、誰もが心を高揚させているこの達成に、私はまったく役割を果たしていなかったのだ。」このような孤立感と無力感が、大戦期の自分の行動は正しかったのか、思想・信条への忠実さは証明されたかもしれないが、結局それは自己満足でしかなかったのではないか、との疑問を浮上させることは避けがたい。結果として導かれたのが、世論から遊離するのは愚かだ、という認識だったと思われる。ズデーテン問題に関する自分の提案が世論の大勢に沿ったものであることをアレンが力説した背景には、このような認識があったはずである。こうして「現実主義」が浮上することになる。世論から孤立することを避けようとすれば、「現実」をひとまず受けいれる必要がある。そして、アレンが直面しなければならなかった「現実」とは、軍事力依存の発想の根強さであり、国際連盟の無力さであり、ナチス・ドイツの脅威であった。戦争回避を最大の課題とするアレンにとって、こうした「現実」の中で「次善」と思われた選択肢が宥和政策だったのである。(27)

もう一点、宥和政策と絶対平和主義の間に親和性があったことも確認しておくべきだろう。絶対平和主義者の多くは宥和政策を支持した。たとえば、絶対平和主義を掲げる代表的な団体であった平和誓約同盟(一九三六年設立、同年末にはメンバー数は一二万近く)は、アレンと同様にヴェルサイユ条約の改訂を求め、ズデーテン問題をめぐっても、ズデーテンのドイツ系住民を被抑圧マイノリティと捉えてドイツの言い分に理を認め、ミュンヘン合意を歓迎すべき成果と評価し、プラハ占領後にさえ宥和政策の継続を求めた。戦争忌避の思いはナチズムへの嫌悪よりもはるかに強く、結果的に、戦争を避けるためであればドイツへの屈服も辞さない、という方向に導かれたのである。第二次世界大戦への参戦に反対した数少ない議員を見ても、ジョージ・ランズベリはエチオピア侵攻の際の対イタリア制裁に反対したし、ジェイムズ・マクストンはミュンヘン合意を容認した。戦争回避を至上目的とする絶対平和主義の立場は、一九三〇年代の情勢の中で、宥和政策支持に傾く必然性を明らかに有していた。「理想主義的」と批判されがちな絶対平和主義者が「建設的」「現実的」な対案を提示しようとする際、しばしば浮上してくるのが宥和政策なのである。[28] こうした意味で、宥和政策を精力的に提唱・実践したアレンの中には絶対平和主義が息づいていた、との見方も可能である。

注

(1) *Times*, 15, 23 Oct. 1931, 1, 23 Jan., 18 Feb. 1932; *Manchester Guardian*, 7 Sept. 1931; Martin Gilbert, *Plough My Own Furrow: The story of Lord Allen of Hurtwood as told through his writings and correspondence*, London: Longmans, 1965, pp. 203-204, pp. 207-209, pp. 211-212, pp. 219-221, p. 224, pp. 227-228, pp. 230-242, p. 247; 小関隆『徴兵制と良心的兵役拒否——イギリスの第一次世界大戦経験』人文書院、二〇一〇年、七三—七五頁、

七九—八一頁、八四—一二七頁。

（2） Fenner Brockway, *Towards Tomorrow: The Autobiography of Fenner Brockway*, London: Hart-Davis, MacGibbon, 1977, pp. 119-28, pp. 135-6, p. 141; Thomas C. Kennedy, *The Hound of Conscience: A History of the No-Conscription Fellowship, 1914-1919*, Fayetteville: Univ.of Arkansas Press, 1981, pp. 288-289; John W. Graham, *Conscription and Conscience: A History, 1916-1919*, London: George Allen & Unwin Ltd., 1922, rpt., New York: Augustus M.Kelley, 1969, pp. 237-238; Martin Ceadel, *Pacifism in Britain, 1914-1945: The Defining of a Faith*, Oxford: Clarendon Press, 1980, pp. 25-26, p. 31, pp. 62-63; David Reynolds, *The Long Shadow: The Great War and the Twentieth Century*, London: Simon & Schuster, 2013, pp. 220-223; 小関、前掲書、二二八—二三三頁。

（3） Arthur Marwick, *Clifford Allen: The Open Conspirator*, Edinburgh & London: Oliver & Boyd, 1964, p. 156.

（4） Ceadel, *op. cit.*, pp. 141-143.

（5） Gilbert, *op. cit.*, p. 331, pp. 336-342; Marwick, *op. cit.*, pp. 155-156.

（6） Gilbert, *op. cit.*, pp. 347-348.

（7） Marwick, *op. cit.*, p. 157; Gilbert, *op. cit.*, p. 348.

（8） *Times*, 10 April 1923; Marwick, *op. cit.*, pp. 153-155; Gilbert, *op. cit.*, p. 126, p. 331.

（9） *Manchester Guardian*, 19 May 1933.

（10） Marwick, *op. cit.*, pp. 159-160; Gilbert, *op. cit.*, pp. 355-356.

（11） Marwick, *op. cit.*, pp. 160-162.

（12） *Ibid.*, p. 162.

（13） Gilbert, *op. cit.*, pp. 360-361.

（14） *Ibid.*, pp. 394-5; Marwick, *op. cit.*, pp. 154-155.

（15） Gilbert, *op. cit.*, p. 401; Marwick, *op. cit.*, p. 175.

（16） Andrew Boxer, *Appeasement*, London: Harper Collins Pub., 1998, pp. 33-34; Frank McDonough, *Neville Chamberlain, appeasement and the British road to war*, Manchster: Manchester Univ.Press, 1998, pp. 58-59; Frank McDonough, *Hitler, Chamberlain and Appeasement*, Cambridge: Cambridge Univ. Press, 2002, pp. 49-50.

（17） Boxer, *op.cit.*, p. 37; Gilbert, *op. cit.*, pp. 399-400, pp. 403-405, p. 410; Marwick, *op. cit.*, p. 178, p. 182.

（18） Marwick, *op.cit.*, pp. 178-184; Gilbert, *op.cit.*, pp. 408-409.

（19） *Manchester Guardian*, 28 July 1938; Gilbert, *op.cit.*, p. 406, p. 408.

（20） *Times*, 11 March 1939; Gilbert, *op. cit.*, p. 332, pp. 410-412, p. 415; Marwick, *op.cit.*, pp. 182-185;

McDonough, *Neville Chamberlain*, p. 61; McDonough, *Hitler, Chamberlain and Appeasement*, p. 50.

（21） Gilbert, *op.cit.*, pp. 413-415.

（22） *Times*, 30 Sept.1938; Marwick, *op.cit.*, p. 186; Gilbert, *op.cit.*, p. 415.

（23） Gilbert, *op.cit.*, p. 415; Marwick, *op.cit.*, pp. 186-187.

（24） *Manchester Guardian*, 20 Oct.1938; Marwick, *op.cit.*, p. 187.

（25） *Times*, 4 March 1939; Brockway, *op.cit.*, p. 43; Gilbert, *op.cit.*, p. 333, pp. 421-424, p. 430; Marwick, *op.cit.*, p. 188.

（26） 'Cato', *Guilty Men*, London: Gollancz, 1940, rpt., London: Faber & Faber, 2010, p. 108, p. 111; Mark Donnelly, *Britain in the Second World War*, Abingdon: Routledge, 1999, p. 15; Reynolds, *op.cit.*, pp. 228-9, pp. 262-3.

（27） Keith Robbins, *The Abolition of War: The 'Peace Movement' in Britain, 1914-1919*, Cardiff: Univ. of Wales Press, 1976, p. 212; Kennedy, *op.cit.*, p. 266, p. 286; Gilbert, *op. cit.*, p. 129; Ceadel, *op.cit.*, pp. 51-53, p. 78; 小関、前掲書、一一九—一二二頁。

（28） 吉川宏『１９３０年代英国の平和論——レナード・ウルフと国際連盟体制』北海道大学図書刊行会、一九八九年、一三六頁、一七五頁。Brockway, *op.cit.*, p. 131; Ceadel, *op.cit.*, pp. 276-85; McDonough, *Neville Chamberlain*, pp. 99-101, pp. 154-155.

大戦・ファシズム・同性愛

戦間期における異性装の解釈学

林田敏子

はじめに

第一次世界大戦の終結からおよそ一〇年が経過した一九二九年四月二四日、二件の偽誓罪に問われた被告の裁判がオールドベイリ（中央刑事裁判所）でおこなわれた。傍聴席を求める人の数は数百人に達し、事件に対する関心の高さを物語っていた。宣誓の下で公文書に虚偽の記載をしたというありふれた事件が、なぜこれほどの衆目を集めたのか。その理由は、被告となった女性が過去六年にわたって男装し、男として生活していただけでなく、別の女性と正式な結婚までしていたという驚愕の事実にあった。被告は「バーカー大佐（Colonel Barker）」という退役軍人を名乗り、第一次世界大戦中、ベルギーのモンスで激戦をくり広げた戦友の会にホスト役として関わっていた。三つの勲章に彩られた軍服に身を包む姿は、周囲の女性を魅了するほどだったという。バーカー大佐は俳優（男優）として舞台に上がった経験をもち、ファシスト組織のメンバーとして活動した時期もあった。一九二七年に組織内の揉め事に巻き込まれたさいには、銃器法違反の容疑で逮捕され、オールドベイリで男性として裁きを受けている。

　バーカー大佐が女性であることが暴露されたのは、それから二年後のことであった。債務不履行で訴えられたバーカー大佐は、一九二九年二月二八日、破産審理公聴会に出廷しなかったことを理由に逮捕された。勾留された刑務所で「彼」を待ち受けていたのは、身体検査と医師による診察であった。[1]逮捕から裁判が始まるまでの二カ月間、新聞はセンセーショーナルな見出しで連日のように事件を報道した。バーカー大佐自身の告白や、「妻」へのインタビュー、そして男装したバーカー大佐の写真が人々の好奇心をかき立てた。

　当時、「変装（masquerade）」という言葉で表現されることが多かった男装や女装、すなわち、自らの生物学上の性に属さない（とみなされる）装いを、ここでは「異性装（cross-dressing）」と呼ぶことにしよう。[2]異性装を構成する要素は衣服だけではない。装身具や携行品、髪型、化粧、言葉遣いや身のこなしに至るまで、さまざまな要素が含まれる。また、異性装とみなされる行為は、時代や国、文化によって異なるだけでなく、異性装がなされる場や状況、そして異性装者やそれを受けとめる人々の主観によってもさまざまに解釈される。とくに、女性による異性装は、男性性に付随する権威や、性的アイデンティティの形成および表現手段として機能しただけでなく、ロマンティシズムやモダニズムなど、時代状況に応じてさまざまな意味を付与されてきた。

　バーカー大佐の異性装は、「彼」の詳細な伝記を著したローズ・コリスや、その「語り」の変遷に各時代の特徴を読み取ったジェイムズ・ヴァーノン、異性装を男性的な権威獲得の手段ととらえるジュリー・フィールライトや、同性愛とモダニズムとの関係のなかに異性装を位置づけたローラ・ドーンなど、さまざまな研究者によって論じられてきた[3]。本稿は、これらの先行研究を踏まえ、バーカー大佐の異性装を第一次世界大戦とファシズム、可視化する女性同士の同性愛という時代状況のなかで総体的に捉え直すことを目的とする。バーカー大佐という一人の異性装者を、イギリス社会はどう受けとめ、どう解釈したのか。女性との結婚生活は、「彼」の性的アイデンティティとどう関連づけてとらえられたのか。また、バーカー大佐自身は自らの生き方、とりわけ異性装にいかなる意味づけをしたのか。法廷や新聞紙上での語りは、「彼」の自己正当化および自己形成の手段として読むことができる。バーカー大佐の異性装は、第一次世界大戦の終結から一〇年が経過した戦間期のイギリス社会とどう共鳴したのか。大戦・ファシズム・同性愛という三つの観点からさぐっていきたい。

1. ある異性装者の生涯

「バーカー大佐」こと、リリアス・アーマ・ヴァレリー・バーカー（Lillias Irma Valerie Barker）は、一八九五年八月二七日、ジャージー島で生を受けた[4]。少年向けの冒険小説を好んで読み、四歳で馬に乗り始めるなど活発な幼少期を過ごしたヴァレリーは、第一次世界大戦が始まると、サリー州ハスルミアの病院に志願し、傷病兵の看護にあたった。大戦末期の一九一八年四月、イングランドに駐屯していたオーストラリア軍第二〇大隊の大佐と出会い、結婚する。しかし、結婚生活はわずか六週間しか続かなかった。両親の元へ戻ったヴァレリーは、同年八月、創設後まもない「女性空軍部隊（Women's Royal Air Force）」に入隊し、そのまま終戦を迎えた。

戦後、女性の友人とティーショップの経営を始めたヴァレリーは、アーネスト・ピアース・クローチというオーストラリア軍兵士と出会う。正式な結婚こそしなかった（前夫とも正式な離婚はしなかった）ものの、二人は夫婦として生活し、一九二〇年には長男のトニーが、二一年には長女のベティが誕生した。夫妻はクローチの仕事の都合で一時パリに移り住んだが、再びイングランドに戻り、ウエスト・サセックスのリトルハンプトンの近くで農場経営をはじめた。そこで出会ったのが、のちに「結婚」することになる女性、エルフリーダ・エマ・ハワードである。クローチの飲酒癖と暴力に悩まされたヴァレリーは、たびたびエルフリーダの家に避難していたが、一九二三年一〇月、ついに息子を連れて家を出る決意をする。男装したヴァレリーはブライトンのホテルでエルフリーダと落ち合い、一一月、二人は教会で結婚式を挙げた。ヴァレリーは結婚宣誓書に「ヴィクター・バーカー（Victor Barker）」という男性名で署名した。「夫妻」はその後、ホヴに移り住み、ヴァレリーはレパートリー劇団に職を得て、俳優として舞台に上がった。

一九二四年五月、「夫妻」はアンドーヴァーに転居し、そこでアンティーク家具の店を開いた。ヴァレリーは、クリケットクラブに入会し、パブの常連となって地元の名士と親しく交わった。同年八月にアンドーヴァーを去ったあとは、農場経営、犬舎の管理などご職を転々とする。アイヴァー・ゴーントレットという名の俳優として再び舞台に立ったこともあった。一九二六年の末には、イギリスのファシスト組織「ナショナル・ファシスティ」の一員となる。一九二七年七月に銃器法（Firearms Act）[5]違反で逮捕され、裁判で無罪を勝ち取ったあとは、二番目の「妻」とともにロンドンに移り住んだ。一九二八年一月、「夫妻」は住宅兼カフェを買い取り、同年五月、これをマスコット・カフェとして開業する。しかし、経営は思うようにいかず、借金の返済はすぐに滞ってしまった。債務不履行で訴えられたヴァレリーは、カフェの経営をあきらめ、ホテルの受付として働き始めた。そして一九二九年二月二八日、破産審理公聴会に出廷しなかったために逮捕されたヴァレリーは、ブリクストン刑務所で六年におよぶ異性装生活に別れを告げ、女性囚人を収容するホロウェイ刑務所に移送されたのである。

一九二九年四月二四日、オールドベイリでおこなわれた裁判は罪状認否からはじまった。[6] ヴァレリーは二つの罪で起訴されていた。一つ目は一九一一年偽誓法[7]（Perjury Act）第一条違反である。カフェの経営に失敗したヴァレリーは債権者に訴えられ、一九二八年六月二九日、高等法院に召喚された。そのさい、ヴァレリーは自らの経歴について、「大戦中、陸軍大佐として騎兵隊の会食補助士官を務めた」と供述し、署名欄に「レスリー・ヴィクター・ゴーントレット・ブライ・バーカー」とサインした。レスリーは実の弟の名前、ゴーントレットは俳優時代のステージ・ネーム、ブライはヴァレリーが夫と出会ったコブハム・ホールのダーンリー伯爵の名前からとったものであった。[8]

ヴァレリーにかけられたもう一つの容疑は、同じく一九一一年偽誓法の第三条違反で、一九二三年一一月二三日、ブライトンで結婚宣誓書に虚偽の記載をしたというものであった。ヴァレリーは一つ目の容疑については罪を認めたが、二つ目については争う姿勢を見せた。法廷では、二つ目の事件の概要が説明され、首都警察の警部が被告の経歴について述べた。続いて、ブリクストン刑務所でヴァレリーを診察した医師と、「結婚」相手であるエルフリーダが証言台に立った。エルフリーダは、ヴァレリーと出会った当初は、彼女を「クローチ夫人」として認識していたが、実は自分は男であると告白されてからは、彼女の性別を疑ったことは一度もなかったと主張した(9)。同日、裁判は結審し、翌二五日に判決が申し渡された。ヴァレリーは裁判のなかで、ブライトンのホテルに二人で滞在していることを知ったエルフリーダの父親が、結婚を強く迫ってきたためジレンマに陥り、結婚せざるを得なくなったとして情状酌量を求めた。判事は、真実を告白すればすむことであり、ジレンマに陥る必要などなかったとしてヴァレリーの主張をしりぞけた(10)。しかし、裁判のなかで弁護人が強く訴えたように、社会の「病的なまでの関心」が事件に向けられていることを考慮して、判事は「最大限の寛容」を示し、九カ月の懲役刑を申し渡した(11)。

2. 大戦とファシズム

大戦が生んだ英雄

ヴァレリーの異性装を解釈する上でとりわけ重要な意味をもつのは、第一次世界大戦という時代背景である。大戦中のイギリスでは、女性が兵士として自国の軍隊に入隊することは禁じられていた。しかし、男装して陸軍に入隊し、いわゆる潜入取材を試みたドロシー・ローレンス（Dorothy Lawrence）をはじめ、何人かの異性装者がジェンダーの境界を越えようとした(12)。イギリス人女性でありながら、セルビア陸軍に兵士として入隊し、大戦中、大佐の地位まで上り詰めたフローラ・サンデス（Flora Sundes）も、髪を短くして、軍服という「男の服」に身を包んだ。抜群の射撃の腕前をもち、馬を乗りこなし、ヘビースモーカーでもあったサンデスは、性別を偽ることこそなかったものの、明らかな異性装者であった(13)。多数の戦死者を出した第一次世界大戦は、女性たちから夫や恋人を奪い、その人生を容赦なく翻弄した一方、それまで男性が独占してきた領域に進出する機会を女性に与えた。ヴァレリーも「心から愛した」男性が捕虜となり、辛い別離を経験したのち、創設されたばかりの女性空軍部隊で、救急車両の運転手として活躍する機会を得ている。(14)

第一次世界大戦終結後も変わらず「男の服」であり続けたズボンを、ヴァレリーが人前ではじめて身につけたのは、クローチとともに始めた農場においてであった。クローチはしだいに仕事を手伝わなくなり、酒量も増えていった。喧嘩をするとヴァレリーの髪をつかんで暴力をふるうこともあり、その様子は近所の人々にたびたび目撃されている。農場を一人で切り盛りせざるを得なくなったヴァレリーは、しだいに農作業の間は男の服装をして過ごすようになる。のちにエルフリーダの父親は、この頃のヴァレリーを振り返って「ランドガールの服装をしていた」(15)と証言している。ランドガールとは、大戦中、男手が不足する農場に派遣された「女性農耕部隊（Women's Land Army）」の隊員を指す言葉であった。農場でのズボンの着用は、農作業をおこなう上で実用的であっただけでなく、女性農耕部隊という「先例」によって社会的に許容された行為でもあった。ヴァレリーの異性装への第一歩は、第一次世界大戦が準備したものだったのである。

ヴァレリーによると、最初の夫と別れて自宅に戻った娘に対し、母は冷淡だったという。(16)一九二三年九月、その母が死去すると、ヴァレリーは長年の軛から解き放たれたように新しい人生を歩み始める。ヴァレリーは衣服、声、話し方、身のこなし、そして思考法に至るまで、徐々に「男性化」していった。そして、エルフリーダとの「結婚」によって、ヴァレリーの異性装は完成したのである。(17)四年にわたる大戦を経験した一九二〇年代初頭のイギリスにおいて、軍服と勲章は変わらぬ威光を放っていた。ヴァレリーの二番目の夫が大戦中に得た三つの勲章は、オパールの婚約指輪とともに、夫が彼女に残した数少ない「価値あるもの」であった。[18] ヴァレリーはインタビューのなかで、軍服を着用したのは、父のいない息子に「男らしさ」の模範を示すためであったと語っている。[19] 男としての権威と国家のために尽くした国民としての価値を示す軍服を着用することで、彼女は、二人の夫が男として、父として、息子に示しえなかった「大戦の英雄像」を自ら創造し、これを体現しようとしたのである。

2 ファシズムが用意した舞台

ヴァレリーとファシズムとの出会いは偶然によるものであった。一九二六年の終わり頃、ファシスト組織「ナショナル・ファシスティ（以下NF）」のメンバーが、偶然にもヴァレリーと同じ建物に住んでいた。その人物がヴァレリー宛ての郵便物を見て元将校だと思い、運動に勧誘してきたのである。生活が苦しかったヴァレリーは、アールズコートにあった本部の建物に住まわせてもらう条件で、指導者のヘンリ・リポン＝セイモア中佐の秘書となった。[20]

ヴァレリーが入隊したのは、一九二三年にロウサ・リントーン＝オーマン（Rotha Linton-Orman）という上層中産階級の女性によって創設されたイギリス初のファシスト組織「ブリティッシュ・ファシスティ（以下BF）」の分派組織であった。BFは当時高まりつつあった共産主義の脅威に対抗し、準軍事的な組織を作ることを目標としていたが、政治的イデオロギーは抽象的なものにとどまっていた。[21] 支持者の多くはファシズムの信奉者というよりも労働党の伸長に危機感を抱く保守党右派から成り、会員数は一九二五年から二六年のピーク時で数千人程度であった。一九二四年、BFから分離したNFは数の上ではさしたる脅威にはならなかったが、ムッソリーニにならって黒シャツを着用し、BFにはなかった反ユダヤ主義を掲げるなど「目立つ」グループであった[22]。

ヴァレリーは明確な政治意識をもたずにNFに入ったが、「生涯でもっとも充実した時間」をそこで過ごした。常に黒シャツとベレー帽を着用し、「若い人たちとハイドパークへ出かけては、共産主義者と騒動をおこした[23]」。ヴァレリーは男性メンバーとして活動しただけでなく、将校やジェントルマンと親しく交わり、公の場で勲章のついた軍服を堂々と身に着けた。若い男性メンバーに「男としてもっとも大事なことは何か」をレクチャーしただけでなく、彼らにボクシングやフェンシングの手ほどきをすることもあったという[24]。

一九二七年三月八日、NFの本部のあった建物内で、仲間同士の揉め事から暴力事件が発生する。ヴァレリーの通報で駆けつけた警察は、許可なく拳銃を所持していたとして、NFのメンバーの一人を逮捕した。その後の捜査で拳銃の所有者がヴィクター・バーカーという元陸軍大佐であること、しかもその許可証が偽造されていたことが発覚し、ヴァレリーはヴィクター・バーカーとして逮捕される[25]。いったん保釈されたヴァレリーは、七月一五日、オールドベイリで裁判にかけられることになった。裁判の当日、ヴァレリーは目に眼帯をして法廷に現れた。ヴァレリーの手をとって被告席まで導いた友人は、その理由を、先の大戦で負った目の傷が極度のストレス（逮捕）によって再発し、一時的に失明したためと説明した。男性として、元陸軍将校として、そして負傷した大戦の英雄として被告席に立ったヴァレリーは、問題となった許可証が法律の定める公文書に該当しなかったこと、悪意をもって第三者を欺く意図がなかったことを理由に無罪を申し渡された。[26] その一カ月後、首都警察は警視総監名で陸軍省に書簡を送り、ヴィクター・バーカーなる人物の身元や軍歴に関する調査を依頼している。[27] ヴァレリーが居住していたアンドーヴァーを管轄する警察からは、住民の間に、バーカーは男性に扮した女性ではないかとの噂が流れていたとの情報が寄せられた。しかし、首都警察は確たる証拠をつかむことができず、バーカー大佐に拳銃の所持を禁止しただけで事件を処理した。

事件後まもなく、ヴァレリーはNFを脱退した。一九二七年七月三日、実の弟が二八歳で死去すると、ヴァレリーのもとに一〇〇〇ポンドもの遺産が舞い込んできた。同年一〇月、ヴァレリーは二番目の「妻」をともなって、ロンドンのメイフェアに移り住む。年間賃料が二九五ポンドというフラットはけっして安いものではなかった。使用人を雇う生活にいっそうの華やかさを与えたのは、NF時代に知り合った将校たちと結成した「モンス戦友の会」であった。ヴァレリーはホスト役の一人として、しばしば自宅で食事会を開き、仲間と「旧交」を温めた。[28]

3. ――「バーカー大佐」の語り

事件がはじめて新聞で報道された一九二九年八月六日、ヴァレリーはまだホロウェイ刑務所に勾留されていた。翌三月七日、エルフリーダのインタビュー記事が新聞に掲載される。

昨日、夫と同じ名前をもつ変装した大佐の記事を読み、写真を見て、それが彼であることを知った。今の心境を語ることなどできない。……私も他の人と同じように騙されたのである。くり返して言うが、彼が装おうとした以外の何者かなんて、私には疑う理由はなかった。……私はこの策略を、恐ろしい体験を強いられたことを、けっして許すことはできない。(29)

この記事が新聞に掲載された翌日、ヴァレリーは保釈された。ホロウェイ刑務所の周りは新聞記者や野次馬であふれていた。副刑務所長のメアリ・サイズは機転をきかせ、ヴァレリーを裏口から別の通りへ導き、その身柄を弁護士に引き渡した。(30)これに気づいた記者が二人のあとを追ってくるほど報道は加熱していた。社会の注目が集まるなか、『サンデー・ディスパッチ』は三月一〇日から四週にわたってヴァレリーの独占インタビューを掲載する。ヴァレリーは幼少期から逮捕に至るまでの半生を赤裸々に語った。とくに、ブリクストン刑務所で異性装が暴露される瞬間は詳細に、そして劇的に描写され、(31)大戦に関する知識や制服をいかにして入手したのか、なぜ妻は夫の性別に疑問をもたなかったのかなど、読者の抱く謎が次々と明らかにされた。(32)ヴァレリーは「変装を余儀なくされて（driven to Masquerade）」という表現を用いて、異性装生活が不可抗力によるものであった点を強調した。夫の暴力に耐えかねたヴァレリーは、「私自身と、まだ幼かった息子の身を守るため」に、夫との別離を決意したという。問題は幼な子を抱えた無力な女性が、どうやって生きていくかであった。

私は何の職業ももたない女性だったが、……馬や犬、農場労働に関する知識は

> もっていた。女性としては何の役にも立たない知識だったので、単純に私は男になろうと思ったのだ。そうしなければならなかった。……私の決意は相当なものだったが……友人がほしかった。そこでミス・ハワード（エルフリーダ）を頼ったのである。……私は彼女に自分はあなたが思っているような人間ではない、……本当は男なのだと告げた。彼女は私を信じた。(33)

自分は騙されていたとするエルフリーダの主張に、ヴァレリーが反論するつもりがないことがわかる。三月一〇日、『サンデー・ディスパッチ』にはヴァレリーのインタビュー記事が、そして『サンデー・エクスプレス』にはエルフリーダのインタビュー記事がそれぞれ掲載された。前者のタイトルは「おとこ女による『私のストーリー』――二重生活の秘密。なぜ私は『バーカー大佐』になったのか」、後者は「おとこ女の妻による『私のストーリー』――私が初めて『彼』に出会ったとき、『彼』は女性だった」というタイトルで、二つの記事が明らかに対をなしていることがわかる。一見、対立しているようで、ある種の共犯関係にあったヴァレリーとエルフリーダは、互いに補いながら異性装の「ストーリー」をつくりあげていった。ヴァレリーはこのあとも三〇年近くにわたって、何度か自らのストーリーを新聞社に売っている。多弁であったヴァレリーの語りは、回を重ねるごとに細かい点で齟齬をきたしているが、異性装の動機については一貫した主張をもっていた。

　ヴァレリーは、結果的に人を欺くことになったとはいえ、男として生きていく以外に方法がなかったという点を強調した。彼女の異性装の過程は、一人の女性が幼い息子を抱え、無責任な夫から自活していくストーリーとして描かれた。すべてのインタビューにおいてヴァレリーが口にしているのは、愛する息子への想いである。「私がやってきたことはすべて息子のため、世界中で私が唯一愛する人間のためでした[34]」、「私がこれまでしてきたことは、ただ息子のためを思ってのことだったのです[35]」、「私が今夢見ているのは、私の小さな息子に会うことだけです[36]」。ヴァレリーが女性として出会った男たちは、誰一人として彼女を幸せにはしてくれなかった。ヴァレリーは言う。「今はもう誰のことも好きではありません。私には何の感情も残っていません。……私が唯一愛しているのは、私の小さな息子だけです[37]」。

イギリス中の関心が集まるオールドベイリという法廷は、ヴァレリーにとって罪を軽減するための闘いの場であると同時に、自らを表現し、演出する舞台でもあった。ヴァレリーは、NF時代に眼帯をして現われた同じ法廷に、グレーのコートとスカートをはいて登場した。彼女は短い髪を覆い隠すかのようにつば広のフェルト帽をかぶり、「女らしさ」の象徴である大きな毛皮の襟巻に顔をうずめていた。エルフリーダが証言台に呼ばれると、ヴァレリーはすすり泣きを始める[38]。被告人の顔を確認するよう促されたエルフリーダが被告席に近づく。彼女と目が合った瞬間、ヴァレリーは激しく泣き崩れた。

法廷でのヴァレリーのふるまいは社会におおむね好意的に受けとめられた[39]。それは、裁判のあと、首都警察にヴァレリーの弁護士の連絡先を尋ねてきた、あるオランダ人女性の手紙からもうかがい知ることができる。女性は手紙のなかで、出所後のヴァレリーの生活を憂え、「彼女を助けてくれる友人がいるのかどうか教えてもらえないか」と懇願している[40]。手紙にはオランダの住所が記載されており、事件の影響力の大きさがうかがえる。性別を偽って生活していただけでなく、大戦の英雄を騙り、女性と結婚までしていたヴァレリーの異性装が社会に受け入れられたのはなぜなのだろうか。

ルドルフ・M・デッカーは一六世紀から一八世紀にヨーロッパで広く見られた女性による異性装を、裁判記録をもとに分析している。異性装そのものは法律に触れる行為ではなかったが、異性装を手段とする重婚や詐欺などの犯罪を裁いた記録はヨーロッパ各地に数多く存在するという。デッカーによると、異性装に対する社会の反応にはある傾向がみられた。愛国心や家庭の事情などを動機とする異性装には一定の理解が示されたが、詐欺などの犯罪行為や他の女性との倒錯的な関係をともなった場合は否定的にとらえられた。(41) 一方、ロマンや冒険を求める逃避行的な要素を含む異性装は、賞賛や憧れの対象になることもあったという。(42)

ヴァレリーは偽誓法違反で有罪判決を受けたが、重婚の罪に問われたわけではなく、また、人を欺く目的で異性装という手段をとったわけでもなかった。彼女は、暴力をふるう夫から逃れ、幼い息子を育てるために「男になることを選択した」のであり、女性との「倒錯的な関係」を動機や目的としたわけではなかった（とヴァレリーは主張した）。また、ヴァレリーの異性装が、周りの女性を魅了するほどの成功をおさめたことも社会に受け入れられる上で決定的な役割を果たした。エルフリーダは、周囲の女性に羨望のまなざしで見られたと語っているし、(43) ヴァレリーも、「農場で働いているときも、ファシストのメンバーとして闘争しているときも、ステージに立っているときも、私が男としてふるまうことに失敗したといえる人間は誰もいないだろう(44)」と自負している。デッカーは、「異性装は、女性が男性の特権を主張せず、女性としての名誉を維持し、男性として十分に成功し、最終的には女性としての人生を再度取り戻すかぎり許された」[45]と結論づけている。裁判の一ヵ月前、ヴァレリーは「再びスカートをはくようになった今、男性の服装をしていた頃にはけっして味わうことのなかった絶望と無力感を感じている」[46]とその心情を吐露している。性別を暴露されたヴァレリーが法廷ですすり泣く姿は、異性装者が「女性としての人生を再度取り戻」したとみなされ、人々に少なからぬ安心感をもたらしたのかもしれない。[47]

4. 異性装と同性愛

伝統的な女性異性装者の語りを踏襲したともいえるヴァレリーは、同性間の性愛を想起させるような文言を慎重に避けた。ジェームズ・ヴァーノンによれば、異性装に対する解釈は一九世紀後半以降、しだいに「ジェンダー化」されていったという。男性による異性装は、同性愛を示す記号としてとらえられるようになり、性的・犯罪的色彩が濃くなっていく。男性間の性交渉が一八八五年に違法化されたことは、その原因であり、結果であった。[48] それに対し女性による異性装は、コメディやロマンティックな冒険と結びつけてとらえられる傾向が強かった。ヴェスタ・ティリーに代表されるミュージックホールの男装スターや、大戦中、兵士として戦った女性たちの「冒険」が、女性による異性装をフィクション化する役割を果たした。[49]

一九世紀末から二〇世紀にかけて性科学という学問分野が形成・認知されるにつれ、同性愛はモラル上の逸脱や放縦というとらえ方から、客観的な分析が可能な科学の領域へと押し出されていった。ドイツの性科学者マグヌス・ヒルシュフェルト（Magnus Hirschfeld）は、「（生物学的な）性別と反対の性の衣服を着ることに抑えがたい欲求性向をもつこと」を〝transvestism〟（異性装）という造語を用いて概念化した[50]。男性としてブリクストン刑務所に勾留されたヴァレリーを診察した医師は、のちに首都警察の聴取を受け、以下のような所見を述べている。「私が彼女を診察したかぎりでは、性器の形成異常の徴候はまったく認められなかった。胸もよく発達していて垂れ下がっていた[51]」。異性装者に向けられたこうしたまなざしは、異性装を性的倒錯の一つの徴候とみなす性科学の論理に基づくものであった。

ヴァレリーの裁判がおこなわれた頃、女性同性愛者を示す「レズビアン（lesbian）」や「サフィスト（sapphist）」という言葉は、まだ一部の専門家の間でしか使用されておらず、性の越境に関する医学的言説も体系化されていなかった[52]。しかし、法廷や新聞紙上で、ヴァレリーがくり返し同性愛的要素を打ち消したという事実は、バーカー大佐とその妻の性的関係に社会が少なからぬ関心を寄せていたことを物語っている。

> ミス・ハワードとの結婚後も私たちはけっして友人以上の関係にはならなかった。……ミス・ハワードと別れて私は再び孤独になった。そのとき、二番目の女性が現れたのである。私たちは知的な関係になったが、それ以上は何もなかった。（二番目の）女性とはミュージカル・コメディの会社で知り合った。……口やかましい世間には理解できないだろうが、私たちの関係はただの友人同士で、常にプラトニックなものであった[53]。

ヴァレリーによる同性愛の否定は、エルフリーダの証言によって補強された。エルフリーダは、ヴァレリーに男性としての魅力があったことを強調することで、身の潔白（ヴァレリーが女性であるとは知らずに結婚生活を送ったこと）を示そうとした。しかし、その魅力はけっして性的なものであってはならなかった。

若くてハンサムで、いつも美しく着飾り、マナーは完璧で、彼にはとてつもない魅力があった。……彼は車で出かけては、私に花やチョコレートを買ってくれ、どれほど私を大事に思っているか語ってくれた。……理想的なやさしさをもち、若い女性が夢見るナイトのようだった。彼はとても頼りがいがあって……レストランでも……すばらしい夕食になるよう注文してくれたし、劇場の人混みのなかでもちゃんとタクシーをつかまえてくれた。こうしたことは些細なことのように思えるだろうが、女性にとっては大きな意味のあることなのだ。[54]

エルフリーダは、警察の聴取を受けたさい、ヴァレリーが女性であることを知りながら結婚宣誓書に署名したことが判明すれば、罪に問われる可能性があるとの警告を受けていた。[55] 彼女の語りは、罪を免れようがなかったヴァレリーの語り以上に、周到に準備されたものであった。ヴァレリーもエルフリーダも二人の「結婚」が同性愛指向に基づくものではなかったことを強調したが、二人の性的関係が警察の取り調べや裁判の過程で不問に付されたわけではなかった。警察は、新聞が事件の第一報を伝えた直後にエルフリーダに事情聴取をしているが、質問はヴァレリーとの性的関係にも及んでいる。エルフリーダは、ハネムーンの間、性交渉が二回あったがその後はまったくなかったと答え、次のように付け加えた。「私は厳格な両親に育てられ、性的なことにそれほど興味もなく、生理学に関する知識もほとんどなかった。ハネムーンのときは正常に性交渉が行われたと思っていたが、今となっては人工的な手段が用いられたのではないかと思っている」[56]。

また、ヴァレリーの裁判で判事をつとめたサー・アーネスト・ワイルドは、一九二一年に女性間の性交渉を非合法化する法案が庶民院で審議されたさい、保守党選出の議員としてこれを支持した一人でもあった。法案は一八八五年の刑法改正法の第一一条で処罰の対象とされた男性同士の「著しい猥褻行為（gross indecency）」を女性にも適用することを柱としたものであった。庶民院での第二読会においてワイルドは、リヒャルト・フォン・クラフト＝エビング（Richard von Krafft-Ebing）やハヴロック・エリス（Havelock Ellis）といった著名な性科学者の著作に言及しながら、「この真の悪徳……は社会の基礎を奪い、われわれ人類を破滅へと追い込む」として法制化の必要性を訴えた[57]。しかし、法案は「女性同士の猥褻行為を違法にすれば、それにパブリシティを与えることによって、かえって違法行為が蔓延する」との理由で、貴族院で否決された。

性科学に関する専門的な知識を持っていたワイルドは、六年もの間、ヴァレリーが女性であることに気づかなかったとするエルフリーダの主張に明らかに疑念を抱いていた。法廷ではエルフリーダが警察で供述した内容、すなわち、二度の性交渉のさいに人工的な手段が用いられたのではないかとする証言内容を紙にタイプしたものが準備された。エルフリーダは、被告側の弁護人に「これは本当ですか」とその紙を見せられると、激しく動揺しながら「いいえ」と答えた。「警部にそう言ったのではないですか」と迫られると、エルフリーダは「はい」と答える。タイプされた紙は判事ワイルドにも手渡された。

ワイルド「これは本当のことですか」
エルフリーダ「よくわかりません。本当のことだともいえるし、そうではないともいえます」
ワイルド「そのときは、それが起こったときには、そう思ったということですか」
エルフリーダ「そうです(58)」

この時期、女性間の同性愛は公の場で議論すべき問題ではなかった。タブロイド紙も含め新聞はいずれも、タイプされた紙の内容はもちろん、「一つのベッドで眠った」以上の二人の関係に触れることはなかった。それは、性科学という学問領域が確立され始めた時代にあって、少なからぬ人々が一定の知識と関心をもつ事柄ではあったが、オープンに論じることが許されるテーマではなかった。それはあくまで"it"という言葉で間接的に言及されるべきものであり、ほのめかしや暗示といった婉曲的表現で覆わなければならない性質の問題だったのである。

おわりに

女性間の同性愛は、一九二〇年代の初頭には一部のエリートの間で深刻な問題としてとらえられるようになっていたが、違法化するという形で、その存在を公に認めることは見送られた。バーカー大佐とその「妻」の性的関係は、当時の人々の少なからぬ関心を集めたが、それはあくまで「ほのめかし」にとどまるものであった。新聞紙上や裁判といった公の場で「夫婦」の性的関係に直接的な言及がなかったこと、その異性装が妻をも欺くほど完璧なものであった（とされた）ことで、事件はいっそうフィクション化された。こうして同性愛という「罪」を免れたバーカー大佐の異性装は、さまざまな感心を呼び起こしつつも、社会にけっして拒絶されることはなかったのである。

ヴァレリーにとって、異性装とは何だったのか。それは、自分自身と幼い息子を貧困の淵から救い出し、男としての役目を果たさない夫から自活するための手段であると同時に、社会の因習に縛られてきた弱者としての女性に、生きるための活力を吹き込むものであった。ヴァレリーの異性装はけっして手の込んだものではなかった。軍服は当時どこでも簡単に入手することができたし、名前や肩書きも場当たり的に選択された。大戦が終結した直後という時代状況が彼女の異性装を可能にした。ヴァレリーはNFの男性メンバーにフェンシングやボクシングを教えていた頃を振り返って、「ズボンはこの種の物事にすばらしい変化をもたらしてくれる。……服装には人生を、そして人間そのものを変える力がある」[59]と語っている。とりわけ軍服や制服は、大戦とファシズムに揺れた一九二〇～三〇年代のイギリスにおいて特別な意味をもっていた。オズワルド・モズリー（Oswald Mosley）率いるイギリス・ファシスト連合（British Union of Fascists）のあるメンバーは、一九三〇年代当時を振り返ってこう述べている。「黒シャツを着ていると、罵倒、軽蔑、嘲笑、そして暴力にさらされた。……黒シャツこそが、その人物をファシストにする」[60]。黒シャツがファシストを創るのと同じように、軍服が兵士を創り、男の服こそが男を創る。長年の異性装によってヴァレリーは、「女の服の着方を忘れてしまった」だけでなく、「自分は本当に男であると思い込むようになって」[61]いたという。

大戦の英雄に扮することは、戦後の社会において、男性的な権力や特権に近づくもっとも有効な手段であった。その完璧な異性装ゆえに、ヴァレリーは男性としての特権を享受することができた。NFの男性メンバーに「男らしさ」の手本を見せ、これを誇示することで、ヴァレリーは完璧な性の越境を果たそうとした[62]。ここで重要なのは、ヴァレリーによる「男らしさ」の追求が、かならずしも当時のジェンダー・ヒエラルキーを脅かすものではなかったという点である。それは女性を排除することで成立する「男の領域」を侵犯するどころか、それを逆に強化する役割すら果たすものであった。バーカー大佐の異性装が、真の意味で戦間期のジェンダー構造を脅かすものではなかったからこそ、社会はそのストーリーを安心して消費したのである。

註

（1） The National Archives［TNA］, PCOM 9/272, Female Masquerading as a Male Prisoner（Colonel Barker）, H.M. Prison, Brixton, 28 February 1929.

（2） Dave King, 'Cross-dressing, Sex-changing and the Press', Richard Ekins and Dave King（eds.）, *Blending Genders: Social Aspects of Cross-dressing and Sex Changing*, London: Routledge, 1996, pp. 134-135.

（3） Rose Collis, *Colonel Barker's Monstrous Regiment: A Tale of Female Husbandry*, London: Virago, 2001; James Vernon, "'For Some Queer Reason': The Trials and Tribulations of Colonel Barker's Masquerade in Interwar Britain', *Journal of Women's Culture and Society*, 26:1, 2000; Julie Wheelwright, *Amazons and Military Maids: Women who Dressed as Men in Pursuit of Life, Liberty and Happiness*, London: Pandora, 1989; Laura Doan, *Fashioning Sapphism: The Origins of a Modern English Lesbian Culture*, New York: Columbia University Press, 2001.

（4） ヴァレリーの生涯については、TNA, MEPO 3/439, Lillias Irma Valerie Arkell-Smith known as "Colonel

Barker"; *Empire News and the Sunday Chronicle*, 19 February, 1956; Collis, *Colonel Barker's Monstrous Regiment*, pp. 32-142.

（5） 10 & 11 Geo. 5, c.43.

（6） 裁判の詳しい経緯については、TNA, MEPO 3/439, The Metropolitan Police Criminal Investigation Department, 8 May 1929.

（7） 1&2 Geo. 5, c.6.

（8） Collis, *Colonel Barker's Monstrous Regiment*, p. 138.

（9） *News of the World*, 28 April 1929.

（10） *Evening News*, 25 April 1929.

（11） *Times*, 26 April 1929.

（12） Julie Wheelwright, "'Colonel' Barker: A Case Study in the Contradictions of Fascism", Tony Kushner and Kenneth Lunn (eds.), *The Politics of Marginality: Race, the Radical Right and Minorities in Twentieth Century Britain*, London: Frank Cass, 1990, p. 41.

（13） 拙稿「女性であること、兵士であること――バルカンの女性兵士フローラ・サンデスの大戦経験」山室信一他編『現代の起点 第一次世界大戦（第三巻）総力戦』岩波書店、二〇一四年。

（14） TNA, AIR 80/224/66, Name Arkell-Smith, L.S. Valerie, Service Number: 17218.

（15） TNA, MEPO 3/439, Statement of Edgar Haward, of Thornhill Pharmacy, Mortimer, Berkes, 8 March 1929.

（16） *Sunday Dispatch*, 10 March 1929.

（17） *Daily Mail*, 8 March 1929.

（18） *Sunday Dispatch*, 10 March 1929.

（19） *Sunday Dispatch*, 31 March 1929.

（20） *Sunday Dispatch*, 17 March 1929.

（21） Martin Durham, *Women and Fascism*, Abingdon: Routledge, 1998, p. 27.

（22） Wheelwright, 'Colonel Barker', p. 42.

（23） *Daily Sketch*, 6 March 1929.

（24） Wheelwright, 'Colonel Barker', p. 44.

（25） Collis, *Colonel Barker's Monstrous Regiment*, pp. 120-122.

（26） TNA, MEPO 3/439, Prosecution of Captain Victor Barker, Firearms Act, 1920, 29 July 1927.

（27） TNA, MEPO 3/439, The Letter from the Commissioner of Police of the Metropolis to the Secretary, War Office,

20 August 1927.

(28) TNA, MEPO 3/439, The Metropolitan Police Criminal Investigation Department, 8 May 1929.

(29) *Evening News*, 7 March 1929.

(30) Mary Size, *Prisons I Have Known*, London: Ruskin House, 1957, pp. 101-102.

(31) *Sunday Dispatch*, 10 March 1929.

(32) *Sunday Dispatch*, 24 March 1929.

(33) *Sunday Dispatch*, 17 March 1929.（　）内筆者。

(34) *Sunday Dispatch*, 10 March 1929.

(35) *Sunday Dispatch*, 24 March 1929.

(36) *Sunday Dispatch*, 31 March 1929.

(37) *Sunday Dispatch*, 10 March 1929.

(38) *Daily Mail*, 25 April 1929.

(39) フィールライトは、バーカー大佐の異性装を新聞は驚くほどの共感をもって報道したとしている。Wheelwright, *Amazons and Military Maids*, p. 3.

(40) TNA, MEPO 3/439, The Letter from Miss H. Sautermeister to Mr. Burnby, Scotland Yard, 1 July 1929.

(41) ルドルフ・M・デッカー／ロッテ・C・ファン・ドゥ・ポル、大木昌訳『兵士になった女性たち――近世ヨーロッパにおける異性装の伝統』法政大学出版局、二〇〇七年、一三一頁。

(42) Vernon, 'For Some Queer Reason', p. 47.

(43) *Sunday Express*, 10 March 1929.

(44) *Sunday Dispatch*, 31 March 1929.

(45) デッカー『兵士になった女性たち』一六〇頁。

(46) *Sunday Dispatch*, 31 March 1929.

(47) Doan, *Fashioning Sapphism*, p. 696.

(48) 一八八五年に違法化された男性同士の「同性愛」が、脱犯罪化されていく過程を扱ったものとして、野田恵子「イギリスにおける「同性愛」の脱犯罪化とその歴史的背景――刑法改正法と性犯罪法の挟間で」『ジェンダー史学』第二号、二〇〇六年。

(49) Vernon, 'For Some Queer Reason', p. 47. また、ローラ・ドーンも、戦間期のイギリス社会では、女性による異性装はモダニズムと深い関わりをもっており、ただちに同性愛を想起させるものではなかったとしている。Laura Doan, 'Passing Fashions: Reading Female Masculinities in the 1920's, *Feminist Studies*, 24:3, 1998, p. 664.

（50）デッカー『兵士になった女性たち』九九頁。

（51）TNA, MEPO 3/439, Statement of Francis Herbert Brisby.

（52）Doan, *Fashioning Sapphism*, p. 90.

（53）*Sunday Dispatch*, 17 March 1929.（　）内筆者。一九三七年にヴァレリーは当時を振り返って、「私は自然の摂理に反するような欲望を抱いたことはなかった。ほんのわずかでも性的倒錯者（Sexual pervert）であったことなどない」と語っている。*Leader*, 11 Sep. 1937.

（54）*Sunday Express*, 10 March 1929.

（55）TNA, MEPO 3/439, Metropolitan Police Criminal Investigation Department, 22 April 1929.

（56）TNA, MEPO 3/439, Statement of Elfrida Emma Haward.

（57）*Hansard*, 5th series, Parliamentary Debates, House of Commons, vol.145, 4 August 1921, 1799-1806; M.Waites, 'Inventing a "Lesbian Age of Consent"? The History of the Minimum Age for Sex between Women in the UK', *Social and Legal Studies*, 11:3, 2002, p. 328.

（58）*Evening News*, 25 April 1929.

（59）*Sunday Dispatch*,17 March 1929.

（60）Julie V. Gottlieb and Thomas P. Linehan (eds.), *The Culture of Fascism: Visions of the Far Right in Britain*, London: I. B. Turis, 2004, pp. 112-113.

（61）*Sunday Dispatch*,10 March 1929.

（62）Wheelwright, 'Colonel Barker', p. 47.

付記　本稿は、科学研究費補助金 基盤研究（C）「女が戦争を語るとき―ライフ・ヒストリーのなかの世界大戦―」（15K02965）による研究成果の一部である。

イングランドにおける「低能児」

一九三〇年代〜一九五〇年代

大谷 誠

はじめに

一八七〇年から二〇世紀初頭におけるイングランドでは、「軽度の精神薄弱児、すなわち魯鈍児」への対策が進んだ。初等公立学校への義務化が一八七〇年に開始されたが、生徒の多くは到達目標に辿りつけなかった。一九世紀後半に貧民の数を減らすことが行政の大きな課題となったなかで、これら生徒は未来の浮浪者予備軍とみなされ、彼らへの対応が求められた。そして、彼らの学習習熟度の遅れは彼らの知能の遅れに原因があると認識され、普通児とは異なる教育環境の整備が必要とされた。一八九九年教育法（障害児法）で、七歳から一四歳までの魯鈍児向けの特別学校・学級の開設が各地方自治体に促され、一九一四年教育法で特殊学校・特殊学級の支援が義務化された。一九一三年には精神薄弱者法も成立し、精神薄弱者政策の監督官庁である管理庁が設立された。管理庁は教育庁と連携しつつ、精神薄弱者のケア・管理を行なった(1)。

戦間期になると、精神薄弱者政策は新たなステージに入った。魯鈍児と普通児との間に位置する「境界線児」への対策が始まったのだ。この「境界線児」は、学習習熟度に遅れがある「低能児」と呼ばれた。一九二九年頃には、低能児への教育的支援が強く求められ、精神薄弱児と共に特別学校・学級にて彼らを教育することが必要とされた。中央政府は法整備に着手し、一九四四年改正の教育法で、低能児対策は制度化されるにいたった。この教育法は、一九一三年成立の精神薄弱者法と連携しつつ、一九四〇年代半ばから一九五〇年代にかけての精神薄弱者政策の重要な柱となった。そして低能児対策は、精神薄弱者政策の一翼を担ったのである。

筆者は拙稿のなかで、一九二〇年代から一九三〇年代初頭にかけて低能児が新たな医学的部類として構築されて行った経緯について論じた。低能児教育の権威であったシリル・バートの主張に焦点を当て、彼らの放置は社会にとって被害をもたらすと考えられるに至った状況を検討した。(2) よって本章では、拙稿でやり残したテーマである、一九三〇年代から一九五〇年代にかけての低能児対策について考察したい。すなわち、「みんな」を主人公とした社会保障体制と学校教育体制が確立された一九三〇年代から一九五〇年代にかけての時期に、新たな選別が本格的に行われていたことを実証したい。

先行研究であるが、戦間期から第二次世界大戦後の低能児について取りあげた著書・論文は、筆者の拙稿を除いて皆無に等しい。山口は、一八九九年と一九一四年教育法について詳細に考察し、精神薄弱児政策の全貌を解明しようと試みているが、戦間期の低能児については充分な検討を行っているとは言えない。(3) また、トムソンは戦間期の精神薄弱者政策を包括的に論じ、(4) ウィートクロフトは第二次世界大戦中における精神薄弱者政策の実状について解明しようと試みているが、(5) 両者とも低能児の分析を行なっていない。さらにウーリッジは、低能児と普通児の区分に知能検査が導入された結果、心理学者の専門職的地位が向上したことを論じているが、低能児に焦点を当てていない。[6] そこで次章では、低能児が新たな医学的部類として注目されて行った時代的流れについて論じる。

1．二〇世紀初頭から戦間期にかけての低能児対策

低能児への関心は、学校現場の関係者の間で既に一九世紀末に持たれていた。一八九八年に開催された「障害児・癲癇児に関する部門委員会」では、学務委員会所属のアネット・ヴェロールが、低能の原因は学校への不規則な出席であると報告した。[7] さらに、一九〇七年教育法で医師が学校に常駐することが義務化されると、低能児の特徴をめぐる議論が活発化した。例えば、一九〇九年『教育庁最高医務責任者年鑑報告書』では、低能児は普通児に比べて算術能力に劣っていると記されていた。[8]

二〇世紀初頭から戦間期にかけて、精神薄弱者医療の権威であったアルフレッド・トレッドゴールドは、低能児の定義について紹介し続けた。彼は、一九〇八年出版の『精神薄弱』の中で低能児の特徴について詳しく述べ、低能児と魯鈍児との違いについて克明に記した。彼によると、低能児は、実際的、経験的な知識を有し、職業に就けるだけの知性を有しているが、魯鈍児は、型にはまった作業に適応力を示すも、誰かの監督教育を必要とした。また、前者は栄養が行き届いていて頑丈だが、後者は痩せていて栄養不良であった。そしてトレッドゴールドは、低能児が精神薄弱児に含まれるべきではないと主張していた。[9]

トレッドゴールドの『精神薄弱』は一九一四年、一九二〇年、一九二二年、一九二九年、一九三七年に改訂されて行ったが、改訂版ごとに低能児の記述内容は加筆された。一九一四年度版では、低能児は先天性の者と、後天性の者に分類された。先天性の者は、頭脳労働が苦手な農業労働者の末裔とみなされ、農作業が適職と考えられた。また後天性の者は、栄養不足や大気汚染など、都市問題によって引き起こされると考えられた[10]。

一九二九年度版では、低能児は、知能の低い順から、教育障害児、鈍麻児、遅滞児の三部類に分けられた。低能児は、全児童の一二・一五%を占め、精神薄弱児の一・七九%を凌駕した。教育障害児は〇・六五%、鈍麻児は八%、遅滞児は三・五%であり、魯鈍児は一・三五%と記された。そして、各部類の説明に頁が割かれた。まず教育障害児とは、学校教育への適応に限りがあるが、作業能力を持ち、ゲームを得意とすると考えられた。その多くは定職に就け、標準的な賃金を獲得できるとみなされた。また彼らは、都市以上に田園地方に存在すると推測された。トレッドゴールドによると、彼らは魯鈍児との境界線を接しているので、魯鈍児とたびたび誤認されていた[11]。

次に鈍麻児とは、その症状は三種類の原因によってもたらされると主張された。一つ目は、学校を離学した後に思春期を迎え、情緒不安定から環境への不適応を引き起こすと考えられた。トレッドゴールドは、精神薄弱のケースとは異なり、この症状の処置は難しくないと結論付けた。二つ目は、失語症であり、一九二九年度版から新たに加わった項目である。失語症の児童は、耳にした文字を話すことが出来るが、目で文字を認識することが出来ないと説明された。トレッドゴールドは、失語症の多くは学校入学時期の遅れに由来すると認識された。三つ目は、手作業を生業にする家系に発生すると考えられた。この説明は一九一四年度版から繰り返された。だが一九二九年度版では、教養市民層の息子、すなわちパブリックスクール校長や牧師の息子も、鈍麻を発生するとの記述が追加された。彼らは教科書学習に不向きだが、機械を扱う能力に長けていると紹介された。[12]

遅滞は一九一四年度版までは後天的とみなされたが、一九二九年度版では、その外的要因が多岐にわたった。従来の栄養不足や公衆衛生だけでなく、学校での虐めや不十分な教授法など、学校現場の質的問題も遅鈍の原因と認識された。さらに一九二九年度版では、遅い学習能力の発達も症状発生の理由に付け加えられた。だがこの点について、トレッドゴールドは楽観的であった。彼は、チャールズ・ダーウィン、アイザック・ニュートン、ウォルター・スコットの例を出し、遅滞児は少年時代には「のろま」でも、その後の成長で「偉人」に生まれ変われると述べた。[13]

ところが一九三七年度版では、低能児を一つの症状としてみなす記述の変化が見られた。教育障害児と鈍麻児と遅滞児は、低能児と一括りにされて普通児の下位に位置づけられたのだ。普通児は通常の公立初等学校で教育されるが、低能児は特殊学校・特殊学級での対応が必要とされた。[14]このような記述は、低能児に含まれる個々の障害の特徴が詳細に記述された一九二九年度版までとは対照的であった。実際、トレッドゴールドは一九三七年度版の中で、普通者集団との境界線を接する低能者集団は社会問題集団であり、ケア・管理が必要であると述べていた。[15]

トレッドゴールドが低能児への認識を修正した原因とは何であったのだろうか。彼が精神薄弱者医療の現場において低能児に対面し、彼自身の医学的判断を変えて行ったことも一つの理由であろう。しかし、より重要な原因は、トレッドゴールドの知識を凌駕した低能児専門家の登場にあった。シリル・バートが『遅滞児』という低能児に関する専門書を一九三七年に出版していたからだ。事実、トレッドゴールドの低能児に関する論述箇所にはバートの議論に依拠した箇所が数多くあった。(16) そこで次章では、バートの学説内容を紹介する。

2. シリル・バートと低能児対策——一九三〇年代から一九四〇年代にかけて

シリル・バートは、戦間期から第二次世界大戦後にかけての代表的な心理学者であった。リヴァプール大学で教鞭をとりつつ、一九一三年からロンドン・カウンティ・カウンシルの教育委員会に所属し、ロンドン在住の児童の知能検査を行っていた。そして一九二三年以降、少年・少女の非行と低能児との関連性についても発言していたように、普通児の下位に属する児童に関心を抱き続けた。さらに、一九三一年から一九五〇年までロンドン大学の心理学教授に就きつつ、一九二九年に管理庁が主催したウッド委員会委員に任命された。(17) バートが取りまとめに関与した同委員会の報告書では、鈍麻児、遅滞児は精神薄弱児と一括して対応しなければならないと述べられていた。(18) バートは、一九二九年四月二六日に開催された精神福祉中央協会（一九世紀末以降、精神薄弱者対応を行ってきた慈善団体）の定例会議に呼ばれている。その会議にて彼は、鈍麻児、遅滞児は通常の教育の恩恵を被れず、そのために未来のろくでなし・貧民になる可能性が強いので、精神薄弱児と同じく特殊学校にて教育されなければならないと主張した。(19) このような功績によって、一九四六年には心理学者として初めてナイトの称号を授かった。(20)

あったのだ。

バートは、彼自身のロンドンでの活動記録をまとめ上げた『遅滞児』を一九三七年に発表した。彼は、低能児の判断基準を知能指数七〇〜八五と認識しつつ、公立の普通学校と特殊学校における低能児数を明らかにした。[21] バートは当該研究の第一人者であったのだ。

バートは人間の知性は一〇〇%遺伝であると考えつつも、環境的要因を全く否定せず、環境が遺伝子発現に影響すると理解していた。一九一三年以降のロンドンでの調査結果に基づきつつ、彼は、子育てと教育的環境の違いが富裕層と下層との学業成績の差異を生み出していると考えていたのだ。[22] そして、バートは『遅滞児』においても、この考えを持ち続けており、低能の原因と当事者の居住地との関係性を議論した。すなわち、低能と貧困は共通問題であり、貧困地区で彼らを発見する傾向にあると主張したのだ。例えば、ロンドンの貧困地区であったショーディッチと、富裕層が数多く住んでいたハムステッドとの比較を紹介しよう。ショーディッチでは、貧民救済率が五一・二%、失業率が七・四%であった。これに対して、ハムステッドでは、貧民救済率が二・五%、失業率が一・六%であった。そして低能児の発生率は、ショーディッチでは一九・六%、ハムステッドでは三・九%と報告されていた。バートは、ロンドンの居住地域全ての詳細なデータを書き記すことで、低能児が貧困地区から数多く発見されると論じた。[23]

そして、バートは貧困地区で低能児が見つかりやすい原因を次のように列挙している。まず、十分な食事の欠如であった。家庭でのパンやポテトや紅茶の摂取量が少ないために、学校に通う児童の多くはお腹をすかしていると伝えられた。次に、空間や太陽や新鮮な空気の欠如であった。彼らの家は湿気を帯びて不潔で、部屋の内部は足の踏み場もないことが明るみにされた。子供が遊べる庭もなく、新鮮な空気から遮断されていると報告されていた。睡眠時間が少ない点であった。そして、バートによると、貧困地区の家庭の六～七歳児は、午後一〇～一一時まで、家の外で遊んでおり、たとえ寝ようとしても、年長者のいびきがうるさくて眠れなかった。[24] さらに、母親のケア不足であった。彼らの母親は、知性が欠如し、情緒不安定、または性格が脆弱であるとみなされた。このような母親は家族の精神健康に無関心であり、母親の精神的欠陥性は児童の成長の妨げになると判断された。[25]

その他の原因としては、家庭内での教養性の欠落が挙げられていた。バートによると、富裕層の家庭では、両親には読書習慣や手紙を書く習慣があった。父親と母親との会話は頻繁に交わされており、その内容も教養に満ちたものであった。そのような環境のなか、子供は本を読む習慣を持ち、父親の書斎に向かうのであった。その反面、低能児の家庭では、母親の会話は概して洗濯や料理についてであり、父親は無口で、両親の間での会話は少なかった。家の中に本は少なく、犯罪、離婚、スポーツ記事から成る週刊絵入り新聞が置いてあるにすぎなかった。[26]

また、家の周辺地域が低能児を生み出す原因であると認識された。ショーディッチのあるイーストエンドでは、商店や駅前通りの街並みが刺激に満ち溢れていると報告された。そこは、映画の広告版や、街中で発生するスリリングな事件に溢れている場所であったからだ。子供たちは街中を徘徊する喜びから、学校を怠ける傾向にあると考えられた。バートは、賢明な母親であれば、買い物は自分で行い、子供を家に滞在させるべきだと主張した。その一方、富裕層が数多く住むウエストエンドでは、品の良い赤レンガの家並みが連なり、子供の想像力をかき乱したり、子供の扇情的な興味を煽ったりしないと思われた。そこには美術館があり、子供たちは健康的な娯楽で時間を過ごすと思われた(27)。

このように、バートはロンドンに焦点を当てつつ、低能の原因と社会階層との関連性について分析し、低能が都市の貧困層に生じやすい症状であると論じた。だが特筆すべきは、その対策が必ずしも地域や家庭の生活水準の改善のみに向けられていない点だ。右記したように、両親、特に母親のケアの質の改良に重きが置かれていた点である。バートは、低能児の両親が教育委員会の調査や教師の家庭訪問に対して、協力的でなく、敵意に満ちていると述べていた。バートによると、時間を守らなくて欠席が多い児童の母親との対話において、教師は、母親の自己弁護と子供を守るための反論と嘘の弁解にさらされていた(28)。低能児だけでなく、両親の動向を注視する必要があるとのバートの主張は、第二次世界大戦中の「問題家族」という新たな部類の創出に繋がって行った。

トレッドゴールドは『精神薄弱』の中で、低能児が精神薄弱児と比較して職業に就けるだけの能力を持っていると論じたが、バートも『遅滞児』の中で、彼らの職業能力について頁を割いて説明していた。バートによれば、低能児の中で下位に属する鈍麻児では、一五三人（少年一一二人、少女四一人）のうちの三一％が、離学後も失業していた。一一人の少女がタイピスト・コースを履修するも、三人は終了せず、四人は職を得られなかった。また、一九人の少年が熟練労働者になるように努力したが、六カ月以上、仕事を続けられなかった。そして、二七％（少年一五人、少女一六人）の者が半熟練労働者となり、店や事務所や工場に勤めたが、三人が仕事内容に満足したにすぎなかった。さらに、その他は非熟練労働者となり、雑役、使い走り、ポーター、メッセンジャー、ラベル貼、荷物詰め、ボトル詰め、下働きを行なっていた[29]。

これに対して、低能児の中で上位に位置する遅滞児では、牧師に就いた者が数人いるなど専門職者を輩出していた。他の業種には、熟練労働者になった者もおり、店員、仕立屋、家具工、機械工、バス運転手、タイピストが含まれていた。これら業種では、地位や給与や責任の面で、遅滞児は労働者階級出身の普通児と変わらないとバートは述べた[30]。

だが、年齢よりも学習習熟度に合わせた学校・クラスへ児童を振り分けし、特殊学校や特殊学級へ児童を通わせることは、低能児の離学後の自立を促すうえで欠かせないと主張されていた。また、慈善団体など社会事業者と連携しつつ、住環境だけでなく、栄養面の補給や心理面での環境改善の取り組みが必要だと考えられていた。そして両親の協力がとりつけられない場合には、学校が第二の家庭の役割を担うとバートは結論付けていた[31]。

その後、バートは一九四四年に成立した教育法の骨子のまとめに関与して行った。同法は初等公立学校に通う児童の新たな選別を実施した。すなわち約八〇％の集団の下位に属する、公立中等学校への進学を想定されない児童をいち早く発見し、彼らを特殊学校・特殊学級にて訓練しようとしたのだ。一九四四年に、教育低能児という新たな部類が生まれた。一九一三年に精神薄弱者法が成立して以降、知的障害児を指す精神薄弱児という呼称が、教育低能児に変更されたのだ。魯鈍児だけでなく、その上位の鈍麻児、遅滞児もその部類に含まれた。その一方、学校教育に馴染まないと判断された重度の精神薄弱児は、就学を免除され、施設（保護院、コロニー、病院を意味する。以下同様）への継続的な入所を求められた。バートが主張し続けてきた精神薄弱者概念の見直しは、ここに法制化された[32]。

折しも、「問題家族」という新たな部類が、低能児対策に関心を持つ専門家の間で取沙汰され始めた。例えば、管理庁からの依頼で一九二〇年代後半にイングランドにおける精神薄弱者の実態調査を行なっていたC・O・ルイスは、魯鈍者は貧困家庭に数多く発見され、魯鈍者の子供の大多数は魯鈍であると論じた。彼は、魯鈍と鈍麻や遅鈍との境界線は恣意的であり、魯鈍者と鈍麻者・遅鈍者を一括りにして対処しなければならないと訴えた。一九四八年の『精神科学ジャーナル』に掲載されたルイスの論文の中身は、一九三〇年前後の見解を繰り返していた[33]。さらに、優生学協会の代表者であるC・P・ブラッカーは、「問題家族」の実態数を把握る調査を実行し、一九五二年にその結果を公表した[34]。そしてバートも一九四六年に、問題家族の出生率の高さを懸念し、対策の必要性を主張した[35]。

精神薄弱者対策において家庭環境を重視する姿勢は、既に戦間期に存在していた。貧しい家庭の精神薄弱者の場合、彼らは家庭から切り離され、管理庁ならびに地域の精神薄弱者対策機関によってケア・管理の下に置かれていた[36]。だが、第二次世界大戦期から戦後期にかけて、この方針は新たな領域に拡大された。すなわち、普通の人びととの境界線を接する鈍麻者・遅鈍者へのケア・管理であった。次章では、一九三〇年代末から一九五〇年代にかけてのロンドンでの状況を事例とし、離学後の低能児の処遇がどのような判断基準に基づいて決定されていたのかについて論じる。その上で、専門家バートの知見が現場にどれだけ浸透していたのかについて述べる。

3. 低能児対応——ロンドンの事例を通じて

ロンドンの状況を知るために、ロンドン・メトロポリタン・アーカイブス所蔵の史料EO/SS/8/7-8を用いる。本史料は、ロンドン・カウンティ・カウンシル（以下、LCCと略記）公衆衛生局が一九三九年から一九六三年にかけて、ロンドン在住の低能児並びに精神薄弱児について調査した報告書である。一九三九年から一九四八年まで（以下、史料Aと略記）と、一九四八年から一九六三年まで（以下、史料Bと略記）の二つの報告書である。全報告書の一％のみが閲覧可能であり、史料Aでは九八名（男児五一名、女児四七名）、史料Bでは八八名（男児五八名、女児三〇名）を見ることができた。

筆者による調査の結果、LCC当局による低能児の処遇方法の決定には六つのパターンがあることが判明した。まず、㈠のパターンとは、当事者に職歴があるか、離学後の就職先が決定しているか、又は希望する就職先、業種が報告書に具体的に記されている場合である。職に就くことに適応性がある、手作業能力があると判断された者も㈠に含める。その上で、親がLCC公衆衛生局のソーシャルワーカーに対して協力的であり、児童ケアに関心があると判断された場合を㈠の条件とした。㈠に含められる者は全て監督教育、すなわち「LCCソーシャルワーカーの定期的な家庭訪問により当事者の素行を確認すること」が適当とみなされた。史料Aでは九八名中の二六名、史料Bでは八八名中の三〇名が㈠に該当した[37]。

次に、㈡、㈢、㈣のパターンについて説明しよう。これら三パターンは、㈠のように、当事者に職歴があるか、就職先が決定しているか、又は希望先、業種が具体的に明示されている場合であり、職に就くことに適応性がある者、さらに、手作業能力を有する者も含まれる。だが㈡、㈢、㈣は、㈠と異なり、親がLCC公衆衛生局のソーシャルワーカーに対して非協力的であり、親のケアの資質に問題ありとみなされたケースを条件としている。㈡では監督教育が処遇方法として求められ、㈢では監督教育が求められるも将来的には施設入所が必要とされている。また、㈣では施設入所が求められている。史料Aでは九八名中の九名、史料Bでは八八名中五名が㈡に該当した。一方、史料Aでは九八名中五名、史料Bでは八八名中一名が㈢に該当し、一九五一年一〇月の女児のケースを最後に㈢は見当たらない。そして、史料Aでは九八名中五名、史料Bでは八八名中一名が㈣に当たり、一九四八年九月の女児の事例が最後であった。なお史料Aの㈢には、両親が児童の施設入所を希望した一九三九年八月の事例を含める。(38)

さらに、職に就くことが不適応とみなされ、両親もケアの資質に不適格であり、施設入所が相応しいと判断された者が数名いた。このグループを㈤とする。史料Aでは九八名中六名、史料Bでは八八名中一名が㈤に当たり、一九五〇年のケースを最後とする。その一方、職に就くことが不適応で、両親が協力的であるが、施設入所になったケースもあった。このグループ㈥は、史料Aにおいて九八名中一名を数えるに過ぎない。(39)

また、㈠から㈥までの親の職業並びに経済状況については次のとおりである。㈠の史料Aでは、父親が人夫に就いている者が七名と最も多く、次いで、ガス工や夜間警備員が二名であった。人夫であるが貧困である者が一名、さらに、精神薄弱でありながら人夫を生業とする者が一名いた。さらに、㈠の史料Bでは、父親の職業が、現場公務員、すなわち役所に雇用された人夫が四名と最も多く、その他に、警備員、印刷工場員、電気機器工場員などであった。そして、㈠の史料Aでは、夫婦共働きが〇名であったが、㈠の史料Bでは八名を数えた。清掃員に従事する母親が六名と多く、その場合、父親の職業は印刷工場員、現場公務員、ミルク工場員などであった。また、㈠の史料Bでは、両親が精神薄弱、父親が鈍麻であるケースも見られる[40]。

その一方、㈡の史料Aでは、元兵士の父親が入院し、母親と兄の僅かな稼ぎで家計をやり繰りしている家庭、精神薄弱の母親の寡婦年金で暮らしている家庭などが含まれる。㈡の史料Bでは、父親の職業が人夫である者が三名と最も多く、そのうちの二名では妻も清掃員に従事している。両親が精神薄弱である者、母親が精神薄弱である者が二名いる。また、㈢の史料Aでは、両親が離婚し、兄が家計を助けている家庭、両親が離婚して母親の収入だけが頼りの家庭、史料Bでは、両親の職業が不明な家庭がある。そして、㈣の史料Aでは、母親が家政婦として昼間に働いている家庭、父親がポーターで母親が清掃員の貧困な家庭、父親が警察官であるが母親が病弱な家庭、史料Bでは、両親不在の家庭が見られる。その上、㈤の史料Aでは、両親が不在、両親が戦死、両親が死亡の家庭や、父親がほとんど仕事をしておらず母親が亡くなっている家庭、史料Bでは、パブ店員の家庭がある。最後に、㈥は、父親が炭鉱夫の家庭であった[41]。

なお、地区別での処遇方法の違いについては以下のようになった。史料Aでは、Eが一九名（監督教育＋施設入所一名を含む）、SEが一五名（施設入所一名）、SWが一九名（監督教育＋施設入所三名、施設入所三名）、Nが一一名（監督教育＋施設入所二名、施設入所二名）、NWが七名（施設入所二名）、Wが七名（監督教育＋施設入所三名、施設入所が一名）、郊外が一名であった。史料Bでは、Eが一一名（監督教育＋施設入所一名）、SEが二〇名、SW

が二〇名（施設入所が一名）、Nが一二名（施設入所が一名）、NWが四名、Wが八名（施設入所が一名）、であった。[42]

それでは、六つのパターン、親の職業・経済状況、さらに地区別結果から導き出されるロンドンでの低能児処遇の状況について述べよう。まず、一九三〇年代末から一九四〇年代にかけて、職に就くことが不適応と判断された者には、施設入所が求められていた。㊄と㊅がこれに当たるが、特に一九三九年から一九四八年までは、経済的環境が劣悪であると判断された家庭を数多く含んだ。問題家族から低能者・魯鈍者が誕生しやすいとの議論が戦中から戦後にかけて生まれたが、㊄の史料Aの結果はこの議論に該当している。だが、㊄と㊅の総数は九八名中の七名と少なく、低能児対策の大勢を占めるものではない。

その一方、同時期において職に就くことが適応と判断された者は、㊀、㊁、㊂、㊃を合算すれば九八名中の四五名を数え、一九五〇年代においては八八名中の三七名に上る。だが、家庭環境が不十分な場合は、㊂と㊃に示されているとおり、施設入所が求められた。㊂と㊃では、両親が離婚した場合など、貧しい家庭が見られる。その反面、㊀のように、親の資質が適格とみなされた場合には、地域における監督教育のみで良いとされた。㊀では、親が職に就いている場合が多く、夫婦共働きであれ、家庭の経済環境は安定していた。もちろん、㊁のように、親のケアの資質に問題があっても、監督教育を求められた場合も複数あった。しかし、㊀が九八名中の二六名、八八名中の三〇名であるのに対して、㊁は九八名中の六名、八八名中の五名と、㊁は㊀に比べて圧倒的に少ない。㊂と㊃も各々、右にて述べたように少数である。職に就けるとみなされた低能者は、概ね、家庭の事情に左右されずに、地域にて生活することが許されていた。なお、一九五〇年代において施設入所という選択肢は、㊂、㊃、㊄に見られるように、用いられていない。だが監督教育の実施は、㊀と㊁を合わすと八八名中の三五名にのぼる。脱施設への取り組みが開始された一九五〇年代においても、地域における低能児のケアと管理が継続していた。

地区別では、右記したショーディッチなど、貧困地区を数多く抱えるE、同じく貧困層の居住地区があるサザーク北部を持つSE、同様のランベス北部を持つSWが、史料AとBにおいて低能児を数多く生み出していた。これに対して、ハムステッドなど、多くの富裕層が生活するNWは、史料AとBにて最小数であった。また、両史料の中で中流階級出身者と思われるケースは、階級的没落の二事例を除いて見当たらない。

このように、一九三〇年代末から一九五〇年代にかけての低能児処遇の実情について、ロンドンを事例にして検討した。低能児の多くが貧困地区から生み出されている事実は、一九三七年におけるシリル・バートの主張がその後の二〇年間においても有効であったことを示している。また、バートは著書の中で低能児の誕生と家庭環境との関連性を詳しく論じ、さらに、専門家は第二次世界大戦期から戦後にかけて「問題家族」の存在を注目してきたが、現場も処遇方法の決定に際して家族について事細かく調査していた。親が就いている職業名を把握することは、ケアの資質において重要であったのだ。だが注意しなければならない点は、当事者の離学後の進路において彼らの職業能力も重視されていたことだ。本人の職業適応力、社会での生活力が十分な場合には、家庭の経済状況が不安定でも、両親のいずれかが精神薄弱であっても、彼らは地域にて生活することを許されていた。

一九五二年以降、低能児の施設入所が採用されることはなかった。しかし、低能者が地域における生活を許可されたとしても、それは普通の人びととの社会的自立と同じ意味ではない。彼らは地域にて、LCC公衆衛生局ソーシャルワーカーの監督教育の下で生活した。バートも、一九五〇年に出版した『遅滞児』の改訂版の中で、学校を出た後の低能児への継続的なケア・管理を訴えていた。(43) たとえ、ケアの場は施設から地域へ移行したとしても、低能者の自由は確保されていなかったのである。

おわりに

イングランドでは二〇世紀初頭以降、低能概念が複数の専門家によって構築されて行った。精神薄弱者医療の第一人者であったアルフレッド・トレッドゴールドもその一人であり、自身の医学書の中で低能児について記述していた。だが、低能児の実態を深く知ろうと試み、その対策が緊急を要すると強く主張した専門家は、シリル・バートであった。一九三七年に出版された、低能児についての最初の包括的な研究書である『遅滞児』の中で、バートは低能児の出現と社会・家庭環境との関連性について論じた。やがて、バートの主張は、第二次世界大戦期から戦後にかけて、問題家族から低能児が生まれる傾向が強いとの主張へと発展した。トレッドゴールドの息子ロジャー・トレッドゴールドは、父の研究書『精神薄弱のテキストブック』の改訂版を一九五六年に出版し、「家族と低能児」という章を付け加えた。(44) 低能児対策を行ううえで家庭環境を注視する姿勢は、一九五〇年代においても専門家の中では必要だと考えられていたのだ。

現場でも、低能児を発見し、その対策を講じるうえで、家庭環境は重要な判断指標であった。当事者と家族がどの地区で生活しているのか、家計に余裕があるのか、親やきょうだいの仕事内容はどの程度なのか、家族の健康状態は万全か、といった内容が事細く調査されていた。だが現場では、社会への適応性も、低能児対策において重視されていた。低能児の中で、在学中に職業に就いた経験がある者や、離学後に職業に就けるだけの十分な能力があると判断された者は、家庭環境の状況に関係なく地域での生活を許された。しかし、彼らの自発的意思が尊重される社会が実現されるには、まだ長い年月を必要としていたことを忘れてはならない。

注

（1）Mark Jackson, *The Borderland of Imbecility: Medicine, Society and the Fabrication of the Feeble Mind in Late Victorian and Edwardian England*（Manchester: Manchester University Press, 2000）.

（2）大谷誠「戦間期イギリスにおける知的『境界線』――『鈍麻』（Dullness）及び「遅鈍」（Backwardness）概念の『構築』をめぐって」『文化史学』第六〇号、二〇〇四年、一二五―一四七頁。

（3）山口洋史、『イギリス障害児「義務教育」制度成立史研究』風間書房、一九九三年。

（4）Mathew Thomson, *The Problem of Mental Deficiency: Eugenics, Democracy, and Social Policy in Britain, c.1870-1959*（Oxford: Oxford University Press, 1998）.

（5）Sue Wheatcroft, *Worth Saving: Disabled Children during the Second World War*（Manchester: Manchester University Press, 2013）.

（6）Adrian Woolridge, *Measuring the Mind: Education and Psychology in England, c.1860-1990*（Cambridge: Cambridge University Press, 1994）.

（7）*Report of the Departmental Committee on Defective and Epileptic Children, vol.ii*（C8747, London, 1898）, p. 122.

（8）*Annual Report of the Chief Medical Officer of the Board of Education*, 1909, pp. 154-155.

（9）Alfred Tredgold, *Mental Deficiency*（*Amentia*）（London: Baillière, Tindall and Cox, 1908）, pp. 141-143.

（10）Alfred Tredgold, *Mental Deficiency*（*Amentia*）（London: Baillière, Tindall and Cox, 1914）, pp. 383-384.

（11）Alfred Tredgold, *Mental Deficiency*（*Amentia*）（London: Baillière, Tindall and Cox, 1929）, pp. 174-176.

（12）*ibid*., pp. 178-181.

（13）*ibid*., pp. 182-183.

（14）Alfred Tredgold, *A Text–Book of Mental Deficiency*（London: Baillière, Tindall and Cox, 1937）, pp. 175-177.

（15）*ibid*., pp. 513-514.

（16）トレッドゴールドは一九二二年に出版された『精神薄弱』以降、低能児を説明する際、シリル・バートの学術論文を引用している。Tredgold, *op.cit*., 1922, p. 192. バートの論文名は、Cyril Burt, "The Distribution and Relation of Educational Abilities," *London County Council Report*, no.1868,（1916）" である。

（17）"Sir Cyril Burt," *The Times*（London, England）Tuesday, October 12, 1971.

（18）*Report of the Mental Deficiency Committee: Being a Joint Committee of the Board of Education and Board of Control*（*Wood Report*）,（London: H.M.S.O., 1929）, part ii, pp. 92-93.

（19）Cyril Burt, "The Retard Child," *Report of a Conference on Mental Welfare, Tuesday and Friday April 25th and 26*th, *1929*, pp. 82-83.

（20）"Sir Cyril Burt," *The Times*.

（21）Cyril Burt, *The Backward Children*（London: University of London Press, 1937）pp. 441-447.

（22）Woolridge, *op.cit*., p. 91.

（23）Burt, *The Backward Children*, pp. 100-101.

（24）*ibid*., pp. 123-125.

（25）*ibid*., p. 133.

（26）*ibid*., pp. 126-128.

（27）*ibid*., pp. 132-133.

（28）*ibid*., pp. 129-130.

（29）*ibid*., pp. 444-445.

（30）*ibid*., p. 456.

（31）*ibid*., pp. 574-580, 604-605.

（32）*Education Act, 1944*（7&8 Geo. 6, c.81）. Woolridge, *op.cit.*, pp. 239-244.

（33）E.O. Lewis, "Mental Deficiency and Social Medicine," *Journal of Mental Science*, 94（1948）, pp. 258-265.

（34）C.P. Blacker, *Problem Families: Five Enquires*（London: Eugenics Society, 1952）.

（35）Cyril Burt, *Intelligence and Fertility: the Effect of the Differential Birth Rate on Inborn Mental Characteristics*（London: Eugenics Society and Hamish Hamilton Medical Books, 1946）.

（36）Thomson, *op.cit.*

（37）EO/SS/8/7-8.

（38）*ibid.*

（39）*ibid.*

（40）*ibid.*

（41）*ibid.*

（42）*ibid.*

（43）Cyril Burt, *The Backward Children*（London: University of London Press, 1950）p. 455.

（44）R.F. Tredgold and K. Soddy, *A Text–Book of Mental Deficiency*（London: Baillière, Tindall and Cox, 1956）, chap. 17.

（謝辞）本研究は、日本学術振興会科学研究費助成事業基盤研究（B）（研究課題番号　二三三三〇一二六）『障害者の労働に関する比較史的研究』（研究代表者　藤原哲也　福井大学医学部教授）の助成を受けた。

第二部

娯楽のイギリス——スポーツと旅行

Eccentric People in Britain

一七世紀のオリンピック

ドーヴァーズ・ゲームと『アンナーリア・ドゥブレンシア』

石井昌幸

はじめに

コッツウォルド地方は、イングランドの田園風景を代表する観光地として知られ、近年ではわが国からも多くのツーリストが訪れている。その北部に位置する人口二〇〇〇人足らずのちいさな町チッピング・カムデンの北のはずれに、「ドーヴァーの丘」と呼ばれる場所がある。この丘の上で、毎年春のバンクホリデー週に、ちいさな競技会が開催される。

競技会の正式名称は「ロバート・ドーヴァーズ・ゲーム（Robert Dover's Game）」（以下ゲームと略す）という。その由来は古く、一六一二年にロバート・ドーヴァーなる人物が創始したと伝えられている。ゲームは、しばしば「コッツウォルド・オリンピック（Cotswold Olimpick Games）」とも呼ばれる。一六三六年に出された『アンナーリア・ドゥブレンシア（*Annalia Dubrensia*）』（以下『アンナーリア』と略す）という詩集のなかで、この丘の上のイベントが古代ギリシアのオリンピックに擬えられているためである。

ゲームは、毎年金曜日に開催され、翌土曜日には「スキャトルブルック・ウェイク（Scuttlebrook Wake）」（以下ウェイクと略す）と呼ばれる祭りが開催される。(1) ウェイクというのは、イングランド各地で見られる伝統的な村祭りで、地方によってはチャーチ・エール、ラッシュベアリングなど、他の名称で呼ばれることもある。(2)

あたりはまだ明るい午後七時過ぎ、丘の頂上にある広場に設えられたベニヤ板の「ドーヴァー城」から、この競技会の創始者とされるロバート・ドーヴァーに扮した人物と、彼の「友人」エンディミオン・ポーターに扮した人物が、ともに馬に乗って現れ、競技会の開会を宣言すると、競技会の始まりである。ドーヴァーは赤、ポーターは青い衣装に身を包み、二人とも羽根飾りのついた帽子をかぶっている。またこのときに「スキャトルブルック・ウェイクの女王とその従者たち」に扮した子どもたちがドーヴァーとポーターとともに登場する。この季節はサマータイムであることもあって、日没は九時を過ぎるが、ゲームはその頃まで続く。

競技は、槌投げ、砲丸投げ、棒投げ、立ち幅跳び、レスリング、棒術、シン・キッキング（相手の膝を蹴り合う格闘技）など、ドーヴァーの時代に行われていたとされる伝統的な競技から、サックレース（麻の袋に下半身を入れて、ジャンプしながら進む）、バケツリレー、サッカーボールのジグザグ・ドリブル競走、綱引きのようなレクリエーション的なもの、クロスカントリー競走のような真剣な競技まで、さまざまである。

競技が終わり、丘の上が闇に包まれた夜一〇時前、ドーヴァーとポーターが「スキャトルブルックの女王」と呼ばれる少女をエスコートして再び現れ、広場の端に設けられた篝火に彼女によって火が点される。篝火の後ろでは花火が打ち上げられ、やがて鼓笛隊とバグパイプ隊が演奏を始めると、人びとは行列を作って、これを先頭にチッピング・カムデンまで歩いて降りていく。篝火から火を分けた松明を各自手に持っての松明行列は、暗闇のなかで幻想的である。村に降りると、ふだんは駐車場として使用されているスペースに、コンテナで作った特設ステージがもうけられていて、ロックコンサートが始まっている。お祭り騒ぎは、深夜まで続く。

翌日は、朝一〇時からウェイクである。開会式で、ドーヴァーが「スキャトルブルックの女王」の健康を祈願して乾杯する。前日、丘のうえにあった移動式アトラクションが村に降りてきていて、けっして広いとは言えない道路を占拠する。ささやかなメインストリートは、特設遊園地と化すのである。午後からは仮装行列が行なわれ

る。仮装した人びとに続いて、「スキャトルブルックの女王とその従者」を乗せた山車を、モリス・メンと呼ばれる男性たちが牽きながら練り歩く。その後、「女王の戴冠式」が行われ、前年の女王がその年の女王に冠を授ける。この種の伝統的な祭りは、イングランド各地で見られるが、なぜコッツウォルドのそれは、ドーヴァーという人物によって創始されたと伝えられ、なぜそこにオリンピックの名が冠せられているのだろうか。

1.

『アテナエ・オクソニエンシス』

ゲームの歴史については、これまで民衆娯楽史やスポーツ史の叙述、事典類[3]のなかで、断片的に触れられてはきたが、一七紀初めとされるその創始のいきさつについては、不明な点が多い。同時代の史料がきわめて乏しく、ほとんど『アンナーリア』のみと言ってもよいからである。ドーヴァーとゲームについて今日までに書かれてきた事柄は、わずかな例外を除いて、基本的には『アンナーリア』と、一七世紀の尚古家アンソニー・ア・ウッドの『アテナエ・オクソニエンシス』(一六九一年)のなかの記述に基づいたと思われるものがほとんどである。ウッドの書は、オックスフォード大学出身の文人たちの列伝であるが、同書のある項目に次のように書かれている。

> 私の書斎に『アンナーリア・ドゥブレンシア―コッツウォルド丘陵でのロバート・ドーヴァー氏のオリンピックを毎年祝うことについて』(ロンドン、一六三六年)と題する書物がある。この書物は、すべてのページにコッツウォルド・ゲームが

つく表題がつけられていて、いくつかの詩から成っている。……くだんのゲームは、ロバート・ドーヴァーという人物によって始められ、一年の特定の時期に四〇年間続けられた。ドーヴァーは、ウォリックシャ、バートン・オン・ヒースの法律家で、ノーフォークのジョン・ドーヴァーの息子である。彼はエネルギー溢れる活動的人物で、寛大で、自由で、公共的な精神の持ち主であった。ドーヴァーはジェイムズ一世に、グロスタシャのコッツウォルド丘陵から好きな場所を選ぶ許可を受け、ゲームはそこで行われることになった。この州の出身者のエスクウァイアで王臣のエンディミオン・ポーターは、同様にこの上なく寛大な精神の持ち主だったのであるが、ドーヴァーを励まし、彼を優美に飾り、威厳を与えるために、国王の着ていた衣服、帽子と羽飾り、ひだ襟などをいくつか彼に与えた。ドーヴァー自身は、見事に馬にまたがり、装具一式を身に着けて常にゲームの場にいて、ゲームの指揮者兼監督を務めた。長老主義派による悪辣な反乱に至るまでの時期でさえも、貴族やジェントリ（これを観ようと六〇マイル離れたところからやってくる者たちもいた）は頻繁に足を運んだ。この悪辣な反乱が、ゲームを中止させ、すべての寛大で独創的なものを、その他の場所でも台無しにしたのである。『アンナーリア・ドゥブレンシア』という本の詩は、何人かの詩人たちによって書かれていて、うち何人かは、わが国の最も主だった詩人たちである。……『アンナーリア・ドゥブレンシア』の扉には、ゲームとスポーツを表した木版画がある。そこに描かれているのは、男たちが行なう棍棒試合、レスリング、跳躍、棒投げ、鉄槌投げ、矛の操作、馬とび、逆立ちなどである。また、女たちの踊りや、ハウンドやグレイハウンドを用いてウサギをハンティングしたりコースィングしたりする男たちも描かれている。さらに、小山の上に建てられた板製の城が描かれ、そこからは大砲がつき出て砲撃しており、偉大なる指揮官キャプテン・ロバート・ドーバーが馬にまたがって、あちこち観てまわる様が描かれている。(4)

この短い紹介が、比較的近い時代の史料として後代の論者たちが得ることのできる、貴重な情報となってきた。ドーヴァーは一六五二年に没しているので、もしもドーヴァーの死とともにゲームが途絶えたと考えるなら(実際そのように書かれているものは多い)、彼の没年から四〇年をさかのぼると一六一二年になる。これまでの論者の多くは、この著名な尚古家の記述に従って一六一二年説を導いたのだと思われるのである。

2. 『アンナーリア・ドゥブレンシア』

『アンナーリア・ドゥブレンシア』は、一六三六年に出版された英語の詩集である。書名はラテン語で「ドーヴァー年代記(Dover's Annual)」と言った意味であるが、中身は年代記ではなく、ドーヴァーとゲームを讃えた三三編の詩、およびドーヴァー自身による一編の詩からなっている。競技会や競技者を讃えて詩をよむことは古代ギリシアのならわしであったから、『アンナーリア』も、この古代の慣習を模したものらしい。

詩集にはマイケル・ドレイトンをはじめ、トマス・ランドルフ、ウィリアム・バッセといった当時の有名詩人や、ベン・ジョンソン、シャクリー・マーミオン、トマス・ヘイウッドら戯曲家の作品が含まれている。ほかにも多くの、当時ある程度知ら

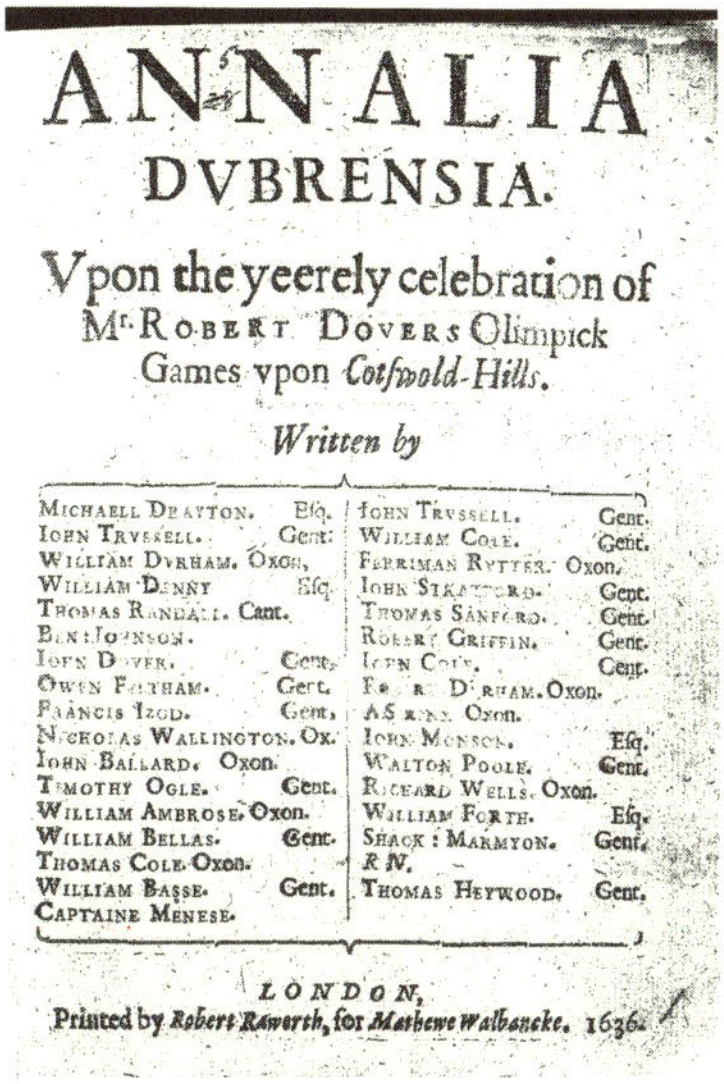
ANNALIA DVBRENSIA.

Vpon the yeerely celebration of Mr. Robert Dovers Olimpick Games vpon *Cotswold-Hills*.

Written by

Michaell Drayton. Esq.	Iohn Trvssell. Gent.
Iohn Trvssell. Gent.	William Cole. Gent.
William Dvrham. Oxon.	Ferriman Rvtter. Oxon.
William Denny Esq.	Iohn Stratford. Gent.
Thomas Randall. Cant.	Thomas Sanford. Gent.
Ben: Iohnson.	Robert Griffin. Gent.
Iohn Dover. Gent.	Iohn Cole. Gent.
Owen Feltham. Gent.	F[illegible] Durham. Oxon.
Francis Izod. Gent.	A.S[illegible] Oxon.
Nicholas Wallington. Ox.	Iohn Monson. Esq.
Iohn Ballard. Oxon.	Walton Poole. Gent.
Timothy Ogle. Gent.	Richard Wells. Oxon.
William Ambrose. Oxon.	William Forth. Esq.
William Bellas. Gent.	Shack: Marmyon. Gent.
Thomas Cole. Oxon.	*R.N.*
William Basse. Gent.	Thomas Heywood. Gent.
Captaine Menese.	

LONDON,
Printed by *Robert Raworth*, for *Mathewe Walbancke*. 1636.

れていた詩人や文人の作品があるが、同時にドーヴァーの友人のアマチュア詩人たちとドーヴァー本人の作品、ドーヴァーの妻によるものではないかと言われる匿名の詩なども収められている[5]。

詩集は、版元であるマシュー・ウォルバンクのドーヴァーへの短い献辞で始まる。そこにはウォルバンクが詩集を出版することにした理由が、三つあげられている。第一に、『アンナーリア』に収録されたそれぞれの詩が、「絶好のタイミングで」「風にのって」ウォルバンクのもとに寄せられ、それらを熟読した結果、出版するに値すると判断したこと。第二に、ドーヴァー自身が非常に控えめな性格なので、本人がそれに値する賞讃を拒んでいるということ。しかし、ドーヴァーと同じ地方の住人はもとより、そうでない人びともみな彼の行いに心から感動しているので、ウォルバンクは僭越を承知で思い切ってこの詩集を出版することで、多くの人の不満に応えることになるだろうと考えたこと。

第三の理由は、次のようなものである。「これらの五年に一度の祭り、すなわちオリンピック（Olimpick Games 五年に一度だけ祝われた）」は、ヘラクレスによって創始され、その後英雄やギリシアの諸侯たちによって幾世代にも渡って続けられたのだが、今では完全に廃れ、その記憶もほとんど消え去ってしまった。ウォルバンクはドーヴァーに「我らの時代の英雄」という称号を与えたいと思い、有名な「年代記（Annalia）」すなわち年ごとの賛辞を贈りたいと考えた。それは、古代オリンピックの記憶を甦らせるためのみならず、「あなたのコッツウォルドの丘を人びとの熱烈な歓迎と勝利の喜びによって飾り、子々孫々までその記憶を続けるため」であった[6]。

ウォルバンクの献辞に続くのは、マイケル・ドレイトンによる巻頭詩である。この詩は、『アンナーリア』に収められた詩の性格を端的に表しており、また他の多くの詩のアーキタイプとなっていると思われる。そこで以下、ドレイトンの詩について見ながら、『アンナーリア』の詩の特徴について考えてみたい。

ドレイトンの詩は、ドーヴァーへの賛辞から始まる。ドーヴァーは、「この退屈な鉄のような時代に、黄金時代の栄光を蘇らせ」た。黄金時代とは「あの勇敢なるギリシア人たち」の時代である。彼らは、オリンポスの山からその名をとり、ヘラクレスによって創始された競技会を行った。ドレイトンは、古代ギリシアのオリンピアの祭典の様子を描写したうえで、再びドーヴァーを讃える。

> そこでは、強健な若者たちが跳び、格闘し、走り／槍を投げた。名誉を与えられたのは、ひとりの男／勝者となった男だった。競馬場では／身軽な騎手たちと、

> 熟練した戦車乗りたちが／花冠をかけて闘った。詩人たちはハープにあわせて詩を吟じ／ギリシアが繁栄しているあいだ、まさにその時に／すべての芸術と、すべての有名な人びとの育ての親となった。／彼らは今でもそうして年を数えている／あれやこれやのオリンピアードと／だからドーヴァーよ。汝によって始められしこの競技会によって我らも我らの年々を数えよう。時が続く限り／我らは、汝の彫像を、岩を切り出して造るであろう／美しく飾った立派な碑文をつけて／そしてそこにはこう書かれる。**見よ、これぞその男なり／ドーヴァー、これらの高貴なるスポーツを創めた人**〔ゴシック体の原文はイタリック。以下同じ〕

続く部分では、古代ギリシアの祭典とドーヴァーのイメージが、牧歌《メリー》的イングランドのイメージに接続される。

> 丘の若者たちが、谷の娘たちが／たくさんの歌のなかで、たくさんの楽しい物語のなかで汝のことを語るだろう。そして遊びの許しをもらう。／汝の名を持つ祝日が作られるだろう。**コッツォルドの**羊飼いたちは、羊の群れの番をしながら／けだるい睡魔をやり過ごすために腰かけて、汝の物語を聴くだろう。／彼らが羊たちを柵に入れるよりも早く／夜の帳が降りるだろう。[7]

『アンナーリア』の詩には、大枠で共通する三つの特色が見てとれると思われるが、ドレイトンの詩には少なくともそのうちの二つが典型的に見て取れる。ひとつめは、すでに触れたとおり、ドーヴァーによるゲームを古代ギリシアの競技会に擬え、その明るく、たくましく、男らしいことを讃美している点。また、オリンピアの競技会だけでなく、ギリシア、ローマの神話や神々が次々に引かれている点である。ふたつめは、そのような古典古代のイメージが、理想化された牧歌的イングランドと重ね合わせられている点である。ドレイトンの詩で言えば、古代オリンピックの話がドーヴァーを経て、「丘の若者たち」や「谷の娘たち」、「羊飼いたち」へとつながっていくところで、このような形式は『アンナーリア』の詩の大部分に見ることができる。特徴の三つめは、反ピューリタン感情であるが、ドレイトンの詩には、それは明示的には現れていない。『アンナーリア』の詩に見られる反ピューリタン感情については、ここでは保留し、次章で詳しく述べることにする。

詩集には、ゲームの様子に関する具体的な描写は少ない。ドレイトンの巻頭詩も、古代ギリシアの競技会で行われた競技には言及しているものの、それと同じことがコッツウォルドの丘の上で行われたとは言っていないし、ゲームの中身に関する具体的な叙述は登場しない。詩の多くは、イングランドに古くから伝わる祭りの競技や娯楽、ダンスについて描写したり、それをオリンピアの祭典になぞらえて描いたりしてはいるが、実際のドーヴァーのゲームを写実的に伝えた部分はほとんどなく、扉絵に描かれたさまざまな競技を解釈して、なにが行なわれていたのかを想像するしかないのである。

3. ピューリタン批判としての『アンナーリア』

ところで、ゲームが創始されたとされる一六一二年から『アンナーリア』出版の三六年へと至る時代が、イングランド、スコットランド、アイルランドという三つの王国を巻き込んだ政治的動乱期の前夜にあたることは、あらためて言うまでもない。そして、「ピューリタン革命」と呼びならわされてきたこのイギリス史上未曾有の内戦時代が、同時に国王側とピューリタンとの娯楽・スポーツ観をめぐる思想的対立の時代でもあったことは、すでに川島によって指摘されているところである。(8)『アンナーリア』が出版されたのは、伝統的な娯楽に圧力をかけるピューリタンたちに対する牽制として、国王ジェームズ一世が「罪なき娯楽」を擁護する布告『ブック・オブ・スポーツ』を発したのち、息子のチャールズ一世が、それをあらためて印刷させ、全国の教区司祭たちにその朗読を強制した、三年後にあたる年である。詩集は、こうした時代背景と深くかかわっていた。反ピューリタン的なメッセージに満ちた伝統的娯楽擁護の詩集としてみるとき、『アンナーリア』の性格はよく理解できるのである。これが、前章において保留としておいた『アンナーリア』の第三の特徴である。

詩集のなかにあふれる牧歌的イングランドのイメージと、そこでいにしえから受け継がれてきた祭りのなかの娯楽やスポーツに対する熱烈な讃美は、このような時代にあってはそれだけでもピューリタン批判を含意しえたであろう。そして、詩のいくつかにははっきりと反ピューリタン感情を表す文言が見られるのである。たとえば、ドレイトンに続くジョン・トラッセルの詩は、ピューリタンによる娯楽の弾圧をこう嘆いている。最近の審問や説教や教義問答では、「田舎のウェイクやウィーリングが、昨今ではカーニヴァルやポームなどの外国の娯楽のごとく」見られ、「ラッシュ・ベアリングや罪のない聖霊降臨節のエールや、メイゲームの槍的突き競技で走ることや、世間一般的な遊びが、もっと素晴らしくて、賢い人たちによって、非難され、中傷され、神聖を汚す異教的な悪徳だとして咎められている……」「ホック節の娯楽は、廃れるとは言わないまでも、衰退している。そしてこんにち、あらゆる公共の愉しみは、その合法性がどのくらい疑われているかを私は知らない」。トラッセルはこれに続けて、ドーヴァーへの賛辞を送る。「そのために、社会は病んで行っていた。死に瀕していた。陽気なドーヴァーが、彼によって生き永らえさせられ、大切に育てられている、愛と宴と、人と人との厚意あふれるつきあいが滅びてしまうことを押しとどめる方法を、見事に発明することがなかったなら。」「勇敢なる輝きを続けよ。卑しき懸念を超えて高く舞い上がれ。汝をして、正直なる民の浮かれ騒ぎと、比類なき活動的スポーツを愛せしめよ。町にも宮廷にも、汝の発明を賞賛させ、汝の仕事に喝采させよ。そして、汝の正当な新事業において、汝を支持することを拒む、ユダヤ人や異教徒トルコ人のごとき者を、よき社会から放逐させよ。(9)」

『アンナーリア』には、『ブック・オブ・スポーツ』において擁護された「正直な娯楽」や「罪なき浮かれ騒ぎ」を讃える文言が頻出する。フランシス・アイゾットは、「彼を異教徒だ、ユダヤ人だ、トルコ人だと非難し、もっと酷いときには、汝の罪なきスポーツに反対して、あさはかな怒号をあげる」者たちを嘆いている。ジョン・ストラトフォードは、次のように言う。「〔ギリシアのような〕旧世界のスポーツは、こんにちわれらがコッツウォルドへと移植された。価値あるドーヴァーによって。……汝のスポーツは、罪のないものに過ぎない」。ストラトフォードはまた、そのような「罪のない」民衆の娯楽と併置して、「汝の競馬、グレイハウンドの追跡、狩猟などは、最高位の者から承認された由緒あるスポーツである」として、上位階級の娯楽であった競馬や狩猟をも讃美している。トラッセルは、ドーヴァーの偉業の記憶は、彼の死後も永遠に記憶にとどめられ、「良き心の陽気な人びとは、西はトートネスから東はケントのドーヴァーまでイングランド全土で、ロバート・ドーヴァーの不朽の栄光物語を語り続けるだろう。彼の独力での事業によって、正直な娯楽、罪のない浮かれ騒ぎは、第二の生を与えられるのである」と詩を結んでいる。ドーヴァー自身も、詩集の最後に登場する自らの詩を、「参加者みなを満足させ、歓ばせよう。すべての罪なき正直なスポーツを護る者たちを」という言葉で終えている。(10)

同時代を代表する戯曲家ベン・ジョンソンは、自らの作品『バーソロミュー・フェア』のなかに「忙し国のゼロット（熱狂者）」なるピューリタンを登場させ、その人物に自分が「苦悩を喜ぶ者であり、ここに座って、フェアやメイゲームやウェイクや聖霊降臨祭のエールの破滅を予言し、これらの悪弊の改革を想って嘆息し、苦しんでいる」のだと語らせている。(11)そのジョンソンが『アンナーリア』に寄せた詩は、他の詩と比べてきわめて短いが、そこで彼はドーヴァーと彼の競技会が「いかに我らが崇めるジェイムズの栄光を回復したか」を讃えている。ドーヴァーのゲームは「ジェイムズの記憶を生き長らえさせ」ることに貢献し、「真実の愛と、隣人関係を推し進めた」と。そして、「国教会とコモンウェルスの両方に、善を成した」と。(12)

ピューリタンから見れば、ジェイムズは安息日を守らない不敬の輩にほかならなかった。酒宴を好んだ王は、一六〇六年に岳父であるデンマーク王を招いて大宴会を催し、正体がなくなるまで酔いつぶれたあげく乱痴気騒ぎを繰り広げて、「謹厳な人びと」を怒らせた。『ブック・オブ・スポーツ』に対する激しい反発も、観劇や仮面舞踏会、狩猟などを好んだ王の日頃の性行が原因のひとつであった。(13)

ドレイトンの巻頭詩も、明示的にピューリタン批判を謳っているわけではないが、田舎の男女や羊飼いが「ドーヴァーの祝日（Holy-day）」に遊びの許しをもらう、という部分には、やはりそのようなニュアンスが含まれていたであろう。トマス・ランドルも、「田舎の若者たちは、彼（ドーヴァー）の祝日を続け、各々が彼を、羊飼いたちの暦のなかで列聖する」と、ドーヴァーを聖人に擬えている。(14)

4. 一七世紀のオリンピック

川島によれば、ピューリタンたちの安息日遵守をめぐる闘いは、時間観念をめぐる闘いでもあった。カトリック時代、教会は慣習的行事を自らの暦のなかに取り込みながら、円環する時間の流れと共存していた。それは、中世以来続いた、そして場合によってはキリスト教以前の土着の信仰にさえ起源するものであった。そこに流れる時間は、労働が散発的で、特定の時期に短期間に集中して行われる農業労働の時間の流れと適合していた。農繁期には人びとは何曜日であろうと関係なく働き、それが終われば、何曜日であろうと許される限り娯楽に耽ったのである。(15)

ピューリタンは、そうした社会のなかで折々を画してきた数多くの不定期の祝日を排撃し、かわって、週に一度の定期的な安息日を、休息と瞑想のための聖なる日として徹底しようとした。ウェーバーが彼らのなかに「資本主義の精神」の萌芽を見てとった人びとにとって、休日とは自堕落な現世的楽しみに身をやつすための「暇な時間 leisure; pastime」ではなく、翌日からの労働に備えて、休息と再生（re-creation）にあてられるための時間でなければならなかった。クリストファー・ヒルの言い方を借りるなら、ピューリタニズムは、「近代的な定期的で継続的な生活と労働のリズムと適合的な時間の観念」でもあったのである。だからこの「勤勉な人びと（industrious sort of people)」にとって、伝統的な民衆娯楽の世界は「危険で不道徳な」欲望と不可分のものであった。(16)

そのようなピューリタンの台頭を前に、しかし国王の側も伝統的な娯楽や文化をカトリック時代のままに擁護しようと考えていたわけではなかった。一九世紀末に『ブック・オブ・スポーツ』についての研究書を書いたゴヴェットによれば、ジェイムズは伝統的な娯楽やスポーツを擁護するだけではなく、「人びとを正直なゲームと武器の練習という公共のスペクタクルによって愉しませるために、また、正直な饗宴と愉しみによって友情と温かさを味わうことを目的とした隣人たちの集まりのため」に、あらたに特定の日を数日指定することを提案していたという。(17)だとすれば、ドーヴァーのゲームはまさしくそのような目的に合致するものであっただろう。

王党派とピューリタンとの文化闘争を扱った社会史家アンダーダウンは、ドーヴァーのゲームが「上位階級の文化と民衆文化との溝に橋を渡し、共同体全体を伝統的支配者のもとに再統合しようとする、意識的な試みであった」と結論づけている。[18]しかし、そこで意図されたのが、たんなる伝統への回帰ではなかったことは、『メリー・イングランドの興亡』のなかでハットンも指摘しているところである。彼によればゲームは、伝統的娯楽の擁護としての性格を持っていただけではなく、「競技と武勇を強調することによってスポーツを構成した新機軸であった……聖霊降臨日後の木曜日と金曜日に行なうことによって、ゲームは安息日と伝統的な祝日の両方を避けたのだった」。[19]もっとも、すでに見たとおり、ゲームが当初から特定の曜日に行われたか否か、またそれが何曜日に行われたのかを示す同時代の史料はない。しかし、古代ギリシアの祭典に擬えた、にもかかわらずその内実においては旧来のウェイクと変わるところのさして多くない祭りが、少なくとも日曜日を避けて行われた可能性は高いであろう。そして同時にそこでは、ドーヴァーという世俗の「創始者」を立てることによって、伝統的な聖人の祝日とも一定の距離を置くことが含意されていたのかもしれない。ウィットフィールドは、次のように言う。内乱前夜、「カトリシズム、ピューリタニズム、国王自身の教会と政府」という三つの勢力が危うい均衡を保つなか、「妥協案的に提出された、ほんのちいさな地域的試み」がドーヴァーによる「オリンピックの創始」であった。ドーヴァーと、彼の演劇界や法曹界の友人たちが目指したのは、田舎のスポーツと娯楽を甦らせ、同時にそれを「近代化」することによって、「依然生き残っていた中世農村の魂を延命させようとすることであった」と。[20]

ピーター・バークが、エリート文化と民衆文化との両極化が始まったとするこの時代[21]において、古代の競技祭に擬え、世俗の英雄を創始者とすることで、伝統的な娯楽・スポーツ文化をカトリック的(＝土着的)伝統文化の文脈とまずは切り離し、ルネサンス的な意味づけによってピューリタン的な娯楽観とも一定の折り合いをつけようとする試み。それが、ドーヴァーが一七世紀初めに「創始」した「オリンピック」と『アンナーリア』の意味だったのである。

むすびにかえて

内乱勃発の翌年、ロンドンのシティでは『ブック・オブ・スポーツ』がピューリタンによって焚書にされた[22]。一六四四年、議会は安息日である日曜日に働くこと、ウェイクなどの祭りを持つこと、旅をすることなどを禁止する法律を制定した[23]。同じ年、チッピング・カムデンにはピューリタンの教区牧師ウィリアム・バーソロミューが赴任した。ゲームは彼によって中止に追い込まれたという[24]。結局この早すぎた「上からの娯楽改革の試み」は、さしたる影響力もなく、ただ詩集のなかにその痕跡をとどめるのみとなった。『アンナーリア』という「年代記」自体、一部の文人サークルの遊戯にとどまり、おそらく続刊が出されることはなかった。

王政復古後、さまざまな「メリー・イングランド」の娯楽は復活した。劇場はふたたび活況を呈し、伝統的な祭りは次々に復興され、むしろ以前よりも盛んとなって、ときには一週間も継続された[25]。しかし、ゲームがいつ復興されたかについては、正確なことは分からない。復興なったゲームは、一八世紀の商業帝国の繁栄と地方都市をも巻き込んだ都市的娯楽文化の開花[26]のなかで、祭りとしての賑わいを取り戻していったらしい。[27]

しかし、ピューリタニズムはイギリス人の国民文化のなかに確実に浸透していた。やがて一九世紀に入る頃、おりからの信仰復興、ピューリタニズムのリヴァイヴァルとも言うべき福音主義ムーヴメントのなかで、伝統的娯楽・スポーツ文化とピューリタニズムとの葛藤という問題は再燃することになる。華やかな地方イベントとして周辺から多くの見物客を集めるようになっていたゲームは、一八五一年、再び排撃の対象となっていた各地の祭りと同様、またも中止に追い込まれるのである。それは、首都ロンドンで世界初の万国博覧会が催され、都市人口がついに農村人口を上回った年でもあった。

以後ゲームは、一〇〇年の中断を経験することになる。コッツウォルドの丘のうえで現在行なわれているゲームは、一九五二年に再復興されたものである。[28]

注

（1）筆者は、一九九七年と二〇一〇年の二度、現地を訪れてゲームとウェイクを見た。以下の叙述はそのときの見聞による。

（2）川島昭夫「暦のなかの娯楽」、川北稔編『「非労働時間」の生活史——英国風ライフスタイルの誕生』リブロポート、一九八七年、一一四—一一七頁。

（3）たとえば以下に、ゲームへの言及が見られる。John Arlott（ed.）, *The Oxford Companion to Sports & Games*, London: Oxford University Press, 1975, p. 185; Dennis Blailsford, *British Sport: A Social History*, Cambridge: The Lutterworth Press, 1992, pp. 39-40; Derek Birley, *Sport and the making of Britain*, Manchester: Manchester University Press, 1993, pp. 81,241; Richard Cox, Grant Jarvie and Wray Vamplew, *Encyclopedia of British Sport*, Oxford: ABC-Clio,

2000, pp. 25, 78-79, 171. チャールズ・カイトリー、渋谷勉訳『イギリス・祭事・民俗事典』大修館書店、一九九二年、二一〇―二一二頁。

（4） Anthony a Wood, *Athenae Oxonienses*, London, 1691, p. 614. ウッドは、この記述のドーヴァーとゲームに関する内容を、ドーヴァーの孫ジョン・ドーヴァーから聞いたという。（Francis Burns, *Robert Dover and the Cotswold Olimpick Games*, Bristol: Stuart Press, 2000, p. 2.）

（5）『アンナーリア』の詩については、グロッサートによる復刻版（一八七七年）を使用した。したがって以下、*Annalia Dubrensia* とした場合の引用頁は同書のものである。*Annalia Dubrensia*, Rev. Alexander B. Grosart, LL.D (Edinb), F.S.A. (ed.), Occasional Issues of Unique or very Rare Book, Privately Printed for the Subscribers only ,1877, Fifty-two Copies only.

（6） *Annalia Dubrensia*, p. 3.

（7） *Annalia Dubrensia*, pp. 3-6. 当時、古代オリンピックは五年に一度開かれたと考えられていたらしく、『アンナーリア』では他の箇所でも、オリンピックが「五年に一度」であると謳われている。

（8） 川島、前掲論文、九頁。

（9） *Annalia Dubrensia*, pp. 6-8.

（10） *Annalia Dubrensia*, p. 8, p. 28, p. 49, p. 68.

（11） L.A. Govett, *The Book of Sports: A History of the declarations of King James I. and King Charles I. as to the use of lawful sports on Sundays*, London: Elliot Stock ,1890, p. 26.

（12） *Annalia Dubrensia*, pp. 6-8.

（13） Govett, *op.cit.*, pp. 27-28

（14） *Annalia Dubrensia*, pp. 22.

（15） 川島、前掲論文、一七―二三頁。

（16） Christopher Hill, *Society and Puritanism in Pre-Revolutionary England*, London: Random House, 2003 (1964), p. 119.

（17） Govett, *op.cit.*, pp. 10-11.

（18） David Underdown, *Revel, Riot and Rebellion : Popular Politics and Culture in England 1603-1660*, Oxford: Oxford University Press, 1985, p. 64.

（19） Ronald Hutton, *The Rise and Fall of Marry England: The Ritual Year 1400-1700*, Oxford, Oxford University Press, 1994, p. 164. ハットンがなぜ「木曜日と金曜日」としているのかは不明である。

（20） Christopher Whitfield, *Robert Dover and the Cotswold Games, A New Edition of Annalia Dubrensia*, London: Henry Sotheran Ltd., 1962, pp. 1-2.

（21） ピーター・バーク、中村賢二郎・谷泰訳『ヨーロッパの民衆文化』人文書院、一九八八年、特にその第8章と第9章。Peter Burke, *Popular Culture in Early Modern Europe*, Temple Smith, London, 1978. バークの主張は、ライトソンの研究によってイギリスでも確認された（キース・ライトソン、中野忠訳『イギリス社会史――1580―1680』リブロポート、一九九一年、K.Wrightson, *English Society, 1580-1680*, London, 1982. ただし、近年ではこのバーク・ライトソン・テーゼには、多くの批判的研究が出されている。近世民衆文化史をめぐる論争については、以下を参照のこと。菅原秀二「民衆文化とその変容」岩井淳・指昭博編『イギリス史の新潮流――修正主義の近世史』彩流社、二〇〇〇年、一八九―二一〇頁。

（22） Hill, *op.cit.*, p. 170.

（23） *Ibid.*, p. 153; p. 164.

（24） Christopher Whitfield, *A History of Chipping Campden and Captain Robert Dover's Olympick Games*, Eton and Windsor: Shakespeare Head, 1958, p. 123 ; Govett, *op.cit.*, p. 152.

（25） 川島、前掲論文、一三～一四頁。

（26） 一八世紀における都市的娯楽文化については、以下を参照。Peter Borsey, *The English Urban Renaissance: Culture and Society in the Provincial Town, 1660-1770*, Oxford: Oxford University Press, 1989; Peter Borsey, "The English Urban Renaissance: the development of provincial urban culture c.1680-c.1760", in Peter Borsay（ed.）, *The Eighteenth Century Town: A Reader in English Urban History 1688-1820*, London & New York: Longman,1990, pp. 159-187.

（27） 王政復古後のゲームについては、以下を参照。Whitefield, *Robert Dover and the Cotswold Games*, pp. 58-81.

一九世紀の風雲児、ジョージ・ベンティンク卿

その政治的活動と文化的活動

鍵谷寛佑

はじめに

一九世紀のイギリスは、パクス＝ブリタニカと呼ばれ、圧倒的な力を背景とした平和を謳歌していた。当時のイギリス、すなわち大英帝国は、他国を超越する政治的、経済的、軍事的影響力はもちろんのこと、文化的影響力をも有していた。一八世紀後半から一九世紀を通じて、イギリスにおいて近代スポーツが数多く誕生することになるが、この事実はまさに覇権国家イギリスの文化的水準の高さを示す好例であろう。そうしたイギリスの国民的スポーツとは何かと問われた際に、多くの人々の脳裏には様々な答えが浮かぶであろう。紳士のスポーツと言われるゴルフ、ウィンブルドン選手権に代表されるテニス、世界中で莫大な競技者を獲得したフットボール、現在でも国内および旧帝国内で盛んなクリケットと、枚挙に暇がない。しかし、数多くあるイギリス発祥の近代スポーツの中でも最も古い歴史を持ち、その頂点に立つ国民的スポーツと言えば、競馬をおいて他にはない。現在でも、ロイヤル・アスコットに代表される格式高い競馬開催では、エリザベス女王を筆頭に、華麗な服装に身を包む王侯

貴族が注目の的となる。そして、競馬における高貴さの象徴であるサラブレッドが、興奮と感動を呼び起こし、競馬場全体が独特な熱気に包まれる。その長い歴史の中で、競馬というスポーツは、時には歓喜を、時には悲哀を呼び起こし、あらゆる階級を巻きこんで今日まで発展を遂げてきたのである。

そこで本稿では、一九世紀中頃に、政治的には穀物法廃止に反対する保護貿易派のリーダーとして、文化的にはイギリス競馬統括団体ジョッキー・クラブの幹事として活躍したジョージ・ベンティンク卿（Lord William George Frederick Cavendish-Scott-Bentinck、一八〇二〜一八四八年）に焦点を当てる。名門貴族に生まれた彼が、ジェントルマンとして政治的、文化的側面でいかなる功績を遺したのか、検証していきたい。

ではまず、彼の出自から見ていくことにしよう。ジョージ・ベンティンク卿は、一八〇二年、第四代ポートランド公（William Henry Cavendish-Scott-Bentinck, 4th Duke of Portland、一七六八〜一八五四年）の三男として誕生したが、彼の父は、偉大な名声、富、高貴な繋がりを提供しうるというあらゆる利点を保証されていた。[1]また、彼の母ヘンリエッタは、結婚前に「裕福なスコット嬢（the rich Miss Scott）」と言われた家柄出身の令嬢であったし、彼女の妹である「機知に富んだスコット嬢（the witty Miss Scott）」は、かのジョージ・カニング（George Canning、一七七〇〜一八二七年）と結婚した才女であった。[2]貴族としてのポートランド家は、ベンティンク家とキャベンディッシュ家の婚姻関係から源を発しているが、彼らの印象的な家訓は「主が与え給ふ」（*dominus providebit*）であり、これは今から三五〇年前にオランダ貴族の地位にあったベンティンク家にふさわしいものであった。[3]また、「不名誉を恐れよ」（*craignez honte*）がもう一つの家訓であり、この不名誉への恐れは、初代ベンティンクがイングランドに足を踏み入れた時代から代々受け継がれてきたものであった(4)。後に政治的、文化的空間で時代の風雲児となるジョージ・ベンティンク卿が生まれたポートランド家には、このように伝統的な高貴さを示す家訓が存在していたが、ベンティンク卿こそ、一九世紀という時代にこれら二つの家訓を体現した人物であった。

1．政治家としてのジョージ・ベンティンク卿

本章では、政治家としてのジョージ・ベンティンク卿の功績に焦点を当てる。まず、ベンティンク卿の経歴に関してだが、彼は貴族の子息としてイートン校に入学した正

ジョージ・ベンティンク卿（1802-1848）
David Oldrey, *The Jockey Club Rooms: A Catalogue and History of the Collection* (London, 2006), p. 149.

真正銘の「エリート」であった。彼はイートン校を離学後、一八歳で第九槍騎兵隊に入隊し、最終的に第二近衛騎兵連隊の少佐の地位を得たが、一八二七年に除隊した。(5) これは、ロンドン社交界の魅力に引き寄せられたことが一因であったとされるが、翌年の一八二八年には、後に初代インド総督となる叔父のウィリアム・ベンティンク卿(Lord William Henry Cavendish-Bentinck、一七七四〜一八三九年)を継承して、キングズリン選出の庶民院議員となり、以後亡くなるまでの約二〇年間、その議席を保持した。(6) また、ベンティンク卿は議員になる以前、軍人であるとともに、叔父であったジョージ・カニングの下で私設秘書としても活躍した。彼の秘書としての評判はすこぶる良く、もっとも優秀かつ活発な秘書であり、秘書という職に必要とされる聡明さ、マナーの優美さ、人間性の熟知、ビジネスの手腕、交渉のそつのなさ、文書でのやりとりを行う際の技術、根気強さなど、すべての特性を兼ね備えていたと賛美されている。(7)

庶民院議員としてのキャリアをスタートさせたベンティンク卿であったが、その初期の活動は極めて限定的であった。彼の具体的な政治活動を知るために、英国議会の議事録データベースであるハンサードにアクセスし、「ジョージ・ベンティンク卿」で検索したところ、計三二九件の記録が存在した。(8) しかし、その記録のうち三〇七件は、一八四六年から一八四八年の三年間に極端に集中しており、議員となった一八二八年から一八四五年の一八年間における記録は、わずか一二件にすぎない。ベンティンク卿の庶民院における最初の発言は、一八三三年の「オランダ船の出入港禁止」を巡っての発言であった。(9)

ベンティンク卿とカニングとの関係については先に触れたが、政治家となったベンティンク卿の党派は当初トーリー党のカニング派であった。事実、第一次ウェリントントン内閣からカニング派の閣僚たちが辞職した際、ベンティンク卿は内閣に対する支持を取り消し、後にカニング派がグレイ内閣の大部分を形成すると、ベンティンク卿もまた与党の議席を回復した。(10)そのため、ベンティンク卿は選挙法改正法案における初期の強固な支持者であり、政治的かつ個人的共感があったスタンリー卿（Edward Geoffrey Smith-Stanley、一七九九～一八六九年。後の第一四代ダービー伯）が離党するまで、彼は一時ホイッグを支持していた。(11)

後にスタンリー卿の党派は、オコンネルによって「ダービー派（Derby Dilly）」と呼ばれたが、ベンティンク卿を含め、ジョージ・カニングの従弟であったストラトフォード・カニング（Stratford Canning、一七八六～一八八〇年。後の初代ストラトフォード・ドゥ・レッドクリフ子）らがダービー派に同行したという。(12)ベンティンク卿によるホイッグ支持の具体的期間は、一八三〇年から一八三三年までのわずかな期間であり、ダービー派に加入してからは保守派となった。(13)

このように、ベンティンク卿の初期の政治的活動には紆余曲折があったが、ダービー派の保守党合流以後、彼は保守党内で活動することになった。しかし、周知のとおり、一八四〇年代に穀物法廃止を巡る論争が過熱すると、保守党内が分裂する事態となってしまった。一八四一年の段階では、ベンティンク卿は、サー・ロバート・ピール（Sir Robert Peel、一七八八～一八五〇年）が、その名誉において農業の保護を維持するという誓約を破ることはできないという見方を取っていた。(14)

しかし、自由貿易を推進するピールは穀物法廃止に関する法案を提出し、ホイッグやリベラル、改革論者といった従来の保守党の抵抗勢力全体から支持を集め、法案は一八四六年五月一五日に第三読会を通過した。(15)一方のベンティンク卿にとって、保護貿易は精魂を込めるべき政治的課題であり、ピールが自由貿易への転換を発表した際、良識と誠実さを兼ね備え、庶民院において多くのカントリー・ジェントルマンからの尊敬を得ていたベンティンク卿は、彼の副官ベンジャミン・ディズレーリ（Benjamin Disraeli、一八〇四～一八八一年）とともに、新たに組織された保護貿易派のリーダーに決められた(16)。「主が与え給ふ」という家訓のもとで育ったベンティンク卿にとって、カントリー・ジェントルマンの代表として保護貿易を維持することは、政治的手腕の大きな見せ所であっただろう。

穀物法廃止に関する一連の議論の中で、ピールに激怒したベンティンク卿は、議会のフロアで、ピールの政治的虚言および誓約破棄が、貴族的政府の公的信頼を不可避的に害すると嘲ったという(17)。保守党に属しながらも自由貿易を推し進めたピールに対するベンティンク卿の怒りはもっともであり、そうした態度は、まさに彼の「不名誉を恐れよ」という家訓の性質をよく表していると言えるだろう。

政治活動に専念するため、ベンティンク卿は即座に彼の所有する競走馬と飼育場を一万ポンドで売却し(18)、馬主としての活動に終止符を打つこととなった。ベンティンク卿が、彼の社交の舞台であった競馬界と一定の距離を置いた事実は、穀物法廃止に対抗するカントリー・ジェントルマンの代表として、並々ならぬ決意を抱いていた証左である。実際、保護貿易主義を展開するベンティンク卿らに対する期待は大きく、国内はもちろんのこと、ジャマイカのプランテーション経営者たちも、砂糖とラム酒の差別関税を維持していたイギリスに十分な認識を持っており、彼らの望みをトーリーと保護貿易制度に、すなわち、ベンティンク卿とスタンリー卿、ディズレーリらにかけ続けた(19)。

しかし、ベンティンク卿の尽力むなしく、穀物法廃止に関する法案は一八四六年六月二五日に貴族院を通過し、翌二六日に女王の承認を受けたことで、穀物法は廃止された。[20] 以後、イギリスでは自由貿易が推進されることになるが、カントリー・ジェントルマンの期待を背負った代表として、彼が示した抵抗は意義あるものであった。その証拠に、穀物法廃止に関する法案が貴族院を通過した同日、アイルランド強圧法案が庶民院で否決されたが、これにはベンティンク卿とディズレーリの尽力があり、その二日後、彼らは見事ピール内閣の打倒に成功したのである。[21]

ピール内閣打倒後も、ベンティンク卿とディズレーリは交友関係を持っていたようで、そのことを示す事例を以下に紹介しよう。ベンティンク卿が、政治活動に集中するため馬主を引退したことは先に触れたが、残念なことに、その際売却した競走馬の中には、後に三歳馬限定競走であるクラシック・レースの最高峰ダービー（一七八〇年創設）を勝利することになるサープリス（Surplice）が含まれていた。[22] ディズレーリは、彼の著書の中で、一八四八年におけるダービー後のベンティンク卿の様子を以下のように述懐している。[23]

「私の人生すべて、私はこのためにやってきた、何のために私は人生を犠牲にしたのか！」と、彼は不平を漏らした。

慰めても無駄だった。

「ダービーが何か、君は知らないだろう」と、彼はうめき声を出した。

「いや、知っているよ、それは、競馬のブルー・リボンだ。」

「それは、競馬のブルー・リボンだ」と、彼は自分に対してゆっくり繰り返しながら、テーブルに座り、統計表に没頭した。

ベンティンク卿が「私の人生すべて」と表現したくらいであるから、政治的情熱という理由からとはいえ、手放してしまったかつての所有馬が全馬主の悲願とも言えるダービーに勝利した事実は、彼にとって到底受け入れられるものではなかっただろう。しかし、ベンティンク卿の政治的情熱は、結果として、保護貿易派を団結させただけでなく、当時のカントリー・ジェントルマンの心情をも代弁する形となった。これらの点を考慮すれば、ベンティンク卿が穀物法廃止を阻止できなかったとはいえ、彼の政治的活動には一定の評価が与えられるべきであると言えよう。

では、本章の最後に、ベンティンク卿の政治的活動の補足として、彼が幹事を務めたジョッキー・クラブの政治色について取り上げておきたい。穀物法廃止で揺れた一八四六年、ベンティンク卿はジョッキー・クラブの幹事を務めていたが、同年幹事職にあったジョージ・アンソン（Hon. Col. George Anson、一七九七～一八五七年）は、長らくグレートヤーマス選出の庶民院議員で、「保護や歳入の目的であろうと、穀物に関税を課すというあらゆる企てに抵抗した」自由主義者であった。[24] クラブの舵取りを担う幹事という重要職にある人々の政治思想が、対極の立場にあった点は非常に興味深い。言い換えれば、競馬という文化的空間の中では、政治的空間における思想の対立が見事に消化されていたということである。

事実、アンソン夫人は、一八四八年にジョッキー・クラブの本拠地であるニューマーケットを訪れていたベンティンク卿に対して、「ひどい政治問題はそのままにしておいて、私たちのところへ戻ってくるように」と説得している。[25] 他の会員の顔ぶれも様々で、先のダービー派を率いたスタンリー卿も長年ジョッキー・クラブ会員であったし、サー・ロバート・ピールの弟ジョナサン・ピール（Col. Jonathan Peel, 一七九九～一八七九年）も同様にクラブの会員であった。

これらの点を踏まえた上で、続く第二章では、競馬界におけるジョージ・ベンティンク卿の功績について取り上げる。

2. 競馬界のイノベイターとしてのジョージ・ベンティンク卿

まずは、ベンティンク卿が幹事を務めたジョッキー・クラブについて、さらに詳しく確認しておこう。ジョッキー・クラブは、一七五〇年ごろに上流階級の社交クラブとして組織された。このクラブが、競走改革や新たな競馬施行規則の作成、サラブレッドの規定などを主導することになるが、その歩みは緩やかながらも確実なもので、一八、一九世紀を通じて全国的な競馬統括団体へと成長を遂げるのである。[26]特に、一八七七年には、ジョッキー・クラブの手による競馬施行規則が全国の競馬場に適用されることになり、ジョッキー・クラブは名実ともにイギリス競馬の支配者となった。[27]

そのジョッキー・クラブには、「ディクテイターズ・オヴ・ザ・ターフ」と称されるクラブの舵取りを担った競馬改革者が三人いたとされているが、そのうちの一人に数えられているのがベンティンク卿で、腐敗の抑制や罪人の処罰によって、競馬界を大いに浄化したとの評価を受けている。[28]なぜ、彼が競馬界においてこれほどまでに高い評価を受けているのか、またなぜ競馬界に引き寄せられたのか。それには、彼の父である第四代ポートランド公が大きく関係していたと思われる。

ベンティンク卿の父、第四代ポートランド公は、ウェルベックに優れた厩舎を所有し、一八一九年には、その厩舎からクラシック・レースの最高峰ダービーの勝ち馬テイレシアスを輩出した。[29] また、彼はジョッキー・クラブの会員として、一八二七年、ジョッキー・クラブの本拠地であるニューマーケット・ヒースに不法侵入する人々を「締め出す（warn off）」権利の規定に尽力したし、一八三一年にはジョッキー・クラブ基金を拡大するなど、競馬界に貢献した人物であった。[30]

特に、ニューマーケット・ヒースに不法侵入する人々を「締め出す」権利に関しては、一般大衆の間に広く普及していた従来の慣習とのせめぎ合いがあった。[31] 以下は、その権利について争ったケンブリッジ巡回裁判の内容の一部である。

これは、不法侵入に対する訴訟で、論争中の問題であり、一般大衆が競馬開催中にヒースを使用する権利を持つかどうかというものであった。（中略）不法侵入は、先の月曜日に始まった競馬開催の翌日に起こった。被告は、競馬開催中にヒースに入る慣習法の権利を持ち出した、しかし、（中略）遠い昔の慣習によって、そのような請願を作ることは不可能であっただろう。（中略）ジョッキー・クラブの監督下におけるポートランド公の土地保有および他の詳細事項を述べ、上級法廷弁護士ストークス氏（Mr. Sergeant Storks）は、ヒースの所有権がジョッキー・クラブ、すなわち事実上ポートランド公にあり、排他的な所有下にあったことを証明する証拠を持ち出すことで、結論付けた。

この裁判は原告であるポートランド公側が勝訴したが、審議の中で、ジョッキー・

クラブが一般大衆のニューマーケット競馬への参加を容認したという事実は、競馬開催時であればいつでもヒースに侵入する権利を与えたことと同義ではないとされた。[32] 言い換えれば、一般大衆には競馬開催における秩序ある参加が求められたのである。一九世紀前半という時代、競馬はもはや前世紀のように一部の上流階級のみが参加する様式ではなくなったが、ポートランド公による不法侵入者を「締め出す」権利は、一般大衆の参加に対して規律化を図ることで、ジョッキー・クラブが時代の変化に柔軟な対応を見せていた事実を示すものである。

さて、後に競馬界のイノベイターとなるベンティィンク卿が、競馬を極めて身近に感じることができる環境で育ったことは、その出自から間違いないであろう。事実、ベンティィンク卿は二三歳の時に、グッドウッド競馬場で行われたコックド・ハットステークスに自ら騎乗し、見事勝利を収めるなど、青年期から競馬に親しんでいた。[33] また、競馬に必要不可欠な要素の一つとして賭けが挙げられるが、ベンティィンク卿は巨額をベットする人物として知られていた。[34] 一八二六年のクラシック・レース、セントレジャー（一七七六年創設）では、賭けに負けて二万七〇〇〇ポンドもの大金を失っている。[35] しかし、途方もない大金を競馬につぎ込むことが可能であったのも、公爵家という高貴な家柄出身のベンティィンク卿だからこそで、それはまさしく彼の特権であった。

また、ベンティィンク卿は、上流階級として競馬を楽しむ上で、その根幹をなす馬主としても活躍した。彼の持ち馬の一頭であるクルシフィックスは、一八四〇年に、クラシック・レースに数えられる二〇〇〇ギニー（一八〇九年創設）、一〇〇〇ギニー（一八一四年創設、牝馬限定戦）、オークス（一七七九年創設、牝馬限定戦）を勝った名牝であった[36]。一頭の馬がクラシック・レースを三勝した事例は、イギリス競馬史上、クルシフィックスが初である。ジョッキー・クラブ会員は、総じて強靭なサラブレッドを希求したが、ベンティンク卿もその例に漏れず、優秀なサラブレッドを所有していた。クルシフィックスのように、権威あるクラシック・レースの勝利馬は、まさに競馬界のエリートであって、人間社会のエリートであるベンティンク卿が持つにふさわしい競走馬であったと言える。

では次に、ベンティンク卿が行なった競馬改革について詳しく見ていくことにしよう。彼は、一八三六年から、ジョッキー・クラブ幹事としてその手腕を発揮したが、彼の改革の試金石となったのが、自らが管理するグッドウッド競馬場における改革である[37]。彼の改革は実に多岐にわたるが、具体的には、債務不履行者などの違反者に対する厳罰化、特別観覧席であるグランド・スタンドの整備、馬運車の導入、出走馬の口腔検査の実施、公平な斤量の設定、速報掲示板の設置、本馬場入場後の競走馬の準備運動である「返し馬」の導入などである。これらは、スポーツにおける近代的要素である公平性の確保とエンターテイメント性の充実を促進させるもので、ベンティンク卿の改革によって、競馬は一大エンターテイメントに昇華するきっかけを与えられたのである。

特に、公平性という点では、債務不履行者に対するベンティンク卿の姿勢には、並々ならぬものがあった。一八四二年二月一六日の『タイムズ』に、同年二月五日におけるジョッキー・クラブの議事録と決議に対するベンティンク卿の一三カ条の抗議文が掲載されているが、彼は反対の主な理由を、「幹事の職務は既存の法律を管理することであって、ジョッキー・クラブのために新しい法律を作ることではなく、そうすることは、彼らに付属しない権力の不法使用である」、「支払われるべき負債が全額支払われるまで、債務不履行者もしくは他のいかなる人に、自身の誓約を果たす義務を免除する慣行は、あらゆる法律や競馬慣習に反し、健全な賭けの原理を完全にかき乱す」からであるとした[38]。

このように、債務不履行者に対して一切の妥協を許さなかったベンティンク卿は、債務不履行者を野放しにしているジョッキー・クラブに対して、辛辣な批判を展開したのである。しかし、過激な内容を含んだこの抗議文は、即座に問題視されたようで、同年一八四二年の『スポーティング・マガジン』には、以下のような記事がある[39]。

> —一八四二年四月一九日火曜日、セント・ジェームズのウィリスの部屋で開かれたジョッキー・クラブのメンバーたちの総会で—
>
> ジョージ・ベンティンク卿は、依然として、二月一二日における彼の抗議文で宣言したすべての競馬法の原理と格言を固守する一方で、クラブの好意を得たいと望んでおり、彼は、抗議文がジョッキー・クラブにとって不快に感じられるように表現されていることと、そこでの言葉の数々に対して後悔を感じ、取り消しを切望していると述べている。
>
> この声明は、クラブにとって申し分なかったということが、満場一致で決議された。
>
> ここに、この長く論じられた問題が終結した。

公の場で自らが所属するクラブに対して猛抗議をするほど、ベンティンク卿は債務不履行者に厳しい姿勢を取ったが、あまりに直接的なクラブ批判は、今後改革を断行していく上ではばかられたため、謝罪する結果になったと思われる。最終的に、一八四四年に公表されたベンティンク卿の厳格な法規約によって、競馬場から債務不履行者が追放された。(40) これはまさに、ベンティンク卿による「不名誉を恐れよ」という家訓の体現であり、彼の長年の努力が、晴れて実を結ぶ形となった。

さらに、ベンティンク卿の名声を一躍高めるきっかけとなったのが、一八四四年のダービーにおけるランニングレイン事件であった。この事件は、三歳馬にしか出走権利がないはずのダービーに、四歳馬であるランニングレインが出走して一着となったもので、二着に入ったオーランドの所有者はジョッキー・クラブ会員のジョナサン・ピールであり、この事件の解決を担当したのが、ベンティンク卿であった。(41) これにより、ジョッキー・クラブの権威がさらに拡大されたと一般的に言われている。ベンティンク卿は、この功績に対しての報酬を辞退し、代わりに調教師や騎手を援助するためのベンティンク慈善基金を創設した。(42) このベンティンク慈善基金に関しては、『競馬年鑑』上に以下のような記載があるので引用してみる。(43)

一八四八年七月開催の水曜日に、ニューマーケットで開かれたジョッキー・クラブの年次会合において

——議長ジョージ・ベンティンク卿——

その年の報告書が提出され、可決された。スタンリー卿が、退任したジョージ・ベンティンク卿に代わってジョッキー・クラブの幹事に任命された。（中略）

ベンティンク基金管理委員会が設立された。昨年の委員二人が退任しなくてはならず、改選される二人が抽選によって決められるべきであると認められ、それがなされ、委員会は以下のように任命した。

ジョッキー・クラブ幹事のイグリントン伯、同じくサー・ジョセフ・ハーレイ、同じくスタンリー卿、ボーフォート公、ベドフォード公、エンフィールド子、ジョージ・ベンティンク卿。

このように、ベンティンク卿の尽力によって設立された基金は、ジョッキー・クラブの積極的な支援体制下で後世に引き継がれていったが、こうした彼の慈善活動は、まさにポートランドの「主が与え給ふ」という家訓の忠実な実践に他ならなかったと言えよう。

おわりに

ジョージ・ベンティンク卿は、その政治的活動において、特に議員生活の晩年、同じ党派に属していたスタンリー卿やディズレーリらとともに、保護貿易派のリーダーとして穀物法廃止を掲げるピールに真っ向から対立した。結果として、穀物法廃止を阻止することはかなわなかったが、馬主生活を絶ち、カントリー・ジェントルマンの代弁者として政治に心血を注いだベンティンク卿の奮闘は、一定の評価が与えられるべきであろう。

また、文化的活動では、ジョッキー・クラブの幹事として、観客のために競馬を

「見せ、魅了する」改革を実施した。加えて、債務不履行者に対する厳格な態度やランニングレイン事件の解決など、不正をなくし、近代スポーツにとって必要不可欠な公平性を追求することで、競馬を一大スポーツに昇華させるきっかけを作った。

そのベンティンク卿は、一八四八年九月二一日に心臓発作を起こし、生涯独身のまま四六歳の若さでこの世を去った。[44] 政治的、文化的活動の両面において、「主が与え給ふ」、「不名誉を恐れよ」という二つの家訓を自ら体現することで、一九世紀という激動の時代を風雲児として疾駆し、偉大な功績を遺したベンティンク卿は、まさに真のジェントルマンであったといえる。

注

（1）Chester Kirby, *The English Country Gentleman: A Study of Nineteenth Century Types* (London, 1937), p. 16.

（2）*Ibid.* ヘンリエッタは、スコットランド東部の州ファイフ（Fife）のジョン・スコット大将（General John Scott）の長女で、共同相続人でもあった。

（3）Charles J. Archard, *The Portland Peerage Romance* (London, 1907), pp. 9-10.

（4）*Ibid.*, p. 10.

（5）John Kent, *Racing Life of Lord George Cavendish Bentinck, M. P. and Other Reminiscences* (London, 1892), p. 4.

（6）Michael Stenton, *Who's Who of British Members of Parliament*, Vol.1, 1832-1885 (Hassocks, 1976), p. 30.

（7）John Kent, *op.cit.*, p. 4. ベンティンク卿は、カニングの下で、ギリシア問題といった様々な政治的経験を積んだようである。このことに関しては、以下を参照のこと。Christopher Hibbert (ed.), *Greville's England: Selections from the Diaries of Charles Greville, 1818-1860* (London, 1981), p. 35.

（8）http://hansard.millbanksystems.com/people/lord-george-bentinck/（二〇一五年七月二六日参照）

（9）http://hansard.millbanksystems.com/commons/1833/may/10/dutch-embargo#S3V0017P0_18330510_HOC_15

(二〇一五年七月二六日参照)

(10) Benjamin Disraeli, *Lord George Bentinck: A Political Biography* (London, 1852), p. 37.

(11) *Ibid.*

(12) George Saintsbury, *The Earl of Derby* (London, 1892), pp. 44-45.

(13) John Charmley, *A History of Conservative Politics Since 1830* (London, 2008), p. 23.

(14) *Ibid.*

(15) William O. Aydelotte, 'The Country Gentlemen and the Repeal of the Corn Laws', *The English Historical Review*, Vol. 82, No. 322, 1967, p. 47.

(16) Roger Mortimer, *The Jockey Club* (London, 1958), p. 68.

(17) John Charmley, *op.cit.*, p. 23.

(18) John Tyrrel, *Running Racing: The Jockey Club Years Since 1750* (London, 1997), p. 37.

(19) G. M. Young (ed.), *Early Victorian England, 1830-1865*, Vol. 2 (London, 1934), p. 398.

(20) William O. Aydelotte, *op.cit.*, p. 47.

(21) *Ibid.*

(22) Robert Black, *The Jockey Club and Its Founders: In Three Periods* (London, 1891), p. 272.

(23) Benjamin Disraeli, *op.cit.*, p. 539.

(24) Michael Stenton, *op.cit.*, p. 9.

(25) Chester Kirby, *op.cit.*, p. 64.

(26) ジョッキー・クラブを中心とした競馬の発展については、以下を参照のこと。鍵谷寛佑「十九世紀前半のイギリス近代競馬形成期におけるジョッキー・クラブとクラシック・レース」『歴史家協会年報』第八号、二〇一三年、一—二一頁。

(27) ジョッキー・クラブ作成の競馬施行規則（Rules of Racing Made by the Jockey Club at Newmarket）の全国的伝播に関しては、一八七六年発行の『競馬年鑑　競走成績版（*Racing Calendar, Races Past*）』に以下のような記述がある。「先のホートン開催で議論され、件の目的のために設立された委員会によって提出された新しい競馬規則について審議するために、一八七六年一二月一八日の月曜日にロンドンで開かれたジョッキー・クラブの特別会合で、下記の規則が一八七七年一月一日に施行されるべきこと、加えて、従来の全ての規則がその日から廃止されることが決議された。」*Racing Calendar* (*Races Past*), Vol.104, 1876, p. xxix. 『競馬年鑑』は、一七七三年にジョッキー・クラブが発行を開始した情報媒体で、イギリス各地の競馬場の競走予定および競走成績はもちろんのこと、ジョッキー・クラブの規則や判例、会員リストなど多岐にわたる情報が掲載され、クラブの公式機関誌としての役割も兼ねていた。

（28）Wray Vamplew, Joyce Kay (eds.), *Encyclopedia of British Horseracing* (London, 2005), p. 97. 残る二人は、ジョッキー・クラブ揺籃期のサー・チャールズ・バンベリー（Sir Charles Bunbury、一七四〇〜一八二一年）と、一九世紀後半の海軍提督ヘンリ・ジョン・ラウス（Admiral Henry John Rous、一七九五〜一八七七年）である。

（29）Chester Kirby, *op.cit.*, p. 24.

（30）Robert Black, *op.cit.*, p. 194.

（31）*Annual Register*, Vol. 69, 1828, p. 137. これは、Chronicle の項に掲載された裁判記録である。

（32）*Ibid.*, p. 139.

（33）John Kent, *op.cit.*, p. 53.

（34）競馬の賭けについては、以下を参照のこと。鍵谷寛佑「近代イギリスにおける賭けの諸相――上流階級の賭け（betting）と労働者階級の賭け（gambling）」『歴史家協会年報』第一〇号、二〇一五年、一六―三二頁。

（35）John Kent, *op.cit.*, p. 54.

（36）Robert Black, *op.cit.*, pp. 271-272.

（37）グッドウッド競馬場におけるジョージ・ベンティンク卿の改革の詳細については、以下を参照のこと。鍵谷寛佑「十九世紀中頃におけるイギリスジョッキー・クラブと地方競馬――グッドウッド競馬場でのベンティンク卿改革を中心に」『人文論究』第六四巻第二号、二〇一四年、一〇六―一二二頁。

（38）*The Times*, 16 Feb., 1842.

（39）*Sporting Magazine*, 2nd Series, Vol. 25, 1842, p. 77.

（40）John Kent, *op.cit.*, p. 296.

（41）John Tyrrel, *op.cit.*, pp. 31-33.

（42）C. M. Prior, *The History of the Racing Calendar and Stud Book* (London, 1926), p. 209.

（43）*Racing Calendar* (*Races to Come*), Vol.77, 1849, p. xxxvi.

（44）*The Gentleman's Magazine*, Vol.30, 1848, pp. 539-542.

フットボールとスコットランド

グラスゴーにおけるダービーマッチとアイルランド移民の問題

田中健太

はじめに

現在、世界中には数え切れないほどのフットボールクラブが存在する。日本においても、一九九三年のJリーグ発足以降フットボールクラブが全国的に設立されるようになり非常に身近な存在となった。そして試合に目を向けると、数ある試合の中でも、特定のチーム同士が戦うダービーマッチが盛り上がりを見せる。ガンバ大阪とセレッソ大阪による大阪ダービーや、多摩川近郊に位置する川崎フロンターレとFC東京による多摩川クラシコなど、日本でもダービーマッチとしてひときわ注目を集める試合が開催されている。このようなダービーマッチも世界には多数存在する。その中の代表例が、スコットランドのグラスゴーにおけるセルティック・フットボール・クラブ（Celtic Football Club、以下セルティック）とレンジャーズ・フットボール・クラブ（Rangers Football Club、以下レンジャーズ）の試合である。近年では、中村俊輔が二〇〇五年から二〇〇九年までセルティックに所属していたことから日本でも注目されるようになった。このダービーマッチは宗教的な対立が原因であるとされ、加えて両クラブともに一九世紀後半に設立された歴史あるクラブであることから、試合会場にて暴動が起きるほどの過激さを持つものであった。セルティックとレンジャーズのサポーターの衝突が、前者がアイリッシュ／カトリックのコミュニティ、後者がスコティッシュ／プロテスタントのコミュニティという図式であると一般的には説明されている。(1) 二〇〇三年時点での調査によると、セルティックのサポーターのうち七四％がカトリックであり、四％がプロテスタントであった。一方レンジャーズについては、六五％がプロテスタントであり、カトリックであると答えたのは五％のみであった。(2)

本論文では、この両クラブがどのような目的によって設立されたのかという点、そしてそこからライバル関係が形成されていく経緯を分析し、かつ当時のグラスゴーの状況と照らし合わせることで、現在まで続くこのダービーマッチがどのように作り上げられていったのかという点について考察していく。現在、先に述べたサポーターの宗教的な違いが数字で表れている以上、両クラブを支持するサポーターに何か違いがあるのは明白である。しかし、ダービーマッチとして熱を帯びた試合を繰り広げるに至るまでには、カトリックとプロテスタントという単一的な対立だけではなく、もっと複雑な要因があったのではないだろうか。具体的には、宗派の対立というよりもスコットランドにおけるアイルランド移民の増加における国の分裂を危惧する社会問題としての側面が大きいと考えられる。スコットランドでは現在でもセクタリアニズム（宗教分派主義）に関する問題が幾度となく取り上げられ、政府や研究機関により多数の報告が発表されている。(3) この報告の中に必ずと言ってもいいほどフットボールとの関連性に言及する内容が記され、セルティックとレンジャーズのダービーマッチをカトリックとプロテスタントの対立に結び付けている。しかし、一九世紀後半から二〇世紀前半における両クラブの動向と当時のグラスゴーの状況を複合的に見れば、宗派による対立というよりも移民に関する社会問題に注目すべきであると考えることができる。これについて、以下より考察をしていきたい。

1．オールド・ファーム・セルティックとレンジャーズの対立

まず、セルティックとレンジャーズの両クラブがどのような経緯で設立されたのかという点について整理していく。両クラブともに、一八九〇年に開始されたスコティッシュ・フットボール・リーグに発足当初から参加したクラブであり、スコットランドのクラブの中でも歴史があるクラブとなっている。

レンジャーズは、一八七二年にグラスゴーで設立された。設立に携わったのは四人の若い男性であった。モーゼス・マクニール、ピーター・マクニール、ピーター・キャンベル、ウィリアム・マクベスの四人が現在のケルヴィングローブパークにて自分たちのチームを作りたいと集まったことがチーム創設の発端であった。しかし、公式ブックにもこの当時のことについては詳しく述べられていない。このことは、クラブ設立に明確な目的を持っていたセルティックと大きく異なる点だと言うことができるだろう。記録に残っている最も古い試合は、同年にカランダーFCと〇対〇で引き分けた試合であった。レンジャーズは設立後二年で専用スタジアムを建設し、スコティッシュカップでの優勝や後に始まるスコットランド・フットボール・リーグでも初年度から二チーム同時優勝を果たすなど強豪クラブとして成長していった。(4)

一方のセルティックは一八八八年に設立された。一八八七年一一月下旬に、カト

リック教会の司教と聖職者たちが主導となり、学校長、企業経営者、政治家がグラスゴーでのフットボールクラブの設立を決定した。クラブの設立には二点の目的が存在した。一点は、グラスゴー在住のアイルランド移民がプロテスタントとの交流の中で宗教的なアイデンティティを失いつつあったため、彼らがカトリックであるという事実をはっきりと表現できる存在としての役割を担うことであった。もう一点は、地域の貧困層に食糧や衣服などの救援物資を寄付する慈善組織としての役割をはたすことであった。(5) グラスゴーのカトリック教区には既に一二のクラブが存在したが、本格的なクラブを経営する基盤を持ったクラブは存在しなかったため、エジンバラでセルティックよりも早くからチームを経営していたハイバーニアンを参考にしてクラブ経営がはじめられた。一八七五年にカトリック系アイルランド移民により設立されたハイバーニアンは一八八〇年代中頃にはイギリス内でも有数の強豪クラブとなり、一八八七年にスコティッシュカップで優勝した際にはスコットランド内のカトリック系アイルランド移民がその勝利を分かち合うほどであった。グラスゴーのイースト・エンドは当時大人が所属するクラブを有さない地域であったため、その地にクラブを設立することが決定された。その当時の声明には、「スコットランド西部の中で有望なカトリックのフットボール選手をリストに挙げている」としており、チームをカトリックで構成しようとしていたことが読み取れる。(6) 一方で、これまで一八九五年にはクラブの経営陣により、それまで三人以内と決められていたプロテスタントの選手数の制限を撤廃することが決定され、二年後に実施された。(7) 従って、セルティックも設立当初こそカトリックの支持を受けるクラブという自己認識を持っていたものの、後にその特徴を表には出さないことを選んだのだ。

現在でもセルティックには、スコットランドにおけるアイルランド人のクラブであるという認識が残っている。これはセルティックのファンジンである『タル TAL』が示している。このファンジンの作り手に対するインタビューによると、一九八〇年代にレンジャーズがイングランド人黒人選手であるマーク・ウォルターズと契約した際に、一部のセルティック・サポーターが人種差別的反応をスタジアムで示したことが契機であった。この事件を受け、セルティックというクラブがアイルランド人の移民コミュニティから発祥したものである認識を再確認する動きが生じた。クラブがグローバル化、資本主義化していく中で設立当初からの政治的な志を表現する場としてファンジン『タル』が発行された。現在でも反ファシスト、反人種差別、反セクタリアニズムを打ち出すファングループ「ファシズムに反対するセルティックファン」が存在する。(8)

このように、両クラブの設立の経緯には明らかな違いが存在する。セルティックが設立時にカトリックとの結びつきを求めたことに対し、レンジャーズは宗教的な色を全く見せずに設立されている。セルティックについては、カトリック系のクラブであるという自己認識を持ちながらも、クラブ経営の方針としては打ち出さなかった。加えて、レンジャーズの方がセルティックよりも設立時期が古いため、レンジャーズの設立にセルティックが影響を及ぼしているとは言い難い。では、レンジャーズはいかにしてスコットランド国内にてプロテスタントの支持を集めるクラブへと変わっていったのか。なお、レンジャーズを支持したプロテスタントとは、宗教改革後公式には国教とは認められなかったもののスコットランドにおいて最大の宗派となっていったスコットランド教会を指す。他の宗派については今後細かく検討しなければならない。現地のごの資料においても、レンジャーズを支持したのはプロテスタントであると説明しており、この表記自体が反カトリックという総称であることから、これをスコットランド教会のみに限定してはならないのだが、本論文ではその中の最大宗派である長老派プロテスタントのスコットランド教会をプロテスタントとして扱う(9)。レンジャーズがこのプロテスタントの支持を集めるようになった点については、セルティックとレンジャーズだけではなく、先で触れたハイバーニアンが大きく関わると考えられるだろう。ハイバーニアンは、一八七五年にエジンバラのカウゲート地区で設立された。この地区には一九世紀時点で二万五〇〇〇人のアイルランド人が居住していた(10)。レンジャーズよりも設立時期は三年遅いが、一八八七年には先述の通りスコティッシュカップで優勝を果たした。このハイバーニアンこそが、セルティックと同じくカトリック系アイルランド移民の支持を受けるクラブであった。セルティックが台頭する前から、スコットランド国内で優秀な成績を残してきたハイバーニアンに対し、スコットランドのメディアは「アイルランドをやっつけるチームはどこにいる?」と話題にしたほどであった(11)。しかし、ハイバーニアンは設立当初に使用していたグラウンドを土地開発業者に奪われたため活動を停止し、一八九二年にこれまでのクラブの特徴であったカトリック系クラブではなく、特定の宗派の支持を持たない組織として再設立された(12)。ハイバーニアンはエジンバラに本拠を構えるクラブであったことから、グラスゴーに本拠を置くレンジャーズとの関係はダービーマッチと言われるような状態にはならなかった。ハイバーニアンがかつて担っていたカトリック系アイルランド移民を代表する役割は、ハイバーニアンの衰退と同時期に台頭していったセルティックに移ることになった。セルティックとハイバーニアンの関係については、アイルランド移民の支持を受けるという共通項は存在するが、ハイバーニアンの衰退期に多数の選手がセルティックにより引き抜かれたため、宗教分派の方針を廃止したハイバーニアンはセルティックと距離を保つようになった。このようにして、グラスゴーにスコットランドを代表する二つのクラブが形成されていった。

続いて、セルティックとレンジャーズのダービーマッチの歴史について説明する。このダービーマッチは二〇世紀初頭にオールド・ファームと呼ばれるようになった。これについては、スコティッシュ・フットボール・ミュージアムの展示によると、一九〇〇年に『スコティッシュ・スポーツ Scottish Sport』[13]の紙面にて、両クラブの商業的な成功を比喩する風刺画が掲載されたことに由来する。両クラブが娯楽としてのフットボールではなく、ライバル関係を経営に活かしている点に対して皮肉を込めて「古くからの取引先企業」と記した。オールド・ファームという命名の由来がどうであれ、二つのクラブが一九一〇年代までのおよそ二〇年間で合わせて三〇回以上のタイトルを獲得するほどの、スコットランド国内で群を抜く強豪クラブへと成長したことは事実であり、それらの強豪クラブが同じグラスゴーを本拠にしていることからも、両クラブによる試合がダービーマッチと呼ばれるようになったことについては疑問の余地はない。

ここでフットボールにおけるダービーマッチの定義についても触れておく。ダービーの語源は、一七八〇年に始まった競馬の大会であるダービー・ステークスであるとされている[14]。この大会は第一二代ダービー伯爵エドワード・スタンリーにちなみ、エプソムで開催された。この大会は一対一のレースではなく、九頭が出走した[15]。その後多くの観客を集める一大イベントとなり、開催日が事実上の国民の休日になるほどであった。ここからダービーとは「多くの人々を集めるイベント全般」を指す言葉へとなっていった。特に現在では、同じ地域のクラブ同士の試合を表現する言葉として用いられることが多い。そのダービーについて、アンディ・ミッテンは「多様なライバル関係が存在するため、『ダービー』だけを定義することはできない」とし、地理、歴史、派閥抗争、宗教、階級、経済状況などの要因を挙げている。[16] 一方実川元子は構成要素を三点挙げている。一つ目は、クラブ同士に共通するものと対立するものがあること。とくに、同じ地域にある、という共通点があり、ファン層が社会階層、宗教、民族、政治で対立してきた歴史があること。二つ目は、クラブ、選手、スタッフ、ファンの全体が相手を強く意識し、激しい敵対心と連帯感の両方を持っていること。三つ目はクラブの規模と戦力が拮抗していること。しかしこの三つ目は必ずしも必須の条件ではない。[17] これらの定義をグラスゴーの両クラブに当てはめるならば、本拠地が同じ都市であること、宗教の違いやスコットランドとアイルランドという出自の違いなど、ダービーマッチを形成する要素は十分に考えられる。

では、具体的にオールド・ファームについて説明していく。一八八八年五月二八日に行われた初の対戦は友好的な雰囲気の中で行われ、セルティックが五対二で勝利した。試合後に両チームで親睦会を開く習慣もあった。当時の試合について、セルティックは公式サイトにおいて「友好的な試合にて in a "friendly"」と表現しているのに対し、レンジャーズは「親善試合にて in a friendly」と記載している。[18] 解釈の余地は残るが、勝ったセルティックは「友好ムード」であったことを示す一方で、負けたレンジャーズはその後のライバル関係も影響し当時の試合を「親善試合」であったという記録を述べるに留まっていると考えられる。セルティックとレンジャーズは観客動員記録を何度も更新しながら対戦を重ねた。時期は大きく進んでしまうが、レンジャーズは一九七六年に「レンジャーズ・フットボール・クラブは、あらゆる面において宗教と宗派の結びつきを、ピッチ上においても、スタンドにおいても断ち切り、「優れた能力を持っていれば、カトリックであっても選手として契約する」という公式声明を発表した。(17) 先で述べてきたとおり、レンジャーズはセルティックと異なり設立当初から特定の宗派からの支持を受けていることを公にはしていなかった。しかし、設立から一〇〇年近く経ちこのような発表を行ったということは、自クラブがプロテスタントの支持によって活動を続けてきたと認めたことと同義である。そして、この公にされなかったプロテスタントの支持こそがセルティックとの関係にて作り上げられたものなのである。

レンジャーズはどのようにして、プロテスタントの支持を受けるクラブへと変貌していったのだろうか。これに関する重要な出来事が一九一二年に起きた。この年にベルファストに本社をもつ造船会社がグラスゴーに会社を作った。そしてこの造船会社はプロテスタントの従業員しか雇用しなかった。加えて、この会社が一九〇二年から一九一七年までかけて行われたレンジャーズの本拠地であるアイブロックスの改修事業に九万ポンドの貸し付けを行った。(19) また、一九一二年にレンジャーズの初代社長であったジェームス・ヘンダーソンが死去し、ジョン・ウーレ・プリムローズが二代目の社長となった。プリムローズはヘンダーソンとは異なりアイルランドの自治に対する反対派であった。(20)

このように、一九一〇年代を中心として、レンジャーズの周辺ではカトリックあるいはアイルランド移民を受け入れない体制が完成していった。しかしその背景は、フットボールという側面よりも商業的な発展を進める一企業としての動向に左右されており、いわばフットボールにおけるライバル関係は、その思惑を反映した結果であった。この点からも、両クラブが宗教的な対立によりダービーマッチを行うほどのライバル関係になったと簡潔に説明することに対して一定の疑問を投げかけることができるだろう。加えて、セルティックはカトリック系アイルランド移民のクラブという特徴を自ら身につけ設立したのに対し、レンジャーズはクラブ設立後、セルティックを意識しながら、そして経営陣の意向によりプロテスタントすなわちスコットランド人のクラブとして成長してきた。つまり、レンジャーズはセルティックの鏡像として存在しており、セルティックとのライバル関係についても自らにより作り上げたのだ。しかし、この鏡に映されたものは、セルティックのカトリックとしての特徴ではなく、スコットランドに大量に流入したアイルランド移民であり、この移民こそがレンジャーズがプロテスタントの支持を受けるようになっていった時期に生じた社会問題なのである。したがって、宗派の違いはあるものの、セルティックとレンジャーズのライバル関係はスコットランド人とアイルランド移民の関係としてより広く捉えなおして考えるべきだろう。

2. グラスゴーにおけるアイルランド移民の状況

一九世紀後半にセルティック、レンジャーズの両クラブが設立されて以降、カトリック系アイルランド移民のコミュニティをルーツとするセルティックがレンジャーズにも影響を与えるようになった。アイルランドからは大飢饉を経て、少なくとも三〇万人がイギリスへと渡り、そのうち三分の一がスコットランドに渡ったとされている。[21] このアイルランド移民がセルティックを支持することは、スコットランド人がそれに対抗しスコッスコットランドを代表するクラブを求める声へとつながった。しかし、ここで注目しなければならないのは、先に述べたとおり、フットボールという側面のみからこの機運が高まったわけではないという点である。確かに、フットボールに対する情熱は熱を帯び、それはオールド・ファームにも表れた。一九〇九年、レンジャーズとセルティックのダービー後にグラスゴーで起きた暴動には六〇〇〇人の観客が加わり、警官五四名が負傷し、グラウンドは滅茶苦茶となり、ハムデン・パークのほとんどすべての街灯が破壊された。[22] しかし、それよりも重視すべき点は、当時のスコットランド国内ではカトリック系アイルランド移民の増加が危惧されるようになっていた点である。これについては、一九二三年に発表された『我々スコットランド人の国民性に対するアイルランド人種の脅威 The menace of the Irish race to Our Scottish nationality』という報告書を読み解くことで詳細を知ることができるだろう。この資料から当時の状況を考察し、両クラブの歴史との関連性について述べていきたい。

まず、この『我々スコットランド人の国民性に対するアイルランド人種の脅威』の概要について説明する。この報告書は、一九二三年五月二九日に長老派プロテスタントであるスコットランド教会により発表された。[23] なお、以下の引用についてもこの報告書を用いる。当時のスコットランド国内の状況については、他の文献や資料にも記載されているが、カトリック系アイルランド移民に関して具体的な数値を挙げながら報告している点で他よりも有用であろう。本報告書では、はじめに、スコットランド西部の産業が栄えている地域にカトリックの多くが集中している点について言及している。一方で、ハイランド地方に住むスコットランド人のカトリックはその地から離れることを選ばず、産業が栄えるグラスゴーなどへ南下してくることがないということにも触れている。したがって、本論文において主な研究対象となるグラスゴーに居住するカトリックについては、スコットランド国内での移住という点をそれほど考慮する必要はないだろう。スコットランド教会としては、スコットランドこそが宗教改革にて最も大きな成果を得た国であると考えていた。他の文献においても「多数のスコットランド長老教会員は、カトリックの存在を平然と無視することができた」としていることから、やはりこの成果を認めることができる。加えて、「ローマ・カトリック教会がスコットランドに存在しているのは明らかであったが、宗教改革への抵抗を企てた島嶼部やハイランドにいたごく少数の例外を除き、その信者はスコットランド人ではな」く、「彼らはアイルランド人であった」と断定している。[24]

しかしこの報告書が最も脅威だとしているのは、カトリックではなくアイルランド移民である。報告書によると、十九世紀以降スコットランドにおいて産業が発展する中で安価な労働力が必要となった際、企業や工場がアイルランドの新聞に広告を出した。それにより多くのアイルランド人が家族とともにスコットランドへと移住し、線路の建設や炭鉱での労働、クライド川での造船などに従事した。それだけでなく、彼らが定住したのち友人や関係者をスコットランドに呼び寄せた。彼らは安価な賃金や小さな住宅であっても受け入れた。

一方で、スコットランド人はより生活水準の向上、より高価な賃金、そしてより多くの可能性を求めて出国するようになった。彼らはアメリカや自治領に渡った。この点について報告書では、アイルランド人の経済的なプレッシャーに圧倒され、国家の花々である若いスコットランド人を失ったとしている。そして彼らの親が所有していた土地がアイルランド人の手に渡り、最終的にスコットランドはスコットランド人とアイルランド人という二つの異なる人種に分断されてしまったと述べている。『ローマ・カトリック・ダイレクトリー Roman Catholic Directory』の統計によると、一九二三年当時ラナーク、ダンバートン、レンフルー、ノースエア、そして西スターリングの一部を含むグラスゴー教区の人口は二七〇万人であった。その中でアイルランド人は少なくとも四五万人であった。これはスコットランド西部の産業が栄える地域の四人に一人がアイルランド人であるという状態であった。その中でも最も人口の多いラナークでは、三人に一人がアイルランド人であった。スコットランド全土に範囲を広げると、一八八一年に三三万七一三九人であったのが、一九〇一年には四三万二九〇〇人、一九一一年は五一万八九六九人、一九二一年は六〇万一三〇四人と急激に増加している。一八八一年から一九〇一年までの二〇年間で、スコットランド人の増加が一八・五%であったのに対し、アイルランド人は三二・三%増加した。続く一九〇一年から一九二一年の二〇年間では、スコットランド人が六%しか増加しなかったのに対し、アイルランド人は三九%も増加した。また、グラスゴー、ラナーク、レンフルー、ダンバートンにおけるスコットランド人とアイルランド人の子どもの数の割合が、どの都市でも一九一九年から一九二二年までに変化しており、スコットランド人の増加の割合よりもアイルランド人の増加の割合の方が大きくなっている。報告書ではこの現状について、「この社会現象は我々の人種の未来にとって非常に悪い意味を持つ」と述べている。グラスゴーやラナークのような西部の都市だけでなく、ダンディーやエジンバラのような東部の都市にも同じような事態が生じていることを指摘していることから、スコットランド人がアイルランド人の増加にいかに危機を感じているかがわかる。これらの統計を用いることでスコットランド教会は、アイルランド人の増加がこの社会問題を生み出していると断定しており、結論として小国であるスコットランドが分断される危険性を訴えている。この結論に関してはオランダとベルギーの例を持ち出している。一八一五年のウィーン会議にてオランダに併合されたベルギーが一五年後の一八三〇年に独立を果たした原因について、カトリックとプロテスタントが協調することができなかったからだとし、スコットランド教会はスコットランドもこれと同じ状況になってしまうと考えた。また、「スコットランド人が他の国に定住した際には、その国で良い市民となるだろう」と述べていることから、スコットランド人とアイルランド人の間に明確な差を認めている。最後には、「アイルランド人、そしてカトリックは、ダブリン周辺に五〇万近くものスコットランド人が流入してくることを歓迎できるだろうか」という反語的な疑問さえ投げかけているのだ。

スコットランドにおけるアイルランド移民に対する感情については、富岡次郎によっても言及されている。先の報告にて明らかになった、スコットランド人のアイルランド移民に対する嫌悪は、労働の問題だけでなく、救貧税増加の問題と伝染病の頻発という問題に結びつけられるとしている。[25] アイルランド移民がスコットランドへと流入したことにより、賃金の低下がもたらされただけでなく、彼らは貧窮状態であったため、スコットランドの救貧税負担を増加させた。これに関しては、アイルランド移民の流入による人口の増加という要因もあるものの、各都市の総人口のなかでアイルランド移民が占める割合と、被救恤民総数の中でアイルランド移民が占める割合を比較すると、後者の割合の方が高くなっていることから説明できる。加えて、貧しく不衛生な状態での生活を強いられたアイルランド移民の多くが伝染病に感染した。グラスゴーにおいては、チフスやコレラが蔓延し、一八一八年から一八四九年にかけて大量の犠牲者が発生した。これについても、感染したのはアイルランド移民のみではなかったものの、伝染病による入院患者のうちアイルランド移民が占めた割合の推移を見てみると、一八三二年から一八四六年にかけて、三一％から四七・二二％へと増加している[26]。したがって、スコットランド人は、当時のグラスゴーにおける諸々の社会問題はアイルランド移民の増加により引き起こされたと断定した。これらの事実からも、先の報告書と並び、スコットランド人のアイルランド移民に対する感情を裏付けすることができるだろう。

以上の報告を踏まえ、当時の状況を整理する。長老派プロテスタントであるスコットランド教会が脅威だと感じたのは、急激なアイルランド人の増加であり、それによりスコットランドが分裂する危険性を主張した。アイルランド人がスコットランドに流入することで生じる問題点として、スコットランド教会は、スコットランド人の働き口がアイルランド人に奪われることを挙げていた。富岡によると、それに加えスコットランド政府がより多くの救貧税を負担しなければならなくなった点と、伝染病の拡大という点を指摘していた。報告書の中では、カトリックが自身のコミュニティを形成している点にも触れられていたが、全体を通しての主張はアイルランド人の増加という点に集中している。これらの点より、当時のスコットランドにおける最大の社会問題はアイルランド人の増加による上で述べてきた諸々の問題という点であり、彼らがカトリックであることはスコットランド教会とは異なる宗派であるという事実にとどまるのではないか。アイルランド人は、スコットランドにて劣悪な条件でも働くことを選び、移民としてスコットランドへ渡ってきた。この当時の状況がレンジャーズに影響を与えたとするならば、実際には反アイルランドの姿勢であり、これを反カトリックと同義にすることはできないのではないだろうか。スコットランドにおけるアイルランド移民の問題が、フットボールにおいてセルティックに対する敵対心に反映されたことは認められるが、宗派の違いという単一の対立構造のみでセルティックとレンジャーズの関係性が生み出されたと考えるのはあまりにも単純すぎるのだ。したがって、両クラブの関係の根底にあるのはカトリックとプロテスタントという対立というよりもスコットランドにおけるアイルランド移民という社会問題によるものであると考えられるだろう。

おわりに

最後に、本論文による成果と課題について述べる。本論文はグラスゴーに本拠を置くセルティックとレンジャーズについて、設立から二〇世紀初頭までのおよそ三〇年間の経緯を追いかけることにより、両クラブの宗教に対する姿勢の違いを明らかにした。セルティックはカトリック系アイルランド移民の支持を受け設立されたものの、クラブとして宗派にはこだわりを持たない姿勢を示そうとした。一方レンジャーズは、セルティックやエジンバラのハイバーニアンというカトリック系アイルランド移民の支持を受けるクラブに対するスコットランドの挑戦として反カトリック、反アイルランドの姿勢を身につけていった。しかしこの傾倒にはフットボールとしての側面よりも、クラブの経営における方針が大きく関わっていた。アイブロックスの改修事業に貸し付けを行った反カトリックの造船会社や、その意向を受けるように二代目社長プリムローズが反カトリックの姿勢を打ち出したことは、クラブのサポーター主導ではなく、経営陣によりプロテスタントの支持を受けるクラブへの道が選ばれたのである。セルティックにとってもレンジャーズにとっても、相手は自クラブを商業的に発展させるためには格好のライバルであった。先に述べたダービーマッチの定義にも、共通するものと相反するものを持つ点が挙げられていたが、セルティックとレンジャーズは同じ地に本拠を置くという共通項よりも大きな共通点があったのではないだろうか。それこそがこの両クラブのダービーマッチの呼称であるオールド・ファームという言葉に表れている。フットボールにおけるライバルではなく、この関係により利益を生み出そうとする企業として、すなわちビジネスとしてのライバル関係を演じていたということができる。特に、スコットランドに存在するアイルランド移民のクラブという目立った特徴を持ったセルティックに対し、レンジャーズはセルティックに対する鏡像としてスコットランド人のクラブというアイデンティティを自ら手に入れた。これは、経営陣の思惑に加え、二〇世紀前半のスコットランドにおける情勢が作り上げたものであった。一九二三年に長老派が発表した報告から、当時スコットランド国内でアイルランド移民がいかに脅威だとみなされていたかを読み取ることができる。急激な勢いで増えていくアイルランド移民に対して、スコットランド教会が最も危惧したのは、何よりもスコットランドという地に異国の勢力が入り込むことにより生じる不安定さであった。確かにアイルランド移民の大半はカトリックであったし、スコットランド人の大半はプロテスタントであった。しかしその違いはスコットランド国内において、アイルランド移民の増加を非難する名目に過ぎなかったのではないか。それよりも、自分たちの働き場を確保することが優先事項であった。そしてそれがアイルランド移民に対する反発へと繋がった。レンジャーズがクラブ経営の軸としてセクタリアニズムを標榜しはじめたのもこの時期であることから、アイルランド移民に対する意識がカトリック教徒に対する意識へと置き換えられたのだ。両クラブは、時期は異なるものの、宗派や人種による差別を認めない声明を出し、セクタリアニズム問題に取り組む態度をとった。しかし、時代の要請によりプロテスタントのイメージを身につけたレンジャーズも、カトリック系アイルランド移民のコミュニティにルーツを持つセルティックも、宗派により支持するクラブを選ぶという自らが作り上げた姿勢を打破することができていない。

ダグラス・ビーティは著書の中で、グラスゴーの両クラブに関する章に「歴史にとらわれた街」という副題をつけている。[27] この歴史こそが、カトリックとプロテスタントの対立ではなく、スコットランドにおけるアイルランド移民の増加という歴史なのではないだろうか。それが結果としてカトリックとプロテスタントの対立という構図になったとしても、その背景を無視してはならないだろう。したがって、セルティックとレンジャーズの対立について、より多くの要因を組み合わせながら多角的に考察しなければならないといえる。本論文では、スコットランド人のカトリックやアイルランド移民のプロテスタント（この場合は長老派だけでなく、アイルランド国教会も含まれるだろう）について考察することはできていない。ロザリンド・ミチスンは「スコットランド西部を中心に、アイルランドからの移民が増加したことがある。（もっとも、移民は、都市の文化を変容させるほどの大きな勢力で、その中にはプロテスタントも少なくはなかった）」と説明しており、本論文で扱ったスコットランドとアイルランドの関係がプロテスタントとカトリックの関係と同義にならないことをより詳細に説明するためには必要不可欠な部分である。[28] 今後の課題としては、当時のスコットランドにおける宗派の状況をより詳細に調べる必要があるだろう。また、セクタリアニズム問題についても、フットボール以外の観点から考えなければならない。加えて、クラブとは誰を指すのかという課題も挙げられる。セルティックについては、カトリック系アイルランド移民のクラブという特徴を打ち出さないとするクラブの経営方針とサポーターの意思が結びついているとは言い難く、レンジャーズについては経営方針によりプロテスタントの姿勢を身につけた。総合的に見ればセルティックがカトリック系のクラブ、レンジャーズがプロテスタントのクラブであると考えることは可能だが、今後はより一層詳細な区別にも留意しながら研究を進めていきたい。

注

（1） Gabriel Kuhn, *Soccer vs. the State: Tackling Football and Radical Politics*, PM Press, ガブリエル・クーン、甘糟智子訳『アナキストサッカーマニュアル——スタジアムに歓声を、革命にサッカーを』現代企画室、二〇一二年、七七頁。

（2） Glasgow City Council, Sectarianism in Glasgow Final Report, 二〇〇三年、一〇頁。

（3） Steve Bruce, Sectarianism in Scotland: A Contemporary Assessment and Explanation, Scottish Government Yearbook 1988, 一九八八年、一五一―一五二頁。

（4） Lindsay Herron, *Rangers The Official Illustrated History*, HACHETTE SCOTLAND, 二〇一二年、二〇頁。

（5） Douglas Beattie, *The Rivals Game: Inside the British Football Derby*, Pitch Publishing, ダグラス・ビーティ著、サイモン・クーパー序文、実川元子訳『英国のダービーマッチ』白水社、二〇〇九年、二〇八―二〇九頁。
（6） Brian Wilson, *The Official History of Celtic Football Club*, Celtic FC Limited, 二〇一三年、四頁。
（7） ビーティ、二〇〇九年、二〇九頁。
（8） クーン、二〇一二年、二三二―二四〇頁。
（9） シェリダン・ギリー／ウィリアム・J・シールズ編、指昭博・並河葉子監訳『イギリス宗教史――前ローマ時代から現代まで』キース・ロビンス著「第十九章　一八〇〇年以降のスコットランドとウェールズにおける宗教と共同体」法政大学出版局、二〇一四年、四四八頁。
（10） ビーティ、二〇〇九年、二七三頁。
（11） ビーティ、二〇〇九年、二一〇頁。
（12） David Potter and Phill H.Jones, *The Encyclopaedia of Scottish Football*, Know the Score, 二〇〇八年、一四五頁。
（13） グラスゴーのハムデン・パーク内にあるスコティッシュ・フットボール・ミュージアムの展示より引用。
（14） アンディ・ミッテン、澤山大輔訳『ダービー!!　フットボール28都市の熱狂』東邦出版、二〇〇九年、一五頁。
（15） http://www.epsomderby.co.uk/history/the-beginning/
（16） ミッテン、二〇〇九年、一四頁。
（17） ビーティ、二〇〇九年、三三三頁。
（18） Celtic Football Club Official Website, http://www.celticfc.net/mainindex Rangers Football Club Official Website, http://www.rangers.co.uk/
（19） ビーティ、二〇〇九年、二一二頁。
（20） ビーティ、二〇〇九年、二一三頁。
（21） ビーティ、二〇〇九年、二〇六頁。
（22） クーン、二〇一二年、八三頁。
（23） Committee 1923-1924, Report of Committee to Consider Overtures from The Presbytery of Glasgow and from The Synod of Glasgow and Ayr on "Irish Immigration" and The "Education (Scotlan d) Act,1918" to The General Assembly of The Church of Scotland に収録されている。七五〇―七六三頁。この資料については以下参照。

http://ja.scribd.com/doc/15221751 9/Menace-of-the-Irish-Race-to-our-Scottish-Nationality#scribd
(24) ロビンス、二〇一四年、四五三頁。
(25) 富岡次郎『世界差別問題叢書8　現代イギリスの移民労働者——イギリス資本主義と人種差別』明石書店、一九八八年、一〇〇頁。
(26) 富岡、一九八八年、一〇四頁。
(27) ビーティ、二〇〇九年、二〇二頁。
(28) ロザリンド・ミチスン編、富田理恵・家入葉子訳『スコットランド史——その意義と可能性』未来社、一九九八年、一八〇頁。

プロ・フットボールのガバナンスとチャールズ・サトクリフの理念

藤井翔太

はじめに

近現代のヨーロッパを代表する文化として、プロ・フットボールをあげることに異論を唱えるものは少ないだろう。毎週末数万人の観客を動員する試合の入場料収入、ユニフォームなどのグッズの売り上げ、メディアや交通機関、フットボールくじなどの周辺産業への経済的波及効果を考えると、フットボールは娯楽産業として近現代のヨーロッパ社会に大きな影響を与える存在になった。また、プロ・フットボールのリーグ戦においては、ロンドンやパリのような大都市だけでなく、中小規模の都市を本拠地とするクラブも入り交じって激しい争いを繰り広げることで、都市の誇りやライバル心をあおりたてる文化的行事としても機能している。

一方で、近年、ヨーロッパ各国のプロ・フットボールのリーグ戦において、資金力に劣る中小規模の都市を本拠地とするクラブがリーグ戦で優勝することが益々困難になってきている。一九九〇年代以降、テレビ放映権料収入の重要性が一気に上昇するのにあわせて、クラブ間の資金力の差は拡大を続けている。それにともない、優秀な選手の獲得競争がさらに激化し、プロ選手の給与が上昇の一途をたどっていることが主な要因となっている。

本稿で考察の対象とするイングランドの場合にも、同様の傾向がみられる。一九九二年にプレミア・リーグが設立されて以降、最上位リーグであるプレミア・リーグで優勝を経験したのはわずか五クラブである。また、プレミア・リーグにおける選手の平均給与は高騰し、トップ選手は週給一〇万ポンドを超える給与を手にしている。この背景には、有料衛星放送による放映権料の高騰、圧倒的な資金力を誇る外国人オーナーによるクラブの買収などがあり、イングランドのプロ・フットボールの収益構造は一九九〇年代〜二〇〇〇年代にかけて劇的に変化した。

イングランドのプロ・フットボールの一三〇年近い歴史を紐解いていくと、一八八八年のフットボール・リーグ（Football League、以下リーグと略記）結成当時から、資金力に勝る大規模なクラブによってタイトルが独占されていたわけではない。一八八八・八九年に開催された第一回のリーグ戦においてプレストン・ノース・エンド（Preston North End）が無敗で優勝したのを皮切りに、ランカシャーを中心に中小規模の都市を本拠地とするクラブが優勝、もしくは優勝争いに絡むシーズンは珍しくなかった。資金力の差の影響が小さく、リーグ結成（一八八八・八九年シーズン）から第一次世界大戦前（一九一四・一五年シーズン）の間（二七シーズン）に一部リーグ優勝を経験したクラブ数は一〇にのぼる。その数は、レンジャース（Glasgow Rangers）とセルティック（Glasgow Celtics）によるタイトル寡占状態にあった同時期のスコットランド・フットボール・リーグ（Scottish Football League、二六シーズンで五クラブ）の、そして前述したプレミア・リーグ（二三シーズンで五クラブ）のちょうど二倍にあたる。[1]

この背景には、移籍規則（Retain and Transfer System）と最大給与規則（Maximum Wage System）というリーグ独自の財政規則の存在があった。資金力の差に基づく戦力差の拡大を抑制し、より多くのクラブが優勝争いに関与できるよう競争を促すことを意図して財政規則は制定された。一方で、財政規則の正当性に関しては、規則が制定された一九・二〇世紀転換期の段階から激しく議論されており、世紀転換期（一九〇八年から一九一〇年）と戦後期（一九四五年から一九六一年）の二度、財政規則を争点としたフットボール争議が勃発している。(2) 最大給与規則は一九六一年に廃止されたが、移籍規則に関しては一九六〇年代以降、何度かの修正がなされつつ、現在に至るまで存続している。

こうした歴史的経緯をふまえたうえで、本稿では財政規則に基づくフットボール・リーグのガバナンスの確立に大きな貢献を果たしたチャールズ・サトクリフ（Charles William Surcliffe）に焦点を当てる。サトクリフは世紀転換期から戦間期にかけてリーグの副代表、代表を歴任したリーグ黎明期を代表する人物の一人であるが、サトクリフの生涯・リーグへの貢献に関する先行研究の蓄積は十分とはいえない。たとえば、リーグ百年誌を執筆したサイモン・イングリスは、事務弁護士であったサトクリフは法の遵守に対する意識が極めて高く、それがフットボール争議やレフリー制度改革におけるサトクリフの活動に大きな影響を与えたと述べている。(3) しかしながら、サトクリフが残した膨大なコラムや五〇年誌を史料として読み解き、彼の活動とそれを支える理念を体系立てて分析した研究は存在しない。また、サトクリフがどのようにしてレフリー制度の改革や財政規則の正当性を社会に対してアピールしたのかという点についてはこれまでほとんど論じられてこなかった。

そこで本稿では、チャールズ・サトクリフの活動と理念の分析から、世紀転換期のイングランドで誕生したプロ・フットボールの歴史について論じる。構成としては第一節でイングランドにおけるプロ・フットボールの歴史を概観しつつ、サトクリフの生涯を紹介する。そのうえで第二節では、サトクリフが関与した世紀転換期のレフリー組合設立、フットボール争議におけるサトクリフの言説を分析することで、サトクリフの理念の根幹を明らかにする。そして、第三節ではサトクリフがリーグのガバナンスに与えた影響について、彼が亡くなった後の時代（戦後期）の変化も視野に入れて考察する。その上で、一九九〇年代以降、ヨーロッパ、世界規模で激動している現在のプロ・フットボールについて考える上で、サトクリフの活動・思想は何を示唆するのか、最後に検討したい。

1. イングランドにおけるプロ・フットボールの歴史とチャールズ・サトクリフ

本節ではサトクリフの生涯に焦点をあてるが、その前に世紀転換期のプロ・フットボールの歴史について簡単に概観する。

イングランドにおいてプロ・フットボールの歴史は一八八〇年代に始まった。一八六三年にロンドンで結成されたサッカー協会（Football Association、以下FAと略記）のもとでルールの全国的な統一が進められたが、プロ化の進展はFAが拠点をおく南部ではなく、ランカシャーを中心とする北西部でまず進展した。(4) 一八七〇年代末より、優秀なスコットランド人やアイルランド人プレイヤーに報酬を与えるクラブが徐々に出現したのがそのきっかけである。FAの中核を占めるパブリック・スクールやオックスブリッジの出身者たちは、報酬を手にする選手を「傭兵（mercenary）」、「えせアマチュア（shamateur）」、「隠れプロ（veiled professional）」と呼び、FAから排除しようとした。[5]しかし一八八〇年代に入り、全国大会であるFAカップにおいて北部のクラブの躍進が目立つようになると、その存在を完全に無視することが難しくなった。最終的にFAは、一八八五年に一定の制限の下で給与の授与を認め、プロ選手の登録を正式に認めた。[6]

プロが承認された三年後の一八八八年には、ミッドランドとランカシャーの一二のクラブによって、世界初のプロ・リーグであるフットボール・リーグが設立された。リーグ結成時の加盟クラブにはエヴァートン（Everton FC、本拠地はリヴァプール）やアストン・ヴィラ（Aston Villa FC、本拠地はバーミンガム）のような大都市を本拠地とするクラブも含まれていたが、運営委員会（Management Committee）の中核を占めていたのは、ブラックバーン・ローヴァーズ（Blackburn Rovers）、プレストン・ノースエンド、ボルトン・ワンダラーズ（Bolton Wanderers）のようなランカシャーの中小規模の都市を本拠地とするクラブであった。[7] 一八九〇年代に入ると、マンチェスター・ユナイテッド（Manchester United）やリヴァプール（Liverpool FC）のような豊富な資金力を有するクラブがリーグに加盟するようになるが、中小クラブの代表者が中核を占めた運営委員会はクラブ間の資金力の差が戦力差に繋がることを懸念した。そこで運営委員会は、移籍金の支払いを義務づけた移籍規則と週給の最高額を四ポンドに規定した最大給与規則を制定することで、高額な契約金と給与による選手の「密猟（Poaching）」を防ごうとした。つまり、資金力の差が決定的な要素と成ることを防ぎ、より多くのクラブが激しい競争を繰り広げることこそが重要であり、それがより多くの観客をコンスタントに動員することに繋がるという黎明期のリーグのガバナンスの根幹が財政規則を通じて確立されたのである。

しかし、財政規則はリーグに加盟するクラブ、特に中小のクラブの運営を安定化させるためのシステムであり、資金力に物をいわせて選手を獲得することが難しくなる大クラブや、「労働者」としての権利を侵害されたと主張するプロ選手にとっては必ずしも望ましい規則ではなかった。そのため一九〇八年から一九一〇年にかけて、財政規則の是非を巡って、選手が結成した労働組合である選手組合（Association Football Players' and Trainers' Union、以下PUと略記）とリーグの間で争議が勃発することになった。争議については本稿では詳細に論じる余裕がないため結論だけを述べると、最大給与が週給四ポンドから五ポンドに上方修正されたが、移籍規則はほとんどそのままの形で維持された(8)。つまり、争議を通じて、財政規則による戦力均衡を目指すリーグのガバナンスの方向性が揺らぐことはなかったわけであるが、リーグ側で争議を主導したのが本稿の考察対象であるサトクリフである。

チャールズ・サトクリフは一八六四年にランカシャー東部の都市バーンリー（Burnley）で生まれた。ミドルクラスの家庭にうまれたサトクリフは、大学を卒業後、事務弁護士としてバーンリーで活動するかたわら、フットボール選手としてバーンリーFC（Burnley FC）でプレーした。小柄だったサトクリフは選手として大成することはできなかったが、選手を引退後にはレフリーに転身し、リーグを代表するレフリーとして活躍した。その実績が評価され一八九七年にはバーンリーの代表としてリーグ運営委員に就任した。運営委員としてフットボール争議において中心的な役割を果たしたサトクリフは、戦間期にはリーグ副代表、ついで代表を歴任し、逝去する一九三八年までリーグのガバナンスの中核を担った。また、世紀転換期から『アスレティック・ニュース』紙（*The Athletic News and Cyclists' Journal*）を初めとするスポーツ・メディアで積極的に執筆活動を行い、一九三八年にはリーグ五〇年誌を執筆した。(9) サトクリフの経歴において特に重要なポイントは、レフリー経験者としてリーグ運営委員に就任したこと、およびアスレティック・ニュース紙上でコラムを連載していたことである。

一点目のレフリー経験については、世紀転換期のリーグ運営委員、そしてFAの理事のなかにはレフリー経験者が数多く含まれている。たとえば、FA理事としてメディアに多くの記事を掲載し、サトクリフ同様に争議において中心的な役割を果たしたウィリアム・ピックフォード（William Pickford）も、世紀転換期にレフリーとして精力的に活動しただけでなく、FA理事として一八九〇年代にレフリー制度の改革に尽力した人物である。(10) 彼らはレフリーとしてピッチ上の試合のコントロールを行うのと同時に、ピッチの外でもゲームのガバナンスをおこなった。

二点目については、世紀転換期のリーグ運営委員にはメディア上でコラムや記事を執筆した人物が多く、なかには編集者としてメディアの運営に関わる人物も少なからず存在した。特に有名なのが第二代のリーグ代表を務めたジェイムズ・ベントレー（James J. Bentley）であり、彼は『アスレティック・ニュース』紙の編集者とリーグ代表の地位を兼任した。(11) ラジオやテレビによるプロ・フットボールの試合中継が存在しなかった世紀転換期の段階では、ファンは実際にスタジアムに足を運んで試合を観戦するだけでなく、活字メディア上で繰り広げられるフットボール関連の記事を熱心に読んだ。(12) また、オフ・シーズンにスタジアムの外で展開したフットボール争議の場合には、メディアという回路を通さなければファンはその展開を知ることができなかった。

そして、メディア上で繰り広げられる関係者による論争は一種の娯楽としても消費されたのである。

こうしたサトクリフや世紀転換期の重要人物の経歴を踏まえると、彼のレフリーとしての経験と財政規則を通じたガバナンスを連続した視点で捉えることが重要だといえるだろう。そのためには、メディア上におけるサトクリフを中心とする関係者の言説について分析する必要がある。そこで次節では、一九〇〇年代にサトクリフが中心人物として関わった二つの改革——レフリー組合の結成とフットボール争議——におけるサトクリフの言説の分析を通じて、リーグのガバナンスの土台を支えたサトクリフの思想について考察する。

2. 世紀転換期の二つの改革とサトクリフの理念

本節では、サトクリフが関わったレフリー制度改革とフットボール争議について考察する。本節では、二つの改革に際してメディア上で展開されたサトクリフの言説について分析することで、サトクリフがどのような理念に基づいて改革を推し進めたのかを明らかにすることを目指す。そのために、同じく二つの改革にFA理事というサトクリフとは違った立場から関与し、なおかつ、サトクリフ同様にメディア上で積極的に発言をおこなったウィリアム・ピックフォードの言説との比較を随時行う。

一、レフリー制度改革

世紀転換期のレフリー制度改革において、サトクリフは一九〇八年にレフリー組合

（Referees' Union）を設立することでレフリーの地位向上を訴えた。その意義を論じるためには、一八九〇年代にピックフォードが中心になって行われたFAのルール改正について理解する必要がある。[13]

現在のように、ピッチ上の一人のレフリーが主体的に判定を下す制度（本稿では「レフリー制」とする）は、一八九一年のFAのルール改正によって成立したものである。それ以前には、別の制度（本稿では「アンパイア制」とする）の下でフットボールの試合は行われていた。「アンパイア制」では、両チームの代表者がアンパイア（umpire）としてピッチに入り、議論を通じて納得いく判定が下されていた。FAルールが統一ルールとして全国に普及する前には、試合ごとに異なるルールで行われることが多かったため、お互いのチームの代表者（アンパイア）による議論を通じて「判定＝合意」を形成する方式がとられたのである。一方で、「アンパイア制」におけるレフリーはピッチの外に待機し、その名の通り（refer される人としての referee）、アンパイア間の合意形成が困難になった際に議論を仲裁する役割を担ったのである。

しかし、一八八〇年代以降、「アンパイア制」は徐々に機能不全に陥った。FAルールが全国的に統一ルールとして浸透したこともあるが、より重要なことは観客の存在である。一八七〇年代以降、フットボールの試合はスタジアムという閉鎖的な空間の中で、入場料を支払った観客の前で行われることが多くなった。特に入場料収入を基盤とするプロ・クラブにとって、試合運営を円滑に進めるためには観客を納得させる判定が不可欠であった。「アンパイア制」はあくまでも対戦するチーム間での合意形成を目的とするものであり、アンパイアによる「合意＝判定」が第三者である観客にとって公正とは限らなかったためである。そこで求められたのが客観的で統一されたルールと、そのルールに基づいて厳格な判定を下すことであった。そうした経緯もあり、FAは一八九一年にルール改正を行い、レフリーの役割をピッチ外の「仲裁者」(「アンパイア制」)から、ピッチ上で主体的に判定を下す「裁定者」(「レフリー制」)へと変更した。

この一連の改革を主導したのがFA理事を務めていたピックフォードである。ピックフォードは同じFA理事のフレデリック・ウォール(Frederic Wall)とともに、一八九一年のルール改正を主導するだけでなく、一八九三年のロンドン・レフリー協会(London Referees' Association)の設立を通じて、判定基準の統一やレフリーのトレーニングなどの改革を推進した(14)。

しかし、このレフリー制度改革はレフリーの立場を向上させるどころか、むしろ低下させることにつながった。改革前のレフリーはピッチの外からその権威によってアンパイアを仲裁していたのに対して、改革後には判定を下す権限を与えられた反面、判定の責任を一身に背負うことになったからである。世紀転換期のスタジアムにおける暴動事件をみていくと、暴動の原因・対象としてレフリーの判定が原因になっているケースが非常に多い(15)。そうした改革後のレフリーの苦しい境遇を改善するために、レフリー組合の設立を主導したのがサトクリフである。重要なことは、なぜ改革によってレフリーの立場は悪化したのか、それに対してサトクリフはどのような論理によってレフリーの地位向上を目指したのかである。

第一の論点については、FAの中心を占めていたアマチュアが「レフリー制」を快く思ってなかった点が重要である。たとえば、アマチュア選抜チーム・コリンシアンズの代表を務めていたジャクソン(N. L. Jackson)は、「今ではレフリーはゲームにおける独裁者である」[16]と述べ、一人の中立のレフリーが判定を下す構造自体を危険視していた。また、改革を主導したピックフォードも、選手の意識とその代表者であるアンパイアの議論によって試合の公正さが維持されることが理想的な状態だと考えていた。[17]しかし現実には、プロの出現によってアマチュアが伝統的に重視してきた「フェア・プレー」が壊され兼ねないため、「レフリー制」を必要悪として導入することが不可欠だとビッグフォードは判断したのである。

これに対してサトクリフによるレフリー組合設立は、アマチュア的なレフリー観自体を覆そうとする試みであった。サトクリフは「公正さ」を維持するためには、中立のレフリーによる判定を通じて試合を「統制」することが重要であると考えた。そのためには報酬を含めたレフリーの待遇を向上させ、レフリーに対するイメージを根本的に変革することが必要だと訴えてレフリー組合を設立したのである。[18]サトクリフは一九〇八年に開催されたレフリー組合第一回年次総会において、「ゲームの利益のために（中略）レフリーのみに可能な任務を承認することを求めて、我々は権力を用いるのである」[19]という発言をしている。しかし、レフリーの地位と待遇の向上を求めるレフリー組合の活動は、FAやクラブ、選手の賛同を十分に得られず特に成果をあげることができなかった。

レフリー制度改革はプロ化の進展に影響を受けて進められたものであったが、その運用の局面においては制度改革以後もアマチュア的な理念の影響を完全に免れることができなかった。それに対して、サトクリフはアマチュア的な伝統を払拭し、「統制」の概念に基づくレフリー制度の運用とレフリーの地位・待遇の向上を求めたわけである。レフリー組合設立の約三〇年後に執筆されたリーグ五〇年誌においてサトクリフは、「クラブや選手はあらゆる権威や統制に対する尊重を著しく欠いている」となげいている。レフリーという不安定な存在に対するサトクリフの想いが感じられる一文である。しかし、このサトクリフのなげきはレフリー制度だけでなく、リーグのガバナンスに向けられる批判に関するものでもあった。それを理解するためには、フットボール争議におけるサトクリフの言説を分析する必要がある。

二、フットボール争議

第一節でも述べたように、世紀転換期のフットボール争議において問題になったのは財政規則の是非である。基本的な構図は、財政規則を正当化するクラブの代表であるリーグと規則の廃止を訴える選手の代表であるPUの間の論争であったが、FAも仲裁者として関与した。そしてピックフォードらFA理事は基本的にはPUの主張に理解を示しており、サトクリフはそうしたFAの態度を批判していた。この争議におけるリーグ（サトクリフ）とFA（ピックフォード）の対立は、単に財政規則の内容のみならず、財政規則をいかに運用すべきかという点での考え方の違いにも端を発しており、以下ではコラムの分析を通じてその違いを明らかにする。

ピックフォードは財政規則の廃止を訴えるPUの主張に対して、「規則違反の摘発、懲罰の実施を望んでいるわけではない[21]」、「第三者の干渉は長い目でみれば失敗に終わる運命にある[22]」とコラムで述べ、賛同を示している。ピックフォードは選手の契約や給与は個々のクラブと選手の交渉に任されるべきであり、リーグやFAが規則を押しつけて制御すべきではないと考えていた。しかし、こうしたピックフォードらFA理事の考え方は、必ずしもPUの主張とかみ合っているわけではなかった。

PUは規約において、「一九〇六年の法律（労働争議法、労働者災害補償法）に基づき、必要とあれば選手の契約問題に関する法的な助言・支援を行う」[23]と定めるなど、労働法の原理をプロ・フットボールの世界にも適応することで権利獲得を目指していた。それに対してFAは、理事であるクレッグが「規則はクラブと選手双方に保護と妥当な契約をもたらすことを意図して制定されているのであり、問題はその意図通りに規則が効果を上げているかどうかにある」[24]と述べているように、必ずしも財政規則が労働法に違反しているかどうかを重視している訳ではなかった。むしろ、ピックフォードやクレッグらFAの理事達が重視したのは、リーグと選手組合が合意の上で適切な規則を制定、運用しているかどうかであった。

この争議におけるFAの論理には、レフリー制度改革時と共通する部分がある。FAの理事達は、ピッチの中（レフリー制度）でも外（フットボール争議）でも、問題が発生した際に中立の「第三者」が懲罰を課すことによって、「統制」を行うことを嫌ったのである。後年、ピックフォードは、集団スポーツの効用について執筆した論文の中で、「構成員が規律よりも道徳によってどの程度統制されているか」が重視されるべきであり、「道徳の発展を促すこと」がフットボールの意義だと主張している。[25]つまり、当事者主義の原則に基づき、選手やクラブの道徳的な公正さこそが（ピッチ内外の）ガバナンスの原則として最も重要であると考えていたのである。

それに対してサトクリフは、ピックフォードとは真逆の論理に基づいてリーグのガバナンスを正当化し、財政規則の必要性を訴えた。

サトクリフは、クラブ間の競争を何よりも重視した。アスレティック・ニュース紙のコラムにおいて、「財政規則の廃止には最も適当なクラブの存続を不可能にし、最も富裕なクラブの生存を促すことに繋がってしまう危険性が秘められている」[26]と主張し、財政規則の廃止を求める選手組合を批判した。「連続的な成功が観客を集めるわけでもないということである」という言葉が象徴しているように、資金力の差によらない、より多くのクラブによる「競争こそがフットボールにおいて最も魅力的」だと主張したのである。[27]こうしたサトクリフの思想は、収入の八〇から九〇％を入場料収入に依存する世紀転換期のプロ・クラブの収益構造とも深く結び付いていた。

しかし、すべてのクラブがサトクリフらリーグ運営委員会の方針に賛同していたわけではない。新興の大クラブの理事達は財政規則に批判的な見解を持っており、[28]マンチェスター・ユナイテッド理事のジョン・デイヴィス（John Davis）のように選手組合の活動を支援する動きもみられた。[29]こうした内外の財政規則批判派の動きを牽制し、運営委員会中心のガバナンスを維持するために、サトクリフはフットボール界で最も大きな権威と権力を持つＦＡの力が必要だと考えていた。特に最大給与規則に関しては、「ＦＡが（クラブや選手に）厳格に規則の遵守を強いる」[30]こと、つまりＦＡが統制者としての役割を果たすことに期待したのである。しかしながら、レフリー制度改革と同様に、争議においても「仲裁者」たろうとするＦＡの理事達はサトクリフの考え方を退け、最大給与規則の存続を認める代わりに、ＦＡが介入することを拒んだ。これによってリーグのガバナンスは、ますます運営委員会を中心に進められていくことになった。

そこでサトクリフは、ＦＡのサポートが期待できないかわりに、メディアを使って自らの正当性を積極的にアピールした。特に一九〇九年八月にＰＵが自らの要求が受入れられなければストライキを行うと示唆したことを逆に利用して、ＰＵは「観客＝

消費者」からフットボールを奪おうとしているとコラム上で痛烈に批判した[31]。そして、クラブ間の激しい競争が売り上げに繋がると考えたメディアも、その動きに追随した。アスレティック・ニュース紙編集長であったジェイムズ・カットン（James Catton）が、ティテュルス（Tityrus）名義で連載していたコラムの中で、「スポーツに関する論争が法廷の場に持ち込まれるのをみたくはない[32]」と述べたのは極めて象徴的である。こうした、スポーツ専門紙を中心とする世紀転換期のメディアとリーグの協力関係こそが、サトクリフの理念を理解するためには極めて重要である。財政規則を核に据えた運営委員会の中心のリーグのガバナンスは新興の大クラブや選手からは閉鎖的だと批判されたが、一方でメディアを利用して常に外部の「観客＝消費者」に対して積極的に正当化を行うこととセットになっていたのである[33]。

以上、本節ではレフリー組合設立とフットボール争議というサトクリフが関わった二つの改革に関わる言説分析からサトクリフの理念を分析した。いずれにおいても、サトクリフは「統制」による公正な競争の実現が必要であると訴えている。その根幹には、「観客＝消費者」の存在が財政的にも倫理的にも非常に重要であるとのサトクリフの考え方がある。だからこそ、サトクリフは誰よりも積極的にメディアを利用し、スポークスマンとして「観客＝消費者」に自説の正当性を訴えかけたのである。

3. ――リーグのガバナンスとサトクリフの功績

第二節で論じた様に、サトクリフは世紀転換期の運営委員会として活動し、レフリーの地位向上こそ十分に達成出来なかったものの、財政規則を中心とするリーグのガバナンスの確立に大きく貢献した。FAの中核を占めるアマチュアが抱いていた選手中心の当事者主義的な「仲裁」を基本とする理念に対抗して、中小のクラブを中心に「統制」を通じてより公正で魅力的な競争を維持しようとするサトクリフの理念は、黎明期のプロ・フットボールの発展を促す土台となったわけである。

一方で、こうしたサトクリフの理念は、世紀転換期から戦間期にかけてのイングランドのプロ・フットボールの収益構造を前提とするものであった。既にのべているように、世紀転換期のプロ・クラブは入場料収入以外に大きな収益源を有していなかった。[34]もちろん、イングランドのプロ・クラブは一八九〇年代以降続々と有限会社化しており、一部、大口の出資をする株主も存在した。しかし、出資による収入はスタジアムなど設備の拡張・補修に使われることがほとんどで、クラブの支出の大部分をしめる選手への給与に関しては、入場料収入を充てるのが通例であった。一部の大株主を要するマンチェスター・ユナイテッドやニューカスル・ユナイテッドなどでさえも黒字収支を継続するのは困難であり、だからこそ、財政規則による給与の高騰防止や移籍規則による移籍金が必要だったのである。[35]

サトクリフ影響力は戦間期にはさらに拡大し、リーグ副代表・代表を歴任した。世紀転換期に北・中部中心で始まったリーグも、戦間期にはロンドンなど南部やウェイルズのクラブを併合することで四部リーグまで拡大し、リーグ戦の入場者数は増加の一途をたどった。その一方で、戦間期にはラジオやテレビ放送が始まるなどプロ・フットボールを取り巻くメディアは徐々に変化し、それに合わせて新たな収入源の可能性が浮上するなど、プロ・フットボールの産業構造は少しずつ変化していった。そうした変化の影響は、一九三九年のサトクリフの死を経て、第二次世界大戦後に本格的に表面化した。つまり、一九四五年から一九六一年に再びフットボール争議が勃発することで、リーグのガバナンスの正当性が再び問われたのである。

紙幅の関係上、詳細な分析は控えるが、戦後期の争議においても問題となったのは財政規則の是非である。[36] リーグ側は世紀転換期のサトクリフの理念をなぞるように、競争維持のためには財政規則が不可欠であるとの主張をおこなった。しかし、戦後期のプロ・フットボールの収益構造は世紀転換期とは大きく異なっており、リーグ側の主張を正当化することは困難になっていた。

特に重要なのが、戦間期に始まったテレビ中継の存在であり、リーグの収益構造に大きな影響を与えた。テレビは戦後期の娯楽のあり方を大きく変えたが、最も影響をうけた産業の一つがプロ・フットボールである。テレビの普及率が高まる一九五〇年代を境に、リーグ戦の総入場者数は減少の一途をたどることになり、入場料収入に依存する中小クラブの運営に無視できない影響を与えた。運営委員会はリーグ戦の生中継に否定的であったが、最終的には争議終結直後の一九六四年にBBCとの間に放映権料契約を結ぶことで入場料収入の減少を補填する決断をした。[37] この契約は額こそ小さかったが（二六試合で四万七〇〇〇ポンド）、一九五九年のブックメーカーとの使用料契約締結とならんで、入場料収入に大きく依存する従来のリーグの収益構造を変える契機となった。[38]

放送メディアの発展はリーグの収益構造に影響を与えただけでなく、リーグとメディアの関係にも変化をもたらした。世紀転換期のリーグは専門紙を中心とする活字メディアと協力関係を築き上げていたのは前節でのべた通りであるが、戦後期の争議

において は逆に、リーグはメディアに対して情報の開示を控えるようになった。[39] つまり、内部で閉鎖的な意思決定をおこなうのみならず、外部に対しても文字通り閉鎖的な傾向が強まったのである。

それに対して、選手側はテレビへの出演や、自伝・伝記の出版を通じて自説を主張するなど、積極的にメディアを活用し、フットボール界の外部の支持をえることで目的を達成しようとした。こうした選手側の働きかけに対して、メディア側も選手を積極的に利用した。放送メディアにとって、視聴者数を増やすためにはスター選手の出現こそが重要であり、財政規則の撤廃によって「プロフェッショナル」として立場の向上を図ったプロ選手側を支援するのは自然な流れだったといえる。[40]

さらに、戦後期には競争の舞台が国内のみならず、ヨーロッパ規模に拡大したこともリーグのガバナンスに影響を与えた。一九五〇年代の代表戦やチャンピオンズクラブカップにおけるイングランドの苦戦を受けて、財政規則を前提とする入場料収入に大きく依存するリーグのガバナンスに対する批判が集まった。その批判の中には、スポーツの国際競争が社会に与える影響力を重視するようになってきた政府も含まれていた。イギリス政府は一九六五年にスポーツ評議会を設立するなど、徐々にスポーツ振興政策を強化したが、そのプロセスにおいて、プロ・フットボールに関してもメディアの有効利用や選手育成の強化などの提言をおこなった。[41] 世紀転換期のイングランド北部の特殊性を基盤にして確立されたリーグのガバナンスに転換を迫ったのは、冷戦構造を背景にしたヨーロッパ規模、世界規模でのスポーツ国際競争の激化であった。[42]

こうして、入場料収入を中心とする収益構造が崩れ、国際競争の波に晒されるようになった戦後期において、サトクリフが確立し、正当化して来た財政規則を基盤とするリーグのガバナンスは改革を迫られることになった。放送メディアや政府を味方につけて変革を迫る選手の改善要求を完全にはねのけるだけの力は、サトクリフ亡き後のリーグにはもはやなかったのである。

おわりに

本稿では、世紀転換期から戦間期にかけてイングランドのプロ・フットボールの黎明期を支えてきたサトクリフの思想・理念を考察してきた。イングランド北部の繊維地帯という特殊な環境でうまれたプロ・フットボールを、イングランドを代表する娯楽産業として発展させる上では、「統制」的なガバナンスを行うことで競争を維持しようとするサトクリフの理念は、メディアを有効に利用することで正当化されえた。たしかに、レフリーというピッチ内の問題に関してはアマチュア（FA）の影響力が大きく、十分な成果を上げることができなかった。しかし、財政規則というピッチ外の問題に関しては、サトクリフは改革の最前線で、そしてメディア上で縦横無尽に活躍することで、自らの理念を反映させたリーグのガバナンスを確立させることに成功したのである。

それに対して、戦間期から戦後期にかけての放送メディアの発展、冷戦構造を背景とするスポーツの国際競争の激化という状況の変化は、入場料収入に依存するリーグの収益構造を変え、運営委員会中心の「統制」的なガバナンスに対する批判を強めることにつながった。サトクリフの理念は世紀転換期の特殊性に立脚しているがゆえに、国際的な競争の中でその弱みが露わになった。実際に、一九八〇年代後半まで運営委員会は大きな権限を持ち続けたが、サトクリフが理想としたガバナンスはもはや維持不可能であり、大クラブによる株式上場、ボスマン裁定によるヨーロッパ規模での移籍市場の自由化により、中小のクラブはそれまで以上に苦境に立たされることになった。

以上をふまえて、最後にサトクリフがリーグのガバナンスに果たした意義をあらためて問うてみたい。確かに、サトクリフの理念は機会の平等を確保した上での競争を指向する点で、新自由主義が萌芽した世紀転換期から戦間期のイングランドと非常に強い親和性があり、だからこそ、戦後期になるとその限界が露呈した。その一方で、サトクリフは観客の存在を重視し、メディアを通じてプロ・フットボールの魅力を積極的に外部に発信しようとした点は評価されるべきである。また、中立のレフリー制が孕む問題点は現代でも解決されておらず、プロ選手と比べた時にレフリーの待遇が抜本的に改善されてはいない。そして、有料衛星放送と大クラブの意向が支配する現在のプレミア・リーグのガバナンスのあり方は、国境を越えた未成年の選手の青田買いなどの問題の原因にもなっている。

FIFA理事の大規模汚職などの問題が次々と生じるなか、プロ・フットボールという娯楽産業の特殊性を理解した上で、その魅力を内部・外部の両方に対して正当化・発信できる人材の必要性は今まで以上に高まってきている。その意味においてサトクリフの活動や理念は重要な示唆を与えてくれるといえるだろう。

そして、内部で発展した独自の慣習や意思決定のあり方とそれを正当化するための理念、メディアや政府など外部のアクターとの関係など、サトクリフの活動や理念の分析を通じてえられた視角は、他のスポーツや産業の分析に応用可能だろう。今後はイングランドのプロ・フットボールのみならず、様々な時代・地域における娯楽産業のガバナンスとの比較研究にも応用していきたい。

注

（1）Wray Vamplew（1988）, *Pay up, and Play the Game: Professional Sport in Britain, 1875-1914*, Cambridge: Cambridge University Press, pp. 138-145.

（2）二度の争議の詳細については以下を参照。藤井翔太「財政規則論争にみるフットボール界のガバナンス：世紀転換期イングランドにおけるフットボールの社会的意義」『史林』九〇巻四号、二〇〇七年、五九―九二頁、藤井翔太「戦後期イングランドにおけるプロ・フットボールの社会的文脈の変化――フットボール争議の分析を中心に」『史林』九六巻六号、二〇〇三年、一―三七頁。

（3）Simon Inglis（1988）, *League Football and the Men Who Made It*, London: Harper Collins Willow, pp. 103-104.

（4）Richard Holt（1989）, *Sport and the British: a Modern History*, Oxford: Oxford University Press pp. 75-134; Adrian Harvey（2005）, *Football: The First Hundred Years: The Untold Story*, London: Routledge, pp. 222-223.

（5）Tony Mason（1980）, *Association Football and English Society, 1863-1915*, Brighton: The Harvester Press pp. 69-81; Matthew Taylor（2008）, *The Association Game: A History of British Football*, Harlow: Pearson p. 48.

（6）Football Association（1954）, *The History of the Football Association*, London: Football Association, p. 105.

（7）Charles Sutcliffe, J. Brierley and F. Howarth（1939）, *The Story of Football League 1888-1938*, Preston: Football League p. 2.

（8）藤井、二〇〇七年、六四―六八頁。

（9）サトクリフの経歴については以下を参照。Inglis（1988）, pp. 103-111.

（10）Alfred Gibon and William Pickford（eds.）(1906), *Association Football and the Men Who Made It*, vol.3, London: The Caxton Publishing Company, pp. 162-163.

（11）Inglis（1988）, pp. 34-37.

(12) 世紀転換期のメディアについては以下も参照。Tony Mason (1996), "Football, Sport of the North", in Jeff Hill and Jack Williams (eds.), *Sport and Identity in the North of England*, Edinburgh: Edinburgh University Press, pp. 41-52.

(13) レフリー制度改革の詳細については以下を参照。藤井翔太「近代イギリスにおけるフットボール審判員精度の歴史的変遷」『スポーツ史研究』第二三号、二〇一〇年、二〇—二三頁。

(14) レフリー制度改革の詳しい経緯については以下を参照。Gibon and Pickford (1906), pp. 1-32.

(15) 藤井、二〇一〇年、一〇—一二頁。

(16) N. L. Jackson (1899), *Association Football*, London: George Newnes Limited, p. 342.

(17) Gibon and Pickford (1906), pp. 1-3. また、ピックフォードはレフリー教育自体の困難さも指摘している。

(18) *The Athletic News*, 7 September 1908.

(19) *The Athletic News*, 11 May 1908.

(20) Sutcliffe, Brierley and Howarth (1939), p. 161.

(21) *The Athletic News*, 12 December 1908.

(22) *The Athletic News*, 25 April 1910.

(23) *The Athletic News*, 23 March 1908.

(24) *The Athletic News*, 1 June 1908.

(25) William Pickford (1941), "The Psychology of the History and Organization of Association Football", part II, *The British Journal of Psychology*, vol.31, p. 136.

(26) *The Athletic News*, 12 December 1908.

(27) *The Athletic News*, 6 December 1909.

(28) フラムの理事であったノリス (H. G. Norirs) らは、運営委員会の影響力を排除するためにリーグから独立することを画策していた。Inglis (1988), p. 72.

(29) デイヴィスは選手組合の副代表に名を連ね、顧問弁護士を組合に派遣していた。Robert Lewis (1993), "The Development of Professional Football in Lancashire 1870-1914", Ph.D. thesis, University of Lancaster pp. 390-391.

(30) *The Athletic News*, 8 February 1909.

(31) *The Athletic News*, 30 August 1909.

(32) *The Athletic News*, 12 July 1909.

(33) 藤井、二〇〇七年、八五—九〇頁。また、新聞の投稿欄をみても、ストライキを主張する選手の利己的な意見も散見された。たとえば、*The Athletic News*, 30 August 1909; *The Times*, 31 August 1909.

(34) Vamplew（1988）, pp. 160-168.

(35) Vamplew（1988）, p. 85; Lewis（1993）, pp. 299-334.

(36) 戦後期の争議の詳細に関しては以下を参照。藤井、二〇一三年。

(37) Taylor（2008）, p. 269.

(38) Alan Hardaker（1977）, *Hardaker of the League*, London: Pelham Books, pp. 70-72.

(39) たとえば、一九五一年の調査委員会による聴聞会において、リーグ側は選手組合が主張したメディア関係者の取材をシャットアウトしている。Minutes of the Hearing of the Investigation Committee, 2 November 1951, *LAB 3/993*.

(40) 特に一九五七年に就任したジミー・ヒル（Jimmy Hill）はテレビを積極的に活用した。Jimmy Hill（1961）, *Striking for Soccer*, London: Peter Davis, pp. 37-78; 藤井、二〇一三年、一一八—一一九頁。

(42) たとえば、以下を参照。D. D. Molyneux（1962）, *Central Government Aid to Sport and Physical Recreation in Countries of Western Europe*, Birmingham: University of Birmingham; PEP（1966）, *English Professional Football*, London: Political and Economic Planning; Department of Education and Science（1968）, *Report of the Committee on Football*, London: Her Majesty's Stationary Office.

(43) 藤井、二〇一三年、三〇—三一頁。

謝辞　本研究の一部は、日本学術振興会の科学研究費補助金（若手研究（B）15K16450）の助成を受けたものです。

トマス・コリヤット

その「縛りのない旅」と異国への眼差し

スガンディ・アイシュワリヤ

はじめに

トマス・コリヤット（Thomas Coryat 一五七七頃～一六一七年）はエリザベス朝時代にインドへ旅行したイギリス人として有名である。エリザベス朝時代には、多くの兵士、学生、外交官等が国境を越えて移動し、その結果、多種多様な旅行記が執筆・出版され、多くの読者に読まれることとなった。エリザベス一世およびジェームズ一世統治期のイギリス人旅行家において、旅行それ自体を目的として計画・実行し、後に旅行記を著した人物としては、トマス・コリヤットやウィリアム・リズゴーが挙げられよう。彼らはこうした「旅行」を体験した最初期の旅行家として注目されている。

コリヤットが活躍した一七世紀初頭には、商人や聖職者による自らの海外渡航・滞在経験を纏めた報告書が数多く執筆された。例えば、商人であったラルフ・フィッチやジョン・ニューベリー以外にも、インドで英国大使をつとめたトーマス・ロー、聖職者のトーマス・ステファンズ、エドワード・テリー等の記述が、代表的なものとして挙げられる。また、ウィリアム・ビッダルフ、トーマス・ダラム、ヘンリー・ブラウント、ジョン・ミルデンホール、ウィリアム・ホーキンズ、ウィリアム・フィンチ、ニコラス・ニットフィングトンらも、この時代に東方を目指して旅したことで知られる人物である。『イギリス国民による主要な航海、旅行、交通、発見…』（*The Principal Navigations, Voyages, Traffiques and Discoveries of the English Nation…*）[1]等、大航海時代期航海者のアンソロジーを編んだことで名高いリチャード・ハクルート（Richard Hakluyt　一五五二頃～一六一六年）や、その後継者ともいえるサミュエル・パーチャス（Samuel Purchas　一五七七頃～一六二六年）は、このような報告書や著作を蒐集し、浩瀚な資料集として編纂したのであった。

コリヤットの基本文献としては、（一）一六〇八年に実施したヨーロッパ大陸旅行の記録であり、皇太子ヘンリーに献呈することを意図して一六一一年に出版した『ありのままに』（*Crudities*）[2]、（二）一六一五年にインドからコリヤットが故郷に宛てた手紙を基にパーチャスが一六二五年に編集・出版した『パーチャス遍歴記』[3]（*Purchas his Pilgrimes.*　以下本文では『遍歴記』と略す）、以上の二著作が知られている。

1．コリヤットの旅行に関する研究史

コリヤットの事蹟に関する基本的研究として、まずミシェル・ストラーケン[4]による伝記が挙げられる。ボイス・ペンローズ[5]は、豊かな教養のもと旅に興じる者たち、いわゆる「アーバン・トラヴェラーズ」（Urbane Travellers）として、ファインズ・モリンスン、ジョン・カートライト、そしてコリヤットら七人を取り上げた。プリチャード[6]は、自らもまたコリヤットの足跡を辿ってエルサレムまで旅行し、コリヤットの伝記を著

した。またダニエル・アレン[7]は、二〇〇四年から二〇〇五年にかけて、コリヤットによる旅行の最終行程であるトルコからインドに至るルートを自転車で辿り、一書に纏めた。彼はこの著作を、三つの帝国、すなわち、オスマン、ペルシア、ムガルを旅したコリヤットがいかなる経験をしたのか、そして四〇〇年後の現在がいかに変化し、あるいは変化していないかを確かめようとした視点から綴ったのであった。以上の著者たちは、コリヤットの生涯を振り返りつつ、異口同音に彼がその時代において比類ない旅行家であったことを認めている。

　リッチモンド・バーバ[8]は、一七世紀当時の旅行者と出版・演劇界の間に認められる旅の表象の差異を考察し、ジョツナ・シン[9]は前近代の旅行をポスト・コロニアル的文脈から分析している。これらの研究は、コリヤットの記述に英国の対外拡張主義の表出を見出している。コリヤットがインドから書き送った書簡が収録されている『遍歴記』は、編者のパーチャスがコリヤットの残した膨大な文章を取捨選択し、編集したものであるため、著作におけるコリヤットのインド情報には、イギリス人読者に好まれそうな話題が多く含まれているだけでなく、パーチャスの拡張主義的な傾向を見て取ることができる。しかしながら、これらの研究に立脚するだけでは、コリヤットの旅行に対する姿勢の実像に迫ることができないと思われる。従来の研究は拡張主義の観点から解釈されがちであったが、果たしてそうした解釈に留めておいてよいのだろうか。

　本論考では以上のような問題意識から、まずコリヤットの生涯を概観し、上述した『ありのままに』と『遍歴記』に依拠しつつ、彼の欧州旅行の体験と東方旅行について論じる。そのうえで、コリヤットの社会規範に囚われない眼差しを、異端性という視点から捉え直し、彼の旅行記の独自性を考察していくこととする。

2. ——コリヤットの生涯

ここでコリヤットの経歴に触れておきたい。コリヤットは旅行に出る以前、皇太子ヘンリーの宮廷において宮廷道化師として仕えていたこともあり、国王ジェームズ一世をはじめとして、他の王室関係者にも広く知られる存在であった。そのうえコリヤットは、詩人のベン・ジョンソン（Ben Jonson 一五七二～一六三七年）やジョン・ドーン（John Donne 一五七二～一六三一年）、国王のパジェントリや、宮廷での演劇用舞台やフルートを設計・制作した建築家イニゴ・ジョーンズ（Inigo Jones 一五七三～一六五二年）、上述の外交官ローをはじめ、当時の各界名士らとも親交を結んでいた。このようなコリヤットの交友関係の背後には、宮廷内における己の地位の安定を企図して、常に人の前に立って自らを宣伝しようとしたコリヤットの積極的野心があったことが推測される。コリヤットが一六〇八年五月一四日に、ドーバー海峡を渡ってフランスのカレーに上陸し、そこから五カ月間ほとんど徒歩で一九七五マイル（およそ三一七八キロメートル）にもおよぶ旅行を重ねており、その最大の動機には、上述したような自らを積極的に売り込もうとする態度があったと考えられる。その訪問先にはフランス、サボイ、イタリア、スイス、南部ドイツ、オランダ等が挙げられ、帰国後しばらくは、その故郷のソマーセットシャーのオドコームにおいて旅に関する記述を纏めていたが、その分量があまりに膨大だったために、出版を引き受ける者が見つからなかったとされている。結局、一六一一年に有力者の友人等から推薦により資金援助を得て、自費出版に漕ぎつけており、この経緯は『ありのままに』に収録されたベン・ジョンソンの詩《アクロスティック》によって明らかにされている。出版の翌年の一六一二年、コリャットは再び東方旅行を始め、二年を経てコンスタンティノープルとエルサレムを巡歴、さらにその二年後にトルコ、ペルシアを経由してインドのムガル帝国に到達した。その後、インド諸地域を歴訪し、一六一七年にスーラトのイギリス東インド会社商館滞在中に病を得て息を引き取った。

3．ヨーロッパ周遊（一六〇八年五月～一〇月）

コリャットはロンドン時代に居酒屋マーメイド（Mermaid Tavern）の常連だった。居酒屋マーメイドに集う仲間たちに宛てたインドからの短信を、友人ローレンス・ウィッテッカーに託したとする記録が残っており、そこからコリャットをはじめとしたイギリスの知識人らにとってマーメイドが社交場的な機能を果たしていたと推し量ることができる。現在研究者のあいだでは、この居酒屋での集いが、有名なウォルター・ローリー（Walter Raleigh　一五五四～一六一八年）が主催したものではないかと考えられている。密かにここに集った著名人たちは、さまざまな議論を重ねており、シェイクスピアもこの居酒屋に通っていたとする説も存在する。[10]一七世紀初頭のイギリスでは、複数人が集って話し合うことは王室への反逆を企てる共同謀議として疑われ、処罰の対象となっていた。このようにマーメイドが秘密結社めいた性格も兼ね備えていたこともあって、他に同時代の史料が残されていないが、コリャットもここに集まった人々から様々な影響を受けていたことは想像に難くない。他のメンバーたちに比べてコリャットの社会的地位が低く、それほど裕福ではなかったが、彼が他の人々に立交じり、会合に参加していた事実に留意すれば、彼がそこで何らかの存在感を漂わせていたとしても不思議ではない。彼は自身の存在感を更に高めるために、何か人と異なる行動を取ろうとしたのであって、それが当時のイギリス人にとっては稀であった徒歩による東方旅行へと彼を駆り立てた一つの要因となったと推測される。そして資金に恵まれてなかった彼が、旅行の全期間を通じて極力出費を抑える姿勢（一ペンス／日）を貫いたことも彼の決意の固さを物語っているといえる。

上記の問題意識からコリャットを分析しようとした場合に問題になるのが、関連史料の不足である。二回目の旅行となる中東からインドへの旅行の記録は、友人や家族に宛てた私信以外は事故に遭遇した際に失われて現存していないため、コリャットの旅行に対する姿勢を知るためには、まず『ありのままに』に収録されたヨーロッパ旅行記を参照する必要がある。そこで以下では、この旅行記に依拠しながらヨーロッパにおけるコリャットの足跡を辿りつつ、適宜考察を加える。

一六〇八年五月、コリャットはカレーに上陸し、徒歩による旅行を始めた。そこで非常に丁重なもてなしを受けたコリャットの「大陸」に対する第一印象は良好なものであったが、アンリ四世統治下にあったカトリックのフランスと、英国国教会のイギリスとの宗教事情の違いにコリャットの関心は引き寄せられていった。ただし、彼はこの違いについて、自分の視野を狭めることなく、可能な限り偏見を挟まずに詳しく情報を伝えることに努めた。カレーからブーローニュ、さらにそこからアミアンへと向かったコリャットは、教会のミサや女子修道院について述べ、内戦で破壊された教会や修道院についての記述を残す一方、絞首台の解説やその歴史にも詳細に言及している。[11]

徒歩による漫遊がコリヤットの自慢だったのだが、パリに向かう途上には、『ありのままに』の口絵掲載のため敢えて二輪の荷馬車に乗っている。[12] 彼は未経験の事柄や、自分の目で確かめていない事柄を記述することはなかった。当時の旅行者の著作には、他の旅行記からの引用がしばしば見られるのが普通である。しかしコリヤットはこの点において異なっていた。パリにおける彼の第一印象は、ロンドンより汚くて臭いというものであった。パリでコリヤットが一番に望んでいたことは、イザク・カゾボンとの面会である。カゾボンは長時間コリヤットと学問的議論を行った。コリヤットは面会が可能になった経緯を語ってはいないが、カゾボンのような人物に会うために誰かの紹介状が必要だったことは想像に難くない。コリヤットは常に自身の知り合いの援助を得て、困難を乗り越えていた。カゾボンもまたその例外ではなく、彼に薦められるがままコリヤットは、ノートルダム寺院でカトリック教徒によって執り行われるキリスト聖体祭を見物した。教会でミサにも参加したコリヤットは讃美歌に感動したこと、併せて司教の外見や服装についても綴っている。[13] このようにコリヤットは、プロテスタントとして育てられたにもかかわらず、カトリックの行事についても躊躇なく自らの関心の赴くままに記述しており、この点に彼の宗教に対する寛容な態度を見出すことができよう。

コリヤットもよく理解していただろうが、英国では異教と見なされていたカトリックについて好意的に述べることには少なからず危険が伴ったと思われる。見聞きしたことや経験したことを新しい知識の一つとして、偏見なくありのままに述べるというコリヤットのスタイルは、出版した際の採算性との兼ね合いから読者の関心を惹くために少なからず脚色を伴った当時の旅行記とは明らかに一線を画していた。

コリヤットは旅行先の一つとしてリヨンにも滞在している。当時リヨンは、イギリスの若者の教育の一環としてグランド・ツアーの訪問先に取り入れられたばかりであった。そこで彼は資金に余裕がなかったにもかかわらず、エセックス伯が滞在していたリヨンの高級宿に、しかもエセックス伯の滞在からそれほど時期を経ずに宿泊したとされている。宿泊時期の奇妙な一致は、エセックス伯宿泊の情報を得たコリヤットが伯と面会を希望していたことによるものと思われる。実際にはコリヤットがリヨンに到着する前日、既にエセックス伯とその一行は宿を発っていたものの、結果的には普段では経験できない有名な高級旅館に泊まることができたのである。(14)

次にコリヤットが向かったのはイタリアであった。彼にとってのイタリアでの最大の発見がフォークである。行く先々の食堂でフォークを見かけたコリヤットは、早速自分用のフォークを買うと、イタリア人のフォークの使い方を見よう見まねで習得し、フォークを初めてイギリスに紹介したことはよく知られている。「イタリア人は料理に手で触るのを嫌い、フォークを使用する」とコリヤットは伝えている。(15)

ミラノについてコリヤットは、この都市の住民が勤勉で、キリスト教世界において最も優秀な刺繍職人であると明記している。またミラノ人とスペイン系住民らの関係が険悪であったにも関わらず、コリヤットはスペイン人が住んでいたチタデル地区を訪れており、彼らの武器、兵器や軍備を詳しく記録しているうちに、スペイン人男性に咎められてその場を去っている。ミラノでは他に有名な建築物や教会を訪れ、なかでもアンブロシウス図書館にはとりわけ関心を抱いたようである。一二〇部屋を擁する巨大な病院については、四〇〇〇人の患者が治療を受けていると述べている。(16)

そしてロンバルディアのワインを、フランスで味わったワインよりも美味としており、そこに流れる川、爽やかな牧草地、気持ちのよい果樹園や林等のイタリアの豊かな自然に感動を得た。季節が夏へと移ってもコリヤットは夏の暑さをものともせず、数々のイタリア人と会話を楽しみながら旅を続けた。ここで彼が興味を抱いたのは、イタリア人の暑さへの対処法であった。扇子を頻繁に使用し、女性や子供たちは下着姿で町をうろつき、夏用ズボンも涼しく穿きやすいように工夫が施されていたことに関心を寄せている[17]。そしてさらに注目すべき点は、コリヤットの日傘についての記述である。日傘が木の骨組みと皮の生地からできていることに言及しており、とりわけ馬上の人間の日傘の使用法について詳述している。日傘の柄を片手で持ち、その下部を太腿部に固定することで直射日光を遮り、もう片方の手で手綱を裁くことができるとしている。その箇所でコリヤットは、イタリア語でいうところの「オンブレロ」(Ombrello) を発音の差異から「アンブレラ」(Umbrella) いう英語風の表記でイギリスに紹介しており、それがイギリスに日傘の認識が広まる端緒となったとされている[18]。

コリヤットがマントヴァを訪れたのは、かねてより私淑していたローマの詩人ウェルギリウスがマントヴァ近郊で出生したからであった。コリヤットはできたらマントヴァで残りの人生を送りたいと思っていたほどであったが、宗教の違いと故郷のオドコーム恋しさを理由に断念したのである。大学都市パドヴァについては、一五〇〇人の学生が医学や法学を学んでいて、ドイツ、フランス、オランダやイギリスからの留学生がその中に多く含まれていたこともあり、全キリスト教世界で最も優れた大学であると言っている。次いでヴェネツィアに辿り着いたコリヤットは、その素晴らしさに圧倒され、ヴェネツィアが過去に一度も征服を受けていないことから「処女」と名付けている。詩人のヤコブ・サナザリアスがヴェネツィアの元老院から賞金を与えられていると聞き、すぐに友人のベン・ジョンソンと比較して、イギリスの議会もこのような賞金を与えるべきと断じている。(19)

ヴェネツィア駐在のイギリス大使ヘンリー・ワットンに宛てた紹介状をコリヤットは二通所持していた。一通はオドコームの友人ウィッテッカーの発信、もう一通は下院議員のリチャード・マーティンの発信である。この二人は、コリヤットの居酒屋マーメイドでの仲間であった。ワットンはヴェネツィアを訪れるイギリス人に常に様々な支援の手を差し伸べており、コリヤットはヴェネツィアにおける約六週間の滞在中にも、ワットンの屋敷で世話になっていたようである。コリヤットはヴェネツィアのゲットーを訪ねた際、ユダヤ人のラビと対談しており、そのラビにキリスト教に改宗するように促したところ、これが原因で大喧嘩になり十数人のユダヤ人が駆け付けるという騒動にも見舞われた。危うい状態にあったコリヤットを、通りかかったワットンが救助する場面もあった。しかしながら、コリヤットはこの事件を契機に、自身の旅行記のなかでユダヤ人について悪く書くようなことはなかった。逆に、シナゴーグに対して大変良い印象を受けており、イギリスにおけるユダヤ人に対する悪いイメージをはっきりと否定している。(20) このように偏見に拘束されることなく、常に自分の洞察を貫いていることは、彼の旅行記叙述の特徴の一つといえよう。

スイスでは久しぶりにプロテスタントの仲間に会い、快適な旅を続けている。チューリヒでプロテスタント牧師のルドルフ・ホスピニオンと面会し、彼の弟子がコリヤットを案内している。またヘンリー・ブリンガーという用心深い説教師は、コリヤットを自宅に招待し、自宅の図書室を案内している。この二人は、カトリックに対し並々ならぬ対抗心を抱いており、反カトリックの立場から様々な著作を著すことで、スイスのプロテスタントのあいだで強い影響力を保持していた。コリヤットがこのような人々と面会し案内を受けることができたのも、プロテスタントのネットワークを利用することができたからと思われる。(21) ライン地方では、訪問した各地の教会について詳述した。ケルンでは、聖ウルスラがイギリス生まれの聖人であるという理由から聖ウルスラ教会を訪問している。(22) ヨーロッパ旅行における最後の訪問地となったのは、オランダであった。そこでコリヤットは、美味しい食事に舌鼓を打つのであった。(23)

ここまで述べた様々な挿話を分析すると、コリヤットは偏見や差別意識を一切持たず、文化的、歴史的な観点から眼差していたことがわかる。

4. 中東・インド周遊(一六一二年一〇月～一六一七年一二月)

既に述べたように、一六一二年一〇月に開始した中東とインドへの旅についての史料はごく少数しか残されていない。パーチャスの『遍歴記』とストラーケンが著した伝記を中心に見ながらコリヤットの行動を追っていきたい。

ザンテすなわち現在のザギントス島は干しブドウの産地として有名であった。ここの干しブドウはイギリスあいだで大変人気があったことから、リズゴーもこの土地を訪れており、他のイギリスの旅行家たちにとっても魅力ある旅行地として認識されていた。ここでコリヤットは、イギリス人商人を通して、地震の多いザンテにおける格子を設けた耐震構造住宅について詳述するなど、地震が人びとにいかなる影響を与え、それに対しいかなる対策が施されていたかに強い関心を寄せていた。またヨーロッパ大陸における前回の旅と同じように、ザンテのギリシア正教会の教会にも大変な興味を示し、教会の寸法や材料について綿密な記録を残している。[24]

ヒオス（あるいはキオス）島では、ここで収穫される原綿が、イギリスの紡織産業にとっていかに重要であるかを力説している。それ以外にもコリヤットの関心は、ピスタチオの人気とその商業的価値にまで及んでいた。[25] 自然とともに経済の面にも関心を示しているコリヤットだが、現地の政治的状況や事件を一切記録していないのには幾ばくかの違和感を覚えずにはいられない。

トロードでのコリヤットは、現地で雇ったガイドの案内を得て、当時はトロイア遺跡と目されていたアレキサンドリア・トロアス遺跡を隈なく回っており、トロイア戦争の重要人物であるヘクトール、アヤックス、アキレス、トロイルスらの墓と称するものを目にした。その際にかつて培ったギリシア・ローマ古典の教養を基に、ホメロスが『イリアス』で描いたトロイア戦争や、トロイア滅亡後が舞台であるウェルギリウスの『アエネーイス』に思いを馳せたのである。[26] コリヤット以前にトロードを訪れているリズゴー、サンズ、モリスンはコリヤットほど詳しく説明を加えてはいない。滞在中に夥しい数であっただろうこの時の記録を、彼はアレッポまで運び、そこからイギリスに発送しているが、その途上で殆どを紛失したために、現存するのはごく一部である。したがってパーチャスの手元に届いたのはインドから発送したものであり、後にパーチャスは、その膨大な書簡群を僅か五〇ページに纏めたのだった。

コリヤットはアレッポ滞在中、トルコ語やペルシア語の習得にも励んだ。[27] エルサレムでは、いつも通りに様々な歴史的出来事を自らの知識と照らし合わせながら、それを再現するかのごとく記述を続けている。珍奇な記念品を好むコリヤットは、ここで右手首に入れ墨を入れているのだが、それはエルサレム型の十字架と、キリストの五つの傷を象徴するものであった。ほかにも両手首に、「人生は真理なり」(Via, Veritas, Vita)との入れ墨を入れ、インドでエドワード・テリーに自慢して見せたという。[28]
その後のコリヤットは、隊商に随伴し、ペルシアを経てインドのアジメールを目指した。ペルシアとインドの国境付近では、イギリス人ロバート・シャーリーの隊商に遭遇している。シャーリーはコリヤットを丁重に遇し、彼が所持していたコリヤットの『ありのままに』や、その増補版[29]をコリヤットに見せた。[30]これに鼓舞激励を得たコリヤットは、一六一五年の七月頃、アジメールに辿り着き、イギリス東インド会社の人々に歓迎された。当時イギリスの東インド会社の拠点は西海岸沿いのスーラトという小さな町に置かれていた。彼が情報収集のために町を散策し始めるや否や、当時のムガル王のジャハンギル(Jehangir 一五六九〜一六二七年)誕生の祝祭の場面に遭遇し、王と同じ重さの金が、黄金の天秤で計られ、貧しい領民に施される光景を、驚異の眼差しでもって目撃した。またムガル帝国が数多くの象を所有することで、それに費やされる莫大な経費まで計算している。コリヤットは宿願であった乗象もこの機会に叶えたのであった。友人ウィッテッカーに宛てた手紙の中では、次に出版されるコリヤットの本の表紙に乗象の場面を用いるということまで触れられており、実際にパーチャスの手によって同様の表紙を持った本が出版された。[31]
インドでの上記の活動においてコリヤットは現地で使われていたペルシア語やヒンドゥスターニ語を流暢に操り、様々な人と交流を図っていたとされている。好奇心に溢れていたコリヤットは、ジャハンギル王が国民の声を聞くために毎日開催していた集会にまで足を運び、ヒンドゥスターニ語で演説を行った。ジャハンギル王はこの演説を大いに気に入り、コリヤットに相当額の賞金を与えている。このようなコリヤットの行為は、イギリスの外交展開に不利益を与えると見た駐印イギリス大使トーマス・ローの怒りを買うこととなった。[32] 底知れぬ好奇心に駆り立てられたコリヤットは、そのようなローの不興に目をくれることなく、以後もなお勢いを増してインド各地の遊歴を続けたのであった。しかし、彼の旺盛な好奇心が仇となり、現地の人々のあいだで食されていた唐辛子を大量に摂ることで体調に異常をきたし、さらにスーラトの東インド会社商館でのパーティーでは、大量のアルコールを摂取してしまい、コリヤットの健康状態はなお一層悪化した。そして遂に一六一七年一二月一七日、テリーに見守られながらコリヤットは息を引き取った。

おわりに

以上のように、コリヤットの人物像と旅の記述を具に紐解いていくことで、彼がいかに当時の偏見と固定観念に束縛されずに自由に旅をしていたか、彼が赴く先々での行動から窺い知ることができる。まず、人々が集い自由闊達に議論することが許されなかった当時のイギリスにおいて、その正反対の存在であるかのような居酒屋マーメイドでの知識人らとの交流が、おそらくコリヤットを大旅行へと駆り立てた原動力の一つであった。またヴェネツィアでは一般的には全く交流を結ぶことのなかったユダヤ人と積極的に議論を交わした。インドにおいては、イギリスがインドとの通商関係を構築するため、非常にデリケートな交渉を重ねている最中、コリヤットはそれに水を差すかのように、直接ジャハンギル王から当座の旅費を得るという行動に出ている。

これらのコリヤットの行動は、当時の旅行者の行動規範からは逸脱するものであったが、裏を返せば諸々の社会のしがらみに囚われない立場を貫こうとしていたということもできよう。

コリヤットの旅行記『ありのままに《クルディティーズ》』の語源となったラテン語「クルドゥス」(Crudus)の原義は「血生臭い」である。この著作冒頭の皇太子ヘンリーに捧げた「献辞」(*Epistle Dedicatorie*)の一節でコリヤットは「私は、知識に溢れた従来の旅行者たちがしてきたように雄弁に筆を走らせることはない。どんな人たちよりも正確かつ偽りなく伝えるのみである」[33]と述べている。この一文は、まさに「見たまま」に、「聞いたまま」に、「食したまま」に、そして「感じたまま」に、訪問先での出来事を時には血生臭いほどリアルに読者へ伝えようとしたコリヤットの姿勢を言い表していると言えよう。これは、パーチャスが編んだ『遍歴記』にも通底していることである。

イギリス・ルネサンスが既に花開き、多彩な修辞表現が日々新たに創造されていた時期、読者に「生もの」とも言えるありのままの情報を提供しようと努めたコリヤットの著述姿勢は、当時としては特異な試みであった。[34]変わり者として名を馳せていたコリヤットの旅に対する眼差しは、当時の人々から見れば、己の規範では如何様にも受け入れ難く、手を持てあましてしまう子どものような異端児のそれそのものだったのである。

注

（1）Hakluyt Richard, *The Principal Navigations, Voiages, Traffiques and Discoueries of the English Nation, Made by Sea or Overland ... at Any Time Within the Compasse of these 1600 Yeeres, &c.*（London, G. Bishop, R. Newberie & R. Barker), 3 vols

（2）『ありのままに』は一六一一年に出版社W・スタンズビーによってクオート版で印刷され、ロンドンで刊行された（STC 5808）。本論文では以下の一九〇五年版を使用した。Thomas Coryat, *Coryat's Crudities: Hastily Gobled up in five moneths Travells in France, Savoy, Italy, Rhetia, Commonly Called the Grisons County, Helvetia Alais Switzerland, Some Parts of High Germany and the Netherlands;Newly digested in the Hungry Aire of Odcombe in the country of Somerset, and Now Dispersed to the Nourishment of the Travelling Members of Kingdome*, 2 vols（Glasgow, Mac Lehose, 1905）

（3）Purchas Samuel, *Hakluytus Posthomus or Purchas his Pilgrims Contayning a History of the World in Sea Voyages and Lande Travels*Vol. 4（Glasgow, Maclehose, 1905）

（4）Strachan Michael, *The Life And Adventures Of Thomas Coryat*（London, Oxford University Press, 1962）

（5）Boies Penrose, *Urbane Travelers:1591-1635*（Philadelphia, University of Pennsylvania, 1942）

（6）Pritchard R. E, *Odd Tom Coryat: The English Marco Polo*（Gloucestershire, Sutton, 2004）

（7）Allen Daniel, *The Sky Above, The Kingdom Below*（London, Haus, 2008）

（8）Barbour Richmond, *Before Orientalism London's Theatre of the East, 1576-1626*（Cambridge, Cambridge University Press, 2003）

（9）Singh Jyotsna G., *Colonial Narratives/cultural Dialogues: Discoveries of India in the Language of Colonialism*（London, Routledge, 1996）

（10）マーメイド酒場でシェイクスピアが仲間と議論する光景は、ジョン・ファエド（John Faed 一八一九〜一九〇二年）が一八五一年に『居酒屋マーメイドにおけるシェイクスピアとその仲間たち』（*Shakespeare and his Friends at the Mermaid Tavern*）において描いており、これは一八六〇年頃にも新聞記事の挿絵（作者不明）の一部として用いられた。

（11）*Crudities*, vol. 1 pp. 152-157

（12）*Ibid*. p. 185

（13）*Ibid*. p. 176

（14）*Ibid*. p. 211

(15) *Ibid.* p. 236
(16) *Ibid.* p. 240
(17) Strachan p. 35
(18) *Ibid.* p. 36
(19) *Crudities*, vol.1 p. 270
(20) *Ibid.* pp. 374- 376
(21) Crudities vol.2 pp. 92-112
(22) *Ibid.* p. 311
(23) *Ibid.* p. 311
(24) Strachan pp. 162-163
(25) *Ibid.* pp. 162-163
(26) *Ibid.* pp. 165- 172
(27) *Ibid.* p. 200
(28) *Ibid.* pp. 195- 211
(29) Thomas Coryat, *Coryats Crambe, or His Colwort Twise Sodden: And Now Serued in with Other Macaronicke Dishes, As the Second Course to His Crudities* (London, W. Stansby, 1611)
(30) *Ibid.* p. 220
(31) Purchas pp. 468-494
(32) *Ibid.* pp. 483-486
(33) 原文は"I have written though not as eloquently as a learned traveller would have done, yet as faithfully and truly as many man whatsoever"である。
(34) なおボイス・ペンロースは、コリヤットら当時のイギリス人旅行家による著述をエリザベス女王・ジェイムズ一世時代における「旅行記の古典」と位置づけ、彼らの著述の伝統が以後の時代に継承されたと指摘した。Boies Penrose, *Travel and Discovery in the Renaissance1420-1620* (New York, Atheneum, 1962) pp. 282-283；ボイス・ペンローズ、荒尾克己訳『大航海時代——旅と発見の二世紀』筑摩書房、一九八五年、二七六—二七七頁。

一九世紀の「盲目旅行家」ジェームズ・ホルマン

坂元正樹

はじめに

一八世紀末から一九世紀初頭のイギリスにおいては、ピクチャレスクという風景の美しさを楽しむ旅行と、そうした風景の美しい挿絵が付された旅行記の出版とが隆盛をきわめていた。そうした時代の中で、異色を放つ存在が、「盲目旅行家」ジェームズ・ホルマン（James Holman、一七八六〜一八五七年）であった。彼は、生まれつきではないとはいえ全盲の身で、幾度かの海外長期間旅行を単身で行い、三つの旅行記を出版した。当時はひろく知られた存在であったが、他の同時代の旅行記作家と同様に、二〇世紀に入るとその存在は忘れられていった。しかし、二〇〇六年に彼の詳細な伝記[1]が出版されたことによって、近年あらためて注目を集めることとなり、研究対象としてもとりあげられている[2]。

本章では、そうした近年の研究成果を踏まえつつ、ホルマンの最初の長期旅行を詳細に検討することにより、二五歳で視力を失った退役軍人が、その旅行を通して「盲目旅行家」というアイデンティティを獲得したことを明らかにする。くわえて、二つ目のロシアへの旅行記から、彼を著名にした三つ目の世界周航旅行記へと至る過程を示し、ホルマンの旅行家としての全体像を提示する。

1．ホルマンの生い立ちから旅立ちまで

ジェームズ・ホルマンは、一七八六年にイングランド南西部のエクセターにて、薬剤師の父ジョン・ホルマンの四男として生まれた[3]。父ジョンは、身分としてはジェントルマンではなかったが、当地では名のある商売人であり、子供の教育に熱心な開明的な人物でもあった。ジェームズは七歳から近くの私学校に通わされたが、そこでの

ジェームズ・ホルマン肖像画
（『フランス、イタリア旅行記』口絵より）
出典：James Holman, *The NARRATIVE of a JOURNEY undertaken in the years 1819, 1820, & 1821, through France, Italy, Savoy, Switzerland, parts of Germany bordering on the Rhine, Holland, and the Netherlands, 5th edition*. London: Smith, Elder, and Co., 1834.

教育にあきたらず、二、三年後にはエクセターの自宅から南に三マイルほど離れたアルフィントンの学校に通うようになり、古典語の素養を身につけ、文学や地理学にも親しんでいった。

そうした環境において彼の生来の冒険好みの性格も育まれていったが、一七九六年のナポレオンによるイタリア遠征から一七九八年のエジプト遠征、そして同年の第二次対仏大同盟結成とイギリスの対仏開戦といった時代の流れの中で、ジェームズ・ホルマンは一七九八年に一二歳で一級志願兵(4)として海軍に入隊することとなる。

彼は海軍軍人として戦乱を生き延び、一六歳で士官候補生に、一八〇七年に二〇歳で海尉の任官を得るが、一八一〇年に病気で除隊になり、その病気が元で二五歳で完全に失明してしまう。若くして退役傷痍軍人となった(5)ホルマンは当初は失意の底に沈んだが、じきに盲人として杖を用いて周囲を観察する術や、盲人用の筆記補助具を使用して文章を作成する術などを身につけていった。そして彼は一八一三年の秋にエジンバラへ移り、エジンバラ大学で医学や文学などを学んだ。彼はそこで多くを学びはしたが、満足がいくまでには至らず、また体調の不良などもあり、(身体精神両面での)療養をかねて、単身での大陸への旅を計画実行するに至った。

一八一九年の一〇月にドーバーからカレーへと渡ってはじまったこの旅は、約二年をかけてフランスからイタリアをめぐり、帰路はアルプスを超えてドイツを北上しオランダ、ベルギーへと向かう、いわゆるグランド・ツアーと同様の経路を辿るものであった。一八世紀後半以降、大陸を周遊する旅行は貴族の若者だけのものではなくなっており、中年男性が健康の回復を目的に温暖な地域を目指すという、ホルマンの旅行と近い性質のものも現れてはきていた。しかし、三〇代前半の盲目の男性が、娯楽というよりも旧来的な教養に近いものを求めて、単身で行ったこの旅は、どの時代のグランド・ツアーとも異なる性質を持ったものであったし、彼自身が帰国後の一八二二年に出版した旅行記『一八一九、一八二〇、一八二一年に行われた、フランス、イタリア、サヴォイ、スイス、ドイツ、オランダ、ネーデルランドをめぐる旅の物語』[6]（以下では、『フランス、イタリア旅行記』と略記する）の中でも、その語は一度たりとも使用されてはいない。[7]

彼の旅と旅行記について言及していく前に、まずは一八世紀後半から一九世紀前半にかけての、盲人をとりまく環境の変化と、主にイギリスにおける旅と旅行記の状況について、簡潔にではあるがふれておこう。

2. 盲人をとりまく状況の変化について

盲人が点字という優れた読み書きの手段[8]を得て、またひろく教育の機会を与えられるようになるには、一九世紀から二〇世紀という時代を待つ必要があるが、一八世紀後半は、それまで盲人に付されていたイメージが大きく変化していった時代であった。一七二八年にロンドンでウィリアム・チェゼルデンが先天性白内障の手術に成功し、生まれつき盲目であった少年の視覚を回復させて以降、盲目は治癒可能な状態の一つとひろくみなされるようになっていった。[9]一八世紀中頃には、ディドロが『盲人書簡』（一七四九年）の補遺（一七八二年）で、「有名なダヴィエルのことを知らない人、彼についての話を聞いたことがない人がいるだろうか。私は何度も彼の手術に立ち会ったものだ。」[10]と言及した、フランスのジャック・ダヴィエル[11]が水晶体除去技術を確立し、多くの人々が手術によって視覚を回復するようになっていく。そして、後天的に視覚を得た者の観察を通して、視覚や光学についての哲学的、科学的な議論が盛り上がり、一般の人々の間でも盲人に対するそれまでの、ある種の神秘性をもおびた迷信じみた認識は、しだいに薄れていった(12)。

それまでは、盲人といえば貧しい物乞いか芸人か公的扶助を受ける者でしかなく、各種不具者の中でも、仕事をして生計を立てることが困難な存在と考えられてきた(13)。盲人は、特権的に物乞いする権利を保証されたり、優先的に公的な扶助を与えられたりする存在であった。そのような社会的立場にあった盲人たちを、人々は蔑み憐れむと同時に、目の見える者には持ち得ない特殊な認識や知性を持つ者としても遇してきた。こうした盲人に対する対応は、盲目という状態が（神のなす奇蹟以外では）恢復不可能なものであったがために成立していたわけだが、一八世紀の医学の進歩により、それが覆されていったのである。

さらに加えて、視力の欠如を他の感覚と自らの努力で補い、自らの才能を発揮して、ひろく人々にその存在を知られた、教養と知性にあふれた盲人たちが、一八世紀には幾人も現れてきた。たとえば、ディドロが『盲人書簡　補遺』で取り上げたメラニー・ド・サリニャックや、マリア・テレジア女帝の庇護を受けてヨーロッパ各地の主要都市で音楽演奏活動を行い、「盲目の魔法使い」とまで呼ばれたマリア・テレジア・フォン・パラディなどが、その代表といえよう。むろん、彼女らは特異で例外的な存在ではあったが、盲人に教育を与えることに肯定的な考えを持つ人々を増やし、ヴァランタン・アユイによる、盲人に対する集団教育を実現へと導く要因となったとは言えよう(14)。

アユイが一七八四年にパリに訓盲院を設立し、盲人向け集団教育の端緒を開いたのに続いて、イギリスでも一七九一年にリヴァプールで盲学校が開設され、一八二二年までにイギリス国内だけで一九の盲学校が開かれた。[15] こうした盲人教育のひろがりは、すべての者に恩恵を与えるものではなかったが、盲人が読み書きする手段の進歩改良を急激に進めることとなった。

ホルマンも、大学での学習や著書の執筆においては、協力者を必要とし、また旅行の先々でも読み書きにおいて周囲の人々に助けを借りていたようではあるが、横に針金を張った書板などの盲人用筆記具を用いて、彼自身の手で文字を書き留めることが可能であった。彼が大学で学び、その後単身で長期間長距離を旅行し、旅行記を出版することができたのは、この項で述べてきた、周囲の人々の理解や読み書き手段の進歩といった、盲人をとりまく環境の大きな変化によるところが大きい。

3. ピクチャレスク旅行とイギリス国内旅行の隆盛

イギリスにおける旅行記の出版状況をみると、一七七〇年代から八〇年代にかけて、（スコットランドやウェールズを含む）イギリス国内の旅行を題材としたものが急激に増加している。[16] あわせて、ガイドブックやロードブックの出版も盛んとなる中、トマス・ウェストによるガイドブック『湖水地方案内』（一七七八年）や、ウィリアム・ギルピンによって出版された『ワイ川と南ウェールズ紀行』（一七八二年）にはじまる一連の旅行記などが、当時の旅行者たちに大きな影響を与えていった。[17] 人々はこぞって、彼らによって提唱されたピクチャレスクを求める旅をなぞっていったのであった。名所を見て回り、自ら絵を描いたり、クロード・グラスという色付きの凸面鏡を用いたりして、ピクチャレスクな風景を手の中に収める、そういった形の旅が楽しまれるようになった。(18) 一八世紀末からのフランス革命とナポレオン戦争という大陸情勢の不安定さも、イギリス人が国内旅行を志向するのを後押しすることとなる。

一方で、一九世紀初頭には、そうしたピクチャレスク美の追求という流行を、愚行として批判する態度も現れだした。(19) そして、ホルマンが大陸へと旅立った一八一九年という時期は、一八一五年にナポレオンがセントヘレナ島へと流され、大陸での戦争が収束をみたことにより、イギリス人の大陸への旅行熱が再び高まっていた時期でもあった。そして、かつては貴族の子弟とその従者たちが辿ったグランド・ツアーの旅路を、より幅広い層の人々が体験することのできる時代にもなっていた。ホルマンの『フランス、イタリア旅行記』にも、道中で知り合った他のイギリス人旅行者との交流が書かれているように、フランスやイタリアにおいても旅行をする盲人は特殊な存在であったかもしれないが、それらの地でイギリス人旅行者が珍しがられることはなかった。

また、ホルマン自身は、他の同時代の旅行者と比べると、同時代に出版された多くの旅行記にふれる機会が少なかったと推測できる。実際の旅行体験における知覚的制限からのみならず、こうした情報的な制限も、彼が同時代的に特異な旅行者、旅行記作家となる大きな原因となったのであろう。

彼の二回目以降の長期旅行では、そうした彼の特殊性がより強くみられるようになっていく。最初の『フランス、イタリア旅行記』でも、巡ったルートや名所はありきたりのものであったが、興味の方向性や描写などに独自の特徴を見出すことができるし、なにより、この旅行により、ホルマンは旅行者として大きく成長し、さらなる遠方への冒険を求め、可能にする経験と知識を得ていった。

4. ホルマンの『フランス、イタリア旅行記』

フランスからイタリアへ

ドーバーを出発しカレーを経て、一八一九年の一〇月一六日にパリへと着いたホルマンは、一〇日ほどの滞在の後、ボルドーを経由してトゥールーズへと向かう。トゥールーズには翌年の四月中旬まで半年ほど逗留しているが、そこでの出来事に関する記述は、それほど多くない。彼はこの旅行へ出る以前にフランス語をある程度習得していたが、いまだ実地の会話には十分でなく、あまり自由には行動できなかったからなのかもしれない。その後、この地からエクスまでのフランス滞在期間中に、十分に会話能力やコミュニケーション能力を高めていったためか、イタリアに入ってからは言葉を学ばなければという気負いはみられなくなり、積極的に多くの場所を訪れていくようになる。この旅行では、行く先々の地でイギリス人と同行することも多く、乗合馬車での移動の際も、たいていは英語が話せる同乗者に恵まれていたこともあって、英語以外の言語が使用できなくてもさほど困らなかったのかもしれない。だがともかくも、この旅行において彼は、単身で乗合馬車を利用して、はじめて訪れる都市で宿をとり、訪問予定の友人知人を探しだして会うといったことどもを、問題なく行うことができた。その経験から、目が見えず現地の言葉がわからなくとも、不自由なく見知らぬ地を訪ねることができるという自信を強く得て、次のロシアへの旅行とそれに続くシベリア横断へと進むことができたのは確かであろう。[20]

トゥールーズを離れたホルマンは、モンペリエへと移動して二カ月程滞在した後、ニームで一〇日ほど過ごし、七月中旬にマルセイユの北にある街、エクスへと到る。エクスでは友人のW氏[21]との再会を喜び、その友人の助けもあってか、もしくは旅とフランスにも慣れてきたのか、この地でようやく、楽しげに屋外を巡る彼の姿が描かれるようになる。これまでの都市では街中を散策する程度だったのが、ここでは郊外の温泉に入りに行ったり、W氏とは別の知人と連れ立ってマルセイユまでの小旅行を楽しんだりと、文章の量自体は少なく簡潔な記述ではあるものの、二カ月ほどの滞在の間に、活発に活動したことが見て取れる。もちろん、夏という季節と南仏という地を得たことによるところもあったであろうが、親しい友人と快適な逗留先を得たことによるところも大きかった。ここまでの長期滞在では、下宿屋や友人から紹介された知人の屋敷などを拠点として活動していたが、このエクスでは、直接の友人W氏およびその兄弟と共に、同じ屋敷で世話になっていた。そのおかげで、彼は楽しく有意義にこの夏を過ごすことができたのだろう。そして、その温暖な気候や温泉療法と楽しい生活とで、体調もすこぶるよくなったのみならず、目の具合までよくなり、左下側の明かりを感知できるようになったと書いている。しかし彼は、その地や人々との別れを惜しみつつも、「自然と芸術にあふれた、あこがれのイタリア」[22]を目指して、一八二〇年の九月一四日にフランスを離れた。といっても、当時サルディーニャ王国領であったニースで冬を越すつもりで移動しただけであり、翌一五日にはアンティーブで出国手続を済ませてそこで乗合馬車を降りて一泊し、その翌日にはニースへと入った。

ニースでは、まず郊外で農場を営むM夫人の屋敷に滞在し、二人の娘や若い英国人女性などと共に一カ月ほど楽しい日々を過ごした。ここでは、彼は、女性たちに対してだけでなく[23]、ワインやオリーブ油の製作過程にも興味を持ったようで、それらを書き留めている。また、街では市場について、種類も量も豊富で安いと褒め、一ポンドあたり牛肉が五スー、マトンが六スーなどと、具体的な価格を記している。道中の他の場所でも、交通費や宿泊費や食費などについては細かい価格の描写があり、たとえば旅のはじめのカレーからパリへの乗合馬車の運賃について、自分は定価の四五フランを払ったのに、他の乗客（父子が二組）は四〇フランと三五フランしか払っていなかった[24]、などと書いていたりする。しかし、旅行に直接関係なさそうな品物の価格について言及しているのは、この本ではここくらいしかない。さらに、加えて、さきの農場で友人となったS医師が観測した、当地の一月上旬の気温表も提示している。ホルマンが後の旅行記でみせる、作物への興味や、気温や交易についての数値的データへの高い関心といった性向の片鱗が既にここにみられる。

年が明けて二月の末になって、ホルマンはジェノバからローマ、ナポリへと向かう、当初からの旅行計画を先へと進める。周りの友人知人の多くは、年初からのスペイン革命を受けて、イタリアでも特にカルボナリが強い南部では革命熱が高まっているとして、情勢を不安視し、彼の出発に反対していたが、それを押し切っての旅立ちであった。

2 フィレンツェからローマ、そしてナポリへ

ニースまではのんびりと各都市に滞在していたホルマンだったが、半島に渡ってか

らは、駆け足で周遊を進めていった。半島内で一週間以上一都市にとどまったのは、時系列順に、ローマで一カ月、フィレンツェで一〇日ほど、ナポリで一カ月強、帰りのフィレンツェで一〇日の四カ所だけである。ナポリを拠点としてその近辺を巡った期間はそれほど長くはなかったが、全編で三六八頁の旅行記の中で、ナポリおよびその近郊についての記述は、約六〇頁と他を圧倒する量となっている。各都市の中でも、とくにナポリがこの旅の主たる目的地であったことは確かであろう。一方で、ローマにはナポリとそれほど変わらない一カ月の滞在であったにも関わらず、その半分の三〇頁ほどに過ぎず、その内容もたまたま時期が合ったイースターについてのものがほとんどで、ローマの街自体には、あまり興味が惹かれなかった様子が見て取れる。先のエクスでの場合と同様に、気の合う友人と行動を共にできたかどうかによるところも大きいのかもしれないが、そのナポリで知り合った友人と、馬車をチャーターして北上した帰路でも、ローマを含めた他の都市を、フィレンツェ以外は二、三日程度の滞在で済ましている。帰路は急ぎ足になりやすいものだとはいえ、行きには通らなかったボローニャやミラノもほぼ素通りであり、訪れることのなかったヴェネチアについては言及すらされていない。ナポリで十分に満足して、もうこれ以上は必要ない、と言わんばかりな行動である。この項でもまず駆け足でホルマンのイタリア滞在をまとめたが、あらためて半島への船旅に立ち戻り、彼の足跡をたどっていく。

　ジェノバへの船旅は順調なものとは言えず、良い風が吹かず途中の港にとどまりながら、一〇日ほどもかかってしまう。その遅れを取り戻そうと気がはやった[25]のか、ジェノバでは二、三日身体を休めたのみで、フィレンツェへ向けて、リボルノ行きの船に乗り込む。この船旅に他の客は五フランしか払っていないところを、一二フランも払ってしまったと悔しがっており、これも先を急ぐあまりに犯してしまった失敗だろう。リボルノからフィレンツェまでは、約一〇〇キロの距離だが、郵便馬車を利用して、九時間ほどで到着している。

ホルマンは旅行記の中では、フィレンツェを「世界的に尊敬を集める都市」と賞賛しつつも、「今の私にとっては、ローマへと至る通過点以上の存在ではない」と明確な姿勢を示しており、(26)この都市での活動の記録はほとんど記していない。しかし、船上で逗留予定先への紹介状を用意し、一〇日間とそれほど短くない期間滞在した後にローマへと出発しているところからは、この都市での予定が不首尾に終わった可能性も読み込める。さらに不運なことに出発の日から雨に降られたこともあって、ローマへの約三〇〇キロを五日間で走破する乗合馬車の旅は、それほど安楽なものではなかった。宿泊地への到着が遅れた日でも、翌日は朝六時（ラディコーファニの丘を六頭立てで越える日は五時）に出発であり、同乗客三人のうち二人は英語が話せたとはいえ、女性の同乗者がいたフランスでの馬車旅と比べると、退屈な道中であったようだ。しかし、翌日のローマ入りを控えたロンチリオーネの宿では、ローマからロンドンへの帰路についたばかりの「ジョン・ブル」氏を囲んで楽しい夜を過ごし、期待も盛り上がっていった。

ローマに到着したホルマンは、友人たちとローマ時代の建築物を巡り、歴史的背景や彫像の見た目などについての解説を受けつつ、トラヤヌスの記念柱など、その手で美しさを感じたりもして、それなりには楽しんでいた。しかし、ヴァチカンの美術館を訪れた際に、ついに彼の不満は静かに爆発した。曰く、一つ一つの彫像の素晴らしさについては、解説をしてもらって想像力を働かせて味わうこともできる。しかし、部屋に入るごとに、新たな多種多様な彫像に囲まれる感覚は、私には味わうことができない。しかも、ここでは、手で触れて直接理解することすらできない、と。無数の美術品に囲まれることによって、彼は初めてそうした気づきを得て、愕然とした思いを味わった。(27) もちろん、親切に案内して解説してくれている友人に、そうした心のうちを語るわけではなかったし、後に改めて同美術館を訪れた際には、前回よりも深く味わうことができるようにはなっていた。しかし、このときの気づきは、それ以降の彼の行動や嗜好を、徐々にではあるが彼独自のものとして形成していく、大きなきっかけになったのであろう。

一八二一年四月一五日の聖枝祭日曜日から一週間後のイースターまで、ローマの喧騒を十分に楽しんだホルマンは、翌月の一日にナポリへの乗合馬車へと乗り込んだ。ほぼ毎朝五時出発と、フィレンツェからローマへの旅よりも厳しいスケジュールではあったが、乗客に女性が一人いたためか、アッピア街道という古い歴史を持つ道をたどっているからか、ナポリへの期待からか、もしくはヴァチカン美術館での体験でなにか吹っ切れたからか、たぶん最初の理由が一番大きく働いたのではないかと推測されるが、旅行記の記述からも、ホルマンはナポリへの道中を比較的楽しく過ごしたようにみえる。

3　ナポリでの体験と帰路

ナポリには一カ月強の滞在であったが、その間に彼は友人たちとこれまでになく精力的に、近郊への小旅行を楽しんだ。ローマ時代の水道を見に行ったり、イスキア島に渡ったり、温泉に入りにいったりと、実に多様な場所を訪れている。旅行以外でも、下宿地の近くの胸像が置かれた庭園を散歩したり、植物園を歩いたり、港へ入港していたオーストリア海軍のフリゲート艦見物に乗船させてもらったりと、充実した日々を過ごしていたようだ。そうしたナポリ体験の締めくくりとして、彼らはポンペイとヴェスヴィオ火山へと向かった。この二つの名所は、ホルマンにそれぞれ異なった方向から大きな影響をあたえた。前者は壮大な歴史を喚起させる遺物として、後者は自然の壮大さと力強さを体現するものとして。この両者は、彼の旅行者としての中核的な要素となっていった。

六月一三日にナポリを離れて帰路に就き、友人たちと馬車をチャーターした馬車で北上していった。ローマでは二、三日の滞在で土産物を買い、フィレンツェへは、行きとは異なるペルージャ経由を選択した。フィレンツェには一〇日間ほど滞在し、七月三日にミラノへ向けて出発した。ミラノを目前にしたローディ近郊で、車輪止めの金具が脱落し、車輪が外れるというアクシデントが生じたが、適当な大きさの木片を挟むという応急処置でローディまでたどり着き、事なきを得た。

ミラノからは友人と共に乗合馬車でアルプスを越えてジュネーヴに向かおうとしたが、なかなか条件と価格の折り合いがつかず、五日ほどの滞在の後に、トリノから西へ向かいモン・スニ峠を目指すこととなった。峠越えの日は、麓の町スーザを三時に出発し、馬車は五頭のラバに引かれて、七時間ほどで峠を登り切った。アルプスの峠越えは、大陸を旅行するイギリス人にとっては、その雄大な景観を楽しむ名所であるが、ホルマンにとってはそうではなかった。彼の場合は、ここでついにイタリアを離れることになる、という感情が一番先に来て、その後に高さと風景を想像して感慨にふけったり、空気の厳しさを感じたりという反応であった。バイロンによるダンテの詩の翻訳を引用したりもしてはいるが、帰路全体から感じられる淡々とした様子は、この名所でもさほど変わらない。ヴァチカンの美術館での気付きがなかったならば、ここでは同行者に景色を説明してもらって、目の見える旅行者が味わう感動を自分も味わおうと努力したのではないだろうか。

山脈を越えて北上して行く道中では、ほとんど名所巡りを行っていない。唯一、ストラスブールで大聖堂などを訪れているのみである。また、ライン川沿いの道は路面状況が良くないということもあって、コブレンツからケルンまでは船でライン川を下り、ケルンから先も馬車ではなく馬に乗って移動したり、二輪馬車（カブリオレ）を使用したりしている。せっかくだから色々と体験しておきたいという気持ちと、せめて移動方法に変化をつけることで刺激を得たいという気持ちからであろうか。大陸を離れる前に、ユトレヒトからアムステルダム、ロッテルダム、アントウェルペンと巡って、イギリスへはカレーからでなく、オーストエンデからマーゲイトへ向かう船に乗って、一八二一年の九月一五日、ホルマンは約二年にわたる大陸周遊の旅を終えて、無事に帰国した。

4 ホルマンがこの旅行で得たもの

この節の冒頭部一で述べたように、ホルマンはこの最初の旅行で、盲人として旅をする自信を得た。しかし彼がその後さらなる旅を求め、旅行記を記していったのは、この旅行の中で、自らが旅をする理由を得たからであろう。

当初の彼が持っていた旅についての知識と期待は、基本的にはこれまで多くの人々がなしてきた旅の延長線上にあったはずである。しかし、実際に旅を経験し、体験していくことによって、目の見える人々が得るものと、盲人である自分が得るものとの違いを、実感させられることとなる。しかしそこで同時に、目の見える人が得られる体験を得られなくても、旅に出る意味と楽しみがあると気づいたからこそ、彼はその後も積極的に旅に出ていったのではないだろうか。他の人が行えば単なる物見遊山か保養旅行にしかならなかったかもしれない、この旅行こそが、彼の持っていた可能性を引き出したと言えよう。

他の旅行者を惹きつけてやまない風景や歴史的遺物に、その後の彼がまったく興味を示さなかったわけではない。しかし、この後のホルマンは他の旅行者とは異なる価値観を持って、旅を計画し実行していった。最初の旅行からの帰国後、一年も経たないうちに、彼は次の長期旅行へと旅立つ。出発した時点でどの程度の計画と準備と決心があったのかはわからないが、帰国後に出版した『ロシア、シベリアと欧州諸国への旅行記』(28)(一八二五年。以下では、『ロシア、シベリア旅行記』と略記する)の記述を信用するならば、それはシベリアを横断し、そこからさらに東へと向かう大冒険を企図したものであった。ロシアそしてシベリアの厳しい気候を体感することは、彼にとっては他の人々が感じる以上に魅力的な目的であったに違いない。くわえて、シベリア横断と世界一周という目標は、自らの旅の価値を示し、認めさせることのできるものであった。盲目の彼が、グランド・ツアーを模した大陸周遊の次に、いきなりこのような大冒険へと挑戦する姿は、傍から見れば不可解と言ってもよいほど無謀なものであった。しかし、他の旅行者とは異なる動機を持つ彼にとっては、必然的な選択だったのかもしれない。

5. 『ロシア、シベリア旅行記』より

1 サンクトペテルブルグへの航海と旅の概要

一八二二年六月一九日、[29] ホルマンはロンドンから軍艦（スループ船）に客として便乗して、サンクトペテルブルグへと向かった。一二歳のときに一級志願兵として英国海軍に入隊し、病に伏すまでの約一二年間の多くを過ごした軍艦での船旅は、船員ではなく客としての乗船ではあっても、先の欧州旅行で幾度か経験したものよりは、はるかに彼の心を躍らせるものであったようだ。海軍で士官まで経験したとはいっても、志願兵からの新米海尉までであった彼にとって、小型船とはいえ、船長やその家族と同格のキャビンを与えられ、賓客として遇されての軍艦への乗船は、さぞや気持ちの良いものであったことが容易に想像できる。水兵たちはもちろん、航海士や船長に至るまで、すべての乗組員が彼に敬意を持って接し、風景や船が置かれている状況などについて質問すれば、快く答えてもらえたであろう。くわえて、この船上のホルマンは、若いころの自分と重ね合わせることによって、忙しく働く水兵たちの姿を逐一鮮やかに想像し、目の見える素人が見ているもの以上のことを理解し、把握していた。そうした状況を活かして、この旅行記の最初の章を豊かな航海描写で飾っている。先の旅行での航海（というより船を利用した移動）は、彼にとってそれほど楽しいものではなかったようだったが、この航海は、後に彼が世界周航へと旅立つ動機としても作用したかもしれない。

その楽しくも短い一カ月弱の航海を終えて、彼は七月中旬にサンクトペテルブルグへと降り立った。この地では、翌年の三月にモスクワへと向かうまでの約八カ月間を

過ごすこととなる。

一八二二年六月から一八二四年六月までの二年間で、シベリアの奥地まで行き、その後欧州諸国を周遊してイギリスに帰国するまでのこの旅行を、彼は二巻本計約八百頁からなる『ロシア、シベリア旅行記』にまとめたが、この旅行記の上巻のほとんどは、サンクトペテルブルグとモスクワでの日々を綴ったものとなっている。滞在地ごとの記述量を頁数で（期間と併せて）示すと、最初の航海が二〇一頁（一ヵ月弱）、サンクトペテルブルグ滞在が九一頁（約八ヵ月）、モスクワへの移動と滞在が一一五頁（三ヵ月）、モスクワを発ってイルクーツクへ着くまでが二三三頁（三ヵ月）、イルクーツク滞在が九三頁（四ヵ月）、そこからモスクワに戻され退去させられるまでが七九頁（一ヵ月強）、その後の欧州周遊が一一五頁（四ヵ月弱）、補遺が四七頁である。

この旅行記は、（彼にとっては未知の）都市に数ヵ月という長期間の滞在をして、サンクトペテルブルグやモスクワといった街を観察した部分と、シベリアの街や集落を短期の滞在でたどりながら、観察を重ねていった部分とに大きく分けることができる。それぞれで、別の種類の観察力と記述力を身につけたことによって、彼は三つ目の世界周航記を、より魅力的に書くことができる旅行家へと成長していったと言えよう。

2 盲目者としての「観察」

ホルマンにとっての観察は、自らの目で対象を見ないという点において、他の人々が行うそれとは大きく異なるものとなる。その特異性は、視力以外の感覚で得たものがより強く意識され示されるということと、周囲の人々からの情報収集により大きな重きを置くということとに、要約することができよう。前者については、この旅行では、温度への関心の高さや、道中での道路状況に対する言及量の多さに現れていると言えなくもないが、特筆に値するほどの特徴とはなっていない。ここでは、後者についての考察を進めておきたい。

目の見えない自分が異国の街について書き記すという行為について、彼自身も、そこに不十分な点や不正確さがつきまとうことは当然ながら認めている。しかし、サンクトペテルブルグについての描写をはじめる冒頭部（第一巻五一頁）において、彼はそうした不足を認めたうえで、「私自身が人に尋ねたこと、もしくは私の前にたまたま落ちていたもの」だけを事実として記していく、と宣言している。こうした姿勢を持つ者は、自認されてはいないが、誰よりも冷静で客観的な情報収集者となる可能性を持っているのではないだろうか。

多くの人びとが情報を提供していて、それらを比較検討できる対象（場所）については、そのような彼の情報の価値はそれほど大きくないかもしれないが、まだあまり多くの人が訪れて記録を残していない場所が対象となった場合は、彼が収集して記す情報は、非常に信頼性の高いものとして立ち現れることとなる。もちろん、盲目である彼に人々が伝える情報、そして彼が好んで収集する情報は、たぶんに偏ったものであったわけだが、その偏向は他の旅行者や探検者の場合と比較すると、高い一貫性を有した有用な偏りであった。結果として彼は、各地の地理、産物、産業、貿易といった要素について、数値を重視した情報収集と、地誌的でない、すなわち物質的にも情報面からも歴史的認識から比較的自由な情報収集を行っていくこととなる。

こうした盲目旅行者であるがゆえの特性にくわえて、ホルマンがこの旅で出会った、徒歩旅行家でありシベリア横断の先駆者でもあったJ・D・コクランから受けた影響についても、検討されねばならない。J・D・コクラン(30)は一八二〇年から一八二三年にかけて、フランスからカムチャツカ半島までを横断して、サンクトペテルブルグまで帰還した徒歩旅行家で、サンクトペテルブルグへ向かう前のモスクワで、ホルマンと交流を持った。ホルマンはコクランに心酔したようで、『ロシア、シベリア旅行記』の補遺で彼を褒めちぎり、また本文中でも非常に好意的に取り上げている。もしかすると、彼との出会いがなければ、（中途で終わったとはいえ）シベリア横断旅行を実現にうつすことすらできなかったのかもしれない。この交流からホルマンが具体的にどのような影響を受け、どのように成長したかを具体的に示すことは困難だが、コクランが持っていた徒歩旅行者的な旅行術や観察術が、その後のホルマンの旅行に大きな影響を与えたであろうことは確かであろう。

6. 旅行記としてのホルマン『世界周航記』

ロシア、シベリア、欧州周遊の旅から帰国したホルマンは、翌年一八二五年に『ロシア、シベリア旅行記』を出版する。これにより、彼は盲人の旅行家として人々に知られる存在となり、奴隷解放運動にも関わっていく。そして、彼はまた次の新たな旅へと出発する。先の帰国から約三年後の一八二七年七月にロンドンを出発して、一八三二年八月までの五年二カ月にわたる世界周航旅行をなしとげ、その旅行記を四巻本の『世界周航記』(31)として一八三四年から翌年にかけて出版する。この本によって、彼はさらに大きな名声を得ることとなった。

ホルマンの世界周航は、一八世紀のジェームズ・クックのような天文学的観測や地理学的な発見を目指したものでもなければ、彼と重なる時期にビーグル号で世界周航を行ったチャールズ・ダーウィンのような博物学的な発見を目指したものでもなかった。ホルマンと彼らの違いは、国から地位と任務を与えられておらず、また学術的なバックグラウンドをも有していなかった、といった表層的な部分にとどまらない。

たしかに、ホルマンが遠くの見知らぬ土地を訪れてなしたことは、現地の文化、社会、産物についての情報や、植物や生物についての情報の収集であり、結果としてそれは博物学的な情報の収集ともなった。実際のところ、彼は『ロシア、シベリア旅行記』の出版後には、王立協会やリンネ協会の会員に選ばれ、またチャールズ・ダーウィンの『ビーグル号航海記』（一八三九年）の中で「（ホルマンは）キーリング諸島に一二カ月間滞在し、様々な種や植物を採集した[32]」と言及され、注には彼の『世界周航記』が挙げられてもいる。

しかし彼は、『世界周航記』の冒頭部で力強く宣言しているように、自らの本性から溢れ出す、本能的な欲求から、遠くの見知らぬ地へと赴き、その地の自然やそこで行われている人間の営みを知ることを求めたにすぎない。彼のそうした宣言が、目が見えないことや博物学的な知識の乏しさを恥じての言い訳じみた言葉でないことは、彼の旅行者としての成長の軌跡をみれば、容易に理解できよう。また、残念ながら詳細な記録は現存していないが、次に出かけた長期旅行では、彼は一八四〇年から六年をかけて、イベリア半島から地中海の島々、シリアやトルコ、そしてアドリア海やルーマニアなどを巡ったとされている。この四つ目の旅の行き先からも、彼が探検や探査ではなく旅行として、すなわちイギリスもしくは人類にとっての未知を求めてではなく、自分にとっての未知なるものと新たな体験を求めて、さらなる旅を続けていったことが読み取れる。

一九世紀も後半になると、一八七二年に発表されたヴェルヌの『八〇日間世界一周』や、同年に初めて催行されたトーマス・クックの第一回世界一周ツアーに象徴されるように、蒸気船による長距離定期航路や、各地での鉄道の発達によって、以前の時代よりはるかに容易に、世界一周の旅行が可能となっていく。ホルマンの世界周航は、盲人がなした偉業としてのみならず、そうした交通手段がなかった時代に、確たる目的もなく、ただ自らの欲求を満たすために、探検者でも学者でもなく、旅行者として世界周航を行ったという点においても、その特異性が見いだされるべきものなのではないだろうか。

「盲目旅行家」ジェームズ・ホルマンは、盲人となったことによって、旅行者になることができた。そして同時に、盲目であることによって独自の特徴を持つ旅行家ともなった。しかし、彼の旅行記を他の旅行記や探検記と比較検討する際には、盲目者としての特異性のみならず、その時代性と旅行者であるという特徴を看過せぬように気をつけねばならない。

注

（1） Jason Roberts. *A Sense of the World: How a Blind Man Became History's Greatest Traveler*, New York: HarperCollins Publishing, 2006.

（2） たとえば、Eitan Bar-Yosef. "The "Deaf Traveller," the "Blind Traveller," and Constructions of Disability in Nineteenth-Century Travel Writing." (*Victorian Review*. vol. 35, number 2, 2009, pp. 133-154.) では、同時代の失聴者

旅行家ジョン・キットー（John Kitto 一八〇四〜一八五四年）を併せてとりあげ、当時のイギリスにおける知覚障害者と旅行および旅行記の問題について、詳述している。

他には、Charles Forsdick. "Travel Writing, Disability, Blindness: Venturing Beyond Visual Geographies." (ed. by Julia Kuehn & Paul Smethurst. *New Directions in Travel Writing Studies*,. New York: Palgrave Macmillan, 2015, pp. 113-128.) などでも、ホルマンについて言及されている。

（3）この項で記したジェームズ・ホルマンの生い立ちと経歴についての記述は、主として前掲のJames Roberts の記した伝記による。

（4）一級志願兵（First Class Volunteer）とは当時の英国海軍で新設された志願兵制度で、ジェントルマンや士官の子弟でなくとも、士官候補生（Midshipman）から海尉（Lieutenant）へと昇進することが可能であった。

（5）ウィンザー海軍騎士（Naval Knight of Windsor）として生活の保証が与えられた。また予備役士官と同等の扱いで、半給（当初は年五〇ポンド、エジンバラに移り住んだ際には八四ポンド）が支給された。

（6）James Holman, *The NARRATIVE of a JOURNEY undertaken in the years 1819, 1820, & 1821, through France, Italy, Savoy, Switzerland, parts of Germany bordering on the Rhine, Holland, and the Netherlands.* London: Smith, Elder, and Co., 1822.

なお、中表紙に記されている正式な書名は、以下のとおりである。"*The NARRATIVE of a JOURNEY undertaken in the years 1819, 1820, & 1821, through France, Italy, Savoy, Switzerland, parts of Germany bordering on the Rhine, Holland, and the Netherlands, comprising incidents, that occurred to the author, who has long suffered under a total deprivation of sight; with various points op information collected on his tour.*" 本論では一八三四年に再版されたものを入手し、利用した。

（7）ただし、後の『世界周航記』の最後の部分（第四巻、五一三頁）にて、この彼の最初の旅を振り返って言及した際には、（少々自嘲気味にではあるが）グランド・ツアーという表現を使っている。

（8）フランスでルイ・ブライユ（Louis Braille 一八〇九〜一八五二年）が六点式点字を考案したのは一八二四年のことであり、同じ方式の点字がイギリスでも使用されるようになるのは、一八七〇年代以降のことであった。それ以前には、紐の結び目を利用した文字や、アルファベットを元にして考案され、後には速記用文字から改良して考案された、浮き彫り文字（凸字）が、盲人が文字を読む手段として使用されていた（鈴木力二編著『図説盲教育史事典』日本図書センター、一九八五年、一八一―一八三頁「凸字」）。

(9) ウィリアム・チェゼルデン（William Cheselden 一六八八～一七五二年）は、視覚を新たに得た患者の観察を論文として発表した。その論文をジョージ・バークリーが『視覚論弁明』（一七三三年）で引用し紹介したことによって、ひろく知られることとなった。
(10) 平岡昇訳「盲人書簡　補遺」六より（小場瀬卓三・平岡昇監修『ディドロ著作集　第1巻　哲学I』法政大学出版局、新装版二〇一三年、初版一九七六年、一〇〇頁）。
(11) ジャック・ダヴィエル（Jacques Daviel 一六九六～一七六二年）は、一七四五年頃に水晶体を取り除くことによって白内障を治療することに成功し、その後も研究を重ねて術式を洗練させ、手術の成功率を高めることに大きく貢献した。
(12) ジナ・ヴェイガン著、加納由起子訳『盲人の歴史』藤原書店、二〇一三年（原著初版二〇〇三年）、一〇〇—一〇三頁。
(13) たとえば、エリザベス救貧法により公的には全面的に物乞いが禁止されていた一七世紀のイギリスにおいても、目の見えない者は手の使えない者とあわせて、もっとも仕事をすることが困難な、公的扶助をまっさきに必要とする存在であると考えられていた（乳原孝『「怠惰」に対する戦い——イギリス近世の貧民・矯正院・雇用』嵯峨野書院、二〇〇二年、一〇二—一〇四頁）。
(14) 『盲人の歴史』、一一三—一二八頁。
(15) 『図説盲教育史事典』、二二三頁。
(16) John Pinkerton. *A general collection of the best and most interesting voyages and travels in all parts of the world; many of which are now first translated into English. Digested on a new plan. vol.17.* London: Longman, Hurst, Rees, and Orme [etc.], 1814, pp. 1-12.
(17) 中島俊郎『イギリス的風景——教養の旅から感性の旅へ』NTT出版、二〇〇七年、七六—八六頁。
(18) 指昭博『イギリス発見の旅——学者と女性と観光客』刀水書房、二〇一〇年、一〇八—一一六頁。
(19) 『イギリス的風景』、九八頁。
(20) ロシアでは通訳ができる使用人を現地で雇ってはいる。
(21) 本文中の人名はほとんどすべて、Mr. W——のような形で、イニシャルのみが記されている。
(22) 『フランス、イタリア旅行記』、八〇頁。
(23) 読者に対するサービスの意味もあったかもしれないが、ホルマンはこの旅行記全体において、馬車でたまたま乗り合わせた若い女性や、各都市で親しくした女性などについて、他の人や事物では見られない執拗な描写を重ねている。主として声の美しさや親切さなどを賛美するが、ときにはそれにとどまらず、人に教えてもらったであろう容姿や服装にも言及している。

（24）前掲書、一八頁。

（25）ホルマンはこの都市のイギリス名、レゴーン Leghorn（ホルマンが訪れたよりも後の時代に、北アメリカからこの地を経由して、イギリスへと伝わった種類の鶏が、レグホン種と呼ばれるようになった）で記述している。彼は他のイタリアの地名も、著名な都市についてはたとえばフィレンツェをフローレンス（Florence）といったように、イギリス名を用いている。小さな町などは、（多くの場合不正確な）イタリア語表記で記している。ドイツ語の地名においても、同様の傾向がみられる。以下本章では、現在の日本語表記に準じた地名を使用していく。

（26）前掲書、一四一—一四二頁。

（27）前掲書、一六五頁。

（28）James Holman. *Travels through Russia, Siberia, Poland, Austria, Saxony, Prussia, Hanover, etc. undertaken during the years 1822, 1823 and 1824, while suffering from total blindness, comprising an account of the author being conducted a state prisoner from the eastern parts of Siberia. vol. 1 & 2.* London: Printed for GB Whittaker. 1825.

（29）本文冒頭部（『ロシア、シベリア旅行記』第一巻、一頁）では、出発の日を七月一九日と書いてあるが、後の記述からみるに、これは六月一九日の誤りである。

（30）徒歩旅行家ジョン・ダンダス・コクラン（Captain John Dundas Cochrane 一七九三〜一八二五年）は、シベリア横断徒歩旅行の帰路でホルマンと出会い、帰国した後の一八二四年に旅行記（*Narrative of a Pedestrian Journey through Russia and Siberian Tartary, to the Frontiers of China to the Frozen Sea and Kamtchatka; performed during the years 1820, 1821, 1822, and 1823, vol. I & II.* Philadelphia: H. C. Carey, & I. Lea, and A. Small; New York: Collins & Hannay, 1824.）（他の版としては、一八二九年に二巻本に再編集されて新版としてエジンバラで出版されたものが確認できる）を出版する。しかし、翌一八二五年に南米で客死する。ナポレオン戦争で活躍したことで著名な海軍少将トマス・コクランは彼のいとこにあたる。

（31）James Holman. *A Voyage Round the World, including Travels in Africa, Asia, Australasia, America, etc. etc. from MDCCCXXVII TO MDCCCXXXII. vol. 1-4.* London: Smith, Elder, and co., 1834, 1835.

（32）Charles Darwin. *Narrative of the surveying voyages of His Majesty's ships Adventure and Beagle between the years 1826 and 1836: describing their examination of the southern shores of South America and the Beagle's circumnavigation of the globe: in three volumes, vol. III.* London: Henry Colburn, 1839, p. 542.

ドクター・ウィリアム・キッチナー

摂政皇太子時代の美食家

妹島治彦

はじめに

"Dr. Kitchiner was a character."[1]（ドクター・キッチナーは異彩を放っていた）。一八六六年に出版された『わが知り合いし人々』という本のなかで、ウィリアム・ジャーダン（一七八二～一八六九年）は、当時、料理書の著者としてその名を知られていたドクター・ウィリアム・キッチナー（以降ドクター・キッチナーという）を紹介する際、開口一番こう述べた。

ドクター・キッチナーは、しばしばエキセントリックということばで評される。しかし、同時代を生き、面識もあったジャーダンがドクター・キッチナーを評する際に選んだことばは、エキセントリックではなくキャラクターであった。おそらく彼は、一般に評されているのとは違った印象をドクター・キッチナーに対して抱いていたものと思われるし、それは実際に面識があったからこそ持ち得た印象であったのだろう。だからこそキャラクターということばで表現したのではないだろうか。

さて、このドクター・キッチナーは、有名な『ビートン社の家政書』[2]出版に先立つこと、約四五年前の一八一七年に『クックス・オラクル』[3]という料理書を著している。初版には「アピキウスの再来」という表現がある一方で、著者であるドクター・キッチナーの名前はタイトルページのどこにもない。アピキウスとは、現存する最古の料理書を著したとされる古代ローマの富豪であるとされている。[4]アピキウスの再来こそ、自分自身ということなのだろうか。そういえば、ドクター・キッチナーの肖像画のなかに他の肖像画(図1、5、7)とは明らかに趣の異なるものがひとつある(図2)。古代ローマ人さながらの姿に描かれているのだが、自分をアピキウスになぞらえたのであろうか。そうだとすれば、彼の際立った個性を示す一例といえよう。

今日では、ドクター・キッチナーという名前も、『クックス・オラクル』という書名も、大きく取り上げられることはなくなっている。ところが『ビートン社の家政書』には、ドクター・キッチナーのレシピをもとにしたものとして「カレー・パウダー」(curry powder)のレシピが掲載されているし、[5]「ミクルマス・グース」(Michaelmas goose)の説明もドクター・キッチナーの記述から引用されている。[6]『ビートン社の家政書』は、掲載されているレシピのほとんどが、他の料理書からの引用であったり、料理人から教えてもらったりしたものであるといわれている。[7]しかし、『ビートン社の家政書』において、それが誰のものであるのかが明記されたレシピは決して多いわけではない。つまり、『ビートン社の家政書』にわざわざ誰のレシピであるのかが明記されるような人物は、その当時、料理書を手に取ってみようとする人ならば、知っていて当たり前の人物であったということができよう。

さてこのドクター・キッチナーとは、いかなる人物なのであろうか。また、いったいどのような個性の持ち主であったのだろうか。ドクター・キッチナーに関する研究、あるいは言及は決して多くない。伝記的なものとしては、トム・ブリッジ（Tom Bridge）とコリン・クーパー・イングリッシュ（Colin Cooper English）によるドクター・キッチナーの伝記[8]がある。ブリッジもイングリッシュも歴史家ではなく、共に料理人である。彼らは、たまたま古本屋で『クックス・オラクル』の一八二七年版を手に入れた。そこには、彼らの想像を絶するような奇想天外な古い時代の料理が紹介されていた。生きた鳥から作ったパイ、トカゲ入りのブロス、猫入りのゼリーなどである。彼らのドクター・キッチナーに対する興味は、その人物像や、著作を調べ上げるにとごまらず、ついにはドクター・キッチナーが考案した串焼き器の再現と、その実演にまでいたったのであった[9]。ドクター・キッチナーは、美食家、料理書著者としてその名を知られているが、常に自らをドクターと名乗っていた。実際には、開業医として医療に携わることはなかったが、医療、健康に関する著作もあることから、ロンドンのウェルカム財団（Wellcome Trust）が発行する論文集にドクター・キッチナーを扱った

図 1　Bridge, T. & English, C.C., *Dr. William Kitchiner Regency Eccentric Author of The Cook's Oracle*, Southover Press, 1992.

図 2　Bridge, T. & English, C.C., *Dr. William Kitchiner Regency Eccentric Author of The Cook's Oracle*, Southover Press, 1992.

論文が見出される。また、研究書ではないが、冒頭で紹介した、同時代人でスコットランド出身のジャーナリスト、ウィリアム・ジャーダンによるドクター・キッチナーに関する記述は、実際に交流のあった人物によるものとして貴重な資料である。

日本語の論文には、ほとんどドクター・キッチナーの名前を見出すことはできないが、中島俊郎は「ニセ海亀の文化誌――ルイス・キャロルの想像力」と題する論考の中で『クックス・オラクル』とともに、ドクター・キッチナーを料理書の著者として紹介している。[10] また「ペデストリアニズムの諸相――一八世紀末ツーリズムの一断面」のなかで、ドクター・キッチナーの経歴と、著書『クックス・オラクル』『トラベラーズ・オラクル』などについて紹介している。[11]

これまでのドクター・キッチナーに関する研究は、ブリッジとイングリッシュによる伝記的な調査と、それを元にした、他の研究者による言及が中心であり、ドクター・キッチナーの存在意義や、彼の著作の本質を論じるものはない。

そこで、本論においては、伝記的な事柄はブリッジとイングリッシュによる著作に依拠しつつも、ドクター・キッチナーが影響を受けたフランスの美食および、当時美食家としてフランスで名をはせていたグリモ・ド・ラ・レニエール（Grimod de la Reynière）に関する橋本論文[12]などを参照しながら、彼の突飛とも取れる行動が意味するものは何であるのかを考察するとともに、ドクター・キッチナーや『クックス・オラクル』の本質にせまりたい。

まずドクター・キッチナーの人物像を明らかにすることから始めたい。そして、彼の主催した美食委員会や著作について考えてみる。その後、フランスにおける美食文化とドクター・キッチナーが展開しようとしたイギリスにおける美食文化の違いについて検討してみる。さらに、ドクター・キッチナーを単に料理書の著者としてとらえるだけでなく、科学者としてとらえることで、新たな展開が開けるであろう。その際キー・パーソンとなるのがジョセフ・バンクスである。

1．ドクター・キッチナーの人物像

一、父ウィリアム・キッチナーに関して

ドクター・キッチナーの出自については、それほど多くのことがわかっているわけではない。[13] 父親の名前はウィリアム・キッチナー、母親の名前はメアリ（旧姓グレイヴ）であった。当時珍しいことではなかったが、父親と息子は同じ名前である。[14] 彼は、ハートフォードシャの出身で、石炭埠頭で働くためにロンドンに出てきていた。燃料としての木材の枯渇により、石炭の需要が増しており、石炭を扱う業界は活況を呈していた。彼は懸命に働き、のちには石炭を扱う商人となった。一代で財を成し、ストランドにある、ボーフォート・ビルディングス（Beaufort Buildings）で暮らすようになった。なお、ドクター・キッチナーは、一七七五年にこのボーフォート・ビルディングスで生まれている。一七七五年といえばアメリカ独立戦争（一七七五～一七八三年）の始まった年である。また、カトリック教徒の身分上の差別が初めて一部撤廃されたことに対しプロテスタント協会が反対運動を起こしたことに端を発する、いわゆるゴードン暴動が一七八〇年に起こっている。この暴動の際、ボーフォート・ビルディングスのあたりでは、石炭を守るために、兵士たちが物々しく警備を固めた。ウィリアム・キッチナーは、ウェストミンスターの治安判事をしており、ボウ・ストリート

（Bow Street）の裁判所にも出仕していた。刑事裁判所の裁判長に宛てて、暴動を起こしたかどで捕えられている四人のことを報告する、彼の手紙が残っており、一七八〇年の暴動当時も治安判事であったことがうかがえる。[15] しかし、それから一四年のちの一七九四年七月一九日にウィリアム・キッチナーは他界し、ロンドンのセント・クレメント・デーンズ・チャーチに埋葬された。彼が残した遺産は、六万から七万ポンドであった。

以上見てきたように、ドクター・キッチナーの父ウィリアム・キッチナーは、いわゆるセルフメイドマンであり、地方からロンドンに出て一代で財を成した人物であった。経済的な面だけでなく、治安判事になるなど、社会的にも認められた人物であったということができるであろう。ドクター・キッチナーが生まれたのがボーフォート・ビルディングスであったことや、ゴードン暴動時にはすでに治安判事を務めていたということを考えると、ドクター・キッチナーが誕生したころには、キッチナー家はすでに裕福な中産階級の仲間入りを果たしていたと考えてよいだろう。

二、ドクター・ウィリアム・キッチナーに関して

ドクター・キッチナーがどのような幼少期、青年期を過ごしたのか。また、どのような性格の子どもであったのかなど、多くのことがよくわかっていない。彼はイートン校で学んだ。学生時代は、スポーツ好きな少年で、ダーツをやっていて片目を負傷し、失明した。将来、医学の道に進むことを決意し、グラスゴー大学で学んだ。グラスゴー大学で学位を取得したが、その学位ではイングランドでは開業する資格が得られず、ロンドンで開業することはできなかった。しかし、以上述べた学歴は、ドク

ター・キッチナー自身が吹聴した自らの学歴であり、実際にはイートン校でも、グラスゴー大学でも学んでいない[16]。それでも、自らをドクターと名乗り、それを周囲の人に信じ込ませたのは、膨大な医学に関す著作物を所有し、知識を得ていたからにほかならない。

ドクター・キッチナーが、その生涯において、何らかの賃金労働に従事した形跡はない。一九歳のとき父が他界し、多額の遺産を相続したため、彼はあくせく働くこともなく、若くして悠々自適の生活を送ることができたのである。また、今回新たに、ドクター・キッチナーの名前で出された新聞広告の存在が確認できた（図３）。それにより、一八〇四年の時点で、ボーフォート・ビルディングスに、岸壁、テムズ川に面

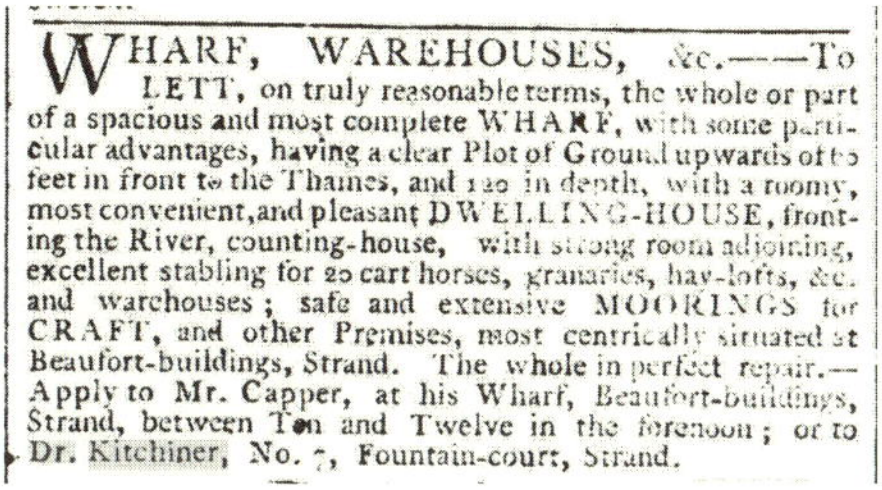

WHARF, WAREHOUSES, &c.——To LETT, on truly reasonable terms, the whole or part of a spacious and most complete WHARF, with some particular advantages, having a clear Plot of Ground upwards of 60 feet in front to the Thames, and 120 in depth, with a roomy, most convenient, and pleasant DWELLING-HOUSE, fronting the River, counting-house, with strong room adjoining, excellent stabling for 20 cart horses, granaries, hay-lofts, &c. and warehouses; safe and extensive MOORINGS for CRAFT, and other Premises, most centrically situated at Beaufort-buildings, Strand. The whole in perfect repair.—Apply to Mr. Capper, at his Wharf, Beaufort-buildings, Strand, between Ten and Twelve in the forenoon; or to Dr. Kitchiner, No. 7, Fountain-court, Strand.

図３　*The Morning Post*（London, England）, Monday, May 07, 1804

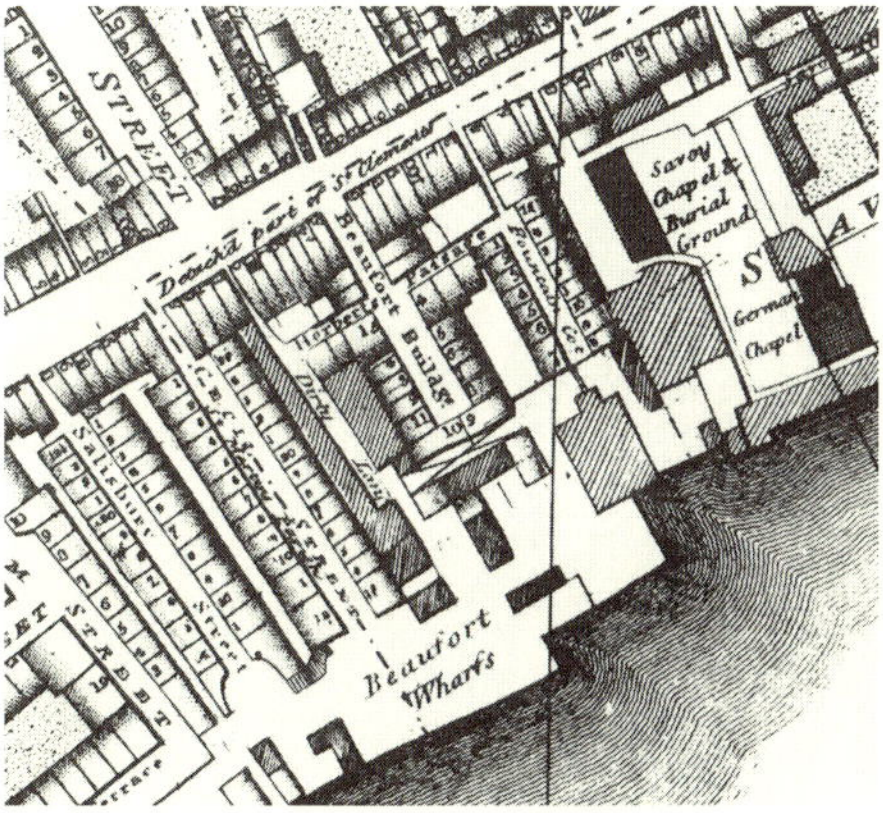

図４　小池滋訳『時代別ロンドン地図集成　摂政皇太子時代のロンドン』本の友社、1997 年。

した更地、事務所、立派な住居、馬小屋、倉庫などを所有し（図4）、それを賃貸ししていたことがわかった。著作家として世に出る以前の彼の暮らしぶりはほとんご知られていないが、彼には、相続した不動産による不労所得があったことや、世に名を知られるようになる以前から「ドクター」を名乗っていたことが明らかになった。

彼は、一七九九年八月に二四歳でエリザベス・オラム（Elizabeth Oram）と結婚した。この結婚は『ジェントルマンズ・マガジン』でも告知されたが、破綻し、ふたりは別居した。その後、妻のことは、ドクター・キッチナーが残した遺言にさえ記述がなく、現在までも彼女の人物像は、何も明らかになっていない。

ドクター・キッチナーはロンドンのウォーレン・ストリート四三に居を構えた。妻と別居した後、エリザベス・ギフォード（Elizabeth Gifford）という女性とのあいだに一子をもうけている。一八〇四年に生まれたこの子どもはウィリアム・ブラウン・キッチナー（以後ブラウンという）と名付けられた。当時、非嫡出子に対する風当たりは強く、ブラウンはそのことに負い目を感じていた。そのこともあってかドクター・キッチナーは息子の教育には熱心であった。一八一八年から一八二二年までチャーターハウス校で、その後一八二四年からはケンブリッジ大学セント・ジョンズ・カレッジで学ばせている。しかし、意に反して息子ブラウン・キッチナーの学業は振るわなかった。一八二四年にファースト・クラスであった成績が、翌年までにサード・クラスに、さらに次の年にはフォース・クラスに成績を落とし、一八二六年、ついには病気を理由に試験を受けず、学位を取得することができなかった。非嫡出子であることは、息子本人にとっては世間に対して、父ドクター・キッチナーにとっては息子に対して、後ろめたさを感じさせることであったに違いない。だからこそ、息子の教育には人一倍心血を注いでいたのだろう。わが子を不憫に思い、将来を安定したものにしてやりたいと思うのは父親としては、当然のことである。そのように考えると、息子ブラウンが学業を成就できなかったときのドクター・キッチナーの落胆ぶりは、いかばかりであっただろうかと想像させるのである。後にドクター・キッチナーは、エリザベス・フレンド（Elizabeth Friend）という女性を内妻とし、その後生涯をともにすごした。

ここまで、ブリッジらによる伝記などを頼りにドクター・キッチナーの人物像を見てきたわけだが、彼の出自を考えるとき、彼が生まれたときの家庭がどのようなものであったのかが重要となろう。確かに、父ウィリアムは、ロンドンに出てきたとき、港湾で働く労働者であった。しかし、その後財を成し、ドクター・キッチナー誕生時には、経済的にも豊かで、社会的にも認められた人物になっていた。つまり、ドクター・キッチナーは労働者の家庭にではなく、経済的に恵まれた中産階級の家庭に生まれた人物であったということができる。そして重要なことは、その真偽は別として、イートン校、グラスゴー大学で学んだという学歴である。さらに付け加えるならば、親から相続した遺産による不労所得があった。これらのことは、ドクター・キッチナーが擬似的にはジェントルマンとしての要件を備えていたということを示しているのである。また彼は、医学に直接関係のない著作であっても、常にドクターを名乗っている。それも、医者としての経験など全くないはずなのにである。このことは、彼が自らジェントルマンであることを強く意識し、そのことにこだわり、それをことさら主張しようとしたからにほかならない。

2. 座談会と美食委員会

ドクター・キッチナーは、自宅を利用してふたつの食事会を主催した。座談会（Conversazion）と美食委員会（The Committee of Taste）である。座談会は火曜日に、美食委員会は水曜日に開かれた。

座談会というのは、ドクター・キッチナーが友人を自宅に招待し、なにかしらのトピックスについて語り合い、その後一緒に食事をするというものであった。ここでも、ドクター・キッチナーは異彩を放っている。座談会に招待された招待客の最初の三人が、ドローイング・ルームに入室したところで、ドクター・キッチナーは、グランドピアノの前に腰を下ろし、「見よ、勇者は帰る」（See the conquering hero comes）を演奏するのであった。われわれ日本人にとってもなじみのある、運動会の終盤、各種競技の表彰式の際スピーカーから流れてくるあの印象深い曲である。そのときのドクター・キッチナーは、シルクのストッキングに、正装用のパンプスというい でたちであった。[17]さらに興味深いのは、このピアノには、足で操作してドラムとトライアングルを鳴らす仕掛けが仕込んであったのだ。この仕掛けによって、たった一人で、ピアノ、ドラム、トライアングルを同時に演奏できたのである。図5で示した肖像画は、おそらくその時の姿を描いたものと思われる。

そしてこれも、ドクター・キッチナーならではのことであるが、招待客が通されたダイニング・ルームのチムニーピースの上には「七時に来て、一一時に帰ること」と書かれたプラカードが置かれてあったのである。招待客は、時間厳守で、七時にやってきて、一一時には、キッチナー邸を出なければならなかった。

一方、美食委員会は毎週水曜日に開催された。届けられた招待状には、緋色のしゃれたワックスで「遅れてくるなら、来ないほうがまし」（BETTER NEVER THAN LATE）というモットーが添えられた委員会の封がされていた。以下に示すのは、招待状の一例である。

拝啓
来る一〇日、水曜日に、美食委員会に出席いただきたく、謹んでご案内申し上げます。
五時ちょうどに食事がテーブルに供せられますとただちにその日の審査を開始いたします。
あなた様の忠実な僕となられることを、心より祈念いたします。
一八二五年八月
フィッツロイ・スクエア　ワレン・ストリート四三

図5　*The Book of Days*, W & Chambers,1888.

座談会は七時であったが、こちらは五時に始まると書かれている。また文章からは、時間厳守の徹底ぶりが伺える。招待状のなかには、一一時に帰らない者は次回からは招待しない、と書かれたものもあったようである。

委員会には次のような決まりごとがあった

一、招待状を受け取ったら、そこに記載された日付から少なくとも二四時間以内に、可能な限りすみやかに返事をすること。さもなき場合は、招待は明確に辞退されたものとみなす。

二、料理が完璧な状態であるのはつかの間のことである、したがって、一分でも遅れて来ようものなら、もはや美食委員会の一員としてはふさわしくない。主催者が食事の用意ができたと告げた後は、どのような高位のものであっても、門番が入室を差し止める。

このような決まりごとは、美食のためには、料理人が食べる人に合わせるのではなく、食べる人が料理人の都合に合わせなければ、最高の料理は食べられない、という考え方にもとづくものであるが、座談会と同様、ここでも時間厳守の徹底ぶりがうかがわれる。

トム・ブリッジらによると、美食委員会に招待されたのは次のような人物である。(18)ドクター・ジョン・ハスラム（Dr. John Haslam　一七六四〜一八四四年）は、医師であり、医学関係の著書も多数ある。彼はドクター・キッチナーにとっては最も親しい友人であった。詩人のサミュエル・ロジャース（Samuel Rodgers　一七六三〜一八五五年）は、よくジェントルマンズ・マガジンに寄稿していた。また彼は豪華な朝食会を開くことで有名であったが、招待客には、ドクター・キッチナーのほか、バイロン、コールリッジ、キーツ、シェリー、ワーズワース、ブレイク、ターナー、コンスタブル、ゾファニー、スタッブスなどがいた。チャールズ・マシューズ（Charles Mathews　一七七六〜一八三五年）は有名な喜劇俳優であった。テオドール・フック（Theodore Hook　一七八八〜一八四一年）はイタズラ好きな小説家で、煙突掃除人からロンドン市長を含む何千人というロンドン住人に偽の手紙を送り、バーナーズ通りのトッテナム夫人の住居前に集めたイタズラは有名である。ジョセフ・バンクス（Joseph Banks　一七四三〜一八二〇年）は王立協会会長、キュー植物園の科学顧問などを歴任した人物である。ジャーナリストのウィリアム・ジャーダン（William Jerdan　一七八二〜一八六九年）は、著書『我が知り合いし人びと』のなかでドクター・キッチナーを紹介している。チャールズ・ケンブル（Charles Kemble　一七七五〜一八五四年）はドクター・キッチナーと同年生まれの役者で、一八二〇年にコベントガーデン劇場のオーナーになっている。ジョン・ブラハム（John Braham　一七七四〜一八五六年）は一斉を風靡したテノール歌手であり、ドクター・キッチナーとはレシピを交換しあう仲であった。詩人で劇作家のジョージ・コールマン・ザ・ヤンガー（George Colman the younger　一七六二〜一八三六年）は、父の後を継いでヘイマーケット劇場の支配人になった。チャールズ・ディブディン・ザ・ヤンガー（Charles Dibdin the younger　一七六八〜一八三三年）は劇作家、作曲家であり、サドラーズ・ウェルズ劇場の支配人になった人物である。ジョン・ソーン（John Soane　一七五三〜一八三七年）は建築家であり、その作品にはイングランド銀行が含まれている。ハンス・バスク・ザ・エルダー

（Hans Busk the Elder　一七七〇～一八六二年）は貴族の末裔であり、治安判事、州長官をつとめた。建築家、フィリップ・ハードウィック（Philip Hardwick　一七九二～一八七〇年）はユーストン駅の入り口、いわゆるユーストンアーチを設計した人物である。トーマス・フッド（Thomas Hood　一七九九～一八四五年）は詩人であり、ユーモア作家であった。摂政皇太子（Prince Regent　一七六二～一八三〇年）、つまり後のイギリス国王ジョージ四世である。

3. ジョセフ・バンクスとドクター・キッチナー

美食委員会に招待された人々のなかから、ジョセフ・バンクス（以降バンクスという）を取り上げ、考えてみることにする。多くの招待客の中でバンクスを取り上げるのは、このふたりの組み合わせに少なからず違和感があるからである。実に親子ほど、いや三二歳の差といえば親子以上に年の離れたこのふたりがなぜ親交を深め得たのだろうか。しかも、バンクスはたびたび美食委員会に招待されているのである。ふたりの間にある違和感は年齢差だけではない、ドクター・キッチナーもジェントルマンと呼ぶにふさわしい人物であったと思われるが、彼から見れば、バンクスは雲の上の存在といってもいいくらい社会的地位も経済的豊かさにも隔たりがあるように思える。であればこそ、このふたりの関係を探っていくことでみえてくる何かがあるのではないだろうか。そして、それがドクター・キッチナーの美食委員会の本質にせまる大きな一助となるにちがいない。

ふたりの接点を探るために、まずバンクスの人物像を大まかにつかんでみることから始めたい[19]。バンクスは、イングランドの中部リンカーンシャーに大所領を有する裕福なジェントリの出身であった[20]。最初ハロー校に入学したが学業が振るわず、イートン校に転入学している。その後は、オックスフォード大学やケンブリッジ大学でも学んでいる。

一七六八年から約三年間、ジェームス・クックが第一回目の世界探検航海をおこなったとき、バンクスは植物学者として同行し、圧倒的な歓迎を受けて帰還し時代の寵児となった[21]。彼は、この航海中精力的に植物標本を収集し、多大なる成果をあげたが、生来好奇心旺盛な人物であったようで、植物だけでなく、食物にも興味を示した。アホウドリ、サメ、犬、生の魚、鵜、ノガン、カンガルー、野生のほうれん草など、手に入った動植物は、何でも口にしてみたようである。また彼は、学生時代に薬草の知識も豊富に得ていた。

ドクター・キッチナーが、いつごろ、どのような経緯でバンクスと知り合ったのかはわからない。明らかなことは、バンクスがクックの航海に同行したのが、ドクター・キッチナーが生まれるよりもおよそ七年も前のことであり、キュー植物園のアドバイザーになったのもドクター・キッチナーが生まれる二年前、王立協会会長に選ばれたときでさえ、ドクター・キッチナーはわずか三歳であったということである。つまり、ふたりが知り合ったときバンクスはすでに知識も経験もともに豊富な、社会的にも認められた、押しも押されもしない大人物であったのである[22]。一方で、ドクター・キッチナー個人の存在感は、当時のイギリスにおいて、さほど大きなものではなかったと考えられる。そうすると、ドクター・キッチナーの人的ネットワークにバンクスが加わったというよりは、むしろ、バンクスを含む巨大な人的ネットワークの網のどこかにドクター・キッチナーが引っかかったと考えるほうが合理的である。何かの機会に、ドクター・キッチナーはバンクスと縁を持った、それを糸口に、信頼関係を築くことに成功し、ついにはお互いの食事会に参加するまでの人間関係を築きあげることができたのである。これらの人的ネットワークを巨視的に眺めてみると、ドクター・キッチナーの美食委員会も、バンクスの人的ネットワークの末端であった可能性が高い。そのようなバンクスの人的ネットワークの一部として認識されていたからこそ、時の摂政皇太子までもが、ドクター・キッチナーの美食委員会に興味を示したのだ、と考えることに無理はない。

では、バンクスとドクター・キッチナーがいかに親密な親交があったのか、その痕跡を探っていくことにしよう。

4. バンクスとの接点

まず、ドクター・キッチナーはいかにしてバンクスと接点を持ち得たのであろうか。次章で示すように、ドクター・キッチナーの著作は、まず音楽や望遠鏡に関するものから始まっている。料理書を出版したのは望遠鏡に関する著作を発表してから六年後のことである。つまり、最初の著作を発表した当初、彼は自分自身を科学者として意識していたと思われる。当然、他者からもそのように認識されたであろう。それを示すかのように、彼は一八一四年に「望遠鏡実習」、一八一五年に「色消しレンズの最適な大きさに関して」という論文をそれぞれ『フィロソフィカル・マガジン』（*The Philosoplical Magazine*）の四四号と四六号に投稿している。これは、どちらも料理書出版以前のことである。バンクスとドクター・キッチナーの最初の出会いは、食事会の主催者とその招待客としてではなく、科学者とその擁護者としてであった可能性がここから浮上するのである。

これまで顧みられてこなかったいくつかの事実が、バンクスとドクター・キッチナーの結びつきを明らかにする糸口になるであろう。一八一九年にドクター・キッチナーが王立協会の会員に選ばれたこと、[23] さらに、同年王立協会で「携帯用色消しレンズ望遠鏡の鏡筒の改良に関して」という発表をしていることである。[24] さらに、ドクター・キッチナーはバンクスの誕生日を祝うため、自ら歌う歌の作詞をジョン・テーラーという詩人に依頼している。[25] おそらくこの詩に、自分で曲を作り、バンクスの面前で披露したものと考えられる。この祝いの席はサマセット・ハウスの一室で行われ、王立協会の会員のなかから選ばれた者だけが出席したのであった。ドクター・キッチナーが王立協会の会員に選ばれたのが一八一九年であったことを考えると、バンクスがこの世を去る直前の一八二〇年の誕生日のことであったものと考えられる。

次に、科学者としての出会いから、美食委員会を主催し、料理書を出版するようになるまでのふたりの関係を考えてみたい。

バンクスは毎週木曜日にソーホーの自宅で朝食会を開き、科学的な事柄について討論していた。また、日曜日の夜には、女性も招待されるもっと気楽な会も持ったようだ。このような会では、すばらしい食事が招待客に振舞われていた。ドクター・キッチナーも何らかのかたちで、バンクスの招待客になっていたことは十分に考えられるし、そう考えるほうが自然である。お互いに招待し、招待されるなかで、キッチナーはバンクスから、クックの航海の話も聞いたであろうし、航海中を含め、これまでに食してきた様々な食物に関しても情報を得たであろう。

このふたりに共通する食への関心は、健康という観点で結びつく。当時長期間の航海で問題になったのは、新鮮な野菜の不足による壊血病であったが、クックの船の乗組員が誰一人壊血病にならなかったのは、クックが船員の食事を管理することによって乗組員の健康を管理していたからであった。バンクスは、こういった航海の経験からも、食事を管理することが、健康を維持する最も重要な要素だとドクター・キッチナーに説いたことだろう。食と健康の関係については、ドクター・キッチナーとバンクスは意見を一致させることができたはずである。というのも「ドクター」と名乗る以上、もしバンクスから健康という観点で食についての問いかけがあったなら、ドクター・キッチナーはそれに応えるべく対応せざるを得なかったからである。ドクター・キッチナーの著作に、食と健康を考えるようなものが含まれていることもうなずけるし、さらにいえば、一八二七年に出版された『トラベラーズ・オラクル』もバンクスとの親交があってこその著作といえるのかもしれない

また、ドクター・キッチナーには発明家としての一面もある。ひとつは回転式キッチナー・ストーブ（The Rotary Kitchiner Stove）（図6）である。船上で使いやすいように、上部がターン・テーブルになっていて同時に三つの鍋ややかんなどをのせることができた。そして、そのターンテーブルを回転させるだけで、加熱したいものを火の上に移動させることができるように工夫されていた。また、ゼスト（Zest）と名づけられた保存のきく瓶詰めソースも考案している。これは、『クックス・オラクル』でもレシピナンバー二五五で紹介されていて、コベントガーデンのヘンリエッタ通り向かいの、バトラーズ・ハーブ・ショップ（Butler's Hurb-shop）などで購入できた。少し時

代は下るが『日用辞典』(26)でも紹介されており、当時それなりの需要があったものと思われる。こういったドクター・キッチナーの発明品も、航海向けと思われるものである。現段階で、ドクター・キッチナーと航海を直接結びつける資料は確認されておらず、クックの航海に同行したバンクスとの会話にヒントをえて考案したと考えるのが適当であろう。

では、ドクター・キッチナーは、いかにしてバンクスの信頼を勝ちとることに成功したのだろうか。このことを考えるヒントになるのが、ドクター・キッチナーが周囲の人々に示した、異常なまでの時間厳守に対するこだわりである。実は、バンクスも時間厳守を重視しており、この点でドクター・キッチナーと共通する。それにしても、ドクター・キッチナーの時間厳守ぶりは少々いき過ぎの感がある、厳格というよりは

図6　Bridge, T. & English, C.C., *Dr. William Kitchiner Regency Eccentric Author of The Cook's Oracle*, Southover Press, 1992.

むしろ滑稽でさえある。しかし、だからこそ、そのことがドクター・キッチナーの存在を際立たせる要素のひとつともなっているのは事実である。では、なぜドクター・キッチナーはこれほどまでに時間厳守を重視したのだろうか。グランドピアノに仕掛けを施し、シルクのストッキングに、正装用のパンプスなどと、衣装にまでこだわって客をもてなそうとする姿勢と、その一方で、時間厳守というコードを守れないものは、次回からの参加を拒否するという、異常なまでの徹底ぶりをどう理解すればよいのだろうか。

一つの可能性として、バンクスとの価値観の共有をあからさまに示すことがその重要な目的のひとつであったのではないだろうか。ドクター・キッチナーにとって、バンクスに認められるということは、何にもまして重要なことであったはずだ。それが表面化したものが徹底した時間厳守というアピールであったのではないだろうか。アピールする対象は、第一義的にはバンクスであったとしても、ひとりバンクスにとどまるものではなかったはずだ。バンクスに認められるということは、バンクスに認められることにとどまるものではなく、バンクスを認める巨大な人的ネットワークのなかで認められるということを意味するのである。つまり、この時間厳守は、バンクスに認められていることをも誇示していると考えることができまいか。そう考えると、ドクター・キッチナーの個性のひとつである異常なまでの時間厳守の裏側が垣間見えてくるように思えるのである。

さて、この美食委員会であるが、単に集まってご馳走を食べていただけではない。彼らが審査し、認められたレシピは、『クックス・オラクル』という料理書に掲載されたのである。逆にいえば、『クックス・オラクル』に掲載されたレシピはほぼすべて、美食委員会で認められたものである、ということができるのである。

さて、この『クックス・オラクル』という料理書は、どのような特徴があるのであろうか。次章では、ドクター・キッチナーの著作の全体像と、『クックス・オラクル』について考えることにする。

5.『クックス・オラクル』とその他の出版物

ドクター・キッチナーの著述は料理に関するものだけでなく、光学や音楽にまでわたっている。一八一一年に『望遠鏡必携』を出版したのが最初であった。ついで一八一四年に『フィロソフィカル・マガジン』に「色消しレンズに最適な大きさ」と題した文章を寄稿、翌一八一五年に『望遠鏡実習』を出版している。そして彼の名を有名にした、『クックス・オラクル』が出版されたのは一八一七年のことであった。この本は、好評を博し、版を重ね、少なくとも、一八八〇年まで出版されたことが大英図書館の蔵書から確認できる。

ドクター・キッチナーには次に示すような著作がある。

一八一一年　『望遠鏡必携』
一八一五年　『望遠鏡実習』
一八一七年　『クックス・オラクル』
一八一八年　『クックス・オラクル』第二版
一八二一年　『活力と長生きの秘訣』

一八二一年　『声楽実習』
一八二一年　『消化の指針』
一八二三年　『楽しい遺言の書き方』
一八二五年　『家計簿のつけ方』
一八二七年　『トラベラーズ・オラクル』
一八二九年　『ハウスキーパーズ・オラクル』

これらの著作以外に、多数の楽譜が大英図書館に所蔵されているが、最も早いものは、一八〇九年に出版されている。

ドクター・キッチナーの著述は、まず音楽に始まり、次いで科学的な分野に移る。つまり、もともと彼の興味や関心は、料理などではなく、音楽や光学に向いていたということは明らかである。しかし、ひとたび『クックス・オラクル』が出版されるや、彼の代表作となり、それ以降の著作物には、しばしば彼の名前の後に「『クックス・オラクル』の著者」という記述が添えられるようになる。(27)

さてこの『クックス・オラクル』であるが、美食委員会のお墨付きのレシピを掲載するということが建前である。掲載されたレシピの数は実に七〇〇に及ぶ。初版のタイトルページには、アピキウスの再来とあるだけで、ドクター・キッチナーの名前はない。しかし何年の版からかは確定できないが、少なくとも一八二七年の版からは、著者としてドクター・キッチナーの名前が明記されるようになる。

『クックス・オラクル』一八一七年出版の初版のタイトルページに書かれていることによると、この料理書では、食材の分量が明示されていて、熟練した料理人のように素晴らしい料理を作ることができるという。そして掲載された七〇〇ものレシピは、合理的美食にふさわしい調理法を編み出すために、医者の調理場で実際に確かめてみたものであることなどが述べられている。この医者の調理場とは、当然ドクター・キッチナーの自宅の調理場のことである。

さらにこのタイトルページには本文から抜き出した文章が引用されている。(28) そこには、レシピの記述に大変苦労したことが述べられたあと、これらのレシピは、中産階級の日々の料理に供されて満足いくものであることが述べられている。

タイトルページに続いて、約三〇ページに及ぶ自序があり、その後料理人へのアドバイスが七ページ、計量等に関して一ページ半が割かれている。そしてやっと目次、レシピへと続く。

自序の冒頭、ドクター・キッチナーが主張するのは、『クックス・オラクル』で紹介されるレシピが、これまで出版されてきた有名な料理書からの寄せ集めではないということである。裏を返せば、当時、如何に既刊の料理書からの盗用がまかり通っていたのかを示しているといえよう。その上で、『クックス・オラクル』はそういった類の料理書ではないことを、なによりもまず表明している。

そして、次に述べられるのは、これまでの料理書では、具体的な調理の仕方がわかりにくく、知りたいことが示されていなかったが、それを明らかにしたということである。既刊の料理書をただ引用するのではなく、実際に調理場に立って、片手に焼き串、片手にペンを持ちつつレシピを書いたこと、料理の知識のない素人でも、簡単に理解できるように、平易で実際的な記述を心がけたことをいい、『クックス・オラクル』を執筆しようと思った動機を次のように述べている。

私が本書を執筆しようと思ったのは、知識のない初心者が、失敗したり、時間を無駄に費やしたりすることがないようにと思ったからであり……本書で示したことを注意深く実践すれば、最も知識のない人でも、たやすく調理の仕方を習得できるのであって、それは、単においしいばかりでなく、優雅で、しかも節約できる調理法なのである。[29]

ドクター・キッチナーは、時間と、食材の計量にことのほかこだわり、調理には、細心の注意を払うべきだと主張する。おぼつかない経験にたよって、分量や時間を正確に調整することは不可能であると述べ、『クックス・オラクル』は、正確さを求めた最初の料理書であると主張する。さらに、計量のための調理器具がどこにいけば手に入るかも明示する。実際、『クックス・オラクル』のレシピには、調理に関して、時間や分量が示されている。『クックス・オラクル』は、これまでになかった画期的な料理書であると胸を張る。[30]

この自序に特徴的なことがふたつある、ひとつは「胃」という語が二〇回ちかく使われているということである。そのほか、「食欲」、「滋養物」、「舌」、「内臓」、「健康」、「消化」、「咀嚼」、「臓器」などの語が用いられ、「ドクター」であることを強く意識させるものになっている。健康に配慮したレシピは、タイトルページで述べられた「合理的美食」、つまり言い換えると「健全な美食」という概念とも一致している。もうひとつは、さまざまな文献からの引用が多いということである。しかもドクター・キッチナーは、それらの引用元を明示している。様々な文献にあたって調査研究したことを示そうとしたのだろうか。客観性とか、科学的であるといった要素を『クックス・オラクル』に付与し、他の料理書と一線を画するものに仕上げようとしたように思われる。ここでも、単なる料理書著者ではなく、科学者の立場から料理書を執筆したのだということを強く意識させるものになっている。

6. ドクター・キッチナーはグリモの模倣なのか

ドクター・キッチナーは『クックス・オラクル』の序文で、フランス人美食家グリモ・ド・ラ・レニエールの著作『美食家年鑑』（*Almanach des Gourmands*）に触れている。ドクター・キッチナーがグリモの「食審委員会」（Jury dégustateur）をヒントに「美食委員会」を主催し、『美食家年鑑』や『招客必携』（*Manuel des Amphitryons*）を念頭に入れ

図7　Bridge, T. & English, C.C., *Dr. William Kitchiner Regency Eccentric Author of The Cook's Oracle*, Southover Press, 1992.

『クックス・オラクル』を著したことは間違いない。また、ドクター・キッチナーは片方の目に障害を負っていた。彼の肖像画（図1、7）をよく見ると左右の目が同じように描かれておらず、目が不自由だったことをうかがわせるものとなっている。グリモも生まれつき手に障害を負っていた。目に障害を負っていたことは、同じように体に障害のあったグリモに対して共感を持ちやすい要因であったかもしれない。では、ドクター・キッチナーのやったことはすべてグリモの模倣であったのだろうか。橋本によると、「食審委員会」の規定は、審査の結果に説得力を持たせることを目的とした厳格なものであった、という。しかし、その厳格さが、ドクター・キッチナーが強いこだわりを見せた時間厳守という方向に向かう気配はない。

グリモの目指した美食を、橋本は次のようにいう。

> 十八世紀にその頂点を極めたという心地よい社交、革命と共に失われたと一般に言われるこの社交を、美食という世界に託して守っていこうという、グリモの願い……(31)

あくまでも、グリモの理想は、革命前の貴族的な社交であった。そのすべてを肯定するわけではないにしても、そこに範としての礼儀作法という価値を見出し、新たな食べ手たちを啓蒙しようとしたのだ。

一方で、ドクター・キッチナーの目指したものは、『クックス・オラクル』に示された「合理的美食」、「合理的娯楽」ということばに収斂されるように思われる。それは、決して貴族的な社交を範とした美食ではなく、社会の新たな担い手として立ち現れ、貴族に次ぐ、あるいは貴族と共にイギリス社会を支えていく自覚を持った人々が、イギリス社会の未来を築くための価値観として用いた「合理性」を、「美食」あるいは「会食」という行為と組み合わせることによって広く中産階級の人々に範を示そうとしたということではなかっただろうか。そして、その「合理性」のなかに、工業化以前のイギリス社会においては希薄であった、時間厳守の価値観も重要な位置を占めていたことはいうまでもない。

7. まとめ

ジャーダンがキャラクターということばを使ってドクター・キッチナーを表現したとき、彼は読者にどのような印象を与えようとしたのだろうか。彼は、単に「個性が強い」ということだけでは表現できない、何かしら他者への強烈なアピールをもった存在感を示そうとしたように思われる。ジャーダンのいう「キャラクター」とは、たとえそれが他者を厳格に規制するようなものであっても、そこには嫌悪感ではなく、むしろ滑稽ささえ感じさせるような親しみの情をいだかせることばのように思えてくる。それが、本論においてドクター・キッチナーという人物を検討して感じられたことである。しかし、そのドクター・キッチナーの人物像を探っていくなかで垣間見えてきたことは、単なる変人の仕儀ではなかった。彼はジェントルマンの要件を一部備えた人物であった。いや、ジェントルマンたらんとした人物であった。それは、彼が自らの学歴を偽っていたことや、それにもかかわらず、常に自分自身を「ドクター」と名乗り、著作のなかでは徹底的に「ドクター」として振る舞ったことにも表れている。ジェントルマンをジェントルマンたらしめる要素は、生まれ、学歴、職業、そしてその人間関係などである。職業やどのような人的ネットワークに帰属するかということは、その人物の現在を評価する重要な要素であった。

貴族の社交においても、食事を共にする社交のありかたは存在したが、それは、庶民にとっては決して手の届かないものとしての社交であり、威厳を示すものにはなり得ても、範を示すというものではなかった。しかし、ドクター・キッチナーの主催した美食委員会はそうではなかった。ことさら他者への、あるいはイギリス社会へのアピールを目的とし、同様の価値観を広めるべく、その範として存在していたように思われる。そこでは、評価し、また評価されるという人間関係が成立していた。美食委員会に招待された人々は、みなそれぞれの領域で一流の人物であった。それぞれ領分は違っていても、プロフェッショナルな人々の集まりであった。つまり評価に値する人が招待を受けていたということである。しかしそれ以上に美食委員会での「評価」を端的に示すのが「時間厳守」するということであった。時間を守れぬものは、評価に値しないのである。評価に値しない者は門前払いなのである。誰の目から見ても非常にわかりやすい評価基準であって、他者へのアピールという意味では効果的であった。評価され認められた者だけが集まり、料理を評価する。そして、認められた料理だけが、『クックス・オラクル』に掲載されるのである。評価し、認めるという行為が、人間も、料理をも支配する構図をここに見出すのである。

バンクスとドクター・キッチナーを結びつける可能性を考えるときのヒントが『クックス・オラクル』の自序のなかで、ドクター・キッチナーの口から述べられている。初めて料理書を書こうと思ったとき、自分は料理に関して全く無知であったと述べるのである。(32)これをどのように解釈すればよいのだろうか。彼を単に料理書の著者であると考えるだけでは、次のような発想におちいってしまうのが自然ななりゆきであろう。つまり、料理好きな人物が、友人をもてなし食事会を開いていた、それがやがて料理を評価する集まりとなり、最終的に料理書として結実した、というものである。これまでドクター・キッチナーは、まず料理書の著者として認知され、次いで「ドクター」の肩書きのもと、著述している人物として理解されてきた。加えて、彼の突飛ともいえる行動に気をとられるあまり、ドクター・キッチナーの真の姿を誰もが見過ごしてきた。真実は違っていたのだ。まったく料理に関して無知な男が、突然料理書執筆を思い立ち、そのために料理を審査する食事会を開き、最終的には所期の目的である料理書の出版を達成したということなのである。よほど出版業に精通しており、料理書に需要があることを知っている者でなければこのようなことを思いつかないであろう。おそらくドクター・キッチナーに対して、料理書を執筆するように何かしらの働きかけがあったと考えるのが合理的である。この働きかけが何であったのかを考えるヒントは、彼がそもそも科学者であったこと、最終的には王立協会の会員になったこと、バンクスの誕生日を祝う席に招かれるほど、バンクスの信頼を得ていたことがあげられよう。これらを時系列的に整理し、考えてみる。まず、ドクター・キッチナーは科学者として論文を発表した。その後、なぜか料理書の執筆に取りかかることを思いついた。料理書出版を前提とした美食委員会が開催され、バンクスはそこに優秀なお抱え料理人ヘンリー・オズボーンを貸し出した。その当時、痛風で苦しんでいたにもかかわらず、バンクス自身もたびたびその美食委員会に顔を出していた。そして、バンクスのお抱え料理人の助けも借りつつ、料理書『クックス・オラクル』が出版された。その後、ドクター・キッチナーは王立協会の会員に選ばれ、そこで自らの望遠鏡に関する研究を発表することができたのである。さらにいうと、バンクスの食事会が日曜日と木曜日であったのに対して、ドクター・キッチナーの食事会は火曜日と水曜日であった。一日も重なることがないのである。美食委員会が水曜日に開かれたのは、フランスの美食家グリモの食審委員会にならったともいえるが、では、もしグリモの食審委員会が日曜日に開かれていたとしたら、美食委員会を、バンクスの食事会と重なる日曜日に開いたであろうか。そして、それでもドクター・キッチナーは『クックス・オラクル』を執筆し、王立協会の会員になることができたであろうか。

美食委員会は、巨視的に見れば、バンクスの人的ネットワークの末端に位置していたが、美食委員会そのものは、ドクター・キッチナーが主催しており、その限りにおいて、これは、ドクター・キッチナーを中心とした人的ネットワークとして存在している。つまり巨大な人的ネットワークと小さな人的ネットワークの二重構造になっていた。ブリッジらは、バンクスをドクター・キッチナーの友人と表現している。しかし、バンクスは友人というよりは、むしろ後ろ盾に近い存在ではなかっただろうか。そして、ドクター・キッチナーの代名詞ともいえる著作『クックス・オラクル』は、バンクスの肝いりでなされた仕事ではなかったのだろうか。

一八一七年に出版された『クックス・オラクル』には、この料理書が中産階級の家庭のために書かれたものであることや、そこに掲載されたレシピが合理的娯楽のためのものであることが述べられている。それを実践してみせたのが美食委員会であったとすれば、時間を厳守し、お互いに評価されうる人物であるよう努め、健全な社交を楽しむことを奨励しているのである。「美食」あるいは「会食」という行為を娯楽ととらえ、中産階級を健全な方向へ向かわせる手段として「合理的美食」なるものを発明し、それを人々の啓蒙に役立てようとしたのであれば、ドクター・キッチナーが美食委員会や『クックス・オラクル』を通してなした仕事は、それまでになかった新たな美食文化の創造であったといえるのかもしれない。

ドクター・キッチナーは料理書の著者、あるいは料理人として語られることが多い、しかし彼を科学者であるととらえたとき、これまで見えてこなかった事実に出会うことができる。ドクター・キッチナーを科学者として認知することによって、バンクスとの交流の起点に気づかされるし、そのことから王立協会との関わりを調べることによって、これまで語られてこなかった事実にいたることができた。

なぜドクター・キッチナーは、『クックス・オラクル』の自序のなかで「料理書執筆を思い立ったときの私のように」とわざわざ付け加えたのであろうか。特にこの文言がなくとも違和感はない。むしろ、この文言にはドクター・キッチナーの、何かしらの気持ちが込められているように思えてしかたがない。料理に関して何も知らなかった自分が、これほどまで料理に精通することができたことへの自負であろうか。あるいは、必ずしも自分の意思で料理書を執筆しているのではないことへの、せめてもの抵抗であろうか。それとも、いつか、誰かに、本来の科学者としての自分に気づいてもらいたいというメッセージをしのばせたのだろうか。それは、誰にもわからない。

ドクター・キッチナーは、ジェントルマンであることにこだわり、科学者であろうとした人物であった。晴れて王立協会の会員となり、尊敬するバンクスの面前で、誕生日を祝う歌を歌うことができたとき、彼の心にどのような思いが去来したであろうか。とうとう、彼は自他共に認める科学者になることができたのである。ドクター・キッチナーが王立協会の会員となっておよそ一年後、バンクスはこの世を去った。

注

（1）Jerdan, William, *Men I have known*, George Routledge and Sons, 1866. p. 282.
（2）Beeton, Isabella,（ed.）, *Beeton's Book of Household Management*, S. O. Beeton, 1861.
（3）Kichiner, William, *Apicius redivivus or, the Cook's Oracle*, Samuel Bagster, 1817.
（4）ミュラ＝ヨコタ・宣子『アピーキウス　古代ローマの料理書』三省堂、一九八七年　および　アテナイオス著、柳沼重剛訳『食卓の賢人たちI』京都大学学術出版会、一九九七年（Athenaios, *Deipnosophistai*）二六―八頁参照。
（5）Beetn, Isabella, *op. cit.*, p. 215.
（6）*Ibid.*, p. 477.
（7）シャイラ・ハーディ（Sheila Hardy）は、*The Real Mrs Beeton*, The History Press, 2011. のなかで、イライザ・アクトンの『最新料理術』に含まれる多くのレシピが『ビートン社の家政書』に盗用されていると述べている。（Hardy, Sheila, *The Real Mrs. Beeton: The Story of Eliza Acton*, The History Press, 2011, p. 10, 203.）
（8）Bridge, T. & English, C.C., *Dr. William Kitchiner Regency Eccentric Author of The Cook's Oracle*, Southover Press, 1992.
（9）*Ibid.*, p. xi-xii.
（10）中島俊郎「ニセ海亀の文化誌――ルイス・キャロルの想像力」『経済志林』二〇一一年、六三―四頁。
（11）中島俊郎「ペデストリアニズムの諸相――一八世紀末ツーリズムの一断面」『甲南大学紀要　文学編』二〇〇六年、五二―三頁。
（12）橋本周子『美食家の誕生――グリモと「食」のフランス革命』名古屋大学出版会、二〇一四年。

（13）*Oxford Dictionary of National Biography*（オンライン版）参照。
（14）本論では、混同を避けるため、父親をウィリアム・キッチナー、その息子である、いわゆるドクター・ウィリアム・キッチナーをドクター・キッチナーと呼ぶことにする。
（15）Bridge, *op. cit.*, p. 2.
（16）*Oxford Dictionary of National Biography*（オンライン版）参照。
（17）ここでいうパンプスとは、当時は男性の正装用の靴を意味することばであって、現在われわれが思い浮かべるような女性用の靴ではない。
（18）Bridge, *op. cit.*, p. 11-16.
（19）本論では、主に勝見允行「ジョセフ・バンクス卿の生涯」『国際基督教大学図書館公開講演集　第七集』一九九三年（インターネット上で公開されている文書 http://www-lib.icu.ac.jp/collections/banks_life/ 二〇一五年一一月一一日確認）を参考にした。
（20）川島昭夫『植物と市民の文化』山川出版、一九九九年、二〇頁。
（21）同書二〇頁。
（22）勝見允行は前掲書のなかでバンクスのことを「一八世紀から一九世紀にかけて、英国の王立協会に君臨した巨人」と評している。
（23）Oxford Dictionary of National Biography（オンライン版）参照。
（24）*The London Journal of Arts and Science*, Sherwood Neely, and Jones, 1820. pp. 309-10 参照。
（25）Taylor, John, *Poems on Various Subjects*, Payne and Foss,　Longman, Ress, Orme, and Co., J. Richardson, J. Murray, 1827. pp. 85-6.
（26）*The Dictionary of Dairy Wants*, Houlston and Wright, 1861. p. 565.
（27）例えば、Kitchiner, William, M. D., *The Traveller's Oracle Part I*, Henry Colburn, 1827. のタイトルページ。
（28）タイトルページには、自序の三ページを見るようにとの記載があるが、実際は、序文ではなくSauces and Gravies の項目中の記述である。Kichiner, William, *Apicius Redivivus: or, the Cook's Oracle*, Samuel Bagster, 1817, タイトルページ , p. 3. Sauces and Gravles の四頁目参照。
（29）*Ibid.*, p. 3-4.
（30）*Ibid.*, preface.
（31）橋本、前掲書、二六五頁参照。
（32）Kitchiner, William, *op. cit.*, Preface.

家具のジャポニスム

「アングロ・ジャパニーズ」様式について

門田園子

「アングロ・ジャパニーズ（'Anglo-Japanese'）」様式とは、椅子やテーブルなどの実用を伴う洋家具に日本風の意匠や技術、材質を合わせた「英国＋日本」のスタイルで、一八七〇年代末から八〇年代後半に英米で流行したジャポニスムのデザインである。日本の「古風な趣」を英国の「現代」に適合する、日本美術の一風変わった精神をデザインに加えた様式とする見方もあったが、単なる好奇心から奇抜な日本風を選ぶのではなく、日本美術の調和と英国人の洞察力を合わせる、あるいは西洋文明にふさわしい日本の家具や装飾の模倣をする、つまり英国と日本という二つのアイデアが互いに優越性を主張し争うようなことはほとんどない様式として受け入れられた。「アングロ・ジャパニーズ」様式は「英国のアイデアを日本の言葉遣いで表現すること」と同義とみなされたのである。

「アングロ・ジャパニーズ」様式の家具を初めて製作したのは、ヴィクトリア時代の唯美主義者エドワード・ウィリアム・ゴドウィン（一八三三〜一八八六年）である。ゴドウィンは一八六七年頃から日本風の家具をデザインしていたが、「アングロ・ジャパニーズ」という用語は、一八七六年にゴドウィン自身が『アーキテクト *The Architect*』誌でリージェント通り北にあったリバティーの東洋美術を扱った店を「アングロ・ジャパニーズウェアハウス」と称したのが最初であった。ゴドウィンの有名なサイドボード（一八六七年制作）はモダニズムに繋がる簡素さが日本の「間」の美学に通じる「アングロ・ジャパニーズ」様式の代表作と言われているが、ゴドウィン自身は一八七六年までは「アングロ・ジャパニー

図 1 "Anglo-Japanese Furniture at Paris Exhibition by E. W. Godwin FSA decorated by J. A. McN. Whistler made by Wm Watt", *The Building News*, 14 June, 1878, p. 647.

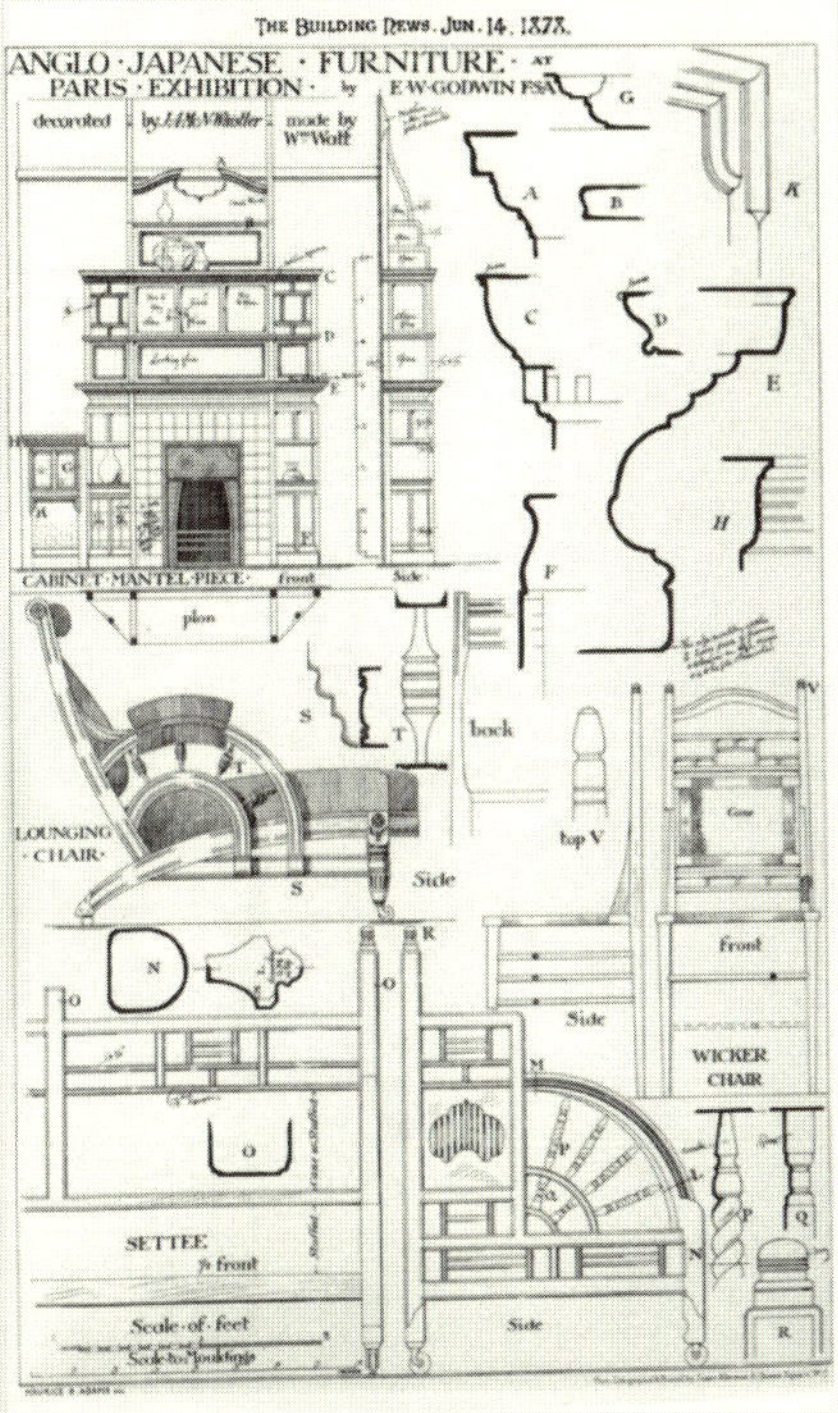

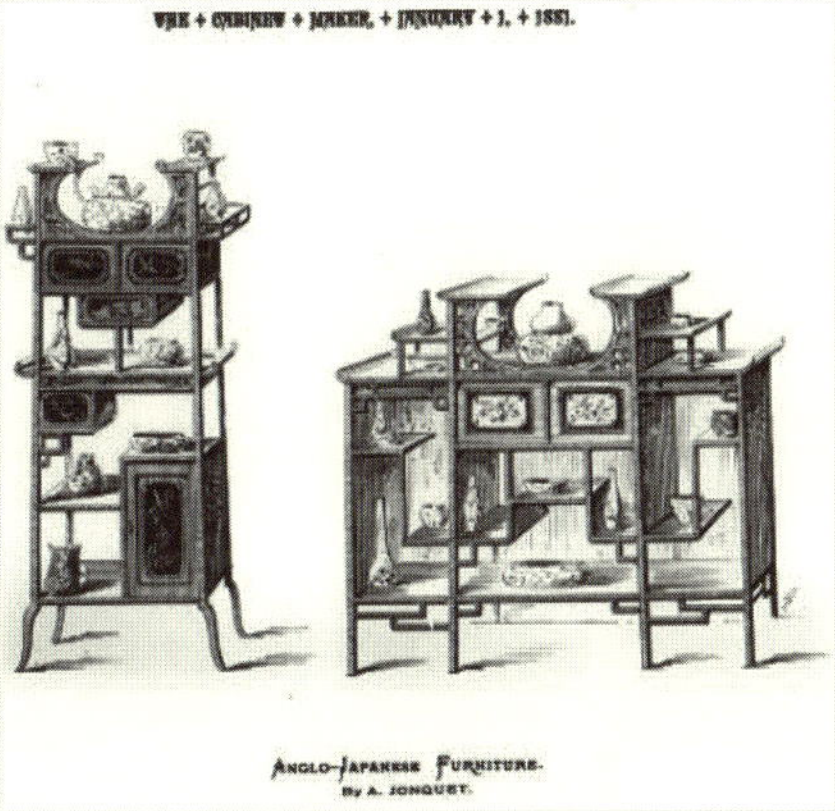

図 2 'Anglo-Japanese Furniture by A. Jonquet', *The Cabinet Maker and Art Furnisher*, 10 Jan., 1881, p. 105.

ズ」という用語を使用していない。

一八七七年にはゴドウィンが家具製造業者W・ワットと組んで刊行した『芸術家具（*Art Furniture*）』カタログで、ジャコビアン、クイーン・アン様式とともに「アングロ・ジャパニーズ風の居間用家具」が「多かれ少なかれ日本の原理に基づいて」いると紹介された。陶磁器を飾るためのウィング・キャビネット、籐編みの椅子、格子柄、香狭間、細い脚。マホガニー材に黒の塗料を塗って「黒檀化（ebonised）」した表面仕上げは黒漆を想起させ、漆の国＝ジャパンや擬漆風ワニス塗り＝ジャパニング以来の日本イメージと結びつく。カタログ刊行の前後になるが、ゴドウィンのスケッチ帳にはこの頃から‘Anglo-Jap winged Drawing cabinet Done for Watt’［PD E. 481-1963、ヴィクトリア＆アルバート・ミュージアム蔵］、‘A.J.Cab（A）Wats［sic］’［PD E. 233-1963］、‘Anglo-Japanese Designs by E. W. Godwin”［PD E. 482-1963］などの鉛筆書きが見られる。ゴドウィンは後年アングロ・グリーク、アングロ・エジプト様式の家具も製作したが、ゴドウィンのカタログレゾネの著者ソロスは英国と異なる時代、異なる国の様式を組み合わせたゴドウィンのデザインを「思慮深い折衷主義」と評している。

翌年の一八七八年に開催されたパリ万博にはワットが出品し、ゴドウィンがデザイン、画家ホイッスラーが金めっきや黄色のタイルを使って蝶や雲を描いたキャビネットが「アングロ・ジャパニーズ」家具として『ビルディング・ニュース *Building News*』誌に掲載された（図1）。

おそらくはこのパリ万博でのゴドウィンの成功を受け、一八七九年頃からロンドン、マンチェスター、バーミンガム、リーズ、ヨークの製造業者が「アングロ・ジャパニーズ」様式の家具や壁面装飾、陶器、金工品の製作・販売を開始し、一様式として認識されるようになる。一八八〇年代初頭には、地方展示会や農業会館での家具展への出品が増加し、ロンドンのベイズウォーターにあった百貨店ホワイトレーで販売されるなど、様式が一般に普及する時期を迎える。ロンドンのルクラフト社はきたるべき「アングロ・ジャパニーズ」様式の流行に備えて本物の日本製パネルを購入していると記事にあるのが一八七九年、ブルース・タルバートの遺作を含む作品集『流行の家具』（一八八一年）には選ぶべき様式の一つに「アングロ・ジャパニーズ」が挙げられている。格子柄の使用、漆風パネルや象嵌、黒檀化、細い脚などの典型パターン（図2）が繰り返されるなかで、「アングロ・ジャパニーズ」様式は次第に形骸化し、一八八〇年代末には市場から姿を消す。流行はアメリカにも届いたとはいえ、わずか一〇年弱と短命であったが、「アングロ・ジャパニーズ」様式から、ヴィクトリア時代後期の英国が日本イメージをどうとらえていたのかという異文化への眼差しを辿ることができる。「アングロ」の要素には、家具も「芸術」ととらえる総合芸術への志向、唯美主義、新しい時代に適用した新たなグッドデザインを求めていた国を挙げてのデザイン改良運動のながれが鑑みられ、英国の当時のデザイン事情を考察する上で魅力あるテーマとなっている。

第三部

イギリスのなかの「異国」

Eccentric People in Britain

オルタナティブ・メディアとしての「海賊ラジオ」

現代の地域主義とラジオ・フリー・スコットランド

加藤昌弘

はじめに

本稿ではスコットランドの「海賊」について論ずるが、その活躍の舞台は近世の海上ではなく、現代のメディア空間の内部である。時代を超えた海賊行為に焦点をあてることで、現代社会の変容を論じたい。そのような研究のなかでもデュランとベルニュによる『海賊と資本主義』（二〇一四年）の議論は、海賊行為を国家権力との相克の歴史のなかに読み解きながら、社会に革新的変化を生み出すための「必要悪」として海賊に注目している。彼らによれば、いつの時代も海賊は近代国家が規格化を進めていくさなかの新天地に組織的に乗り込み、国家権力の及ばない場所を拠点として攻撃をしかける。

一七世紀の新天地が海であったとするならば、現代の海賊は、メディアによって仮想的に形成される情報空間の中で活動する。本稿が対象とする「海賊」とは、国家によって厳格に管理される周波数帯を不法占拠し、堂々と放送をおこない、英国という権威に対して異議申し立てをしたスコットランドの海賊ラジオ放送局のことである。

彼らは違法な電波使用によって法律を犯し、国家の秩序を乱したという点では犯罪者である。しかし視点を変えれば、地域主義によって連合王国に構造的な変化をもたらすきっかけとなり、新たな時代の到来を準備したメディアとして評価できる。

ラジオ・フリー・スコットランド（RFS）は、スコットランドの「自治」を訴える海賊ラジオ放送局として一九五六年に設立された。その積極的な活動は一九六五年までに一旦の終止符が打たれることになるが、現在までその名を引き継いだメディアは存在し続けている。本稿では一九五六年から一九六五年までの期間に焦点をあて、この違法な放送の実践を、メインストリームに対して抵抗の声をあげようとするマイノリティによって試みられたオルタナティブ・メディアの実践として位置付け、現在の観点から再評価してみたい。

1. なぜ海賊ラジオなのか

今、なぜ海賊放送の価値を再評価する必要があるのだろうか。その背景には、二〇一五年現在のようなかたちでスコットランドの地域主義運動が結実しようとする半世紀ほど前から、それが例え「海賊行為」であったとしても、独自のメディア発信を志向し、参加型の放送によって独自の共同体を形成しようとした実践への歴史的な関心がある。一九五〇年代における海賊ラジオ放送は、まるで現代におけるツイッターやフェイスブックのような、人と人を結びつけるソーシャルメディアのようなものだったのではないか。

英国の近現代史において、スコットランドは主権をもつ独立国家ではなく、あくまでも連合王国を形成する地域のひとつに過ぎない。各種のマスメディアにおいてスコットランドは独自の特徴を有してきたと議論される一方で、英国放送協会(BBC)による一元的なメディア・ネットワークのなかに留め置かれてきた。(1)この事実は、アンダーソンによる「想像の共同体」におけるメディアと共同体の関係に照らし合わされながら、スコットランドが国民として独立を成し遂げられない理由の一つとして数えられてきた。(2)しかしそのような歴史のなかでも、海賊ラジオ局というゲリラ的なメディアの利用を通じて、「スコットランド国民」という独自の共同体を立ち上げようとした人びとが存在したのである。

次に、メディア史のなかで「海賊ラジオ」はどこに位置付けられ、また、ラジオ・フリー・スコットランドはどのようなメディアとして評価しうるだろうか。というのも、ラジオ・フリー・スコットランドは、英国の海賊ラジオ史上では、その設立時期においても目的においても、特異な存在だと考えられるからである。

英国におけるラジオの歴史を概観したクリセルは、BBCによる独占という退屈な英国のラジオ史に風穴を開けた画期的な現象として海賊ラジオ放送を評価している。(3)英国におけるラジオ放送の自由化はテレビ放送よりも遥かに遅く、一九七三年までBBCによって独占されていた。その独占を一時的にせよ打ち破ったのが、二〇〇九年に公開された映画『パイレーツ・ロック』(リチャード・カーティス監督)がノスタルジックに描き出したような、英国の湾岸線から遠く離れた公海上に浮かんだ船から英国の住民に対して送信されたポピュラーミュージックの海賊放送だった。その先駆けであり、最も成功を収めたとされるのが、一九六四年に開局したラジオ・キャロラインであり、そこから海賊ラジオ局のブームが巻き起こった。(4)

ラジオ・フリー・スコットランドが特筆すべき存在なのは、そうした一九六〇年代のブームに一〇年ほど先駆け、一九五六年に活動を開始したことであり、スコットランド中部のエディンバラやグラスゴー、パースといった「陸上から」放送された海賊ラジオ局だったことである。さらに、ラジオ・フリー・スコットランドは「英国で最初の、政治的な目的をもって設立された海賊ラジオ局」であり、ポピュラーミュージックの放送を主目的としたものではなかった。(5) その政治的な目的とは、スコットランドを連合王国から「フリーに」(独立、ないしは自治を拡大)することであり、スコットランドの視聴者をBBCの放送ネットワークから「フリーに」(解放)することだった。

2. 海賊ラジオの現代性

海賊ラジオを対象とする研究は少ないが、日本では近年のヨーロッパにおける市民メディアやパブリック・アクセスへの取り組みに通じる「前史」として海賊放送が言及されることが多い。(6) そのような市民放送を中心とした先行研究を踏まえて、本稿では海賊ラジオ局であるラジオ・フリー・スコットランドをオルタナティブ・メディアとして再評価する。

オルタナティブ・メディアとは、既存のマスメディアに対抗的、あるいは代替的な役割を果たそうとするメディアのことである。オルタナティブ・メディアは様々な研究者による定義がなされているが、既存のマスメディアが限定的なエリートや権威によって運営されてきたという理解を前提として、情報の発信側からはじき出されてきた社会的弱者や、社会において主流的に受け入れられている考え方に対して異議申し立てをしようとする集団に新たな情報発信と共有のチャンスを与えるメディアと考えることができる(7)。

この概念が海賊ラジオ放送に対して有益なのは、その放送の犯罪性や違法性に足を取られることなく、ラジオに限定されないメディアの「オープン・アクセス」や「市民メディア」、さらには近年の「参加型メディア」といった一連の情報発信の自由化を目指す普遍的なメディア実践のひとつとして、海賊ラジオ放送を考えることができるようになるからである。

そのような歴史的な研究の試みは、二〇〇一年八月『メディア・ヒストリー』誌が組んだ特集「メディア史におけるオルタナティブ・メディア」のなかにも読み取ることができる(8)。この特集の編者であるギブズとハミルトンによれば、なんらかの狙いや目的を持った社会運動が用いるメディアをオルタナティブ・メディアとして括ろうとする考え方は、近年みられる新たな動向であるという。英国史を振り返れば、工業化による社会の激変のなかで試みられた労働者階級による出版物や女性開放論者による出版物、さらにはラディカルな地下出版と称されてきたものなど、社会の変化を訴えるメディア実践は数多く存在する。オルタナティブ・メディアとは、そういった過去の試みを除外するのではなく総称し、現代まで一貫した共通性を持つ実践として補完しようとする。こうした視点が炙りだすのは、そのメディアとしての形態や発信者が誰であれ、小規模なメディアを通じてなんらかの主張を共同体に広め、そこから社会全体へインパクトを与えようというオルタナティブ・メディアの実践の歴史的普遍性であろう。

もちろん現在では、オルタナティブ・メディアの議論の主戦場はインターネット・

メディアに集約されつつあり、その可能性は極めて大きく評価されている。(9) そのような歴史のなかで捉えるならば、本稿が注目するような一九五〇年代から六〇年代にかけての海賊ラジオ放送は、インターネット普及以前の、オルタナティブ・メディアにおける先駆者的な取り組みのひとつとして捉えることができる。

3. 史料状況と研究手法

さて、ラジオ・フリー・スコットランドという海賊ラジオ放送局に対して、二一世紀の日本からアプローチするうえでは、もちろん大いに史料的な制約を受けることになる。実際の分析と議論に入るまえに、まずは確認されている史料状況と、それに基づいて本稿で取りうる研究手法について確認しておきたい。

まず、その放送内容についてどれだけ明らかにすることができるのだろうか。前提として、ラジオ・フリー・スコットランドの実際の放送内容を録音したものは、現在までのところ発見されていない。放送はテープに吹き込んだものを輸送し、都市内の様々な場所からゲリラ的に放送していたことが関係者の証言から判明しているが、その録音テープ自体は少なくとも公的なアーカイブによる所蔵を確認できていない。

しかしながら、いくつかの出版物に残された痕跡を組み合わせることによって、その放送内容を復元し、把握することはできる。局が制作した宣伝用のパンフレットはスコットランド国立図書館に所蔵されており、どのような放送がおこなわれているのか、どのような主張がなされているのかを簡潔に示している。

当事者たちによる記録も残されている。スコットランドの地域主義運動家たちの出版物にエッセイが残されている他、ラジオ・フリー・スコットランドの「局長」を務め、後にスコットランド国民党の代表にもなったゴードン・ウィルソンは、『ラジオ放送の海賊』と題したラジオ・フリー・スコットランドの回顧録を一九九八年に出版した。(10) ウィルソンによる記述は、当事者によるものとして客観的に検証される必要があるが、少なくとも事実関係においては同時代の新聞報道と照らし合わせた限りでは、その内容は事実に基づいている。ウィルソンによる内側からの視点や認識はもちろん、マスメディアなど外部からのそれらとは興味深いコントラストを描くこともあった。ラジオ・フリー・スコットランドは、ウィルソンたちにとっては「誰に対してもオープンな」メディアであったようだが、その活動を報じる『タイムズ』や『ガーディアン』といったイングランドの日刊紙からすれば「スコットランドのナショナリストたちのメディア」であった。

インターネット上のウェブにも情報がある。愛好家による『DXアーカイブ』と題されたページには、海賊放送局や短波ラジオ局に関する豊富な情報が提供されている。ラジオ・フリー・スコットランドについても、局と交信したことを証明するためのQSLカードの複写など、資料が公開されている。(11) また、その真偽を確認することは極めて困難ではあるが、ラジオ・フリー・スコットランドの聴取者たちから、その海賊放送に協力していた過去を懐かしむコメントがニュース記事に投稿されていることもあり、当時の白熱した状況を掴む助けとなった。

このように本稿では、その史料状況から、外堀を埋めるかのようにさまざまなテクストを組み合わせながら、放送の実態にアプローチしていく。そのうえで、史料的な限界を踏まえ、本稿ではラジオ・フリー・スコットランドがどのような放送内容を送信していたか、というよりも、どのような目的で海賊ラジオ放送が一九五〇年代から六〇年代のスコットランドで実施され、また最終的にどのような成果を達成したのか、その政治的な意義をまず議論する。さらに、ラジオ・フリー・スコットランドが放送されていたというまさにそのメディア実践そのものが、いったい当時のスコットランドの人々にどのような影響を与えたのか、海賊ラジオ放送をめぐる発信者とオーディエンスによる「共犯関係」に注目しながら、その文化的な意義を明らかにしてみたい。

4. 英国を変えた政治的意義

ラジオ・フリー・スコットランドが設立された一九五〇年代のスコットランドにおいて、いったい何が問題とされ、なぜ海賊ラジオ放送局が必要とされたのだろうか。オルタナティブ・メディアが何らかの非主流的な主張を伝えるためのメディアであるとすれば、ラジオ・フリー・スコットランドはどのような権威に対して、マイノリティの立場から異議申し立てをおこない、どのような社会変化を訴えていたのだろうか。そして、その目標は英国のなかでどれほど達成されたと評価できるのであろうか。

当時のスコットランドで、海賊ラジオ放送という「違法」な手段を用いてでも変化を訴えたい状況とは、当時の地域主義者たちの考えによれば、本来は地域住民の関心やニーズに基づいて実施されるべきマスメディアの放送が、実際にはロンドンのエリートたちによって牛耳られているという不満であった(12)。つまり、全国規模でBBCによって統制されるテレビやラジオは、地域の実情を正しく全国民に伝えていないし、地域に対する責任も果たしていないというのである。

その問題状況を、当事者たるBBCの史料から確認してみよう。確かに、スコットランドはBBCの全国的な放送ネットワークの中に存在する地域区分のひとつに過ぎなかった。伝統的に英国の放送ネットワークは「全国で一律の放送をおこなうことが第一であり、地域ごとの多様性を反映させることは後回しであった」と一九七四年の委員会で議論されている。(13) それでも一九六〇年度のBBCの年次報告書を確認すると、スコットランドとウェールズには独自の委員会が設置されており、少なくとも北アイルランドやイングランド内の諸地域区分よりは配慮がなされていたことが伺える。(14) 一九六〇年の時点で、単純に数字の上でだが、ラジオにおいては「多くの」番組がスコットランドで制作されており、テレビにおいては「週におよそ五時間」の内容がスコットランドで制作されていたことが報告書でも確認することができる。(15)

それでも地域主義者たちは満足していなかった。運動家たちは、英国の放送ネットワークはまるで自分たちを魔術的な力で封じ込めようとする「魔法円（マジック・サークル）」のようなもので、それを打ち破ることが自分たちの使命であると考えていた。(16) なぜなら、政治的な放送について、極めて厳しい制限がかけられていたからである。具体的には、地域主義を代表していたスコットランド国民党のような、全国的にみれば「少数派」は、政党の主張をラジオやテレビの受け手に訴える政治放送から締め出されていた。ラジオ・フリー・スコットランドが活動した一九五〇年代半ばから一九六〇年代半ばにかけては、政治システムではもちろん、放送上でも地域の自治や権限移譲などまったく考慮されていなかった。それどころか、ほとんどのスコットランドのメディアは、自治や独立の運動そのものを長年にわたって無視し続けてきた、と地域主義者たちは感じ続けていた。(17)

BBCのネットワーク上における政治放送の状況について表にまとめてみた（表1）。政治放送とは、各政党に割り振られている放送時間のことで、その放送内容は政党に一任されている。日本では政見放送にあたると考えてよいが、その内容は政治家が視聴者に対して語りかけるようなスタイルから、徐々に商業的なCM（コマーシャル・メッセージ）のような形式へと変化していった。政党にとってみると、この政治放送の時間は自分たちの主張を有権者に直接伝えるための重要な時間だった。

しかし、当時は保守党、労働党、そして自由党という三つの政党にだけ政治放送が許されており、それ以外の政党はBBCの全国ネットワークで自分たちの主張を放送することは許されていなかった。BBCの報告書によれば、政治放送の放送頻度は増えているが、放送時間の総合計は「昨年並み」と記されているだけで、それぞれの番組がどれだけの長さであったのかがわからない。しかしながら、この表に記されていない政党に対してはまったく放送の機会が与えられていなかったことは事実であり、その除外された政党にはスコットランドのスコットランド国民党、ウェールズのプライド・カムリ（ウェールズ党）といった地域主義政党を代表例としてあげることができる。

この件について、BBCの年次報告書では「再検討されている」とだけ記されているが、[18]同じBBCのスコットランドにおける放送を審議する評議会では「評議会は何度でも、この命令は撤回されるべきであるという信念を繰り返す」と、かなり強い調子でこの政治放送から地域政党が締め出されているルールの見直しが訴えられている。[19]

つまり海賊放送という違法な手段を用いるうえで、スコットランドの当事者たちにとっては、正当な理由が存在した。まず、海賊ラジオ放送という非合法手段に訴えるのは、自分たちスコットランドの地域主義者が、BBCという連合王国の全国テレビ放送のネットワークから締め出されているからである。また、そのような状況下では、自分たちの主張の内容はもちろんだが、それ以前に、自分たちの存在そのものをラジオやテレビの受け手に知ってもらうことが、第一の目的だった。まさに、当時の地域主義者の言葉を再び借りれば、海賊ラジオ放送という手段を用いることで、スコットランドが封じ込められていたBBCネットワークという「魔法円を打ち破ろうとした」のである。

表1　1960-61年におけるBBCの政治放送

	ラジオ番組	テレビ番組	放送範囲
保守党	×8	×4	全国
労働党	×6	×4	全国
自由党	×2	×1	全国

BBC, 1961, p. 55より作成

しかし、テレビのネットワークにおける放送制限を打ち破るために、なぜ海賊ラジオなのだろうか。私たちがよく知るように、テレビとラジオは異なるネットワークであり、聴取者層も必ずしも一致しないように思われる。テレビ視聴者に対して特定の主張を届ける際に、ラジオ・フリー・スコットランドの海賊ラジオ放送は、どのような手段をとったのだろうか。

ラジオ・フリー・スコットランドは、テレビの電波を占拠してラジオ放送をおこなった。つまり、BBCのテレビ放送を見ている視聴者は、突然、発信者不明の音声の割り込みを受ける。見慣れている定時のBBCニュースが、突如としてスコットランドの地域主義者に乗っ取られるというわけだ。この手法はラジオ・フリー・スコットランドの目的に鑑みると、合理的である。まず、BBCテレビの電波に対して割り

込むという行為自体が、自分たちの目的と合致している。そして、テレビの視聴者に対して自分たちの主張をラジオ番組という安価な制作費によって賄える手段で伝えることができるからである。

このスコットランドの海賊放送が始まると、その模様は衝撃的なものとしてイングランドの新聞各紙によって伝えられた。例えばロンドンの『タイムズ』紙は、一九五六年一一月二五日の夜、日曜日のスコットランド中部の都市、パースの各家庭で生じた海賊ラジオ受信の様子を、「深夜、消し忘れていたテレビがいきなり話し出した」「BBC放送の終了を告げる国歌のあと、アコーディオンの曲が流れてきた」と描写している。[20]記事によると、その唐突な音声だけのテレビ放送は「国民の独立のために真剣に戦うことを宣言する」もので、ラジオ・フリー・スコットランドと名乗ったという。放送は明瞭で、二〇分ほどで終了し、愛国的な「スコットランド・ザ・ブレイブ」の演奏で始まり、「スコッツ・ワー・ヘイ」で終わりを告げたという。

ラジオ・フリー・スコットランドの政治性が際立つのは、やはり実際の民主主義が機能する場、とりわけ選挙の場であった。ラジオ・フリー・スコットランドは、スコットランドの地域主義者たちにとってのオルタナティブ・メディアとして機能した。特に、BBCのネットワークから締め出されていたスコットランド国民党の候補者にとっては、それが必ずしも自分の選挙区に対するものではなくても、都市部の住民たちに直接語りかけることができるメディアとして、海賊ラジオ放送が活用されていた。

例えば一九六二年一一月、グラスゴーのウッドサイド選挙区で補欠選挙が実施された際、六人の候補が立候補した。『ガーディアン』紙によれば、スコットランド国民党の候補者であったアーカン・ニヴンは、ラジオ・フリー・スコットランドに出演して自らの政策を訴えている。[21] これを同紙は「新機軸（ギミック）」と称しているが、スコットランド国民党の候補がそのような奇策を取らなければいけなかったのは、主要な三党の候補者にはテレビとラジオ放送に時間が与えられていた一方で、スコットランド国民党には許可されていなかったからである。

おなじように、エディンバラの西ロージアン選挙区の補欠選挙について『ガーディアン』紙が伝えたのは、やはりスコットランド国民党のウィリアム・ウォルフが「まったく型にはまらない選挙活動」を実施していたことで、その新規な選挙活動のなかには、ラジオ・フリー・スコットランドへの出演が含まれている。[22]

こうした報道からは、マスメディアから排除された勢力であるスコットランド国民党にとって、海賊ラジオ放送局が極めて大きな意味をもつメディアであったと同時に、その輪の外側にいる人々から見ても、その活動は「奇抜」で、もちろん違法ではあるが、スコットランドの地位を認めさせようとする「大義」と結びついたゲリラ戦のようなものであったことが読み取れる。当然、選挙戦においてラジオ・フリー・スコットランドは、スコットランド国民党の候補者以外からは煙たがれることになり、北エディンバラの補欠選挙では、保守党・労働党・自由民主党の三人の候補はそれぞれに政策上の違いをアピールしたが、ただ一点、「スコットランドのナショナリストたちによって運営される違法な放送局であるラジオ・フリー・スコットランドからの招待には応じられない」点では一致した、と『タイムズ』紙が伝えている。[23] これは、この海賊ラジオ放送局の存在そのものが広く認知されており、かつ特定の政治性を帯びていたことの証明であろう。

このラジオ・フリー・スコットランドによるゲリラ戦は、開局から一〇年ほど経っ

表2　1964-65年におけるBBCの政治放送の割当て

	ラジオ番組	ラジオ合計	テレビ番組	テレビ合計	放送範囲
保守党	10min ×3 5min ×3	45min	15min ×2 10min ×3	60min	全国
労働党	10min ×3 5min ×3	45min	15min ×2 10min ×3	60min	全国
自由党	10min ×1 5min ×1	15min	10min ×2	20min	全国
スコットランド国民党	5min ×1	5min	5min ×1	5min	スコットランド
ウェールズ党	5min ×1	5min	5min ×1	5min	ウェールズ

BBC, 1965, p. 42より作成

た一九六四年に「勝利」によって報われることになった。スコットランドに対する放送ネットワーク上の不平等は、一九六〇年六月の『ガーディアン』紙がこの海賊ラジオ放送の目的を「BBCの捕虜になっているスコットランドを解放すること」だと報じたように、一般にも周知の事実となっていた(24)。結果として一九六四年には、正式にスコットランド国民党に、ラジオ放送とテレビ放送でそれぞれ五分間の、計一〇分間の政治放送がBBCネットワークのなかで許可されることになった（表2）。

これは全面的な規制が実施されていた時に比べれば大きな変化がもたらされたと言えるが、主要三党と比較すれば、依然として大きな格差が存在した(25)。この点について、ジョン・カーは、テレビとラジオは容易には地域には開放されず、長時間に渡って放送時間の公

平な共有は拒否され、それは「悪意に満ちて」いたと主張している。[26] しかしながら、スコットランド国民党のジェイムズ・ブライドは、一九六五年八月二日の『ガーディアン』紙に対して、放送ネットワーク上に地域主義者たちが確たる位置を占めることは「宿願」であったし、歴史的にも「大きな変化」であったことは間違いないとコメントしている。[27]

このように、ラジオ・フリー・スコットランドは、その海賊ラジオ放送という形態自体が、連合王国の放送ネットワークに対する異議申し立てとなっていた。そのため、政治放送の規制が緩和され、スコットランドにおいてはスコットランド国民党に放送時間が与えられたことは、ラジオ・フリー・スコットランドを含めたスコットランドからの運動が結実した、一応の政治的な成果として認めることができるだろう。

5. つながりを生んだ文化的意義

ここまではラジオ・フリー・スコットランドが、当時の連合王国という枠組みの変化のなかでどのような政治的な役割を果たしたのかに注目してきたが、ここからは、より文化的な、数値として把握できない海賊放送の意義に注目し、考察していく。注目点は大きく分けて二点で、まずはいったいラジオ・フリー・スコットランドが何をリスナーに訴えていたのか、その放送内容について考える。そして、違法な海賊放送に取り組んでいた当事者たちのなかで醸成されていったと考えられるある種の共同体意識や、参加感覚について、議論してみたい。

一つ目は、ラジオ・フリー・スコットランドの放送内容である。海賊放送という形態ゆえに、現在からその放送自体を再聴取することは難しいが、いくつかのパンフレットや新聞記事が、番組内容を復元する手がかりとなってくれる。いったいラジオ・フリー・スコットランドは、リスナーに何を語りかけたのだろうか。

ラジオ・フリー・スコットランドが熱意を持って語ったのは「スコットランド国民としての団結」である。これは一九五〇年代当時にはあまりにも現実味の薄い主張であったかもしれないが、それでもラジオ・フリー・スコットランドは、スコットランド人全員が当事者意識を持つことの重要性を訴え、そのために行動を起こすことを訴えるメディアとして立ち上げられた。一九五〇年代にこの海賊放送局が印刷したパンフレットは、将来、「どんなスコットランドを見てみたいか？」と受け手に選択を迫ることから始まる。「不平不満を述べるだけの欲求不満を抱えた地域であり続けるのか、それとも確たる目的をもった国民になるのか？」[28]。そのような選択を迫る背景には、このままではスコットランドは「将来の望みがまったくないマイノリティとしての立場」に連合王国内で留まり続けることへの問題提起があり、スコットランド政府を樹立するために戦い続ける政党としてのスコットランド国民党への支持を拡大する狙いがあった[29]。こうしたラジオ・フリー・スコットランドの「自治を取り戻そう」「スコットランドの人々のために責任を果たす、スコットランド政府を持とう」といった主張が、放送の基調をなしたと考えられる[30]。そのため、『タイムズ』や『ガーディアン』といった高級紙は、この海賊ラジオ局をしばしばナショナリストによる「政治的なプロパガンダ放送」と呼んだ[31]。

ここで一連のラジオ・フリー・スコットランドの主張の特徴を挙げるとすれば、それはあくまでもスコットランドに住む人々が、国民というナショナリティによって団結することを訴えていたことで、民族主義による本質主義的な区別を主張していたわけではないことだろう。[32] これは二〇一五年現在のスコットランドにおける独立運動にも共通している。[33] あくまでもラジオ・フリー・スコットランドが寄付によってボランタリーに運営されていたことも、現在の草の根運動に通じるところがある。[34]

二つ目は、そのような草の根的な海賊放送に取り組み、また聴取した人たちがいかに一体となって参加経験をしていたのかに注目したい。というのも、残された史料を読む限り、この海賊ラジオ放送の発信者と受信者（オーディエンス）のあいだには、ある種の一体感、共同体意識のようなものが生まれていたことがうかがえるからである。その背景には、ラジオ・フリー・スコットランドの海賊放送としての特徴があった。ここでは、リスナーが番組に対して親密さや共感を抱くような仕掛けがあったことと、その違法行為を共同して運営する「共犯意識」のような感情を抱いていたことを指摘したい。

まず、ラジオ・フリー・スコットランドは、単なる政治宣伝のための放送局ではなかった。この海賊放送が「スコットランド国民の団結」を訴えるためのものであったとしても、その内容は番組時間の全てを費やして政治について議論するようなものではなかった。『タイムズ』や『ガーディアン』といった日刊紙だけを見ると、あたかもこの海賊ラジオ放送はイングランドの支配に抵抗するスコットランド国民の声を代弁していて、「ナショナリスト」によるプロパガンダ放送のようなものだったように伝えられている。しかし実際には肩のこらない番組編成が心がけられ、日常的には気楽に聞くことができるような工夫がされていた。

リスナーを正体不明の海賊放送につなぎとめる重要な仕掛けのひとつが、音楽である。ウィルソンによれば、ラジオ・フリー・スコットランドの番組は、ニュースやインタビューだけでなく、気楽な雑談、娯楽としても機能するように心がけていたという。ポピュラーミュージックのリクエストをリスナーから募って放送するなど、そしてロック・ミュージックのリクエストを流すことの合理性について、ウィルソンは「番組全体に渡って、重苦しい政治についての内容を続けることは不可能だった。音楽は重大な役割を果たしていたことは明らかだ」と述懐している。(36) さらに彼の見解にひとつの視点を加えるならば、BBCのネットワークの中で放送が制限されていたポピュラーミュージックを自由に流すという行為自体が権威への抵抗でもあり、リスナーのなかの潜在的な需要を満たすものでもあっただろう。

一九六二年二月の『ガーディアン』紙の報道によれば、ラジオ・フリー・スコットランドには、月曜夜の定期放送におよそ三〇〇〇人のリスナーがいた。(37) ウィルソンによれば局に寄せられるリクエストの数は「毎週、一〇通から三一通」だったという。(38) リスナーが郵便で放送局と連絡を取ることができるように、パンフレットにはエディンバラやグラスゴーの住所が掲げられていた。二〇一五年九月に該当するエディンバラ中心部の住所を訪ねてみたが、ニュータウンの大きな通りから一本入った路地裏ゆえに人影もなく、おそらくは当時からそのままのように見える平屋が煉瓦造りの建物に囲まれて残っているだけであった(三四三頁の写真)。

もう一点の「共犯関係」については、このラジオ・フリー・スコットランドが、ある種の「市民参加型メディア」としての性格を有していたことに言及しておきたい。つまり、無数の市民たちが「協力者」となって、警察によって検挙されることを防ぐためにラジオの発信機を人から人へと移動させながら、毎回違う場所から、ラジオ・

フリー・スコットランドをゲリラ的に放送していたのである。

その手がかりとなったのが、二〇〇六年一二月、『ファイナンシャル・タイムズ』紙が伝えたアニー・ナイトという女性の死亡記事である。これは彼女が一一一歳という高齢まで生きたことを伝えるものだが、スコットランド国民党の党首（記事当時）であったアレックス・サモンドによってこの記事には興味深いエピソードが添えられている。サモンドが葬儀の席で、アニー・ナイトが「一九六〇年代、海賊ラジオ放送局だったラジオ・フリー・スコットランドの運営を手伝っていた」という彼女の「活動家としての犯罪歴」を打ち明けているのである。(39) さらに同記事で、その海賊ラジオ放送が「彼女の家のリビングルームから」なされたとサモンドが説明していることは、ラジオ・フリー・スコットランドの放送形態を捉える手がかりとなった。

少なくとも一九六三年の段階で、『タイムズ』紙によれば、ラジオ・フリー・スコットランドは「三つの違法送信機」を運用していた。(40) ウィルソンによれば、その送信機は乗用車で簡単に運べるような小さなもので、木製の箱に収められていた。それらは「ハム」と呼ばれるアマチュア無線家によってグラスゴー近郊の小さな町のカフェで組み立てられていたという。(41)

二〇一一年に『スコッツマン』に掲載されたオンライン記事には、毎週放送される二〇分間の番組は週末にカセットテープに録音され、それが秘密裏に、送信機を持つ素性が明かされていない人々に手渡されていた、とラジオ・フリー・スコットランドの放送形態についての説明がある。(42) さらに興味深いのは、その記事につけられた匿名の読者からのコメントである。(43) コメントによれば、その人物はグラスゴーの集合住宅に住んでいたとき、四階の南向きの部屋に、ラジオ・フリー・スコットランドの送信機を取り付けて放送を手伝ったという。「もし二度やれば、警察がやってくる」とコメントは締めくくられており、一箇所にとどまって配信が続けられていたわけではないことが伺える。誰のものでもない公海を転々としながら放送を続けた海賊ラジオのように、ラジオ・フリー・スコットランドは、都市の路地を転々としながら、送信機を協力者の手から手へと輸送しながら、海賊ラジオ放送を続けていたのである。

こうした特殊な放送形態が、必然的に多くの協働作業者を必要とし、送信者と受信者のあいだの垣根を超えた一体感を生み出していた。ラジオ・フリー・スコットランドのリスナーはもちろんスコットランドのBBC局内にも存在した。ラジオ・フリー・スコットランドは、BBCの周波数を乗っ取ることで放送されている。そのため、その電波を意図せず受信したBBCの視聴者から「放送がおかしい、直してくれ」というクレームの電話がBBCに入ったとしても、海賊ラジオ放送に共感する社員がはぐらかした対応をすることがあった。(44)「私はグラスゴー、エディンバラ、アバディーンシャーのメルドラムの電波をチェックいたしました。確かに視聴者は何かを聞いたようです。しかし、それが人の話し声だとは認識できなかったということです」。この返答をしたBBCの広報局に勤めていたダグラス・ステュワートは、のちにスコットランド国民党の中心的な人物になったという。

このように、ラジオ・フリー・スコットランドという海賊ラジオ放送局を、スコットランド地域政党の政治放送枠の獲得という政治的な達成とは別の観点から考察すると、スコットランドの無名の市民たちがネットワークを形成し、しばしば警察のような権力から逃れながら、違法な海賊ラジオ放送を支援していた姿が浮かび上がってくる。既存の研究が重視したように、これを現代の「市民メディア」のプロトタイプと呼ぶことはできるだろう。さらに本研究が試みたように、インターネット時代の「参加型メディア」に接続できるようなオルタナティブ・メディアの実践として当時の海賊ラジオ放送を捉えることもできる。二〇一四年にスコットランドで実施された独立の是非を問う住民投票では、独立賛成・反対の両派によるソーシャルメディアを活用した草の根的なキャンペーンが注目されたが、そのような取り組みの初期のかたちが、空を飛ぶテレビとラジオの電波のなかで、インターネットが普及する遥か以前である一九五〇年代から試みられていたのである。

2014 年 9 月 14 日 筆者撮影

おわりに

本稿では、スコットランドにおける自治・独立の運動が現在のように本格化し、一定の成果を生み出す以前における活動として海賊ラジオ放送に注目し、そのオルタナティブ・メディアとしての特徴と具体的な成果について検討してきた。スコットランドにおける地域主義の高まりに先がけて試みられた海賊ラジオ放送であるラジオ・フリー・スコットランドは、本稿の後半で検討したように、イングランドからみれば「ナショナリストたちによる抵抗」の象徴であったが、スコットランドにおいてはある種の共同体意識を生み出しうる参加型メディアでもあった。

この海賊ラジオ放送局は、スコットランド国民党に対して政治放送の枠が確保されたことをひとつの契機として、一九六五年には一応の幕引きを迎えた。その後、スコットランドにおける地域主義の盛り上がりは一九七九年の住民投票まで続いていく。なお「ラジオ・フリー・スコットランド」という名は、一九六五年以降も有志によって引き継がれており、海賊ラジオ放送の試み自体も、一九七〇年代まで継続されていた。[45]

二一世紀において、スコットランドの地域主義で重要な役割を果たすメディアはインターネット上のさまざまなサービスに移行しており、もはや実際の電波を利用した海賊ラジオ放送が重大な役割を果たすことはないかもしれない。それでも二〇一四年のスコットランド独立を問う住民投票に至る運動のなかで、インターネット上のストリーミング放送がラジオ・フリー・スコットランドの名によっておこなわれ、『フェイスブック』上にも同放送局の存在が確認された。もはや誰が名乗るにせよ「ラジオ・フリー・スコットランド」という名称は、スコットランドの「フリー」の象徴となっている。どれだけインターネットが普及し、既存の放送が自由化されようとも、私たちはマスメディアに代替しうるような「オルタナティブ」で「参加型」のメディアを必要としている。スコットランドにおいても、自分たちの考えをより多くの人々と共有する試みは、終わることなく続いているのである。

注

（1）Harvey, Silvia, and Kevin Robins, eds. *The Regions, The Nations and the BBC*. London: BFI Publishing, 1993.

（2）Meech, Peter, and Richard Kilborn. "Media and Identity in a Stateless Nation: The Case of Scotland." *Media, Culture and Society* 14.2（1992）: 245-60.

（3）Crisell, Andrew. "Broadcasting: Television and Radio" in Stokes, Jane, and Anna Reading, eds. *The Media in Britain: Current Debates and Developments*. Hampshire: Palgrave, 1999, 61-73.

（4）MacDonald, Barrie. *Broadcasting in the United Kingdom: A Guide to Information Sources*, 2d ed. London: Mansell, 1993, 14.

（5）Thompson, Frank. "Voice of Scotland." *The Celtic Nations*. Cardiff, Book of the Celtic League, 1963, 40-4.

（6）平塚千尋「海賊放送から市民放送へ——ヨーロッパにおける放送への市民参加」『放送研究と調査』五二巻二号、二〇〇二年、三二—四三頁。

（7）八幡耕一「オルタナティブ・メディアと社会的弱者の可視化」『言語文化研究叢書』八巻、二〇〇九年、一六九—一八七頁。

（8）Gibbs, Patricia L., and James Hamilton. "Alternative Media in Media History." *Media History* 7.2（2001）: 117-8.

（9）Lievrouw, Leah A. *Alternative and Activist New Media*. Cambridge: Polity Press, 2011.

（10）Wilson, Gordon. *Pirates of the Air: The Story of Radio Free Scotland*. Edinburgh: Scots Independent（Newspapers）Ltd., 1998.

（11）"Scottish Pirate Radio: Radio Free Scotland." *DX Archive*. <http://www.dxarchive.com/landbased_scotland_

radio_free_scotland.html> (Last Access 26 October 2015)

(12) Kerr, John. "The Media and Nationalism." in Hutchinson, David, ed. *Headlines: The Media in Scotland*. Edinburgh: EUSPB, 1978, 93-102.

(13) BBC. "BBC Memorandum: The BBC and Regional Broadcasting." *The Committee on the Future of Broadcasting 1974*. London: British Broadcasting Corporation, 1975, 1.

(14) BBC. *Annual Report and Accounts 1960-61*." London: HMSO, 1961, 49-55.

(15) *Ibid*., 15.

(16) Kerr, 1978, 99.

(17) BBC, 1975, 2.

(18) BBC, 1961, 55.

(19) BBC, 1961, 15.

(20) "Radio Free Scotland: Appeal to Support Nationalists." *Times* (*London*) 26 November 1956, 4.

(21) "Woodside Gimmicks." *Guardian* (*London*) 22 November 1962, 5.

(22) "Fighting for Second Place at W.Lothian." *Guardian* (*London*) 13 June 1962, 3.

(23) "Labour's Theme of Hearts and Coronets." *Times* (*London*) 18 May 1960, 8.

(24) "Scottish Pirates on the TV Wavebands: Freeing the BBC Captives." *Guardian* (*London*) 6 June 1960, 3.

(25) BBC. *Annual Report and Accounts 1964-65*. London: HMSO, 1965, 42.

(26) Kerr, 1978, 99.

(27) "TV broadcast for Scots Nationalists." *Guardian* (*London*) 2 August 1965, 2.

(28) Radio Free Scotland. *Province or Nation: A National Party Talk as Broadcast*. Edinburgh: Radio Free Scotland, 1956?, 1

(29) *Ibid*., 2.

(30) *Ibid*., 6.

(31) "Backing for Radio Free Scotland: National Party Decision." *Times* (*London*) 13 December 1956, 6.

(32) Radio Free Scotland. *Its Background and Its Policy*. Edinburgh: Radio Free Scotland, 1962?.

(33) 富田理恵「歴史の岐路に立つ二〇一四年スコットランド独立投票」『日本歴史学協会年報』三〇号、五一—五七頁。

(34) Thompson, 1963, 43.

（35） Wilson, 2011, 64.

（36） *Ibid.*, 52.

（37） "In Defence of Choice." *Guardian*（*London*）13 February 1962, 10.

（38） Wilson, 2011, 64.

（39） "Scots Wha Hae." *Financial Times*（*London*）5 December 2006, 18.

（40） "Pirates Broadcasters to Start Again." *Times*（*London*）2 September 1963, 6.

（41） Wilson, 2011, 10.

（42） Peterkin, Tom. "Pirates of the Caledonian: Uncovering Radio Free Scotland." *Scotsman.com*（*Online*）25 September 2011. <http://web.archive.org/web/20111004134548/http://news.scotsman.com/politics/Pirates-of-the-Caledonian-Uncovering.6842505.jp>（Last Access 3 June 2015）

（43） 該当記事のコメントは「Strachur」と名乗る人物による。

（44） Wilson, 2011, 6.

（45） "Radio Man Fined." *Guardian*（*London*）8 May 1972, 7.

式典プロデューサーとしてのウォルター・スコット

以倉理恵

　スコットランドの首都エディンバラは、現在、名実ともに世界有数の祝祭都市として数々の文化事業の成功を収めている。音楽・ダンス・演劇などの多彩な芸術祭、書籍やアート、映画、サイエンスの国際フェスティバルがおこなわれ、その知名度とレベルが都市の価値を高め、世界からの集客に貢献している。こうした大規模な催しの背景に優秀なプロデューサーの存在があるわけだが、一八二二年のジョージ四世によるスコットランド行幸におけるサー・ウォルター・スコットの役割がまさしくそれにあたる。スコットは、一七一年ぶりに君主を迎えることになったスコットランドの国家儀礼の総監督、すなわち総合プロデューサーなのである。

　スコット（一七七一～一八三二年）はエディンバラ出身の詩人、作家である。日本で翻訳が出版されたのはすでに明治初期であるが、その名は意外と知られていない。本国においても、かのシェイクスピアと同様に「読まれざる大作家」と称せられる。坪内逍遥による翻訳を始めとして明治期後半に代表作の『アイヴァンホー』と『湖上の美人』を中心に翻訳された。スコットは法律家の公職の傍らで、詩人として出発し、小説に転向した。ベストセラーの『ウェイヴァリー』を当初、匿名で発表したことから「知られざる大作家」と呼ばれる。スコットの作品群は歴史小説という新たなジャンルを確立し、英国はもとよりヨーロッパを席巻した。名声の頂点を極めたスコットと文芸愛顧に熱心なジョージ四世との親交は一八一五年に始まる。一八二〇年に国王に即位したジョージ四世からの初の爵位がスコットへ授与され、准男爵となる。こうした関係のなかでスコットが厚い信頼を得て、国王訪薊における式典の総監督を任命されるに至る。すなわち、スコットが王室のパトロネジのもたらし手としてスコットランドにおける重要な政治的立場であったことが理解できる。摂政皇太子時代の一八一九年からスコットランド公式巡行の企画が持ち上がり、スコットに総監督の権限が委ねられたが、ジョージ四世が六〇歳になろうかという高齢に加えて健康状態が芳しくなく、具体的な日程が決まらずにいた。一八二一年のアイルランド公式訪問の帰路に立ち寄る案が実現しなかったため、寵栄に浴さんとするスコットランド政府から積極的な要請がなされ、その結果、ようやく君主を迎えることになったのである。ただし日程が正式に決定したのはわずか二週間前であった。

さて、近代における王室儀礼の「伝統の創造」が確立されるには、さらに時期を待たねばならない。このことは、式典執行人スコットの発案する「古来の慣わし」の挙行が可能であったことを意味する。このたびのスコットランド訪問は、国王の即位を祝賀する一八二一年の戴冠式とアイルランド公式訪問という一連の行事に連続しており、スコットはそれらを観察することで綿密な計画を練っていたのである。

スコットの娘婿で伝記作者のJ・G・ロックハートによれば、スコットが「舞台監督」として式典の構想、人事から「行列の順番、ボタンのデザイン、歓迎の旗の刺繍に至るまで一切合財を取り決めなければならなかった」。注目すべきは、小冊子『国王陛下御行幸に際してエディンバラの住民その他にむけた、古参市民による手ほどき書（以下、『手ほどき書』）』が作成されたことである。同書は一シリングの頒布によって喧伝され、短期間に市民へ式典の方向性を周知徹底することができた。

『手ほどき書』とは、国王を歓迎する心構え、式次、国歌、歓迎の歌等が手引きされた三二ページからなる「ドレスとふるまいのハンドブック」である。筆名の「古参市民」がスコットであることは周知の事実とされていた。とりわけこの中で臨席者のドレス・コードについて、身分・位階に応じた軍服と、ジェントルマンとしての礼・正装に加え、「ハイランドドレスの盛装」を指定したのである。

ハイランドドレスは、今日スコットランドの民族衣装と認知されているタータン柄のキルト・スカートのことであるが、当時はスコットランド・ハイランド地方の「野蛮・未開」、ジャコバイトの「反逆」というイメージを包含し、ロウランド地方の支配階級には馴染みのない衣裳であった。一方、一部の好事研究家のあいだでは、ハイランドドレスは「古代ゴール人の衣裳」、「ピクチャレスクなドレス」として再発見され、ハイランド的なものを称賛する対象物であった。ハイランドドレスは、スコットの文学観と通底する「ケルト世界への回帰」という側面を有する。同時代のケルトの概念は原初的な意味合いではなく、中世の騎士道精神として捉えられ、名誉のために戦う騎士、または君主への服従という身分制社会を理想化したものとして再解釈される。王党派を源流にもつトーリ党が、中世の受動的服従のイデオロギーに愛着を抱くのは自然なことであった。また、スコットが会長を勤める社交サロン「エディンバラ・ケルト協会」は、ハイランド騎士を疑似体験する遊びを通じて、中世の騎士道の忠誠心やケルト世界という共通の意味を身体的にわかちあう場であった。スコットはこの体験を通し、ハイランドドレスが中世の封建的精神を想起させるモデルとしてスコットランド人共通の集合的記憶をもつもの、また旧きよき時代への憧憬としての不可欠な素材であることを確信したのだった。『手ほどき書』は、限定された特権的な行事における上流階級の参加者にむけてハイランドドレスの着用を強要した。

その結果、ハイランド人はもちろん、ロウランド人、随行したイングランド人やロンドン市長までもがハイランドドレスを着用した。いかにもスコットは同書によって「ハイランドドレスを着るロウランド人」という新しい担い手を創りだしたのであった。ジョージ四世自身も最初の謁見の儀において「最も格調の高いロイヤル・タータン」の「スチュワート・タータン」を纏い、スコットの企図を正当化し、ハイランドドレスの存在感を際立たせた。国王はスコットを鍾愛し、こうした仕掛けを享受したのだった。その背景としてジョージ四世には、王権神授説を戴くスチュワート家への崇敬の念とチャールズ王子（若王位僭称者）の悲劇的半生に対する追慕があったと解釈できる。

式典の中で用いられた小道具についても、それぞれの象徴的意味に新たな役割が付与された。例えばスコットランド王家の即位の宝器（*Regalia*）が儀礼の中心に奉安され、由緒あるスコットランド王家のスチュワート家の系譜に連なるハノーヴァー家というシンボル操作のもとに、現君主の正統性が上書きされたのだった。即位の宝器とは、王冠、剣、王笏から成り、一五世紀以来スコットランド王家の戴冠式に用いられた神聖なものである。即位の宝器が最後に使用されたのが、一七〇七年のスコットランド議会とイングランド議会の合同である。王笏が統合憲章に触れることがスコットランド王家の承諾を意味し、議会の合同が成立したのであった。そののち即位の宝器はエディンバラ城の王冠の間の封印に伴い、「行方不明」になっていた。そこでスコットはジョージ四世の許可を得て調査委員会を設置し、一八一八年に即位の宝器の発見に至ったのである。スコットは、スコットランドの神聖かつ象徴的なものとしての即位の宝器が、両国を和解へ導く重要な道具立てとなることを確信していたのである。

この行幸は、祝祭に伴う熱狂とともに、民衆の心性に在るジャコバイト蜂起のわだかまりを超克し、新国王に対する忠誠心の喚起と両国の宥和を謳うという目的を有する。体制派エリートであるスコットは、式典を成功させることによってトーリ党への支持回復や基盤強化という使命、そして急進主義的活動を封じ込め社会秩序の安定という政治的課題を達成せねばならなかった。そこでスコットは、スコットランドの「古式の議会の行進」を再現した即位の宝器を随伴する王のパレードなどの演劇的要素を加味しつつ、新国王の威信を高め、ハノーヴァー家の悠久性を補強する演出を施した。盛大なパレードの沿道には多くの民衆が参列し、初めて見る君主に歓喜した。まことにスコットが意図した忠誠心の創出は、ジョージ四世というスコットランド国王を目前にした高揚と陶酔とともに実現したのである。

『手ほどき書』には王を歓迎する歌がスコットによって作られ、四ページに渡り掲載された。スチュワート家の復辟を謳う古謡からハノーヴァー家の王を歓迎する歌詞へと書き変えられたこの歌は、あらゆる場面において唱和された。その一部を抜粋する。

北の国がついに南の国に勝ったというその知らせは口から口へと飛ぶように伝えられた
〔中略〕
イングランドは王様を長い間しっかり握って放さなかった
そしてアイルランドにも楽しい行事があった
だが今度はとうとうスコットランドの番がやって来たぞ
だって君、王様がやってきたんだから！

同時に、君主礼賛と秩序維持は表裏の関係であった。祝祭空間における国民の統合は、儀礼戦略として展開し、推進される。帰属意識の形成や国民意識の発揚を促すために、スコットは先述の『手ほどき書』のなかで、スコットランド人の卓越性を強調し、その国民性を誇示するよう奨励した。式典という熱狂の場面において「ジョン・ブルのように騒がしい態度ではなく、アイルランド人の忠誠心のように荒っぽい風変わりなものではない」と、イングランド人とアイルランド人をスコットランド人の対立概念として捉え、一方で、自己統制された恭順な国民として自らを表現することが、スコットランド人の自尊心であると謳いあげたのである。当然ながら、このことは急進派の示威行動をけん制することにつながる。「秩序正しいスコットランド人」たることは政権と君主への忠誠心を表明することでもある。そこで、公的空間における集団行動について、社会的紐帯によって結ばれた職業団体などの集団ごとに秩序と協調を重んじる態度で行列に臨むよう具体的な配列や服装の指定についての通達がなされ、その結果「秩序正しいスコットランド人」が体現された。こうしてハノーヴァー家の王に対するスコットランド人の忠誠心を可視化しえたのである。

さて、スコットの作家としての発想が映える演出をひとつ紹介しよう。公開性の高い行事である盛大なパレードでは、エディンバラ城へ通じるハイ・ストリートの中心部にあたる壮麗な市庁舎前に設置された貴人の見物席の脇に特設のステージを設営して国中の美女が集められた。「女性はスコットランドの誇りである。国王陛下が陛下の城であるエディンバラ城へ向かう参道において、美女たちは最も美しく咲き誇らねばならない」というスコットの肝いりで募った「スコットランド代表」の数百人の野心家の「最高の佳人たち」が、君主の行進に花を添えたのだった。すなわち、スコットは興趣ある小道具の配置や効かせどころを心得ていたのである。スコットは作家としての発想を王室儀礼の構想に最大に行使したのだった。

新国王もまた一連の行事に興じた。パーラメント・ハウスの晩餐会におけるジョージ四世の祝杯の言葉は、「皆と、スコットランドの首長とクラン（氏族）とに、そしてケーキの国スコットランドに繁栄がもたらされんことを」である。スコット語辞典にもあるように、ケーキとは、スコットランドでは主にカラス麦（オートミール）で作るケーキを差す。カラス麦のおかゆのポリッジが庶民の主食であったことは、よく知られている。王がいみじくもスコットランドを「カラス麦の国」と表現したのは、ジョンソン博士がカラス麦を「イングランドでは馬が食べ、スコットランドでは人間が食べる」と定義したことに対し、ボズウェルが「だからスコットランドでは立派な人が、イングランドでは名馬が育つ」と返答した有名な逸話を引用したウィットである。ちなみに晩さん会のメニューは、贅を尽くしたフランス料理であった。デザートにフルーツ・ゼリー、オレンジ・ゼリー、ヌガー（糖菓子）、アプリコット・タルトが並び、庶民の食べ物であるカラス麦を使った菓子は登場していない。

このようにスコットが構成した儀礼形態や趣向に王自身が非常に満足し、式典が成功裏に幕を閉じたのだが、慌ただしい準備期間で遂行された「スコット卿のケルト化されたページェント」、「ハイランドドレスに彩られたパノラマ」（ロックハートの有名な表現）がのちに物議を醸すことになる。すなわちロウランド人支配者階級によるハイランドドレスを争点とする批判である。まずハイランドドレスを過度に強調する演出をした「タータン・マニア」のスコットへの非難、そしてスコットランド全体がハイランド的なものに集約され、ロウランド人を凌駕したことに対する異議や苛立ちである。スコットによる演出はこのような対立を顕在化させ、ロウランド人に自己意識を迫ることになったのである。やがてロウランド人は、ハイランド的なものに対する拒絶と排除という経験を通して自らのアイデンティティを模索する方向へ向かうことになる。はからずも式典の成功がもたらしたものは、スコティッシュ・アイデンティティへの問いかけであった。

ところでジョージ四世を迎えたエディンバラの都市とはどのような空間であったのか。エディンバラは地理的構造において、祝祭空間にふさわしい都市の様相を兼ね備えていた。啓蒙期に輩出された科学者による技術・建築・土木という業績を誇示するものとしてエディンバラの港湾・建造物・道路が存在した。新古典主義のジョージ王朝様式のニュー・タウンは、ロウランド人ジェイムズ・クレイグの設計として輪奐の美を競い、中心部の街路の名称は王室に由来してハノーヴァー家の繁栄を称賛する。大規模に都市計画されたニュー・タウンは中世建築のオールド・タウンと併存して均衡を保っている。オールド・タウンには、スコットランドを象徴するエディンバラ城とホリルード宮殿の二つの建物が両極に配置されて圧倒的な歴史を感じさせ、ハイ・ストリートを基軸とする宏大な一本道によって結ばれている。

二〇世紀になるとこの道路はロイヤル・マイルと呼称されるようになる。現在、エディンバラの目抜き通りであるプリンシィーズ・ストリート（王子たちの通り）にはスコット記念塔が威風堂々と在る。行幸におけるスコットの役割の現代的意義とは、式典プロデューサーである。世界に名だたる祝祭都市エディンバラの幕開けを、敏腕の式典プロデューサーが率いたこの時代にみいだすことができるといえよう。

海賊女王の邂逅

川口美奈子

イングランドの歴史上には「海賊女王《パイレーツ・クイーン》」と呼ばれた二人の女性がいる。一人は言わずと知れたエリザベス一世である。もう一人は名をグレイス・オマリーという。アイルランドのウール王国族長の娘として生まれ、女頭目として海賊を率い、海上貿易と掠奪を家業としていた女性である。これまでグレイス・オマリーの名はほとんど知られてこなかったが、二〇〇三年に『女海賊大全』の邦訳が刊行されると、同書の第七章にあるアン・チェンバーズ著『「アイルランドの海賊女王」グレイス・オマリー』によって広く知られるようになった。女性の立場が圧倒的に低く男女雇用機会均等法も無かった一六世紀に、野郎共が中心の海賊の世界でトップに就き、海上貿易や略奪、アイルランドをめぐる戦いに手腕を発揮した波乱万丈の生涯が明らかにされたのであるが、「女海賊」というロマンティックな響きと相まった結果、グレイスは歴史学よりむしろフィクションの世界に蘇った。

二〇〇九年には、グレイスの半生を描いた「パイレーツ・クイーン」というブロードウェイ・ミュージカルが日本でも上演され、二〇一三年には『女海賊大全』に触発された皆川博子が『海賊女王』を発表し、グレイス・オマリーの生涯を描いた。さらに、グレイスは『大航海時代』や『Z/X《ゼクス》』といったゲームをはじめ、ライトノベル『境界線上のホライゾン』などファンタジー作品の中に登場するようになる。これらの作品に共通して、グレイスは荒々しくも妖艶でどんな困難にも立ち向かう毅然とした女性として描かれている。そして、同じ「海賊女王」という異名を持つエリザベス一世との関係も様々に物語っている。

実際のグレイスはフィクションの世界よりずっと豪胆な女性だった。一五七〇年代、グレイスは氏族間の争いを経て統率力を発揮し、押しも押されもせぬ女海賊として名を上げていた。グレイスらによる海賊行為の被害はエリザベス一世の耳にも届いていたのであるが、すぐに対応しなかった。なぜなら、当時のイングランドはスペインとの関係が悪化している状態にあり、外交に慎重で戦争にも消極的なエリザベス一世が、同じカトリック国であるアイルランドとスペインの結びつきを極端に恐れていたためである。女王にとってアイルランドは「残忍で野蛮な民族」であったが、敵に回すのは得策ではないと心得ていた。

グレイスはイングランドが何もしないのをいいことにますます海賊家業に精を出した。そのせいで一度捕まって投獄されたのであるが、釈放の時グレイスはいかにも海賊の頭目らしく、イングランドの役人に向かって「半マイル前からでも分かるほどに、殺してやるとわめいていた」という。グレイスはその後イングランドへの抵抗戦争へと身を投じ、傭兵の輸送を請け負う傍ら、敵対するイングランド勢力の陣地を焼き払い、抵抗する者を容赦なく殺した。一五九三年、反乱首謀者として捕らえられて船団も没収され、絞首刑寸前までに追い詰められたグレイスは、ある大胆な行動へ出てこの危機を脱する。エリザベス一世への直談判である。

何度か書簡の往復を経て、一五九三年のロンドンはグリニッジ・パレスで、二人の「海賊女王」は初めて顔を合わせた。この時二人はお互い高貴な身分に生まれた女性同士らしくラテン語で会話した。やり取りの詳細は不明だが、二人は意気投合したという。驚くべきことに、エリザベス一世はグレイスの罪を咎めず、以降も海賊行為を黙認する形となった。グレイスはグレイスで、またアイルランドの抵抗運動を支援したり、九年戦争ではアイルランドを裏切ってイングランドに味方したりと放縦な態度を貫く。

二人の間に生まれたものは何だったろう。史料の希少さゆえに、この点は史的分析の対象外であるため証明するのは難しい。しかし先に紹介したフィクションの世界はあえてその点を強調している。『境界線上のホライゾン』は作品中に史実を巧妙に織り交ぜており、グレイスとエリザベスを親友という設定にした。「海賊女王《パイレーツ・クイーン》」グレイスと、英国を統治する「妖精女王《フェアリー・クイーン》」エリザベスが力を合わせたり、喧嘩したりする仲を描いている。また、皆川博子の『海賊女王』は下巻の帯で二人の関係を見事に言い表した。曰く、「あの女を呼べ。彼女ならわかる。女王の孤独を」と。

確実にいえるのは、エリザベス一世およびイングランドにとって、グレイス・オマリーはただの海賊ではなかったということである。グレイスはアイルランドでも一目置かれる実力者であり、イングランドとアイルランド、スペインの国際情勢が動く瞬間には必ずどこかに彼女の存在があった。海の歴史で女性が注目されることは稀であるが、偶然にも全く同じ時代を生きた二人の「海賊女王《パイレーツ・クイーン》」の邂逅は、最も興味深いエピソードとして我々を魅了するのである。

正統と異端を分けるもの

雑誌『パンチ』のアイルランド表象

乃村靖子

我々はメディアに触れる際、ある国の人々について、一定のイメージを目にすることが多いのではないだろうか。マス・メディアが国民統合においてはたす役割のひとつに、外国人など特定の他者に一定のイメージを与え、差異を強調することが挙げられる。他者のある異なった特徴を、実際にそうであるかどうかに関わらずことさら強調すること、言ってしまえば、自己を正統、他者を異端とすることは、自分たちとは一線を引き、自分たちはそうではないという安心感や仲間との一体感、連帯の役割を果たすといえる。

アイルランドはヴィクトリア朝時代、連合王国の国内では被支配者、対植民地では支配者という状況にあり、いわば王国に内在する他者であった。本稿ではミドル・クラス以上の知識人を読者層とし、「イギリスのインスティテューション」として定評のあった週刊誌『パンチ』の風刺画を例として取り上げ、アイルランド人ナショナリストがどのような異端者として描かれたのか、また描写にはどのような社会的文脈が背景となっていたのかをみていきたい。

ここで取り上げるのは、『パンチ』の一八八一年一二月三一日号の、「時の翁の蝋人形 TIME'S WAXWORKS.」という記事の大判風刺画である。時の翁〔時の擬人化。砂時計を持つ〕が、パンチ氏に自作の蝋人形を見せてまわっている。一八八一年にコレクションに加わった蝋人形を見て、パンチ氏は「これは恐怖の部屋〔マダム・タッソー館の特別室。フランス革命の恐怖展示のほか、ロンドンの殺人鬼、罪人の拷問などが展示されていた〕に入れないといけないだ

PUNCH, OR THE LONDON CHARIVARI.—December 31, 1881.

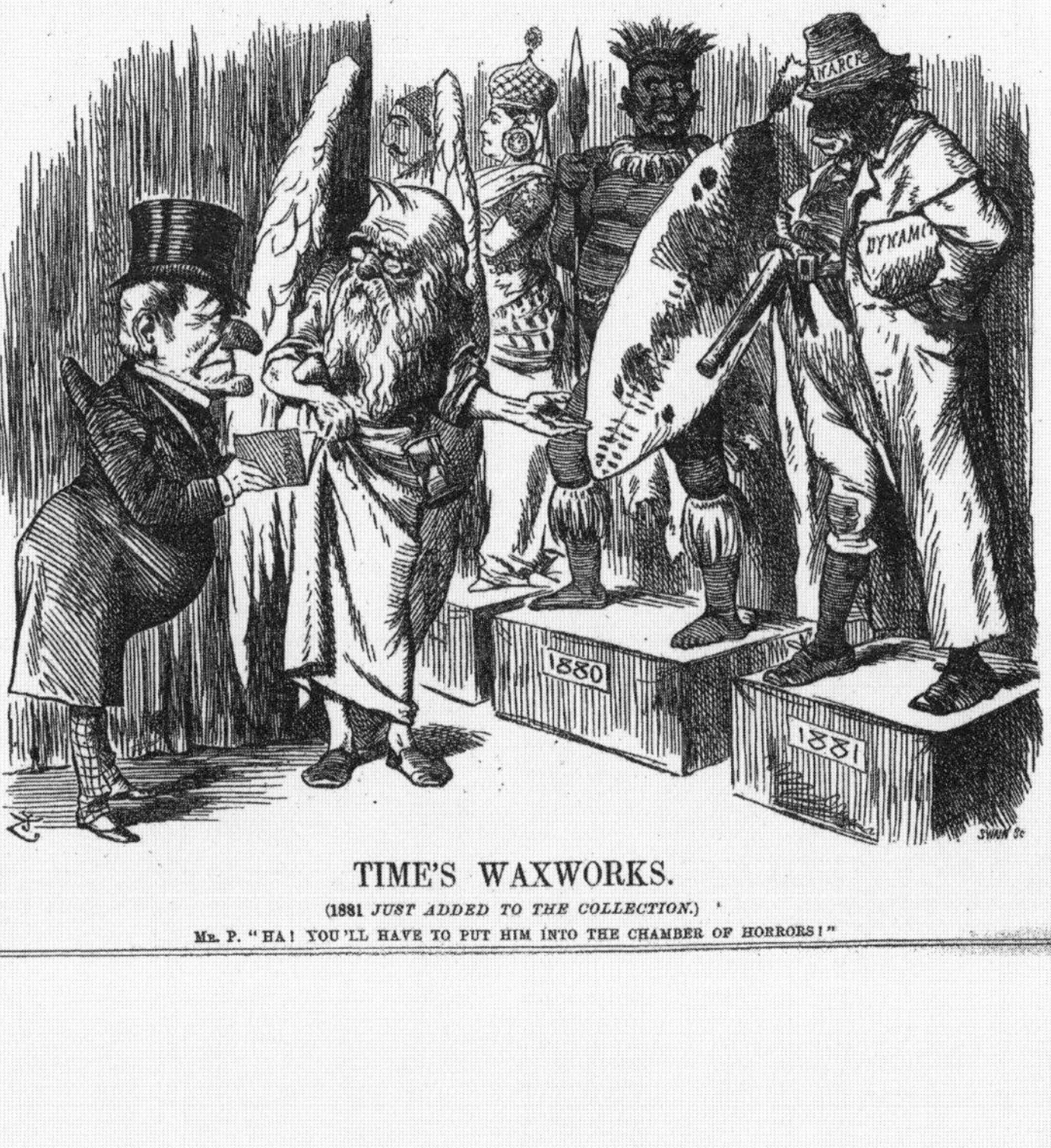

TIME'S WAXWORKS.

(1881 *JUST ADDED TO THE COLLECTION.*)

Mr. P. "HA! YOU'LL HAVE TO PUT HIM INTO THE CHAMBER OF HORRORS!"

ろう」と言うのである。蝋人形は頭にANARCHY（＝無秩序、無政府状態）と書かれた帽子を被り、腰にはライフル、短剣、ピストルを下げ、小脇にダイナマイトを抱えている。これがアイルランド人ナショナリストの姿をイメージした蝋人形である。

注目すべきは、この記事がちょうど一二月三一日のものであったこと、時の翁が一年に一つこの像を作っていることである。前の年にはそれぞれアフガニスタン、インド、アフリカとみられる像が並んでいる。つまり、アイルランド問題がこの一八八一年を振り返る上で重要だった年だといえる。では、この一八八一年に何が起こったのだろうか。

アイルランド問題の二つの柱ともいえるのは宗教問題と土地問題であり、宗教問題に関しては、オコンネルによるカトリック解放運動により、一八二九年カトリック教徒解放令が発布され法的には解決された。しかし土地問題は根が深く、アイルランド人小作人がイギリス人不在地主に高額な借地料を取りたてられ、払えない場合は土地を取り上げられ追放されるという不安定な状態であった。

一八七九年にはフィニアン団員ダヴィットを中心にアイルランド土地同盟が結成された。土地同盟は地主制の廃止とアイルランド人の土地はアイルランド人へ、をスローガンとしていた。一八六八年に初めて首相の座についたグラッドストンは自らの使命を「アイルランドを鎮めること」としてアイルランド問題に取り組み、一八七〇年に「アイルランド土地法」を制定し、地主の小作人からの土地の取り上げに制限を加えたが、実際にはあまり効果はなく小作人の不満は解消されないままであった。そのため、一八七九～八二年には土地戦争が勃発、借地権の安定（fixity of tenure）、公正な地代（fair rent）、小作権売買の自由（free sale）を求める3F運動によって農民運動を展開した。

一八八〇年に再びグラッドストン率いる自由党が政権を握り、八一年には第二次アイルランド土地法が制定される。この法律は小作人は地代を支払う限りは追放されてはならないと規定するものであった。一八八一年の『パンチ』の大判風刺画には度々グラッドストンの挿絵と「土地法案」の文字が散見される。しかし、もはや土地同盟は「3F」だけでは不十分で、小作人にも土地所有権を認めることを言い張り、農民デモの中止を求める政府の要請を拒否した。土地同盟はフィニアン運動を取りこむことで闘争力を増していった。また、地主に対する農民暴動や殺傷事件が多発していた。そこでグラッドストンは八一年十月、土地同盟を非合法とし、党首パーネル以下重要メンバーの検挙に踏み切り、土地同盟の解散を迫った。『パンチ』一〇月二二日号ではパーネル逮捕の記事が掲載されている。もっとも、パーネルは一八八九年にスキャンダルで失脚するまでアイルランド国民党の党首として総選挙で勝利し、第三党としてキャスティング・ボードを握ることとなる。

グラッドストンをはじめとする自由党、自由主義者はアイルランドに権限の移譲を行うことこそ武力闘争を抑え、国制を取り戻す方法であると実際の思惑はともかく政治主張としていた。しかし、この頃にはアイルランドを抑えきれなくなるグラッドストン、という構図がパンチの紙面にも多く登場することとなる。このように、「時の翁の蝋人形」の描かれた時期はアイルランド問題が単なる土地問題の範疇を超え、後のアイルランド自治法案につながる政治を揺るがす問題として、ある種暴力的なイメージをもって捉えられていたのである。

では、この「時の翁の蝋人形」に描かれたアイルランド人ナショナリストの蝋人形はどのような存在として表象されたのだろうか。

アイルランド自治を求めるナショナリストのうち、武力闘争やテロ活動によって独立を目指す者たちは、一八五八年にニューヨークでフィニアン同盟を、またダブリンでアイルランド共和主義同盟（IRB）を結成した。この時点から「武力闘争原理に基づくアイルランド独立運動」はフィニアン運動と呼ばれ、過激派ナショナリストは「フィニアン」の総称で呼ばれるようになった。「時の翁の蝋人形」の蝋人形もそのようなフィニアンのイメージが一人歩きし、暴力的なアイルランド人の代名詞として象徴的に描かれたものである。

フィニアンの姿は、山の高い帽子を被り、手に棍棒のような武器を持つか、腰にピストルを下げ、顎や額が突出し、鼻と口の間が極端に離れていて出っ歯に見えるのが特徴である。これは紛れもなく、当時の人類学者が述べるところの猿の身体的特徴を表していると言える。『パンチ』には、他のヨーロッパ諸国のみならず、当時イギリス帝国が進出していた植民地の人々が描かれているが、アイルランド人表象に特徴的な点は、アイルランド人が猿のような姿で描かれているという点である。L・ペリー・カーティスはその著書のなかで、アイルランド人のイメージはヴィクトリア朝時代の挿絵画家によって、彼らを人間以下に描くという故意の意図をもって「類人猿化」されたと述べている。

また、「時の翁の蝋人形」のアイルランド人の蝋人形の隣には、アフリカの黒人の蝋人形が置かれ、アイルランド人の方を見ているように描かれているが、これは一八八〇年のズールー戦争の終結を示唆しているだけでなく、アイルランド人と黒人を並列して「展示」するという意図もあったのではないだろうか。一八六〇年五月一九日号の「西の未開のアイルランド人 THE WILD IRISH IN THE WEST」という記事の挿絵には黒人男性とアイルランド人女性が並んで描かれているし、一八六二年三月一八日号の「ミッシング・リンク THE MISSING LINK」という記事では、アイルランド人移民について、「ゴリラとニグロの間の生き物はロンドンとリバプールの最も安価な地区のどこかに探検に出かけると会うことができる」と記述している。

イギリス帝国の中で底辺とされていたのが黒人であったとしたら、連合王国の中で底辺に置かれていたのがアイルランド人であり、両者は入れ子構造のように対応する関係であった。

一九世紀後半には、欧米の価値体系のなかで自然科学が非常に高い地位を占めるようになった。皮膚の色や頭の骨など、目に見える身体の特徴を基本として人間を分ける「人種」という概念は、生物を分類する博物学から出発し、一八世紀後半に、ドイツの医学者であり人類学の父と呼ばれるブルーメンバッハが基礎を築いた。一九世紀には人体測定がブームとなり、クリスタル・パレスでも体重測定のアトラクションが人気であった。

一八五九年にはダーウィンの『種の起源』が出版されている。進化論から派生し、未開から文明へと到達した社会を理想とする社会ダーウィニズムの流れは、社会を根本から揺るがすこととなった。『パンチ』でも一八六〇年代、人間を動物として描いたり、例えば動物園で動物が客として檻に入った人間を見学するなど、主客転倒している風刺画が描かれるようになる。

また、人間と猿との間のミッシング・リンク(閉じた環)が発見され、その連続性を認めざるをえなくなり、人は自らのなかに獣性を発見することとなった。それゆえ人間と猿との間に発展段階の差を設け、隔たりを大きくすることが重要となった。この新たな発展段階論によれば、発展段階の頂点にあり、もっとも「進歩」しているのは白人であり、もっとも猿に近いのが黒人であると考えられていた。そして、人類学において、アイルランド人は「ケルト人種」と定義され、イングランド人は「アングロ・

サクソン人種」とされていたが、「ケルト人種」は「アングロ・サクソン人種」よりも発展段階上では劣っているとされていた。

つまり、この風刺画に描かれたアイルランド人ナショナリストは、文明化した発展段階に到達した正統なイングランド人に相対する存在として、暴力的で野蛮な猿のような姿、また黒人と類似した存在の、異端者として表象されたのである。

では、このような描写がなされた社会的背景とはどのようなものであったのだろうか。アイルランド人という他者になぜこのような表象を与え、差異を強調する必要があったのだろうか。あるエスニシティを、自らと異なった、劣った他者として内面化する行為は、国民統合のはたらきと切っても切れない関係にある。

この時期のイギリス帝国が、アメリカ合衆国やドイツの台頭により、世界市場の獲得をめぐる競争にさらされ、一八七〇年代の大不況の時代に向かっていくなかで、失業者問題が深刻になり、安い賃金で働くアイルランド人移民への不満も高まっていた。このような状況で、一八七二年に帝国の統合を主張したディズレーリの演説に象徴されるように、国民統合が遅れているという危機感が存在していた。アイルランド問題は帝国の国制を揺るがしかねない問題であり、『パンチ』のようなメディアも「強い大英帝国」のイメージを発信し続ける必要があった。一言でいえば、「大英帝国」の支配の正当性、裏を返せば、アイルランド人の自治能力の欠如である。『広辞苑』第六版によると、異端とは、「正統からはずれていること。また、その時代において正統とは認められない思想・信仰・学説など」とある。つまり、異端という概念は関係概念であり、数の問題ではなく勢力関係を表し、その裏には必ず正統とされる存在があってはじめて成立するものである。正統とは、あるべきイギリス帝国の国制の姿であり、法と秩序で自らをコントロールできる、「文明化」されたイングリッシュ・モールド、すなわち「イングランド的人種」であった。そして、猿や怪物のようなアイルランド人は、一端自由を与えると、風刺画のANARCHYの文字通り、無秩序、無政府状態、体制の不在につながるので、パンチ氏も、「恐怖の部屋に放り込むべきだ」と言うのである。

このように、『パンチ』のアイルランド人ナショナリストが、暴力的な無秩序をイメージさせる存在として、武器を持った猿のような怪物として描かれた表象には、ミドル・クラス以上の知識人にむけた『パンチ』というマス・メディアの国民統合の為のプロパガンダが反映されていたといえよう。発展段階論に代表される社会ダーウィニズムは、全ての人間を一直線上に並べ、身体的特徴によって優劣をつけるものであるが、身体測定によって測られているものは身体のみならず精神や知能であった。また、この理論は進化の歴史を発展的・直線的に「進歩」するものと捉え、「進歩」を推し進める生存競争を適者生存として肯定するものであった。そのため、帝国主義の時代、世界を文明と未開、正統と異端に分け、連合王国内の植民地であるアイルランドや王国外の植民地の支配に、科学的支持を裏付ける理論装置として取りこまれたのである。そして、アイルランド人が他の植民地の人々と比べ、外見上差異の目立たない白人であり、連合王国の国内でありながら植民地である、という二重構造であったからこそ、その「野蛮さ」や、黒人との類似性など、イングランド人との差異が強調されたと言えるだろう。

あるアイルランド人の死

ピーター・タイレルの手記から

小林久美子

一九六七年四月、ロンドン郊外の森林公園ハムステッドヒースにて、焼身自殺をはかったと思しき男性の遺体が発見された。その身元についての唯一の手掛かりは、傍らにあった引き裂かれた一枚の葉書だった。「ダブリン」「スケフィントンさま」。

その一年後、アイルランド上院議員オウエン・シーヒ・スケフィントン（Owen Sheehy Skeffington 一九〇九～一九七〇年）は、ロンドン警察からその葉書の写しを受け取っている。葉書の持ち主だった遺体の身元は、ピーター・タイレル（Peter Tyrrell 一九一六～一九六七年）、オウエンと書簡をやりとりしていたロンドン在住のアイルランド人であった。アイルランドの教護院で育ったピーターは、オウエンにその経験を書き送っていた。オウエンに支援を求め、精力的に手記を執筆した彼は、なぜ自死を選ぶことになったのだろう。手記を手掛かりとして彼の人生を追ってみたい。

ピーター・タイレルは、一九一六年、アイルランド西部ゴールウェイ州の貧農の家に一〇人きょうだいの六男として生まれ、八歳で州西部のレターフラックにある教護院に入所した。アイルランドの教護院 Industrial School は、おもにカトリックの信徒団体によって運営され、家庭の養育が困難とみなされた児童を収容して基礎教育及び職業訓練を施す施設であった。一八六八年の教護院（アイルランド）法により教護院に対して国の認可と補助金を与えることが規定されてから、二〇世紀半ばに段階的な閉鎖が決定されるまで、こうした運営形態が継続した。一九五〇年代には五二施設に約六〇〇〇名が収容されていた（Mary Rafferty and

Eoin O'Sullivan, *Suffer the Little Children; the inside story of Ireland's Industrial Schools*, Dublin: New Ireland, 1999, p. 20.)。孤児院や、罪を犯した少年が収容される矯正施設 Reformatory School とは区別され、教護院においては、ピーター同様家庭の貧困を理由に保護される児童が入所者の大部分を占めていた。しかし、その生活実態は児童の保護という名目とはかけ離れたものであった。

レターフラック教護院も例外ではなく、ピーターの手記には、施設の劣悪な環境と、児童に与えられた苛烈な体罰（あるいは虐待）が告発ともいえる形で詳細に記されている。暴力自体もさることながら、ピーターの心により深い傷を負わせたのは、いつ誰が暴力の対象となるかわからない恐怖にさらされ続けることだった。こうした生活の中で、彼は、聖職者と、教護院の状況を黙認する地域社会に対する不信を募らせていった。

一六歳で教護院を退所したピーターは、生家に戻り、仕立て屋に勤めたものの、他人の存在自体に恐怖を覚えるようになっていた。それゆえ、家族との生活にも噂話に興じるばかりの地域の人々にも馴染めなかった。その一方で、彼は教護院の経験を語り合える相手を欲してもいたが、それはかなわなかった。その話題は忌避されるべきものだったためだが、にもかかわらず、小さな農村において彼が教護院出身者であることは周知の事実であった。「周囲の人からも、家からも、この国からも逃げ出したかった。なんて人たち、なんて家、なんという国だろうか」。

一九三五年、ピーターは馴染めぬ故郷を出てロンドンに向かい、イギリス軍に入隊する。再び教護院と似た集団生活に戻ることに、彼が抵抗を覚えた様子はない。むしろ軍隊生活こそが、「自分に最も合っている」と感じた。ピーターの所属部隊は、第二次世界大戦の勃発を前に情勢が緊迫する中で、パレスチナ、インドに駐屯する。軍隊生活の記述において、彼は政治情勢や戦局にはほとんど言及しておらず、関心を寄せたのは異国の風景や日々の生活、食事であった。

それは一九四五年一月にドイツ軍の捕虜となった後も変わらない。教護院の惨状を訴えるという手記の目的に照らせば、こうした筆致は意図的なものだったとも考えられる。とはいえピーターの「院の生活に比べれば（捕虜収容所は）地上の楽園だった」という言葉に誇張は感じられない。不規則に処罰を行わない収容所のドイツ軍人は、彼の眼には「捕虜に敬意を払う」、良き隣人と映った。

終戦後、イギリス軍需省で臨時雇用の仕事を二年間勤めたのち、ピーターはロンドンに仕事と住居を求めた。もはや教護院で抱えたトラウマを克服したと感じていた彼にとって、この時衝撃的だったのは、行く先々でアイルランド人差別に直面したことだった。差別の原因を探るため、アイルランド人が多く住むカムデン・タウンに身を寄せたピーターは、劣悪な家庭環境で育ち、十分な教育を与えられなかった人々がその日暮らしの生活を送る様子を目の当たりにした。

この頃から、ピーターはアイルランド社会の在り方に強い関心を寄せ始めたようである。彼はアイルランド人差別の原因――貧困と素行の悪さ――を、カトリック教会による教育に求め、しばしば周囲のアイルランド人に祖国の後進性と教会の欺瞞を訴えて回っては疎まれた。手記の最後はこう締めくくられる。「新たに、愛と友情、相互理解に基づいた宗教を持たねばならない。アイルランドは人々のものでなくてはならない。聖職者こそが、故郷で耐え難い生活を強いては、人々を移民に向かわせている。ホーム・ルールが必要なのだ、ローマ・ルールではなく」。

ピーターが、教育現場における体罰撤廃運動を主導していたオウエンに連絡をとったのは、一九五八年のことであった。手記執筆の傍ら、ピーターはオウエンの紹介を受け、トゥイリム Tuairim（ゲール語で「世論」）なる組織の活動に係わった。「アイルランドの諸問題について建設的な視座を提供しうる若者の論壇形成」を目的に掲げて、多様な社会問題の解決に取り組むトゥイリムの活動に、ピーターは期待を寄せた。しかし、一九六六年にトゥイリムが発表した児童施設の現状をめぐる論考に、寄稿者として参加したピーター自身の経験は盛り込まれなかった。ピーターの証言の信頼性を担保できないと判断したトゥイリムが、関係者からの訴訟をおそれたことがその理由であったようだ（Tomás Finn, *Tuairim, Intellectual Debate and Policy Formulation; Rethinking Ireland, 1954-1975*, Manchester: Manchester Univ. Press, 2012, p. 192）。結局、ピーターの訴えに彼が期待したほどの反響は得られず、そのうえ、この時には手記出版の作業も滞っていた。

ピーターが自殺をはかったのはその翌年である。教護院の経験以降、彼が死を安らぎの象徴だと見做していたふしは確かにあった。教護院で見た友人の死に顔に、彼は「解放と平穏」を見いだしている。しかしながら、ピーターは決して死によって苦痛から解放されようとしたのではなかった。焼身自殺という苛烈な手段を選び、オウエン宛の葉書を唯一の所持品とした事実からは、ピーターのアイルランド社会に対する怒りと失望を読み取ることができる。彼の人生は、故郷たるアイルランドへの愛憎、期待と失望という、矛盾する感情のはざまで揺れ動くものであった。彼が唯一安寧を得た場所が、アイルランドの枠を超えた軍隊という組織であったことは興味深い。

一九九九年、アイルランド政府は児童施設の運営に問題があったことを認めて公式に謝罪した。この時設置された調査委員会が二〇〇九年に発表した調査報告書は、聖職者による多数の児童虐待事例を明らかにし、カトリック教会への社会の信頼を根底から揺るがすものとなった（The Commission to Inquire into Child Abuse, Final Report of the Commission to Inquire into Child Abuse,20 May 2009）。報告書には、ピーターの事例が引用された。また、ピーターの存命中に出版のかなわなかった彼の手記は、コーク大学の歴史学者であったディアミド・ウィランの手により、二〇〇六年に『恐怖でできている』と題された一冊の本に纏められ、反響を呼んだ（Peter Tyrell, ed. Diarmuid Whelan, *Founded on Fear*, Dublin: Irish Academic Press, 2006）。アイルランド社会がピーターの主張を受け入れる準備を整えるには、彼の死から三〇年余りを要したのである。

「キリスト教知識普及協会」の事務長になった「アメリカ人」

ヘンリ・ニューマンと名誉革命体制初期のボランタリズム

山本範子

はじめに

ヘンリ・ニューマンは、ニューイングランドのピューリタンの家系出身であるにもかかわらず、アングリカン系組織「キリスト教知識普及協会（SPCK）」の事務長を務めた人物である。

SPCKとは、一六九九年にロンドンで設立されたボランタリ団体で、慈善学校、ワークハウス、モラル・リフォーム、キリスト教関係の出版、大陸のプロテスタントの救済、布教活動などに携わり、「キリスト教の知識の普及」に尽力した組織である。ニューマンが事務長であった頃のSPCKは、国内外に広がる会員ネットワークの形成・発展期にあった。事務長は、その活動の要となるポストであった(1)。ニューマンの経歴を追うことにより、当時の本国イギリスとアメリカ植民地との関係に、ボランタリ組織がどのような役割を果たしたのかを明らかにしたい。

1．アメリカ植民地のヘンリ・ニューマン

ヘンリ・ニューマンの祖父サミュエル・ニューマンが、本国イングランドでのピューリタン迫害を逃れてマサチューセッツ湾植民地のボストンにやって来たのは、一六三〇年頃のことであった。(2) 以来ニューマン家は、ニューイングランドの主要な聖職者の家系として、この地に深く根を下ろすことになった。

マサチューセッツ湾植民地は、ニューイングランド最大の植民地で、一六二九年の国王特許状により「マサチューセッツ湾会社」を母体として形成された。その基本方針は、政教一致の社会の建設と維持であった。この植民地建設に重要な役割を担ったのが、教会員であった。教会員になるには、神の恩寵の経験、つまり回心の経験を、会衆の前で告白するという資格審査を受けなければならなかった。そして、教会員になった者のみが、政治参加を認められた公民になることができた。つまり、公民権は教会員に限定されたものであった。こうして、少数の宗教的政治的指導者が政治権力を握る、特異な信仰共同体が築かれていったのである。(3)

居留地の有力者になっていたサミュエルは、一六六三年に死去した。彼の孫ヘンリが生まれたのは、一六七〇年一一月一〇日のことである。しかし、ヘンリの父ノアは一六七八年に、母のジョアンナも一年後に肺病で亡くなった。ヘンリ・ニューマンは八歳で孤児となり、母方の親戚に育てられることになった。フリースクールで学んでいた彼は、一三歳になった一六八三年に、ハーバード・カレッジに入学した。彼がカレッジに受け入れられたのは、祖先がピューリタン聖職者であったからであり、将来植民地の政治・宗教を担う人物になることが見込まれたからであった。彼の同級生も、

のちに植民地総督、判事、海軍省判事、ハーバード大学学長、聖職者など植民地の要職に就いている。(4)

一七世紀も半ばを過ぎると、マサチューセッツ湾植民地には、人口増加とともに教会員でない人々が多数派となり、それにつれて公民資格への不満が噴出するようになった。そのため、一六六四年に公民資格が改正され、財産資格が条項に盛り込まれ、教会員以外でも公民になる道が開かれた。このときから、この植民地のピューリタン社会が変化し始めることになる。他方、王政復古期の一六八四年にニューイングランドの特許状が廃止され、国王直轄植民地となった。これに対して植民地側が強く反発したため、名誉革命以後再び特許状が与えられた。マサチューセッツ湾植民地には一六九一年に新たに発行された。この特許状は、旧来の神権政治に致命的な結果をもたらし、大部分の土地所有者に公民権を譲渡するものとなった。また、会衆派教会制(Congregationalism)内部でも、第一世代への反動がみられるようになっていた。第二世代、第三世代は、予定説を唱える厳格なカルヴィニズムよりも、意志をもち悔い改める個人の力を強調することを好んだ。さらに、アングリカン・チャーチ(イングランド国教会)は、マサチューセッツ湾周辺に足場を築きつつあり、一七世紀後半には、ボストンのキングズ・チャペルで礼拝するアングリカンが増加している。ニューマンの青年期は、マサチューセッツ湾植民地の過渡期であった。(5)

ハーバード・カレッジは、必然的にこれらの変化に影響された。このカレッジは、牧師養成を目的とする神学校であったが、聖書言語の習得を別にすれば、自由七科(文法、論理、修辞、算術、幾何、音楽、天文)を中心教科としていた。当時の学監(tutor)で専任の教員ウィリアム・ブラットルとジョン・レヴェリットは、これらの正式のカリキュラムに加えて、学生たちに戯曲、小説、詩などを読ませた。また、後にカンタベリ大主教になったジョン・ティロットソンの著作も教材に取り上げ、最新のアングリカン神学を学ばせている。ブラットルとレヴェリットは、新興のニューイングランド商人層の出身であった。社交的で洗練された風情を持ち合わせた彼らは、学生たちには強い影響を及ぼした。学生たちは、イングランド国教会に好意的になり、カルビニスト神学の厳格さを敬遠しがちになったと言われている。植民地で生じていた世論の変化に対して、共鳴する学生は多くいたのである。ニューマンも、二人からの影響を受け、後にアングリカンに改宗している。(6)

ニューマンは、一六九〇年に文学修士（MA）を取得した後、九三年までカレッジの図書館員を務めている。その後貿易商として、ボストンとニューファンドランドとヨーロッパ南部の港を結ぶ三角貿易に参入している。ボストンから出帆する船には肉や小麦粉が積まれており、ニューファンドランドの漁師へ輸送された。ニューファンドランドでは魚や魚油を積み込み、ヨーロッパ南部へ輸出した。その際には、船がロンドンに立ち寄ることもあった。この交易は、「ピューリタン革命」期にイングランドからニューファンドランドへの定期的な漁業船の航海が中断された時から、ボストン商人によって展開されたものである。王政復古以後急速に活発化し、ウィリアム王戦争中も途切れることはなかった。

この時代のニューファンドランドは、住民一〇〇〇人足らずの小さな植民地であった。アン女王戦争終結時のユトレヒト条約まで、フランスの植民地もそこに存在していた。大半の漁師はイングランドの港に戻ったため、政治的発展はほとんど見られなかった。一七二八年に植民地政府が設立されることになるが、それまでは漁業船隊の夏季滞在期間に、漁船の護送艦の船長が管理していた。ニューマンは、一七〇一年に、護送艦の船長によって、ニューファンドランドの中心都市セントジョンズの治安判事に任命されている。(7)

2.――ロンドンの「アメリカ人」

一、「キリスト教知識普及協会」の事務長として

ニューマンがどのようにしてSPCKに加入したのか、詳しい事情はわからない。ニューマンの名がSPCKの議事録に最初に登場するのは、一七〇三年五月一三日である。このとき、彼は、ニューファンドランドにいてSPCKの通信会員となっている。同年六月三日、彼が加入して初めてのSPCKの会合で、『キリスト教徒が悪徳と不道徳を避けるために従う義務』*The Obligations Christians are under to Shun Vice and Immorality* という小冊子を二五〇部渡されることになった。ニューファンドランドのイングランド人居留地にいる商船の船長と乗組員に配布するためであった。ニューファンドランドには聖職者が赴任しておらず、説教、礼拝、サクラメントは行われなかったからである。(8)この後間もなく、ニューマンはイングランドへ渡っている。

一七〇八年六月一七日に、ニューマンは三代目のSPCK事務長に就任した。(9)以後一七四三年六月一五日に死去するまで務めることになる。SPCKの事務長になるまでのおよそ五年間、彼は、第六代サマセット公チャールズ・シーモアに仕えていた。

当時サマセット公は、アン女王の第一の寵臣で主馬頭（Master of the Horse）を務め、スコットランド合同委員会の長官であった。サマセット公に仕えていた間に、ニューマ

ンは宮廷の慣習を学び、廷臣の知り合いも増えていた。[10]

事務長は、SPCKの実務の要であった。一七一三年一一月、SPCKが保管している書籍、文書、報告書を整理した同組織の調査委員会は、以下のような報告をしている。すなわち、「ニューマンが事務長になって五年四カ月の間に、彼は、六三四〇通の書簡を書き、受け取った書簡すべてを要約し、議事録や重要な書類のかなりの量を複写し、書簡や議事録に索引を付け、帳簿をつけ、王国中の慈善学校の記録を編集した。[11]」

この報告書は、事務長が多忙を極めていた様子をよく伝えている。SPCKに雇われている事務長には給与が支払われていたが、ニューマンの給与はしだいに増額されており、彼の仕事ぶりは評価されていたことがわかる。[12]

ニューマンが、その職務でもっとも時間をかけたのは、書簡を書くことであった。彼の書簡の大半は、国内のSPCK会員とやり取りしたものであったが、ウォルポールをはじめとする閣僚や、カンタベリ大主教以下の高位聖職者、大陸のプロテスタント諸教会関係者との書簡のやり取りにも多くの時間が割かれた。大陸の主要な通信会員には、スイスのヌシャテルの聖職者ジャン・フレデリク・オステルバルト、ベルリン宮廷説教師のダニエル・エルンスト・ヤブロンスキ、ハレの神学教授アウグストゥス・ヘルマン・フランケなどがいた。[13]

SPCKの会合は、週一回の例会（regular meetings）と週一回の常任委員会（standing committee）とからなっていた。二つの会合の中心となるメンバーはほぼ同じであった。委員は、日常的事務のほかに、受け取った書簡の整理や特別に注意を要する問題の調査など、組織の事務処理のほとんどを行っていた。正会員でも通信会員でも会員であれば、例会にも委員会にも出席できた。ただし、票決権をもつのは、正会員だけである。この他とくに複雑な業務を扱うために、臨時特別委員会（ad hoc committee）が開かれることもあった。ニューマンは、すべての会合に出席し、議事録を作成した。[14] SPCKの例会は、ホルボーンのバートレッツ・ビル（Bartlett's Buildings）で、毎週木曜日の午後、冬は四時、夏は五時に開かれた。委員会は、法律家ウィリアム・メルマスのリンカンズ・インの彼の部屋か、フリート街にあるナンドス・コーヒーハウスで開かれた。しかし、SPCKの活動の拡大により、書物や文書、書簡の数が増え続け、ニューマンは、それらの保管場所と会合場所の確保に非常に苦労している。自らの住まいにも、SPCKの書物などを一部保管していた。一七二二年に、SPCKの例会は週一回から月一回になり、場所もセント・ポールの参事会会議場に変わった。そして委員会は、セント・ダンスタンズ・コーヒーハウスで、毎週火曜日に開かれることになった。このコーヒーハウスが所有する一室をSPCKの書庫として借りている。一七二七年になって、SPCKの事務局は、ホルボーンのバートレッツ・ビルに置かれることになった。会合場所と書物その他の保管場所をここで確保することができるようになったからである。以後、SPCKの全ての業務がここで行われた。[15]

SPCKは、一七〇四年から、主として正会員のために盛大な年一回の記念大会を開催するようになった。一年間の業務の回顧と著名なメンバーの説教が行われ、祝宴が催された。支援しているロンドンの慈善学校の子供たちが集められ、花を添えている。この大会は、最初はサイオン・カレッジで、それからセント・ダンスタン教会に隣接したゲスト・ルームで催された。その後、フリート街の「レッグ・タバーン」、「サン・タバーン」、「ブルー・ポスト・タバーン」や、ストランド街の「クラウン・

タバーン」などで開催されている。[16] 初期のＳＰＣＫは、コーヒーハウスやタバーンに会合の拠点を置いていたのである。ニューマンは、個人的にも、「メイアーズ・コーヒーハウス」や「クラウン・タバーン」を通じて、「王立協会」や「古典音楽協会」などのメンバーと親交を深めている。[17]

二、植民地エージェントとして

ニューマンは、一七〇九年に、マサチューセッツおよびニューハンプシャ総督ジョセフ・ダドリ大佐を通じて、ニューハンプシャ植民地評議会の同意のもとに、同植民地のエージェントに就任している。植民地エージェントという役職は、植民地と本国との間を仲介するための公認されたポストであり、ピューリタン革命期にジャマイカが植民地化されたころに生じたと言われている。ニューハンプシャとマサチューセッツは別個の植民地だが、一六九九年から一七四一年まで一人の総督がこの二つの植民地を治めている。しかし、植民地エージェントは、各植民地に一人ずつ任命された。マサチューセッツのエージェントは、ジェレミー・ダマーという法律家であった。ニューマンは、国王評議会の顧問団である商務院（Board of Trade）と接触して、植民地側からの要求を伝える任務を遂行している。[18]

ニューマンが植民地エージェントに就任したのは、アン女王戦争最中のことである。植民地と本国を仲介する人物が、とくに必要とされたときであった。ニューイングランド人は、フランスによる国境地帯の急襲と海岸の船舶への攻撃に、危機感を強めていた。そのため、ニューマンを通じて、女王に仏領北アメリカへの軍事遠征を請願しようとしたのである。しかし、一六九〇年以来それは幾度も失敗していた。一七〇九年一二月に、ニューマンは、ニューハンプシャ議会によって、「仏領北アメリカへの遠征が、春に復活するように」女王へ請願するよう指示された。本国政府は、仏領北アメリカに対する軍事作戦を支援することに同意した。一七一〇年一〇月、イギリスは、アカディアの首都ポールロワイヤルを占領することができた。この都市はアナポリスロイヤルと改名されることになる。また、一七一一年一一月にも、ダドリ総督と評議会は、フランス人とインディアンの急襲による英領植民地の被害についてまとめ、さらなる遠征を求める請願を提出するように、ニューマンに指示した。政府は同意し、同年ヌーベル・フランスへの軍事遠征を開始したが、これは失敗した。結局、一七一三年に和平が結ばれ、ヌーベル・フランス（後の英領ケベック植民地）は、五〇年の間フランスの植民地にとどまることになった(19)。

戦争の終結により、ニューマンのエージェントとしての任務は変化し増加もした。一七二〇年に、ニューハンプシャ議会は、宮廷への頻繁な請願が必要になることを予測して、ニューマンを常任のエージェントにした。彼は、一七三七年まで務めている。ニューハンプシャ議会は、以下のような事柄への尽力をニューマンに期待していた。すなわち、「ニューハンプシャとマサチューセッツとの境界線を巡る争い」への対処。ウィリアム・アンド・メアリー要塞防備の助成金を獲得すること。木材は今後関税なしでグレイト・ブリテンに輸入されること。軍艦用材への助成金は継続すること。鉄の鍛造は制限されることはなく促進されること。麻や亜麻の栽培にもっと助成金が与えられることなど、である(20)。

ニューマンが対処しようとしたこれらの問題は、当時のアメリカ植民地の現状をよく表している。境界線争いは、隣接する植民地間で一般的に生じるものであり、近隣との争いのない植民地はなかった。ニューハンプシャとマサチューセッツの境界線争いの発端は、一六九一年のマサチューセッツ特許状であった。この特許状を作成する際に、ニューイングランドの地理を熟知していないイングランドの役人は、メリマック川の三マイル北に、川と並行してマサチューセッツの北側の境界線を規定した。しかし、この川は、河口からおよそ三〇マイルで、鋭く北に曲がっていたのである。特許状を文字通りに解釈すれば、隣接するニューハンプシャ植民地は大西洋側の小さく細長い土地に限定されてしまう。これに反発したニューハンプシャが、ニューマンを通じて、国王特許状の修正を求めたのである。この境界線争いは長く続き、ニューマンがエージェントをやめる頃まで解決されなかった。[21]

また、ニューハンプシャの主要な砦、ウィリアム・アンド・メアリ要塞の防備を固めるために、一七二〇年、ニューハンプシャの評議会と議会の委員会は、国王下賜金(royal bounty)からの防備費付与を請願するよう、ニューマンに命じた。一七二一年三月、ニューマンは、「インディアンの侵略に対する防衛」と「陛下の海軍の防備手段」としての、砦の重要性を説いて、商務院に請願を提出した。しかし、要塞の防備費が認可されることはなかった。費用は兵器局(Board of Ordinance)から付与されるものであったが、兵器局の歳入は、国王海軍やグレイト・ブリテンの駐屯軍のために適用されるものであり、植民地への転用は認可されなかったのである。[22]

主要な輸出品である木材の問題も、英領北アメリカにとっては非常に重要であった。断続的に続く戦争により、本国イギリスは、軍艦の資材の輸入先を、スウェーデンやバルト諸国から北米植民地に変えようとしていた。そこで、植民地から輸入される木材、タール、麻、その他の軍艦の備品に関する助成金を定めた一七〇五年法が可決された。しかしこの法は、ニューイングランド、ニューヨーク、ニュージャージーで、一定地域の松の木の伐採を禁じてもいた。植民地人は、助成金は歓迎したが、伐採制限については受け入れられず、異議を申し立てた[23]。

ニューマンは、エージェントとして、植民地側の要請を宮廷に伝え、植民地の利害のため尽力した。しかし、本国でSPCK事務長となった彼は、もはや植民地人にはなり切れなかった。当時の英領北アメリカ植民地、とくにニューイングランドは、マサチューセッツを中心として植民地の権限拡大を目指していたが、このような動きには同調していない。植民地という辺境からロンドンという中核への移住は、彼の視座を大きく変えた。「ロンドンのアメリカ人」として知られるようになった彼は、国王への強い忠誠心を抱いていたと言われている。

3. ヨーロッパとアメリカを繋ぐボランタリズムの中で

一、ジョージア植民地の建設

SPCKは、監獄の改革を訴えた最初の組織である。その設立直後から、ロンドンの監獄を調査している。当時最も重要なものは、あらゆる犯罪者を投獄するシティのニューゲイト監獄、債務者用のフリート監獄とマーシャルシー監獄であった。一七〇二年に、これらを含めてロンドンの監獄についての報告書『ロンドンにおけるニューゲイトその他の監獄の改革についての試論（*An Essay towards the Reformation of Newgate and the other Prisons in and about London*）』を作成した。この報告書は、看守の人格的下劣さ、新参者を堕落させる常習的犯罪者、礼拝の軽視など多くの点を批判している。議会の委員会も、一七一九年に監獄の状況を調査している。監獄内の劣悪な環境がしだいに明らかになり、改革の必要が叫ばれるようになった。たとえば、マーシャルシーには七〇〇〜八〇〇人の債務者がいたが、彼らのうち三〇〇人は、三カ月以内に死んでいた[24]。こうした状況に対するひとつの解決策として、一七三二年にジョージ二世の特許状によって、カロライナ南部にジョージア植民地が建設された。貧しい債務者囚人を解放し、この植民地に移住させることになったのである。この地が選ばれたのは、第一に、フロリダのインディアンやスペインの侵略に対して、カロライナの防衛を強化するという戦略的理由からであった。そして、彼らの移住を担う機関として、「アメリカ・ジョージア植民地創設受託委員会（Trustees for Establishing the Colony of Georgia in America）」（以下「受託委員会」と略す）が設立された。二一人の受託委員には、「ドクター・ブレイ協会（Dr. Bray's Associates）」のメンバーが入っていた。「ドクター・ブレイ協会」とは、SPCK創設の中心人物であったメリーランド植民地主教代理トマス・ブレイが、国内およびアメリカ植民地に聖職者の教区図書館を設立することを目的として、一七世紀末に設立した組織である。ニューマンは、一七〇五年八月に、同協会の非常勤のポストである事務長に就任している。この協会は、一七三〇年頃までに慈善団体としての活動を拡大させ、監獄の改革や植民地建設にも強い関心を示していた。ニューマンの友人で、トーリ議員のジェイムズ・エドワード・オグルソープは、この「ドクター・ブレイ協会」の主要メンバーであった。彼は、ジョージア植民地の特許状獲得に尽力した人物であり、受託委員にも就任している[25]。

このように、SPCK、「ドクター・ブレイ協会」、「受託委員会」は、密接な関係があった。SPCKは、独自のネットワークを利用し、「受託委員会」に協力して、ジョージア植民地への移民の支援を行っていくことになる。その活動の要にニューマンがいた。一七三二年一一月に、一一四人の移住者（男性四〇人、残りは女性と子供）の最初の一行が、ジョージアへ出帆した。移住者は、各々四〇エーカーの土地を与えられることになっていた。[26]

二、ジョージア植民地とザルツブルク難民

一七三二年初頭に、国王のドイツ人チャプレン、ジーゲンハーゲンが、ザルツブルク大司教領で迫害を受けているおよそ二〇〇〇人のプロテスタントの窮状を、SPCKに知らせてきた。大司教であるフィルミアン公爵レオポルト・アントン・エロイテリウスが、一七三一年から三二年にかけて領内のプロテスタントを追放したのである。SPCKは、数回会合を開きその報告書を検討した。そして、彼らへの寄付金を集めるために、ジーゲンハーゲンの報告書を、一〇〇部出版することを決めた。SPCKは、新聞でこの報告書を喧伝している。[27]一七三二年六月までに、計一〇〇〇ポンドの寄付金が、ザルツブルク難民の支援者であるアウグスブルクの福音主義教会牧師ウルスペルゲルに送られた。ニューマンは、彼を仲介者として、書簡のやり取りを通じて、ザルツブルク難民の支援を進めている。[28]

ニューマンがSPCK秘書官になって間もなく、一七〇九年から一〇年にかけて、かなりの数のファルツ人がイングランドに亡命してきたことがある。政府は、彼らのほとんどを、ニューヨーク、カロライナズ、ペンシルヴァニアに送っている。[29]ニューマンは、ザルツブルク難民のために、同じような計画を考えた。SPCKは、ニューマンの案への同意を決議し、彼らをジョージアに移住させる計画を「受託委員会」に

提案した。ザルツブルク難民は、牧畜業者、チーズ製造業者、岩塩坑夫などであり、植民地建設のマンパワーになることが期待されたからである。[30]

議会は、彼らのために、受託委員会に一万ポンドの交付を認可した。一七三三年一〇月、アウグスブルクで七八人（成年男子四一人、残りは女性と子供）の渡航準備が整えられた。SPCKは、彼らの旅費の一部を寄付し、同行する牧師や教理問答師を支援することを、「受託委員会」に伝えている。ザルツブルク難民は、ロッテルダムまで移動し、そこから船でケント州のドーヴァーまでやって来た。当時多くのアングリカンが、ルター派にとくに関心をもっていたときであり、ルター派も、イギリス国内のプロテスタント非国教徒よりもむしろ、イングランド国教会に近づこうとしていた。SPCKは、ジョージアに移住するルター派ザルツブルク難民のこのような姿勢を非常に喜び、彼らに、祈祷、洗礼、聖餐、婚姻、埋葬などについて書かれたドイツ語の書物や、聖杯と聖体皿を寄贈した。ニューマンは個人的に、彼らが英語を学ぶことができるよう、辞書と文法書を贈っている。オグルソープが、司令官として彼らに同行することになった。船は、一七三三年一二月末に出帆し、一七三四年三月にジョージア植民地のサヴァナに着いた。そこから一九キロ離れた土地が、彼らの新たな居住地になった。これがエベネゼル（Ebenezer）である。[31] 二回目の航海は、一七三四年八月から一一月にかけて行われ、五六人がエベネゼルに移住した。[32]

三回目の航海は、一七三五年一〇月から一二月にかけて実施された。乗船する難民一行は、男女子供合わせて五八人であった。軍艦に護送されて、二隻の船「ロンドン・マーチャント号」と「シモンズ号」がジョージアへ向かった。一行は、およそ一二〇人の他の移住者とともに、「ロンドン・マーチャント号」に乗った。「シモンズ号」には、オグルソープとともに別の二〇〇人の移住者が乗船した。「受託委員会」によって認可された二五人のモラヴィア兄弟団の一行や三人の「ボランタリな宣教師」も、同じ船に乗っていた。その中に、SPCKの通信会員で後にメソディスト運動を展開することになるジョン・ウェスレと弟のチャールズ・ウェスレもいた。二カ月ほどの航海の後、船はサヴァナに着いた。五八人のうちの一部は、一〇〇マイル離れたフレデリカ軍駐屯地に住むことになり、残りの人々はエベネゼルに住んだ。このとき、ジョン・ウェスレは、サヴァナで聖務に就いている。(33)

ウェスレは、先住民に福音書を広めるため、ジョージア行きを望んでいたのである。ニューマンは彼を温かく支援した。しかし彼は一七三八年に帰国し、それ以後ニューマンとの書簡のやり取りは途絶えている。(34)ウェスレの後任は、ジョージ・ホイットフィールドで、彼もSPCKの会員であった。ホイットフィールドも、先住民の改宗を切望していた。しかし、アメリカ植民地で巡回宣教師としての活動をする中で、教育を受けられないヨーロッパ系の子供たちの悲惨な状況を知った彼は、これらの子供たちのために、サヴァナに孤児院「ベセズダ（Bethesda）」を建てている。(35)また、ホイットフィールドは、「大覚醒」と呼ばれる大規模な運動を引き起こした一人として知られている。これは、回心による教会員制度を再認識し、国教会制度を強く批判するもので、北米一三植民地で一七三〇年代後半から五〇年代にかけて生じた。彼は、一七四〇年から翌年にかけてニューイングランドやヴァージニアを中心に活動しており、マサチューセッツのボストンやケンブリッジなどでも説教している。ニューマンは、ハーバードのリベラルな会衆派教会主義を否定する彼の説教を、強く批判していた。二人の不和は、一七四一年には決定的となった。(36)SPCK自身は、組織としては、ジョン・ウェスレやジョージ・ホイットフィールドのようなイングランド人宣教師と直接かかわることはなかった。しかし、エベネゼルのドイツ人牧師の布教活動を支援して、彼らの給与を支払い続けていたのである。(37)

ジェンキンズの耳の戦争が勃発したとき、ジョージアの存在が脅かされたように見え、四度目の航海は危ぶまれた。しかし、強力な支援が議会から与えられた。フロリダにおけるスペインとの戦いで、オグルソープ司令官の下でイギリスが勝利したが、議会は植民地の戦略的重要性を再認識して、一七四一年に、ジョージア支援のため一万ポンドを「受託委員会」に付与したのである。「受託委員会」は、ジョージアへ渡るザルツブルク難民の四回目の輸送に、この一万ポンドの一部を使うことを決めた。SPCKの費用で、七月には五〇人のザルツブルク人がロッテルダムまで運ばれ、九月までに手はずは整えられ、彼らは植民地に出帆した。船には、彼らのほかにスコットランドの農民たちも乗船していた。これが、ニューマンが支援した、ジョージアへの亡命者の最後の一行となった。彼はその後も、礼拝堂の建設、プランテーションの子供たちへのスクールマスターの派遣、エベネゼル近くのさらなる居留地の建設など、亡くなるまで植民地の入植者を支援し続けた。

移住したザルツブルク人は、植民地開拓に大きな役割を演じている。一七四〇年までに、ジョージア植民地は、一五二一人の移住者を受け入れたが、そのうち、ザルツブルク人およびその他のドイツ系プロテスタントはおよそ六〇〇人であった。そして、一六四三年のニューマンの死去とオグルソープ司令官の引退で、ジョージア植民地建設の第一段階が終わった。(38)

おわりに

本国と植民地の関係を考察するとき、従来の研究では、ボランタリ組織の存在はほとんど言及されてこなかった。確かに、SPCKのような団体は、活動内容が多岐にわたるため、明確な存在意義をあらわすことは難しい。しかし、イギリスの植民地拡大と、ヨーロッパにおけるボランタリ組織のネットワークの形成・発展とが交差する時期に、SPCKは確かな足跡を残している。事務長ニューマンを実務の要としたSPCKの活動からは、当時のアメリカ、イギリスそして、ヨーロッパ大陸を結ぶヒトの移動が、浮かび上がってくる。「ロンドンのアメリカ人」として知られたヘンリ・ニューマンは、植民地エージェントという任務よりもむしろ、自らが意義を見出したボランタリな移民事業に邁進した。植民地拡大をはかるイギリスは、マンパワーとして様々な「異端者たち」をも抱え込んでゆくが、その原動力は、ボランタリズムにあるのかもしれない。それは時に、国や宗教を越えたコラボレーションを実現させたのである。

注

（1） W.K.L.Clarke, *A History of The S.P. C.K.* London, 1959.

（2） サミュエルは、一六〇〇年頃オクスフォードシャのバンベリで生まれた。バンベリは、イングラン

ド最大のピューリタンの都市であった。一六二〇年にオクスフォードを卒業した後、ヨークシャーで聖職に就いていた。*DNB*

（3）小倉いずみ「オランダのトマス・フッカーと政教分離の生成過程」大西直樹、千葉眞編『歴史のなかの政教分離　英米におけるその起源と展開』彩流社、二〇〇六年、七三―七九頁。

（4）L.W.Cowie, *Henry Neuman: An American in London, 1708-43*, 2-6; S.E.Morison, *Three Centuries of Harvard*, Cambridge, Massachusetts, 1936, 22.

（5）ニューイングランドにやって来る人々には、商人や漁師が多くなり、彼らは植民地の発展の新たな基礎を作りつつあった。彼らは、一般的に会衆派の正統信仰に敵対的であった。Perry Miller, *Orthodoxy in Massachusetts, 1630-1650*, Cambridge, Massachusetts, 1933, xi, xii. 大西直樹『ニューイングランドの宗教と社会』彩流社、一九九七年、二九―三九頁、一一七―一二一頁。佐々木弘通「一八世紀初頭の王領植民地マサチューセッツにおける教会・国家関係」大西、千葉編、前掲書所収。

（6）森本あんり『アメリカ・キリスト教史』新教出版社、二〇〇六年、三三頁。同『反知性主義　アメリカが生んだ「熱病」の正体』新潮選書、二〇一五年、第一章。Charles Smyth, *The Genius of the Church of England*, 1947, 35.

（7）Cowie, *op.cit.*, 12-18.

（8）*SPCK Minutes*, 13 May and 3 June 1703.

（9）*SPCK Minutes*, 17 June 1708.

（10）Cowie, *op.cit.*,18.

（11）*SPCK Minutes*, 12 Nov. 1713.

（12）もう一つの重要なポストは、出納官であったが、秘書官とは異なり雇われているわけではなく、給与は受け取っていない。W.A. & P. W. Bultman, 'The Roots of Anglican Humanitarianism: A Study of the Membership of the SPCK and the SPG, 1699-1720', *Historical Magazine of the Protestant Episcopal Church*, vol. 32, 1964, 33.

（13）W.K.L. Clarke, *op.cit.*, 13, 58, 113; Bultmann, op.cit., 7, 14. フランケは、ハレ大学の東洋言語の教授で、後に神学部教授になった人物である。ハレ大学は、ルター派教会の敬虔主義運動の中心であった。彼は、一六九八年に捨て子養育院を設立した。その名声はドイツを越えて広がり、イングランドの慈善学校運動に影響を与えた。ヤブロンスキとフランケは、きわめて初期のＳＰＣＫの会合に出席している。

（14）Bultmann, op.cit., 39.

（15）W.O.B. Allen and E. McClure, *Two Hundred Years: the History of the SPCK, 1698-1898*,1898., 126-30.

（16）Bultmann, op.cit., 49; W. O. B. Allen and E. McClure, *op.cit.*, 126.

（17）Cowie, *op.cit.*, 48-9.

（18）Cowie, *Ibid.*, 202-3; *New Hampshire Provincial Papers*, III, 417-18; A. H. Basye, *The Lords Commissioners of Trade and Plantations*, New Haven, Connecticut, 1925, 4.

（19）Cowie, *op.cit*, 203-04; G. S. Graham, *The Walker Expedition to Quebec, 1711*, 1953, passim.

（20）Cowie, *op.cit.*, 205; *New Hampshire Provincial Papers*, III, 779-80.

（21）J.J. Burns, The Colonial Agents of New England, Washington, D. C., 1935, 73-5.

（22）Cowie, *op.cit.*, 208-9; *Journal of the Commissioners for Trade and Plantations*, 1721, 271, 308-09

（23）Cowie, *op.cit.*, 210-11; 3 and 4 Anne, c.10.

（24）R.S.E. Hinde, *The British Penal System*, 1951, 17, 21-6; *Commons Journals*, 21 Jan. 1719.

（25）H.P. Thopson, *Thomas Bray*,London, 1954, 97-100.

（26）Cowie, *op.cit.*, 226.　植民地建設と移民に関しては、以下も参照。川北稔『民衆の大英帝国　近世イギリス社会とアメリカ移民』（岩波書店、一九九〇年）。

（27）*SPCK Minutes*, 29 Feb. 11 and 28 March 1732.　ＳＰＣＫのヨーロッパにおけるネットワーク研究には、以下のものがある。西川杉子「イングランド国教会はカトリックである―一七、一八世紀のプロテスタント・インターナショナルと寛容問題」深沢克己・高山博編『信仰と他者―寛容と不寛容のヨーロッパ宗教社会史』東京大学出版会、二〇〇六年所収、同「フロンティアのプロテスタントたち―揺れ動くその歴史と社会」大津留厚編『中央ヨーロッパの可能性―揺れ動くその歴史と社会』昭和堂、二〇〇六年、同「プロテスタント国際主義を生きる―J・C・ヴェルンドリの遍歴　一六五六～一七二四年」近藤和彦編『歴史的ヨーロッパの政治社会』山川出版社、二〇〇八年。

（28）W. K. L. Clarke, *op.cit.*, 134-8.

（29）中川順子「嫌われ、行き「場のない」可哀想な移民たち――パラタイン移民への支援と限界」川北稔、藤川隆男編『空間のイギリス史』山川出版社　二〇〇五年。

（30）L. F. Church, *Oglethorpe: A Study of Philanthropy in England and Georgia*, 1932, 142; W.O.B. Allen and E.McClure, *op.cit.*, 388-9.

（31）Cowie, *op.cit.*, 230-4; W.O.B. Allen and E. McClure, *op.cit.*, 390; *Colonial Records of Georgia*, I, 137-8; L.L. Knight, *Georgia Landmark*, Atlanta, 1914, 183.

（32） Cowie, *op.cit.*, 234-6; *Colonial Records of Georgia*, I, 192-3, 209, 243, 254-5, 269. オグルソープは、以後のザルツブルク難民の移送にも付き添っている。

（33） W.O.B. Allen and E. McClure, *op.cit.*,391-2; *Colonial Records of Georgia*, XXI, 446-8.; *Ibid.*, I, 240.

（34） Cowie, *op.cit.*, 237-9; W.O.B. Allen and E. McClure, *op.cit.*., 390-1.

（35） L. Tyerman, Life of the Rev. George Whitefield, 1890, 2 vols, I, 83, 348. そのため、サヴァナの土地五〇〇エーカーが、「受託委員会」から彼に付与された。

（36） ホイットフィールドと「大覚醒」については以下を参照。大西直樹、前掲書、第五章、第六章。

（37） 北米への布教活動は、一七〇一年に国王特許状を付与され設立された「福音普及協会（SPG）」が担っていた。青柳かおり「トマス・セッカーとアメリカ主教派遣計画―一八世紀半ばのアメリカ植民地におけるイングランド国教会」『西洋史学』二二七号、二〇〇七年、同「18世紀前半における海外福音協会とアメリカ先住民」『史潮』六四号、二〇〇八年。

（38） Cowie, *op.cit.*, 244-5, 248-9; *Colonial Records of Georgia*, V, 647.

異端者たちの社交場

アメリカのタバーン

森山貴仁

食事や飲酒のできる居酒屋であったタバーンは、北アメリカ植民地では格好の社交の場だった。一八世紀のボストンにはグリーンドラゴンというタバーンがあり、国際的な組織であったフリーメイソンの支部が一七七四年にこの店舗を買い取り、やがてその店はアメリカ独立革命において重要な舞台の一つになる。そこに集まったのはフリーメイソンの会員だけでなく、〈自由の息子たち〉と呼ばれた活動家たちが集会を開いていた。そのため、グリーンドラゴンは「アメリカ独立革命の本部」と称されることもある。

イギリスによる植民が始まった一七世紀から、タバーンはすでに植民地社会では一般的な場だった。それにもかかわらず、歴史家のデイヴィッド・コンロイが言うように、現代の我々は当時のタバーンについて知るところが少ない。これまでの研究は主に二つの視点からタバーンを議論してきた。一つはタバーンの規制と法律を分析する研究であり、もう一つはタバーンの社交に着目したポピュラー文化の研究がある。こうした二つの接近方法から、様々なタバーン像が浮かび上がる。コンロイは、タバーンとは新たな社会を求める民衆文化に深く根ざしており、その本質は反逆にあると考える。それとは対照的にシャロン・サリンジャーは、伝統的な文化を保持するタバーンの機能に注目して、むしろエリート層が民衆を動員あるいは扇動することで、タバーンを社会的に利用していたとみる。

ここでは、北アメリカ植民地がイギリス帝国から独立しようとした、一七六〇年代のマサチューセッツにおけるタバーンの政治的役割をみる。特に、ジョン・アダムズの日記を読み解きながら、植民地社会のエリートがタバーンをどう見ていたか考察したい。

のちに第二代アメリカ合衆国大統領となるアダムズは、アメリカ独立戦争前には弁護士を務めながら、政治活動に関わることもあった。その活動の一つが彼の住む街での禁酒運動である。一七六〇年と六一年の日記に、彼はタバーンの害悪について書き記している。あるエッセイでアダムズはこう記している。「平和と秩序への侵害が数え切れないほど毎日起きており、それらは元をたどれば同じところから発生している」。「言い争い、殴り合い、決闘、悪態、罵り、乱闘、暴動」、これらがタバーンで頻繁に起きることだ、とアダムズは主張した。彼の懸念は、とくに若者と貧困者へのタバーンの影響に向けられた。「この悪習の結末は明らかだ。その誘惑は若い人たちをして時間と金を浪費させ、不節制と怠惰の習慣を身につけさせる。やがて彼らは物乞いや売春に堕ち、最後には監獄に入り絞首台に登ることとだろう」。

アダムズの禁酒運動は成功しなかったが、一七六〇年代初めにおいて彼がタバーンと飲酒文化を問題視していたことは明らかである。さらに彼の運動は、植民地全体が直面した問題ともつながる。七年戦争後に制定された関税諸法はアメリカ独立の契機となるが、一七六四年の砂糖法は植民地人の反発を招くと同時に、植民地の市民道徳という問題も突きつけた。なぜなら砂糖法はラム酒の密貿易と関わっており、植民地のエリートたちは本国の徴税強化に反対しながらも、飲酒の蔓延も見過ごせなかったからである。

しかしながらアダムズの日記は、タバーンと政治との密接な関係も指摘している。若きアダムズが嘆いたのは、タバーンが選挙における人気集めの場所となっていったことだ。店に集まる民衆の票を確保するために地元の名士がタバーンに通い、アダムズの見るところ、そこで得られた票数は他のどの方法で得られた票よりも多かったという。「人気集めの技」が必要となり、タバーンで群衆と交わることが大事になってきたとアダムズは書いている。

とはいえ、イギリス帝国への抵抗が激しくなるにつれて、タバーンの重要性はさらに高まっていった。タバーンでのスピーチは植民地人たちの権利を守る気運を高め、酒や食料を振る舞うことで階層の違いを超えた植民地社会の一体感を強めることもできた。アダムズもまた、親戚のサミュエル・アダムズが加わる〈自由の息子たち〉がとったタバーン利用の戦略を認めるようになった。一七六九年八月、ジョン・

アダムズは印紙法反対の記念式典に出席し、ドーチェスターサンズというタバーンで三五〇人の〈自由の息子たち〉のメンバーと食事をとっている。そして一七七〇年代に入ると、冒頭で述べたように、タバーンは独立革命の舞台の一つとなるのである。

タバーンは独立革命期におけるアメリカのジレンマを象徴している。砂糖法への反対は本国政府への反抗であったが、飲酒文化の擁護にもなりかねなかった。また、イギリス帝国への抵抗のためにはタバーンでの人気集めと社会階層を超えた団結が欠かせなかった。このような矛盾した空間から、独立のダイナミズムが生まれたのである。

アメリカ海軍と日英同盟

海の両面作戦という幻

布施将夫

日露戦争（一九〇四〜一九〇五年）後、一九〇六年のサンフランシスコの日本人学童隔離事件（いわゆる「第一次日米危機」）を契機として、日米関係が不安定になり始めた。不安定な外交関係を踏まえてアメリカ海軍は、対日戦争計画であるオレンジ・プランを本格的に検討し始める。一方この頃、日英同盟が存続していた。日露戦争前の一九〇二年に締結された（第一次）日英同盟は、一九〇五年に改定されて第二次日英同盟となり、攻守同盟へと強化される。この同盟は、外国人（「排日」）土地法案をめぐって日米の対立が深まる一九一一年（「第二次日米危機」の直前）にも改定され、第三次日英同盟となっていった。したがってアメリカ海軍としては、オレンジ・プランを検討する際でも、同盟関係にある日英両国の海軍と、太平洋・大西洋の両洋で同時に戦う可能性まで考慮せざるをえなくなる。とはいえ第一次世界大戦（一九一四〜一九一八年）中、日英米の三国はすべて連合国側に属したので、アメリカ海軍が日英両海軍と同時に戦うレッド・オレンジ・プランを具体的に検討するのは、第一次大戦後のことになった[1]。

オレンジ・プラン研究の代表例の一つは、次のように紹介する。一九一九年以降、アメリカ海軍の政策立案領域で、海軍作戦部の戦争計画課が、従来の海軍将官会議より重大な存在になっていく。そうした戦争計画課は、一九二〇年三月に新しい「作戦ファイル」を完成した。同ファイルのなかの一つ「レッド・オレンジ・プラン」は、両洋戦争の場合、アメリカのブルー艦隊の主力を大西洋に集結すべきだが、太平洋では東太平洋の制海権を維持しておくだけでよい、と想定していたのである。すなわち二正面戦争の場合、アメリカは東方の対英戦に全力を注ぎ、西方の対日戦では最小限の戦力で守勢を保つ、という方針であった。戦力配分を明確に決めたこの方針は、日米戦の場合、英国参戦はありそうもないが、英米戦の場合、日本の対米宣戦布告は確実だろう、という計画課員ホロウェイ・フロスト中佐の予想に基づく[2]。このようなレッド・オレンジ・プランは、計画国の違いや陸海軍の違い、東西の戦力配分の違いなどがあるものの、第一次大戦までのドイツ陸軍のシュリーフェン・プランと類似していよう（後者の場合、東方のロシアより西方のフランスへの攻撃を優先）。

では、このようなレッド・オレンジ・プランは、以後どのような結末を迎えたのであろうか。この戦争計画の前提である日英同盟は、これを口実に日本が第一次大戦に参戦したため、アメリカの強い圧力によって、ワシントン会議開催中の一九二一年一二月に廃棄が決定される（一九二三年八月に日英同盟失効）。その結果、一九二〇年代から一九三〇年代にかけてレッド・オレンジ・プランは、明白に非現実的な幻になっていった。実際、当時のアメリカの海軍大学における図上演習でも、第一次大戦まではイギリスやドイツを仮想敵国とすることが多かったが、大戦以降は日本を仮想敵国にすることが徐々に増えたのだ[3]。つまり、日英同盟の消滅に伴いアメリカ海軍は二正面戦争の重圧から解放され、レッド・オレンジ・プランよりオレンジ・プランの検討の方が現実的なものとなった。以上の経緯は、外交関係を自国に好都合になるよう改善すると、無謀で拙劣な戦争計画を立てずにすむ好例だと言えよう。この点が、自国をめぐる外交関係の悪化を無視したドイツのシュリーフェン・プランと大きく異なるところであった[4]。

注

（1）オレンジ・プランの概略については、布施将夫「アメリカ海軍と日本」『現代の起点　第一次世界大戦　第1巻　世界戦争』山室信一ほか編、岩波書店、二〇一四年、二〇二―二〇三頁を参照。なお、当時のアメリカ海軍は、自国をブルー、日本をオレンジ、イギリスをレッド、ドイツをブラックというように各国を色で区別していた。布施将夫『補給戦と合衆国』松籟社、二〇一四年、二五七頁。
(2) ウィリアム・R・ブレイステッド著「アメリカ海軍とオレンジ作戦計画」(麻田貞雄訳)『ワシントン体制と日米関係』細谷千博・斎藤真編、東京大学出版会、一九七八年、第一一章(四一五―四四〇頁)のなかの四一九―四二〇頁を特に参照。
(3) NHK〝ドキュメント昭和〟取材班編『ドキュメント昭和5 オレンジ作戦――軍縮下の日米太平洋戦略』角川書店、一九八六年、三四頁。フランシス・マッキュー氏に対するNHKの取材による。
(4) イエルク・ムート著『コマンド・カルチャー――米独将校教育の比較文化史』大木毅訳、中央公論新社、二〇一五年、二四二頁はこう言及する。「この二正面戦争〔シュリーフェン・プランのこと〕こそ、まともな参謀将校ならば、全力を挙げて阻止しなければならぬと考えていたことだったのである」。

ある帝国主義者の挑戦と苦悩

ロバート・モンゴメリー・マーチン

川村朋貴

1. マーチンとイギリス帝国

一八三〇年代後半から四〇年代にかけて、世界各地のイギリス植民地との金融・為替取引の便宜を提供する民間銀行がつぎつぎとロンドンで計画・設立され、そのなかには、訴訟・被訴訟能力をもつ「法人格」と「株主の有限責任制」をイギリス政府によって認められた特許植民地銀行も現れていた。そうしたなかで、一八四〇年一月二一日、以下のような告知によって、ひとつの会合がロンドン・シティの一角で招集された。

アジアにおけるイギリス植民地向けの銀行の設立に関心をもつ諸氏の臨時会合が、つぎの木曜日（一月二三日午後一時）、モンテフィオール氏の事務所で開催予定。諸氏の参加をお願いする。(1)

差出人の名前は、ロバート・モンゴメリー・マーチン。東・西インド貿易についてイギリス下院議会で証言するほど、海外植民地通として政界でもかなり高い評価を受けていた人物である。上記の臨時会合には、マーチンと、会合場所を提供した貿易商人のモンテフォールのほかに、少なくとも元外交官のゴア・オーズリーとベンガル文官のチャールズ・ミドルトンが集まったのではないかと思われる。マーチンはその席上で会合招集の理由を説明し、アジア向けの銀行機関の必要性を詳しく述べた。こうして、マーチンは、数名のロンドン商人と植民地文・武官らとともに、法人格と株主の有限責任制を有した「バンク・オブ・アジア Bank of Asia」の設立とそのための国王特許状の取得を計画することになった。彼らは、ロンドンに本店を、そしてアジア各地に支店を配置しながら、イギリスとアジアとの国際貿易に金融を付ける特許株式銀行の設立を目指したのである。(2)

マーチンは、一八〇一年頃、アイルランドで生まれ、ダブリンのトリニティ・カレッジで古典を学んだようである。ダブリンの病院で外科医としての訓練を受けた後、彼は従軍臨時外科医として、セイロン、東アフリカ、ニューサウスウェールズ、さらにカルカッタに滞在した。マーチンは、その植民地経験を活かして、一八三〇年代初頭からイギリス帝国の歴史や現状に精通する評論家あるいは統計学者として多くの著作を発表し、また企業家としても知られていた。一八三八年にマーチンが執筆した『東部インドの歴史・古事・地誌・統計』では、イギリスが植民地のインドに課した年間三〇〇万ポンド以上の「貢納」がインドからの「富の流出」として指摘され、それをインド窮乏の原因だと評された。そのうえで、マーチンは、インドの永続的な資金の枯渇に起因する諸作用を和らげることこそが、イギリスの使命であると主張した。(3) インドからの「富の流出」は、それ以前からインド統治関係者によって意識されることはあったが、インドの窮乏化の可能性と結び付けられて論じされることはほとんどなかった。このマーチンの視座は、一九世紀末以降の英領インドでダーダーバーイ・ナオロジーらによって展開されたナショナリスティックな「富の流出」論を想起させ、極めて興味深いものである。上記のバンク・オブ・アジアの銀行計画こそ、彼が構想したインドの経済的救済策なのである。この銀行計画は約二年の歳月をかけながらも失敗に終わったが、マーチンは決してめげることなく、それとほぼ同様の内容で「イースト・インディア・バンク East India Bank」という銀行を新たに計画した。

ところが、イースト・インディア・バンク計画途中の一八四四年一月から、マーチンは、植民地担当大臣であったスタンリー卿の推薦によって香港財務官に抜擢され、香港政庁の経済政策に深く関わった。周知のように、イギリス政府は、一八四二年の南京条約の締結によって従来の広東貿易体制を解体させ、清朝中国に割譲させた香港島を外国貨物への関税が免除された「自由港」として植民地化した。こうした割譲直後の香港に、マーチンは赴任したのである。彼が香港で最初に関わった経済政策は、恒常的な不足と混乱が際立つ通貨の問題であった。香港では、一八四二年五月以来、政府取引・商業取引の本位貨幣がメキシコドルその他の南米系ドルと定められていた。マーチンはその通貨事情に仰天し、イングランド通貨単位で記載される政府勘定、日常的に必要な少額貨幣の不足、広州周辺での伝統的なイギリス硬貨の通用性の高さ、ルピーの不便性という観点から、イングランド硬貨を唯一の法定通貨にすべきであると香港総督のジョン・デイヴィスに進言した。こうして公布されたのが、香港の一八四四年枢密院勅令（一一月二八日付）であった。この勅令は、香港市中において従来の各種貨幣の流通を認める一方で、イギリスのポンド貨幣を法定通貨と定めた。(4)

自由港として関税収入を見込めない香港において、マーチンは財務官として常に厳しい立場に置かれていたとはいえ、最も効率的かつ莫大な財政収入の見込めるアヘンへの依存体制を強く嫌悪しつづけた。その理由として、政府が道徳的にも身体的に有害なアヘンを財政収入源にすることはとんでもないとマーチンは考えたが、より現実的には、清朝政府への特別な外交的配慮が挙げられる。つまり、北京政府がアヘン貿易を法的に禁止している限り、香港政庁のそれへの関与はイギリスの対中国合法貿易にとって不利益であると懸念された。しかし同時に、マーチンは、インド政庁のアヘン政策や中国人の悪習を批判し、アヘンに関わる香港商人たちへ批判が集中しないように苦慮した。自由港としての香港の発展には、そこを拠点に活動しようとする貿易商人たちの協力が不可欠だった。北京政府が非合法とするアヘン貿易は、キリスト教国王から完全に切り離され、「高尚かつ高名なジェントルマン」である香港商人の良心に委ねられるべきというのが、葛藤の末にマーチンが出した結論であった(5)。

しかしながら、マーチンをなによりも悩ませた問題は、彼自身の視界にひろがる香港の植民地的価値の低さであった。マーチンは、香港赴任直後から、初代総督のヘンリー・ポテンジャーによる香港島の過大評価を批判し、上海近郊の舟山島から軍隊を撤退させたのは間違いであったと考えていた。彼にとって、香港島はせいぜい軍隊の駐留地として使えるに過ぎない不毛な岩の塊にしか見えず、それよりも舟山島のほうが気候的にも地政学的にもイギリスの中国政策にとって有益だというのである。香港には巨大商業集中地になる可能性はなく、本国財政から一シリングさえ植民地経費を支出する価値もないと、マーチンは強調した。彼の見解は一八四四年当時では決して的外れなものではなく、有力商人のアレクサンダー・マセソンも、香港が貿易の

「場」として広州や上海に取って代わることはないというほどであった。このように香港支配自体に不満を持っていたマーチンは、総督のデイヴィスと感情的に衝突することも多く、一八四五年七月、体調不良を理由に香港財務官を辞職し、本国政府にその政策転換（舟山と広州の重視）を説得するために帰国した。

帰国後のマーチンは、ベンジャミン・ディズレーリのような、以前から交流のあったトーリー系反ピール派議員たちと協力して、ピール政権の対中国政策への批判を続けた。その効果もあり、マーチンは一八四七年三月から開催された「英中通商関係の現状に関する下院特別委員会」に招聘され、香港の商業的利点の欠如やその領有を選択した政策的間違い、そしてアヘン貿易とイギリス政府との完全分離について発言することもできた(6)。マーチンが舟山島の領有を主張する根拠として、上海との関係のみならず、日本、朝鮮、台湾、中国東北部への接近可能性が指摘された。興味深いことに、この頃にはマーチンは、日本、朝鮮、ベトナム、シャムへの開国要求も通商局や外務省に提案していた。

一八五〇年代になると、マーチンは、インドや香港を含む植民地情勢に関する書物の執筆活動に精を出すと同時に、インドとオーストラリアをつなぐ郵便汽船会社や西インド諸島向けのロンドン採掘会社の各設立にも関与した。晩年、彼はロンドン南部のサットンにて治安判事として余生を過ごし、一八六八年九月、六七歳で死去した。

以下では、マーチンが主導したアジア向けのロンドン銀行計画とその三つの失敗例に注目し、非常に野心的かつ挑戦的、時として奇想天外な発想ゆえに、大きな反発や多くの挫折に苦悩し続けた彼の半生を追ってみたい。銀行計画のたびにマーチンが直面したさまざまな壁は、通説的にほとんど見落とされてきた重要な問題に関わっているのである。

2. バンク・オブ・アジアの設立計画とその失敗

一八五〇年以前のインドを中心とした国際貿易金融の取引は、ロンドン宛手形のような外国為替手形の大部分を扱った東インド会社の手中にあった。特に貿易活動を停止してからの東インド会社は、代理商会の国際貿易に金融を付けることによって、一八世紀末からの英印関係で一つの優先事項となっていた「本国費」の送金業務を遂行した。英領インドで設立されたベンガル銀行（一八〇九年）、ボンベイ銀行（一八四〇年）、マドラス銀行（一八四三年）は、東インド会社からの国王特許状によって銀行券の発行という特権を付与される一方で、外国為替業務を禁止されていた。マーチンは、こうした国際貿易金融の閉塞状態を打破しようと、ロンドンでアジア向けの株式銀行の創設を試みることになった。その際、「法人格」と「株主の有限責任制」という特権が銀行経営の鍵であり、その取得にはイギリス政府、または東インド会社から国王特許状が付与されなければならなかったのである。

バンク・オブ・アジアの設立を計画したマーチンの動機として、経済的発展を見込めるインドにおける銀行機関の少なさ、貿易業務と銀行業務との伝統的な融合、インド以外の植民地銀行の登場、汽船航路の伸張によるインド経済・貿易の促進等が挙げられる。これを踏まえて、ロンドンに本店を、アジア各地に支店を置き、「法人格」と「株主の有限責任制」を備えたメガ・バンクの設立が計画されたのである。このバンク・オブ・アジアの業務は貿易業から切り離された銀行業に限定し、預金、送金、銀行券の発行、為替取引等に設定された。

こうしたマーチンの銀行計画案の根底は、「富の流出」を克服できないインドへの救済策であり、安定した通貨供給ができない東インド会社への強い批判であった。このようなマーチンの思想には、一八三〇年代前半に活躍したバーミンガム学派の指導者トマス・アトウッドの貨幣・通貨論が強く反映していた(7)。アトウッドによれば、イギリスにおける一八二五年恐慌とその後の恒常的なデフレ現象は、イングランド銀行の統制下で調整される貨幣供給量の不足から生じ、イギリス経済・社会に大きな損害を与えていた。そこで、アトウッドは、このデフレーションの解消と勤勉な国民の完全雇用を同時に達成する方策として、金本位制の廃止と地方銀行による紙幣の大量発行を訴えたのである。デフレ不況下での金融政策として民間銀行の紙幣発行を訴える彼の主張は、主流の経済学者やシティ筋にはほとんど受け入れられることのない地方の非正統派思想であったが(8)、植民地経済・社会への安定的な通貨供給手段、とりわけインド通貨・金融制度の再編策を構想するマーチンにとっては、実に魅力的かつ実践的な政策論であった。

バンク・オブ・アジア計画者たちには、前述のオーズリーやミドルソンのような外交官や植民地文武官たちの割合が大きかった。彼らの関心は、インド関係者の給料・預金の管理や本国送金を、国際貿易の不確実性に左右される東インド個人商会には任せず、銀行業に特化した特許銀行によって行なわせようとした点にあった。この銀行計画に参画した貿易商人として特に目を引くのは、広州のジャーディン・マセソン商会の創設者であるウィリアム・ジャーディンである。一八三九年九月にはイギリスに帰国していたジャーディンは、同銀行計画者の一人であるトマス・ウィーディングとカルカッタで個人商会を設立したことのある旧知の間柄であり、おそらく彼を介してバンク・オブ・アジア計画に関与することになったのではないかと思われる。この銀行計画者には、アジアのみならず、カナダやオーストラリアに深く関わった人びとも少なくなかった。マーチンは、オーズリーやジャーディンと協力しながら、法人格と株主の有限責任制を承認する国王特許状の獲得に奔走した。彼らは銀行の資本金を減額してまでも、インドの社会的改善と商業活動を増進するための巨大銀行の設立を目指したのである。

しかしながら、彼らは、ベンガル銀行の独占的発券業務や本国送金制度の保護を重視する東インド会社取締役会の強い反対論と厳しい規制条件の設定に直面した。東インド会社取締役会は、外国為替業務と発券業務を結合させたバンク・オブ・アジア計画のリスクの大きさと同時に、既得権益への脅威を十分に認識していたのである。そして、この東インド会社の見解に同意するインド監督局の消極的対応によって、マーチンらはこの銀行計画を一旦取り下げざるをえなかった。

一八四〇年七月、ジャーディンとマーチンらは再結集し、資本金を減額する反面、株主たちの銀行債務を「倍額」にし、さらに銀行券の発行業務を放棄した第二の銀行計画を立ち上げた。この計画では、ジャーディンが代表取締役予定者となった。この計画内容の大きな変更は、一八四〇年四月に作成されたばかりの「植民地銀行の法人格付与に関する規制と条件」に沿った譲歩的対処でもあった。この植民地銀行規制は資本金払込期間、自社株保有禁止、情報公開の義務等の一七項目で構成され、とりわけ発券業務への厳しい規制事項（三項目）が目立ち、銀行券保有者の安全を意識した内容となっている。それは株主の二倍有限責任規定にも反映された。この二倍有限責任という原則は、バスターの研究によると、一八二六年の議会制定法から始まったようである。これにより、ロンドンに本社を置く銀行のうち、海外に営業拠点をもつ植民地銀行に限って、国王特許状の付与という形で株主の有限責任という特権が認められた。しかし、この場合、株主責任は保有株額面を超えないという通常規定ではなく、株主たちの銀行債務に対して二倍の有限責任を負うという高いハードルが設定された。[9]つまり、この一八二六年来の原則が一八四〇年の植民地銀行規制にも継承されており、バンク・オブ・アジア計画の内容変更はこの厳しい規制条項への対応策であった。

　こうして、マーチンらは、東インド会社の支配領域での発券業務と為替取引の禁止に関する国王特許状の付与条件をめぐって、東インド会社取締役会との激しい交渉を行なった。彼らは東インド会社との摩擦を避けるために、イギリスで営業する株式銀行として国王特許状を取得する別の方法を画策するほど必死であった。彼らは植民地大臣のジョン・ラッセルや大蔵省秘書官のチャールズ・トレヴェリアンにも接近し、インド当局に圧力をかけようとした。特にラッセルはマーチンの計画に大きな興味を示し、イギリス帝国全体をつなぎ止める「金融の鎖」を完成させるものと高く評価した。マーチンは、こうしたラッセルの見解をインド監督局長官のジョン・ホブハウスに伝え、東インド会社をゆさぶろうと試みた。しかし、バンク・オブ・アジア側のさまざまな努力もむなしく、英印間送金・為替取引を独占したい東インド会社の態度はまったく変わらず、そのうえ、時間を無駄に使わせるように、インド政庁への問い合わせの必要性も強調するのであった。東インド会社取締役会の独占主義的主張から、英領インドの銀行・金融政策を決定するジェントルマン資本主義の立場がはっきりと読み取れよう。

マーチンは、インド商業界からも新銀行計画の支持者を集めようと画策したり、あるいはより小規模での開業を提案したりと、東インド会社側との交渉を粘り強く続けた。彼はラッセルにより一層の協力を要請し、東インド会社取締役会からインド政庁への問い合わせの前に本国政府内での有利な環境を整えてもらおうと必死であった。この間、ジャーディンは、バンク・オブ・アジア内部で批判が高まったマーチンを解任し、体制の立て直しを試みた。

インド政庁内では、ロンドンでのバンク・オブ・アジア設立計画への見解は一様ではなかった。これにはインド政庁なりの特別の理由が考えられる。インド政庁幹部はベンガル銀行取締役を兼任し、かつ本国送金業務の現場指揮官であった。しかし、一八四〇年前後のインド政庁は実のところ財政難と本国送金不足で四苦八苦しており、ロンドン本社が統轄する担保前貸制度の限界性とその条件改正（廃止案も含む）が真剣に検討されていた。それゆえ、インド政庁内においてバンク・オブ・アジア設立の賛否両論が存在した。特にオークランド総督のその新銀行計画への好意的反応は、当時のインド政庁が実際に直面していた政治的・財政的苦悩の現れであった。

かくして、バンク・オブ・アジアの設立は二度計画されたが、東インド会社の徹底した反対によって最終的に実現することはなかった。当時のシティにおいて、インド権益の牙城であった東インド会社の権力基盤の一部を支えていたのは、古参のロンドン有力商人たちであった。彼らは、イギリス―インド間送金・為替取引から得られる莫大な利益を東インド会社とともに独占する多数派権益集団を形成していた。インドを含んだ帝国全体の金融改革を構想するマーチンやジャーディンたちは、シティの勢力図に照らし合わせると、たとえ「改革の時代」と称される時代であっても、まだまだ弱小少数派にすぎなかったのである。イギリス政府も、事実上、インド支配と本国送金義務を遂行しようとする東インド会社の主張と存在意義を容認し、ジェントルマン資本主義の既存体制を維持した。

3. イースト・インディア・バンクの設立計画とその失敗

一八四二年四月二一日、ウィリアム・ジャーディンを代表取締役としたバンク・オブ・アジアの設立計画は、その株主たちの決議によって同銀行の計画を解消することになった。この結果、その設立の可能性は完全になくなった。ジャーディンは前年に下院議員に当選し、またロンドン・シティのロンバード街にあるマニアック・スミス商会のパートナーとなって別の道を歩み出していた。バンク・オブ・アジア秘書役を解任されたマーチンは、決して新銀行設立への情熱を絶やすことなく、同年六月、「高名かつ経験豊かな同志」とともに、再び英領インド向けのロンドン株式銀行、「イースト・インディア・バンク」の設立計画を企てた。(10)

イースト・インディア・バンクの銀行計画には、バンク・オブ・アジアのそれとは異なるいくつかの特徴があった。マーチンは秘書役ではなく、取締役の一人として計画に関わっていたこと、銀行規模を大幅に縮小させ、初めから株主責任を払込額の二倍にし、銀行券の発行業務を放棄して送金と為替取引に特化した銀行計画であったことが挙げられる。マーチンは、国王特許状を取得するために最大限に譲歩する諸条件のもとで周到に計画したが、東インド会社取締役会は相変わらず反対の立場であったし、バンク・オブ・アジア計画に対するインド政庁の見解もまだ公表されていなかったという理由で、イースト・インディア・バンクの国王特許状申請の手続きの停止を通商局に申し出るほど、極めて慎重にふるまった。

第二には、この新銀行の計画への賛同者が、英領インドに少なからず存在した点が挙げられよう。前述のように、インド政庁の幹部がバンク・オブ・アジア計画に好意的な意見をもち、かつイギリス本国での株式銀行の営業権を認める国王特許状の申請を薦めていた。それゆえ、マーチンは、イースト・インディア・バンクの場合、東インド会社取締役会やインド政庁への問い合わせを必要としないだろうと判断し、イギリス政府の判断に期待したのである。さらに、ボンベイの人びとからイースト・インディア・バンクの設立を強く切望する声も上がった。[11] 彼らのなかには多くの非ヨーロッパ系有力商人も含まれ、当地における為替銀行への需要の高さを示している。一八四〇年にボンベイ銀行が設立されていたが、その国王特許状によって外国為替取引を禁じられていたという背景も考慮すべき要素の一つであろう。

さらに注目すべき特徴は、マーチンが主導するイースト・インディア・バンクの銀行計画がイギリスの主要商業団体から一斉に反対されたことである。[12] たとえば、グラスゴー東インド協会がその急先鋒で、その抵抗運動への参加の呼びかけにリヴァプール東インド・中国協会が応えた。リヴァプールの成長基盤は大西洋貿易にあったが、一九世紀初頭からアジア貿易、特にインドとの貿易関係も重要となっていた。これを背景に創設されたリヴァプール東インド・中国協会は、自由貿易の推進を熱心に訴える親帝国主義的な商業団体であった。そして、グラスゴーやリヴァプールを巻き込んだイースト・インディア・バンク計画の全国反対運動を先導したのは、情報量の多さや政治中枢部への近接性に勝るロンドン東インド・中国協会であった。この事実は、アンソニー・ウェブスターの議論を想起させる。彼は、「地方都市＝ロンドン枢軸」関係が銀行計画の大きな障害となったという興味深い指摘をする。この利害構成が新たな競争者を抑圧し、自らの商業的立場を擁護しようとした結果、東インド会社の政治的影響力が維持されたというのである[13]。

しかし、ロンドン商業界の内実はそう単純ではなかった。この理由として、ロンドン港に集中するアジア（特にインド）貿易の利益を独占したい巨大利権集団がロンドン協会を占めていた点が挙げられる。そして、そのイギリスの対インド貿易がロンドンに集中させるような金融制度を準備していたのが、シティの中枢部に君臨し続けた東インド会社なのである。ロンドン東インド・中国協会の中心的メンバーの多くは東インド会社の株主であり、その関連業者（貿易業者、船舶業者、保険業者、倉庫業者、その他の各種サーヴィス業者）でもあった。つまり、東インド会社の存在そのものこそ、一八四〇年代初頭においても彼らの商業的基盤を成していたのである。ロンドン東インド・中国協会の反対論は、商業特権の廃止と自由貿易の推進をただひたすら訴える地方商業界の自己主張とはまったく異なった背景から生じていたといえる。

そして最後の特徴は、大蔵省がイースト・インディア・バンクの銀行計画に大きな関心を引き、インド向け株式銀行の国王特許状問題を初めて真剣に審議したことである。インド経験のあった大蔵省秘書補佐官のトレヴェリアンは、この銀行への国王特許状の付与に非常に好意であったが、英領インドに関わる帝国問題である以上、やはりインド監督局の立場と東インド会社の権益を何よりも重んじた。トレヴェリアンは、ロンドン在住のジェームズ・ペニングトンという人物にイースト・インディア・バンク問題の意見を求めた。ペニングトンは、当時のロバート・ピール政権で大蔵省付きの政策顧問として、準備中のイングランド銀行法の制定に尽力していた通貨学派の一人である。彼の政策立案能力は、一八二八年から加入が認められたポリティカル・エコノミー・クラブでの議論によって培われ、自由貿易主義と通貨主義の代表的理論家の一人として開花された。リカードやジェームズ・ミルらによって結成されたこの紳士クラブの主要会員は、トマス・トゥックやジェームズ・マカロックらの通貨学派といわれた著名な経済学者・知識人や当時の権力中枢関係者であった。先述したロンドン東インド・中国協会の会頭であったジョージ・ラーペントも、その創設以来の正式会員であった。このような社会的かつ政治的関係性をもったペニングトンは、マーチンの非正統派金融理論、そしてそれに基づく新銀行計画には非常に批判的な見解をもっていたのは自然なことである。彼らのやりとりこそ、ホワイトホール―シティ間でのジェントルマン資本主義の日常であり、地方商業界は言うに及ばず、マーチンらのようなロンドン新興勢力の声さえも届きようのない「ドアの向こう側」(14)の話なのであった。

4. ――インペリアル・バンク・オブ・チャイナの設立計画とその失敗

一八五六年一〇月、イギリス人船長のアロー号が広州市珠江に停泊中に、その中国人船員のほとんどが海賊の疑いで中国官憲に拉致された。これが有名なアロー号事件であり、天津条約(一八五八年)と北京条約(一八六〇年)の締結まで続く第二次アヘン戦争(いわゆるアロー戦争)の起源とされている。天津条約によって、開港場の増加、揚子江の開放、外交使節の北京駐在、内地旅行、賠償金支払い、領事裁判権の整備、キリスト教の公認、そして何よりイギリス側の念願であったアヘン貿易の合法化が英中両政府の間で取り決められた。北京条約では、香港島に近接する九龍半島の一部のイギリスへの割譲が決定された[15]。さらに同じ時期、イギリスは、マーチンが一八四〇年代から主張していたような徳川日本との不平等条約の締結にも成功し、その開港を実現した。

当時の香港や開港場で支店を開設していたイギリス系銀行は、オリエンタル銀行、マーカンタイル銀行、チャータード銀行、インド・コマーシャル銀行、アグラ銀行、ヒンドスタン銀行の五行であった。オリエンタル銀行（一八四二年創業）、インド・コマーシャル銀行（一八四五年創業）、マーカンタイル銀行（一八五四年創業）はそもそもボンベイで設立されたが、それにはボンベイの対中国貿易を支配したパールシー大商人が関わっていた経緯もあり、すでに一八四〇年代半ばから香港に支店を設けていた。インド発ではないが、ロンドンで設立されたチャータード銀行（一八五三年創業）とヒンドスタン銀行（一八六二年創業）も、その当初から香港に支店を開設していた。これらはほぼ例外なく、外国貿易金融に関わるあらゆる銀行業を生業としていた。ヒンドスタン銀行を除く諸銀行は独自にその銀行券を発行していた。香港には、イギリス本国や英領インドのような株式銀行の設立や銀行券の発行を規制する法律はなく、銀行業に関して事実上の自由放任という有利な状況があった[16]。このような金融事情のなか、現在もグローバル・メガバンクとして発展し続ける香港上海銀行が、香港の主要商人たちによって一八六六年に地方銀行として設立された。

一八六三年、マーチンは中国市場の成長可能性を信じ、ロンドンに本店を置くインペリアル・バンク・オブ・チャイナ Imperial Bank of China, Ltd. という株式銀行会社の設立を試みた。その資本金は百万ポンドとし、支店は上海、広州、天津に配置される計画であった。この銀行計画には、マーチンのほかに、数名のイギリス商人と中国人商人が賛同した。イギリスでは一八六二年改正会社法によって株式会社の設立に関する規制緩和が大幅に進み、一定の法的条件に則って設立されていれば、法人格と株主の有限責任制の取得には、イギリス政府から付与される国王特許状が不要となった。マーチンの目論みは、一八六三年に設立されたオスマン帝国銀行（Imperial Ottoman Bank）をモデルにし、発券・預金・割引・為替取引を行ない、同時に清朝中国の中央銀行的性格を備えた巨大銀行の設立であった[17]。彼は、北京政府が将来的に鉄道や電信等の敷設で莫大な資金を必要とすることを見越し、その公共事業向けの融資を一手に引き受ける御用銀行を計画した。この点において、他のイギリス系銀行とはまったく異なり、マーチンの計画内容の斬新さと奇抜さが感じられる。彼はその銀行の中央銀行的役割を明確するために、為替取引を放棄し、発券と預金の業務に特化することを決めた。そして、この計画の遂行のためには、北京政府からの権利設定が必要であった。イギリスや香港のイギリス商人たちが、中国市場が鉄道建設と積極的な外交政策によって開放されることを希望し、この経済開発戦略を外国の競争者に先取りされることを恐れていた[18]という当時の商業的衝動にも、マーチンは後押しされたと思われる。

彼は好機を逃すまいと、中国側との交渉のために、パーマストン政府に支援を懇願した。しかしながら、外務大臣のジョン・ラッセルをはじめとする政府関係者は、一様に、この中国向け新銀行計画への支援を拒否した。イギリス政府は一八六〇年代から、対中国経済関係の展望についてより慎重な見方をするようになったからである。この時期の外務省は、イタリア統一、アメリカ南北戦争、シュレースヴィヒ＝ホルシュタイン問題などの欧米外交に重点を置いていたと考えられ、北京政府の政治的権威を弱め、競合する西洋列強の領土獲得欲を招くような政策には消極的であった。[19]

イギリス政府からの支援をあきらめたマーチンは、一八六四年一月、資本金の調達のために、新銀行の活動範囲をインドや日本まで拡大させた内容で公表した。[20]そして、同年七月、新銀行が創業し、先発のヒンドスタン銀行との合併を計画しているという最新のニュースも発表された。同銀行は、資本金百万ポンドで日本からインドまでのアジア全域を活動対象にしたロンドン株式銀行で、実際にはカルカッタ、ボンベイ、香港、上海に支店を開設し、おもに外国為替取引を営んでいた。[21]ヒンドスタン銀行との合併話の裏には、インペリアル・バンク・オブ・チャイナの即時創業に当たって、東アジア業務に精通する経験豊かな支配人を新たに見つけることが困難であるというマーチンの判断があった。他方、ヒンドスタン銀行側には、類似の活動地域における同業資本の過当競争を回避するという意図もあったようである。いずれにせよ、両者にとって合併は有益な話だと思われた。

しかし、この合併を事前に知らされなかったインペリアル・バンク・オブ・チャイナの一般株主から不満が上がり、それに抵抗する株主も少なからず現れた。さらに、新銀行の取締役数名が、ヒンドスタン銀行の株式を大量に保有する取締役として活動し、冒険的な新銀行にはほとんど関心を持たなくなっていた。この過程において、清朝中国の中央銀行的役割を担うというマーチンの斬新な目的は、完全に「絵に描いた餅」となってしまった。結果的に、両銀行の合併計画は流産した。マーチンはインペリアル・バンク・オブ・チャイナの再建を目論んだが、彼に不審を抱く銀行株主も多く、その夢を実現することはなかった。同銀行の清算処理が終了したのは、マーチンが没して約五年後の一八七三年七月末のことであった。

注

（1）Robert Montgomery Martin, *Public Proceedings and Official Correspondence relative to the Bank of Asia collated for the information of the shareholders and supporters of that institution* (London: Jones and Caution, 1842), Appendix B, XLVII.
（2）川村朋貴「東インド会社とイースタンバンク――Bank of Asia の設立計画とその失敗（一八四〇年～一八四二年）」『西洋史学』第二〇七号（二〇〇二年）、一―二三頁。
（3）*Robert Montgomery Martin, The History, Antiquities, Topography, and Statistics of Eastern India*, 3 volumes (London: W. H. Allen, 1838).
（4）Robert Chalmers, *A History of Currency in the British Colonies* (London: Her Majesty's Stationary Office, 1893), 372-373.
（5）Frank H. H. King, *Survey Our Empire! Robert Montgomery Martin (1801?-1868)* (Hong Kong: University of Hong Kong, 1979), 232-236.
（6）Report from Secret Committee on Commercial Relations with China, House of Common Parliamentary Papers, no. 654, 1847, 289-299.
（7）King, *Survey Our Empire*, 169-170.
（8）アトウッドの経済思想に関しては、以下を参照。峰本晫子「トーマス・アトウッドの通貨論――地金論争後期の問題点とバーミンガム学派」『成城大學經濟研究』第二二号、一九六五年、二一七―二三四頁、西沢保「トマス・アトウッドの通貨制度改革運動、一八二九～一八三三年」『金融経済』第二〇六号、一九八四年、一―三〇頁。
（9）A.S.J. Baster, *The Imperial Banks* (London: P.S. King & Son, Ltd., 1929), 34-36. バスターによると、その起源は一八三〇年の通商局覚書にまでさかのぼることができるという。
（10）East India Bank の設立計画に関して、以下の史料に基づいている。*Official Correspondence relative to the Incorporation of the East India Bank*（Official Correspondence と略記）, T/1/4845, HM Treasury, National Archive.

（11）*Official Correspondence*, T/1/4845, Appendix, 8-9.

（12）*Official Correspondence*, T/1/4845, Appendix, 3-8.

（13）Anthony Webster, *The Twilight of the East India Company: The Evolution of Anglo-Asian Commerce and Politics 1790-1860* (Suffolk: Boydell & Brewer Ltd.), 114-115.

（14）P・J・ケイン／A・G・ホプキンズ、竹内幸雄・秋田茂訳『ジェントルマン資本主義の帝国Ⅰ　創生と膨張　一六八八～一九一四』名古屋大学出版会、一九九七年、一〇〇頁。

（15）濱下武志「清末」松丸道雄・池田温・斯波義信・神田信夫・濱下武志編『世界歴史体系　中国史五　清末～現在』山川出版社、二〇〇二年、二二頁。

（16）川村朋貴「「老練な中国通の人びと」の帝国――香港上海銀行の創設をめぐって（一八六四～一八六七）」『立命館文学』第六〇四号、二〇〇八年、六一二―六二七頁。

（17）King, *Survey Our Empire*, 190-191.

（18）Nathan A. Pelcovitz, *Old China Hands and the Foreign Office*, New York: American Institute of Pacific Relations, 1948.

（19）ケイン／ホプキンズ『ジェントルマン資本主義の帝国』、二八七頁。

（20）King, *Survey Our Empire*, 194-196.

（21）Charles Northcote Cooke, *The Rise, Progress, and Present Condition of Banking in India* (Calcutta: P. M. Cranenburgh, 1863), 377-378.

初期南アフリカ共産党の人びと

堀内隆行

はじめに

近年、異なる諸地域間の相互連関や影響を強調するグローバル・ヒストリが流行し、一国史／ナショナル・ヒストリの地位は低下しているように見える。イギリス史も、長年にわたって帝国史が大きな位置を占めており例外とはいえまい。しかし、このような傾向のなかで見落とされがちなのは、帝国が広い意味での「異端者たち」の世界だった事実である。[1] イギリス帝国史家のジョン・ダーウィンによると、とくに一九世紀初めまでの本国では、植民地は少数派の避難所、冒険者の逃避先、犯罪者の収容場所としか見なされていなかった。こうした否定的評価は一八三〇年代の奴隷制廃止、その後の流刑植民地廃止論などを経て、世紀末には多少改善される。[2] 他方で、植民地側も積極的に風儀を正し、自己を文明化しようとした。一八一四年にイギリス領となった南アフリカ（ケープ植民地）でも、初期の課題は、オランダ東インド会社が遺した「旧き腐敗」としての奴隷制を廃止し、非ヨーロッパ系にたいしても「慈悲深き博愛主義の帝国」を実践することだった。また、世紀なかばには入植者が流刑植民地化反対運動を起こし、リスペクタブルな（尊敬に値する）地域の希求は植民地議会の開設に帰結した。博愛主義と議会主義を主な構成要素とするリベラリズムは、長く南アフリカのブリティッシュ・アイデンティティの核となっていく。だが、本国にたいする南アフリカないし植民地一般の周縁的性格は、二〇世紀もつづいた[3]。

本章のテーマは、その二〇世紀における南アフリカ共産党である。同党は一九二一年に結成されたが、当初は非合法政党ではなかった。しかし一定の弾圧を受け、またなによりコミンテルンの指令に翻弄された。四〇年代にはネルソン・マンデラらANC（アフリカ民族会議）青年連盟との連携に活路を見出すが、五〇年に共産主義者弾圧法が制定され地下活動を強いられた。再び合法化されるのは九〇年のことで、その後アパルトヘイトの終焉とANCの政権獲得により、異端から正統への転換を果たした。共産党については、当事者によるものがほとんどだが、すでに多くの歴史が書かれている[4]。こうしたなかで、本章では初期（一九二〇、三〇年代）を中心に、イギリス（帝国）史との関係を検討したい。

ただしイギリス史との関係といっても、南アフリカ共産党にグレイトブリテン共産党との強い組織的つながりがあったわけではない。前者の長い歴史を振り返るとき指導部で目立つのは、モーゼス・コタネ、クリス・ハニらアフリカ人を除けばラザ・バッハ、レイ・アレクサンダ（サイモンズ）、ルース・ファースト、ジョー・スロヴォなどのユダヤ人だった。ユダヤ人たちは主に現在のラトヴィア、リトアニア地域からの移民一世ないし二世で、そのコミュニティには故国での労働運動の経験が強く根づいていた。だが、一九二〇、三〇年代に限っていえばイギリス人のビル・アンドリューズ、シドニ・バンティング、ダグラス・ウォルトン、イギリス人の母を持つシシ・グールやエディ・ルーの役割も大きかった。(5) 組織というよりこうした人びとをとおして、異端者たちのイギリスについて考えていきたい。

1. ――ビル・アンドリューズからシドニ・バンティングへ

一九二一年に結成された当初、南アフリカ共産党の中心は白人労働者だった。指導部にアフリカ人の姿は見えずユダヤ人も存在したが、もっとも目立ったのはイギリス系である。とくに書記長と、それに次ぐ会計責任者はともに、イギリス人のアンドリューズとバンティングによって占められていた。(6) 書記長のアンドリューズは一八七〇年、イングランド南東部サフォーク州のレストンで生まれた。父親は農業土木機械工場の整備工で、保守的でリスペクタブルな熟練労働者の全国組織である合同機械工組合に所属していた。アンドリューズも一三歳で、父親が勤める工場の見習工になり、二〇歳のときには合同機械工組合への加入を認められる。だが、その後はバーミンガム、ロンドンなどの工場を転々とし、一八九三年には友人に誘われて二三歳で、金が発見されたばかりの南アフリカに渡った。南アフリカではヨハネスブルクや同市周辺（ヴィットヴァータースランド＝ランド）の金鉱で働き、イギリス合同機械工組合の支部が設立されるとその一員にもなった。ところが一八九九年に、ランド金鉱を擁するオランダ系／ボーア人のトランスヴァール共和国、オレンジ自由国とイギリスとのあいだに第二次南アフリカ（アングロ・ボーア）戦争が起こる。アンドリューズは故郷に避難したが、まもなくイギリス軍に志願して南アフリカに戻り、戦争の終わる一九〇二年には同軍占領下のヨハネスブルクで鉄道整備工場に勤務していた。(7)

二〇年代の共産党で、アンドリューズ以上に重要な役割を果たしたのはバンティングである。シドニ・バンティングは一八七三年にロンドンで誕生した。父パーシは法廷弁護士で、八二年から亡くなる一九一一年まで代表的論壇誌のひとつ『コンテンポラリ・レビュ』(同時代評論)の編集長を務めた。一八九〇年代には庶民院議員選挙の自由党候補に選ばれ、晩年にはナイト位も授けられている。また、パーシの祖父(シドニの曽祖父)はメソディストの宣教師としてケープ東方のテンブランドで活動、シドニの母方の祖父も同じく南アフリカのナタールに入植したことがあった。シドニ自身はオクスフォード大学のモードリン・カレッジを出ると、ロンドンで事務弁護士になる。しかし、九〇年代までのシドニは政治にも帝国にも関心が低く、音楽クラブでヴィオラに熱中していた。変化の契機となったのは第二次南アフリカ戦争である。このとき、同世代のオクスフォードの卒業生には南アフリカに渡る者が多く、なかには高等弁務官アルフレッド・ミルナのスタッフ(ミルナ・キンダーガルテン)として現地に残る者もいた(8)。シドニも一九〇〇年イギリス軍に志願し、戦後はヨハネスブルクで法律事務所を開業している。他方で、現地上流階級の社交の場であるランド・クラブへの入会を許され、音楽活動にも復帰した(9)。

ここで、二〇世紀初めの南アフリカについて俯瞰しておこう。戦争の結果トランスヴァール、オレンジ両国はイギリス領植民地になったが、ほどなく占領政策の転機が訪れた。ミルナは一九〇四年、ランド金鉱への中国人労働者の導入を図ったが、「プア・ホワイト」(オランダ系貧困層)の雇用と「白人のランド」を求める反対論の高まりに遭った。翌年ミルナが失脚すると、そのあとを引き継いだキンダーガルテンはオランダ系との和解を進める。ケープ、ナタールを含む南アフリカ連邦に向けてさまざまなアソシエイション（結社）、国民運動を組織し、一〇年には連邦を実現させた。[10] また この時期、非ヨーロッパ系を排除した「白人国家」の目標を共有するイギリス系の労働運動も急成長し、一〇年には労働党が結成された。[11]

こうしたなかで、アンドリューズとバンティングは少しずつ労働党に近づいていく。鉄道労働者のアンドリューズはまず、当時トランスヴァール総督府にいたキンダーガルテンのひとりパトリック・ダンカン（三七年から亡くなる四三年まで南アフリカ総督を務めた）との賃上げ交渉で名を馳せた。次いで、合同機械工組合の専従オルガナイザとして鉱山・印刷・建築労働者にも影響力を拡大していく。一九一〇年には、最初の連邦議会選挙で労働党候補に選ばれた。この選挙では対立候補のダンカンに敗れるが、別選挙区に転じて一二年の補欠選挙で当選した。しかし、一三年にはランドで約一万九〇〇〇人の鉱山労働者が団体交渉権を求めてストライキを起こす。これは警察と軍隊により鎮圧され流血の事態となり、翌年のストライキでアンドリューズらは一斉検挙された。[12]

ダンカンと対決したアンドリューズにたいし、バンティングの政治的キャリアはダンカンとの交際から始まった。バンティングは一九〇九年、キンダーガルテンが組織した連邦結成期のアソシエイションのひとつ白人拡大協会の名誉幹事に就く（会長はダンカン）。[13] だが翌年には、労働党の指導者フレデリック・クレスウェルとの個人的関係からその選挙を手伝った。労働運動家のひとりは当時のバンティングについて、「なお社会主義者というよりもリベラルだった」と振り返っている。[14] ところが、一三年のストライキが流血の事態となったことは、バンティングに衝撃を与えた。白人拡大協会は連邦結成によりすでに消滅していたが、バンティングはランド・クラブを退会し音楽活動も辞める。一四年には、トランスヴァール州議会選挙に労働党から出馬して当選した(15)。

しかしまもなく、アンドリューズとバンティングは労働党を離れる。一四年九月、南アフリカはイギリス・連合国側に立って第一次世界大戦に参戦した。だが、反英的なアフリカーナ（オランダ系）・ナショナリストはこれに反対して武装蜂起する。労働党も、参戦を支持するクレスウェルらと、帝国主義戦争を拒否するバンティングらに分裂した。アンドリューズも連邦議会での参戦決議には賛成したが、後に反対派に合流する。反対派は一五年、国際社会主義者連盟を設立した。この分裂により、直後に相次いだ選挙でアンドリューズとバンティングは議席を失う。さらに、バンティングは反戦活動の容疑で二度逮捕された(16)。

他方で、連盟にはイギリス系以外の白人も参加した。フィリップ・ルーは東ケープ出身のボーア人／アフリカーナだったが、父祖の伝統を嫌って南アフリカ戦争ではイギリス軍に志願し、イングランドから来た従軍看護婦と結婚した人物である。戦後、ヨハネスブルクで薬局を経営するかたわら社会主義に傾注した(17)。またユダヤ人も連盟に合流し、そのなかには、リトアニア出身でバンティングの妻となるレベッカ・ノトロヴィッツもいた(18)。

南部アフリカ（1930年）

だが、連盟がアフリカーナ、ユダヤ人以上に関心を示したのはアフリカ人だった。バンティングは機関紙『インタナショナル』で、「われわれが労働党からの脱退を正当化できる理由のひとつは、政治的浮沈にかかわらず、原住民という大きく魅力的な問題を扱う無制限の自由を与えられたことである」と記している。(19)一七年にロシアで革命が起き、一九年にコミンテルンが結成されると、連盟も二一年、コミンテルン南アフリカ支部としての共産党に改組された。しかし、成立してほどなく共産党では、主要なターゲットを白人と考えるかアフリカ人と考えるかの立場の違いが表面化する。表面化のきっかけは、二二年にランドで二万人以上の白人鉱山労働者が、賃下げとアフリカ人の雇用拡大に抗議してストライキを起こしたことだった。このストライキはまたもや軍隊によって鎮圧されるが、白人労働者の背後にいたアフリカーナ・ナショナリストと労働党は翌々年の総選挙に勝利し、クレスウェルも労相兼国防相として入閣した。共産党では、労働運動出身のアンドリューズがストライキを支援して逮捕される一方、バンティングはアフリカ人の排除を問題視した。(20)さらに、バンティングはモスクワのコミンテルン第四回大会に出席して国際共産主義の動向に触れ、みずからの考えに確信を強める。二三年、アンドリューズがコミンテルン執行委員としてモスクワに滞在するあいだに、バンティングは党の実権を握った。(21)アンドリューズは帰国したのち、党にこそ残留するものの労働運動に拠点を移す。(22)これに代わって執行部入りしたのは、当時ヴィットヴァーターースランド大学（ヴィッツ）の植物学の学生で党青年組織の指導者になっていたエディ・ルー（フィリップ・ルーの子、一九〇三年生）だった。(23)

しかし二三年の時点で、アフリカ人政党への移行は画に描いた餅に過ぎなかった。

バンティングは、コミンテルンから第五回大会へのアフリカ人代表の出席を求められ、「〔アフリカ人は〕無知で文明化の道なかばで自分たちの言葉しか話せず、階級意識はもっとも高いが、世界旅行させてどうするのか」と回答している。[24] 二〇年代、アフリカ人のあいだでは穏健なANCの停滞にくらべ、より戦闘的なICU（産業商業労働者組合）が優勢で、イギリス系リベラル派のヨーロッパ人原住民協議会と連携を深めていた。[25] バンティングは初め、同協議会への加入を申請するが却下された。その後、ICUの活動家のなかには共産党にも入党する者が現れる。だが、アフリカ人労働運動の腐敗にたいするバンティングらの偏見に反発し、ICUは二六年に両属を禁じた。これによって共産党は単独でのアフリカ人組織化を余儀なくされるものの、党勢は拡大した。ひとつには同じころ、アフリカーナ・ナショナリストと労働党の連立政権が金鉱などで熟練労働を白人に限定し（ジョブ・カラー・バー／文明化労働政策）、アフリカ人の苦境が深まっていたためである。また、夜間学校などの新たな試みも軌道に乗り出していた。二七年には、指導部一三人のうち四人が非ヨーロッパ系（ICU出身のジミ・ラ・グーマら）となる。[26]

ところがその後、共産党は混乱に向かう。当時、コミンテルンは植民地をめぐり、社会主義革命に先立って帝国主義を打倒する二段階革命論を採用するようになっていた。南アフリカについてもラ・グーマをモスクワに召喚して意見を聴取、都市だけでなく農村のアフリカ人も包含した民族解放闘争を当面の方針として命じる（原住民共和国テーゼ）。南アフリカ共産党では、ラ・グーマのほかイギリス人ジャーナリストのダグラス・ウォルトンがこれを支持する一方、バンティングは、白人労働者の排除につながるとして反対した。しかし、バンティングは妻レベッカ、当時ケンブリッジに留学中だったルーとともに出席した二八年のコミンテルン第六回大会で批判され、テーゼを受けいれる[27]。

このことは、翌年の総選挙の戦いかたに反映した。ケープでは植民地議会が開設されて以来、財産、所得制限が付されたものの非ヨーロッパ系の選挙権が認められていた。共産党は、非ヨーロッパ系有権者の多い二つの選挙区に候補者を擁立する。ケープタウンでは、当地で活動した経験のあったウォルトンが、東ケープ・テンブランドではバンティングが出馬した。ケープタウンだけでなく、党の地盤がない農村の後者でも戦うとの決定は、原住民共和国テーゼを党(バンティング)なりに解釈してそれに従ったものである。テンブランドは、バンティングの曽祖父が布教した土地だったが、バンティング自身には馴染みがなく、アフリカ人保留地の荒野での選挙戦は困難を極めた。また警察の妨害にも遭い、ついには「原住民とヨーロッパ人とのあいだの敵対感情を扇動」したとして告発までされた。だが、バンティングは落選したとはいえ供託金の没収を免れ、告発にかんしても無罪を勝ち取った。他方、ウォルトンは供託金を没収され、やがてイギリスに帰国する[28]。

バンティングは、ほかでもテーゼの実現に努力した。選挙の直後にはICU、ANCとともに大衆運動組織のアフリカ人権利連盟を設立している。ルーが編集する機関紙『ウムセベンズィ』(労働者)も軌道に乗り始めていた[29]。しかし、ICUはすでに四分五裂の末期症状に陥っており消滅寸前で、ANCもまもなく保守派が指導部を奪回し、連盟からは手を引いた。アフリカーナ・ナショナリスト政権の内部でも、後年ナチスに接近するオスカ・ピロウが法相に就任し、共産党への弾圧とテロが激しさを増した[30]。

さらに、コミンテルンも連盟を改良主義と非難し始めた。コミンテルンは、イギリスに帰国していたウォルトンを南アフリカに送り込む。ウォルトンとラトヴィア出身のユダヤ人ラザ・バッハは執行部を掌握し、三一年にバンティング夫妻と、当時名ばかりの平党員に過ぎなかったアンドリューズを右派、社会民主主義者と糾弾して追放した。アンドリューズについては、連邦議会議員でなくなった時点で整備工に戻っており、また労働運動に拠点を移してから年月も経っていたため、追放によって環境は大きく変化しなかった。[31] だが、バンティングには他の活動場所がなく、ほどなく生活にも窮した。母方の祖父が入植したナタールの農園から配当も得ていたが金額はわずかで、弁護士業務も貧しいアフリカ人への無償奉仕と化していた。イギリス系リベラル派の人類学者でヴィッツ大学のアグネス・ヘルンレはバンティングに同情し、同派の拠点南アフリカ人種関係研究所の関連する研究助成への応募をすすめたが、採用されなかった。[32] バンティングはその後オーケストラのヴィオラ奏者、フラットの管理人などを経て三六年に死去する。[33]

2. ――「人民戦線」の時代とその後

一九三〇年代、共産党の混乱には拍車が掛かった。バンティング夫妻とアンドリューズが追放された三一年には、非ヨーロッパ系のラ・グーマらも除名される。原住民共和国テーゼが採用された二八年に三〇〇〇人いた党員は、六〇人に激減した。この状況と度重なる逮捕に疲弊してウォルトンは党務を放棄し、イギリスに帰国する。ウォルトンが帰英した三三年、党夜間学校出身のアフリカ人モーゼス・コタネが、モスクワにあるコミンテルン幹部養成機関の国際レーニン学校を終え、南アフリカに戻ってきた。コタネは党の惨状に直面して反対派を形成し、バッハをコミンテルンに告発する。コタネとバッハは三六年、大粛清ただなかのモスクワに召喚された。コミンテルンはコタネを正統と決定し、バッハはシベリアの収容所に送られる。こうしたなかでルーも孤立を深め、党を離れた(34)。

　コタネがバッハを告発した三五年、コミンテルンは第七回大会で社会民主主義勢力の敵視を改め、反ファシズムの人民戦線に方針転換した。この方針転換は、組織がまだしも残っていたケープタウンの共産党員に影響を与える。歴史を振り返れば、同市周辺の先住民はバントゥ系のアフリカ人ではなく、狩猟採集民のサン(「ブッシュマン」)と牧畜民のコエコエ(「ホッテントット」)だった。こうした先住民と解放奴隷、「混血」の人びとは二〇世紀初めになると人口調査などで「カラード」とされ、植民地に大量流入した「原住民」(アフリカ人)と区別される。以上の文脈に照らせば、共産党の原住民共和国テーゼはカラードを疎外し、アフリカ人との分断を固定化するものだった。これにたいして一九三〇年代のケープタウンでは、ソ連を追放されたトロツキーと連携するグループが急速に成長し、人種を横断する階級闘争を提唱した。人種の横断は南アフリカの現実のなかでは困難だったが、カラード・エリートの強い支持を得る。他国では考えられないことだが、弱体化した共産党はトロツキスト・グループとの人民戦線を模索し、三五年末に南アフリカ民族解放連盟を結成した。連盟の書記長にはラ・グーマが就き、共産党員と多くのトロツキストも参加する。

　この連盟の議長に選出されたのがシシ・グールである。シシは一八九七年、解放奴隷の孫で開業医の父アブドゥラ・アブドゥラーマンと、スコットランド出身の母のもとに生まれた。アブドゥラは一九〇五年から亡くなる四〇年までカラードのＡＰＯ（アフリカ政治機構）の議長を、またケープタウン市会議員も務め、リベラルなイギリス系への協力によって諸権利の擁護を目指した。母も、ＡＰＯの女性組織の初代議長に就いている。シシ自身は非ヨーロッパ系女性として初めて後年のケープタウン大学に入学し、二〇年代はＡＰＯの機関紙に、ヴィクトリア朝的な「家庭の天使」を唱道する女性コラムを連載した。だが三〇年代になると女性参政権をめぐる動きに関与し、これとトロツキスト、共産党の双方に人間関係的に近かったことが、民族解放連盟議長選出の決め手になった。三八年にはケープタウン市会議員にも当選し、同市の多人種地区ディストリクト・シックスの「宝石」「ジャンヌ・ダルク」と称された。(35)

しかし、共産党とトロツキストの対立はまもなく再燃し、前者は独自の再建を図る。三九年にはコタネが書記長に、シシも政治局員に就任した。「真の労働者階級出身の」経験豊かな指導者を求めるコミンテルンの声に推され、その執行委員だったアンドリューズも名誉職的な議長に選ばれる。また、バンティングの遺族についても妻レベッカの復党が許され、遺児ブライアンが新たに入党した。(36) 三九年にドイツがポーランドに侵攻して第二次世界大戦が始まると、南アフリカでは政権がアフリカーナ・ナショナリストから親英的なヤン・スマッツに交代し、イギリス・連合国側に立って参戦した。共産党は当初、独ソ不可侵条約もあって対英協力に反対するが、四一年に独ソ戦が開始されると支持に転じた。同年の大西洋憲章もこの流れを後押しする。四二年のメーデーにはアンドリューズがラジオ演説し、労働者にファシズムとの戦いを呼びかけた。ブライアンも南アフリカ軍に志願する。こうしたなかで、共産党とマンデラらＡＮＣ青年連盟も連携を始めた。他方で、シシはトロツキスト、ＡＰＯとの関係を継続する。市会議員でありつづけるためには両者の支持が必要かつ、そもそも思想的に「純粋」でもなかったからである。[37]

さらにルーは復党せず、夜間学校で教えながら基本語彙だけのベイシック・イングリッシュの普及に尽力した。ルーは大戦中、バンティングの伝記を執筆する。だがコミンテルンの介入を強調する内容だったため、戦争のさなかに敵を利するものと遺族から非難された。しかしコタネによって「過去の過ちから学ぶのは必要なこと」と裁定され、出版に漕ぎつける。[38] ルーは四八年にも、一九世紀ケープ植民地のリベラリズム以来の南アフリカ史を『ロープより長い時間』としてまとめた。[39] また同年には、ヴィッツ大学の植物学講師に就任している。[40]

ところが、同じ四八年の総選挙でアフリカーナ・ナショナリストが政権に復帰し、アフリカ人の都市流入にたいしてアパルトヘイトが開始される。五〇年には共産主義者弾圧法が制定され、共産党は非合法化された。この年にアンドリューズは死去する。シシは党との関係を否定し、その後ANC／共産党系の南アフリカ・カラード人民機構にかかわるものの、しだいに政治の世界から離れケープタウン大学に学生として復帰した。他方で、バンティングの遺児ブライアンはジャーナリストとして頭角を現し、五二年には連邦議会の原住民代表議員に選出される。ルーも、イギリス系の自由党に関与するようになった。しかし六〇年、ヨハネスブルク近郊のシャープヴィルで警察が群衆に発砲し、多数の死者が出る。虐殺はイギリスなど国際社会の非難を招き、南アフリカはコモンウェルス（英連邦）を脱退した。また弾圧も強化され、シシとルーは活動を制限されるなかで六三年と六六年に亡くなる。ブライアンは母レベッカとともにイギリスに亡命し、共産党機関誌の編集長、ソ連のタス通信のロンドン支局員をしながらコタネの伝記などを執筆した。[41]

おわりに

ここまで、南アフリカ共産党についてアンドリューズ、シドニ・バンティング、エディ・ルー、グールらを中心に見てきた。二〇世紀に入っても周縁的性格の残る南アフリカで共産主義者となり、官憲の弾圧を受けたかれらが異端者だったことは疑いない。だが、どこまで異端だったのかは検討の余地があるだろう。アンドリューズの主な関心事は白人労働者でありつづけ、バンティングはコミンテルン以外からも、アフリカ人にたいする「宣教師的態度」を批判された。[42]「宣教師的態度」ないし博愛主義に関連していえば、南アフリカのブリティッシュ・アイデンティティの核であるリベラリズムは、こうした人びとにも共通している。バンティングは、イギリス系リベラル派のヨーロッパ人原住民協議会や人種関係研究所と接点を持とうとした。ルーは『ロープより長い時間』でケープ・リベラリズムの伝統を強調する一方、自由党にも関与した。グールも、リベラルなイギリス系への協力によって諸権利の擁護を目指すAPOとの関係を継続した。また、テンブランドから総選挙に出馬したバンティング、ケープタウン市会議員だったグールなど、議会主義もかれらの共通項といえる。武装闘争が脳裏をかすめたことは、おそらく一度もなかっただろう。このことは一九六〇年代以降、他のアフリカ諸国を拠点に南アフリカ当局とテロの応酬をおこなった共産主義者たち（ジョー・スロヴォ、クリス・ハニら）の場合とは対照的である。[43]

しかしイギリスと共産主義をめぐって、もっとも有名なマンデラは別の道を歩んだ。マンデラはイギリス系のミッション・スクールで学んだ後、第二次大戦中にANC青年連盟に参加して共産党との連携を始めた。自伝『自由への長い道』によれば一九五〇年代、マンデラ家の「壁には、ローズヴェルト、チャーチル、スターリン、ガンディの肖像と、一九一七年のペトログラード冬宮襲撃の写真が掛かっていた」[44]。ローズヴェルト、チャーチルとスターリンの組み合わせは、大西洋憲章の時代には不自然なものではなかったが、冷戦の激化とともに矛盾をはらむようになる。だがマンデラは、「人と人のあいだにある偏見をぬぐい去る、そして、狂信的で暴力的な国家主義の息の根を止めるという目的をあと押ししてくれるものなら…なんでも役立てるつもりだった」[45]。マンデラはイギリスをめぐり、大統領に就任すると、アパルトヘイトの時代に脱退していたコモンウェルスに南アフリカを復帰させた。これにたいして、二〇〇七年にはロンドンのパーラメントスクエア（議会近くの広場）にマンデラ像が建てられた。

マンデラと共産党の関係も、プラグマティックなものだったといえる。マンデラは、「否定的な見かたをする者たちは、共産党がわたしたちを利用していると、一貫して言いつづけた。しかし、わたしたちのほうが共産党を利用している面だって、あったのではないだろうか」と記している[46]。一九二八年に二〇〇〇人いた党員は三一年に六〇人に激減し、非合法化される直前の五〇年になっても二〇〇〇人にしか回復せず、ついに大衆政党とはならなかった[47]。それでも党にはソ連とのつながりと前衛党の権威が存在したが、冷戦の終結とともにこうした利用価値も減退した。親子二代にわたる共産主義者のターボ・ムベキも、マンデラの後を継いで大統領に就くと社会主義を放棄した。これにたいして最大の落胆を表明したのは、ムベキの父と親しかったブライアン・バンティングだった[48]。

注

（1）グローバル・ヒストリが抱える難点全般については、拙稿「西洋史と日本史をどう結ぶか」『社会の学び方』（平成二四年度文部科学省「知識基盤社会の教育を担う教員養成プロジェクト」報告書）二〇一三年、一七七—一七八頁。

（2）John Darwin, 'Civility and Empire', in Peter Burke, Brian Harrison and Paul Slack, eds., *Civil Histories: Essays Presented to Sir Keith Thomas* (Oxford, 2000), 328-9.

（3）拙稿「イギリス帝国、ケープ、南アフリカ」『新しい歴史学のために』二八一号、二〇一二年。以下も参照。Saul Dubow, *A Commonwealth of Knowledge: Science, Sensibility, and White South Africa 1820-2000* (Oxford, 2006).

（4）本章の主題である一九二〇、三〇年代については例えば、Edward（Eddie）Roux, *Time Longer than Rope: A History of the Black Man's Struggle for Freedom in South Africa*（London, 1948); Jack Simons and Ray（Alexander）Simons, *Class and Colour in South Africa, 1850-1950*（Harmondsworth, 1969); A. Lerumo（Michael Harmel), *Fifty Fighting Years: The Communist Party of South Africa 1921-1971* (London, 1971); Allison Drew, *Discordant Comrades: Identities and Loyalties on the South African Left*（Aldershot, 2000).

（5）各人の伝記としては、R.K. Cope, *Comrade Bill: The Life and Times of W.H. Andrews, Workers' Leader*（Cape Town, 1944); Edward Roux, *S.P. Bunting: A Political Biography*（Cape Town, 1944); id. and Winifred Roux, *Rebel Pity: The Life of Eddie Roux*（London, 1970); Patricia van der Spuy, 'Not Only "The Younger Daughter of Dr. Abdurahman": A Feminist Exploration of Early Influences on the Political Development of Cissie Gool', Ph.D. Thesis, University of Cape Town（Cape Town, 2002); Allison Drew, *Between Empire and Revolution: A Life of Sidney Bunting, 1873-1936*（London, 2007). 以下も参照。拙稿「シシ・グール像の形成——二〇世紀南アフリカの一カラード・エリート女性をめぐって」『女性史学』二四号、二〇一四年。

（6）Simonses, *Class and Colour*, 261.

（7）Cope, *Comrade Bill*, 7-60.

（8）拙稿「ミルナー・キンダーガルテンの南アフリカ経験（一八九九—一九一〇年）と『シティズンシップ』」『史林』八六巻六号、二〇〇三年。
（9）Roux, *S.P Bunting*, 57-61; Drew, *Between Empire and Revolution*, 1-77.
（10）拙稿「南アフリカ連邦結成と『和解』の創出」『史林』八五巻三号、二〇〇二年。
（11）Drew, *Discordant Comrades*, 22-30.
（12）Cope, *Comrade Bill*, 61-161.
（13）白人拡大協会の目的は「南アフリカに永住し農業、産業の双方に従事するヨーロッパ人住民について、現状改善ならびに急速な拡大を促進すること」であり、ヨハネスブルク公共図書館で講演会を開催するなどの活動をおこなった。Roux, *S.P Bunting*, 64; Drew, *Between Empire and Revolution*, 76.
（14）Roux, *S.P Bunting*, 64.
（15）*Ibid.*, 62-9; Drew, *Between Empire and Revolution*, 78-91.
（16）Cope, *Comrade Bill*, 162-79; Roux, *S.P Bunting*, 70-2, 80-1; Drew, *Between Empire and Revolution*, 92-104.
（17）Rouxes, *Rebel Pity*, 11-29.
（18）Drew, *Discordant Comrades*, 47-49.
（19）Cope, *Comrade Bill*, 179.
（20）だが、バンティングも結局拘留された。
（21）Cope, *Comrade Bill*, 179-296; Roux, *S.P. Bunting*, 73-9, 82-106; Drew, *Between Empire and Revolution*, 105-24.
（22）Cope, *Comrade Bill*, 296-319.
（23）Rouxes, *Rebel Pity*, 30-60. フィリップは連盟時代に運動から離れていた。
（24）Drew, *Discordant Comrades*, 139-40.
（25）拙稿「歴史家W・M・マクミランの南アフリカ時代（一八九一—一九三三年）」『歴史研究』（大阪教育大学歴史学研究室）四六号、二〇〇九年、一一頁。
（26）Roux, *S.P Bunting*, 107-12; Drew, *Between Empire and Revolution*, 125-48.
（27）Roux, *S.P Bunting*, 113-30; Rouxes, *Rebel Pity*, 61-87; Drew, *Discordant Comrades*, 94-111; id., *Between Empire and Revolution*, 149-65.
（28）Roux, *S.P Bunting*, 131-40; Drew, *Between Empire and Revolution*, 166-87. バンティングは総投票数二三〇二のうち二八九票を得たが、ウォルトンは三〇八二のうち九三票しか獲得できなかった。
（29）Rouxes, *Rebel Pity*, 88-109. 発行部数も一九三〇年のうちに（公称）三〇〇〇部から五〇〇〇部に拡大した。

(30) Id., *S.P. Bunting*, 141-7; Drew, *Between Empire and Revolution*, 188-208.

(31) Cope, *Comrade Bill*, 319-23.

(32) ヘルンレと人種関係研究所については、拙稿「マクミラン」一五頁。

(33) Roux, *S.P. Bunting*, 148-79; Rouxes, *Rebel Pity*, 110-24; Drew, *Discordant Comrades*, 112-36; id., *Between Empire and Revolution*, 209-24.

(34) Rouxes, *Rebel Pity*, 125-66; Drew, *Discordant Comrades*, 166-98.

(35) 拙稿「シシ・グール」。以下も参照。同「一九二〇、三〇年代南アフリカのカラード」『史林』九四巻一号、二〇一一年。

(36) ラ・グーマは四七年に復党するが、五〇年に共産党が非合法化されると離党した。だが、その後もANC／共産党系のカラード人民機構に関与し、六〇年には拘留される。しかし翌年死去した。Mohamed Adhikari, ed., *Jimmy La Guma: A Biography by Alex La Guma* (Cape Town, 1997).

(37) Cope, *Comrade Bill*, 324-40; Drew, *Discordant Comrades*, 225-62.

(38) Roux, *S.P. Bunting*.

(39) Id., *Time Longer than Rope*.

(40) Rouxes, *Rebel Pity*, 183-215.

(41) Brian Bunting, *Moses Kotane: South African Revolutionary* (London, 1975); Rouxes, *Rebel Pity*, 216-36; Drew, *Discordant Comrades*, 263-74.

(42) たとえば、Cope, *Comrade Bill*, 179.

(43) 南アフリカのブリティッシュ・リベラリズムについては、拙稿「歴史家E・A・ウォーカーと南アフリカのブリティッシュ・リベラリズム」『史林』九一巻六号、二〇〇八年。

(44) Nelson Mandela, *Long Walk to Freedom* (London, 1994), 240.〔ネルソン・マンデラ（東江一紀訳）『自由への長い道』NHK出版、一九九六年、上巻二九三頁〕

(45) *Ibid*., 138.〔同、一七二頁〕

(46) *Ibid*., 139.〔同、一七二頁〕マンデラとイギリス、共産党の関係については別稿を準備中である。

(47) Drew, *Discordant Comrades*, 272.

(48) *The Guardian*, 9 July, 2008. だがムベキの後、ジェイコブ・ズマ大統領のもとで揺り戻しも起こっている。二〇一五年には、モスクワに埋葬されていたコタネの遺骸が南アフリカに帰国した。

一九世紀ロンドンの路上におけるイタリア人のオルガン少年たち

貝原（橋本）信誉

ヴィクトリア朝ロンドンの路上では、イタリアからやって来た子どもたちが注目を集めることがあった。彼らは、手回しオルガンの演奏や珍しい動物に芸をさせる路上芸を披露することで、施しを請うていた。なかでもよく知られていたのは、ひざにくくりつけた紐で人形を動かしながら管楽器を吹き、別の手では太鼓をたたいて見せた少年であった。このような子どもたちは、イギリス社会において異質な存在であった。「イタリア人のオルガン少年 *Italian Organ Boys*」と呼ばれた彼らは、施しを請うてつきまとう厄介な存在であった。しかし、十九世紀半ばころから大衆によるこうした認識は変化することになった。

イタリア人の彼らがなぜロンドンの路上で物乞いをして生計を立てなければならなかったのか。子どもたちの多くは、イタリア北西部エミリア・ロマーニャ州のパルマ近郊にある山岳地域の出身者であった。このような山岳地域の人々は家族を養うためにしばしば出稼ぎ労働者とならなければならず、その一部は近隣での単純な重労働よりも移民して働くことを望んだ。こうした移民希望者は、見知らぬ土地での労働のために、パドローネと呼ばれる斡旋人と労働契約を結ぶのが常であった。彼らは、この斡旋人から渡航費用を前借りして越境したのであった。この地域出身の大人たちがそのようにしてロンドンのストリートミュージシャンとなっていたことは、半強制的に連れて来られた子どもたちにも同じ職業の機会を与えることになった。

パドローネは通常二〜三年の労働契約に基づき、彼らの衣食住の世話や職業紹介を行うことを約束していた。渡航費用やその他の費用は、彼らの稼ぎから利子分と合わせて差し引くことで回収された。このようなパドローネ・システムの中にあっては、不満があったとしても労働契約があるうちは離職が困難となった。したがって、自分を守る力のない子どもたちはパドローネの搾取の対象となった。楽器演奏などの路上芸による一日あたりの平均した稼ぎは六〜七シリング、最も稼ぐことができたときでもせいぜい一五シリングであった。パドローネはこの稼ぎから、宿代として一晩あたり約四シリング、商売道具のレンタル料金として一〜四シリングをとった。手回しオルガンが一シリング六ペンス、服を着た猿が三シリングほどであった。また、楽器の修理代や病気になった場合の治療費の負担もあった。この結果、施しを請うて一日中歩き回った彼らの収入はほんのごくわずかとなった。それでも、契約期間を全うした場合には、賞与として衣服や楽器などが与えられることもあり、その後独立してストリート・パフォーマーとなる者もいた。

このようなイタリア人の子どもたちをイギリス社会はどのように見ていたのだろうか。一八四五年のジョゼフ・レオナルディの事件をきっかけとして大衆の注目が子どもたちのこうした窮状に向けられるようになった。極貧状態で路地に倒れていたイタリア人のジョゼフへの関心から、オルガン少年たちの状況の一部が明らかになった。例えば、彼らは朝の九時から夜の一一時まで通りを歩き回った。また、稼ぎが少ない日には食事を与えられないことがあり、罰として暴行を受けることもあった。調査によると、ジョゼフは胸の病気を訴えたが聞き入れてもらえず、十分な食事を与えられないまま、暴行を受け続けたらしかった。路上のオルガン少年たちはこれまでのような厄介な存在としてではなく、「イタリア人の子ども奴隷 *Italian slave children*」として大衆に同情の念をもって認識されるようになった。また、パドローネによる悪徳商売に対しても強い非難が向けられるようになった。

このような大衆意識の変化から、公的な救済策が議論されるようになった。すでに物乞い撲滅協会 *the London Society of the Suppression of Mendicity* が物乞いの罪でこうした子どもたちを数多く摘発し、細かい調査を行っていた。治安判事のところへ引き渡された彼らはイタリアへ送還されたが、斡旋業者によって次々と新しい集団がイギリスへ到着するため、その数が減ることはなかった。また、路上生活者取締法の特別令に基づき、子どもたちに物乞いの斡旋をすることは違法であるとする抑制策がとられたが、これもまた、子どもたちが移動するという性質上、あまり効果をもたなかった。

一九世紀のイタリア人のステレオタイプであったストリートミュージシャンは、二〇世紀に入り、アイスクリーム売りなどの食品産業部門にとってかわられた。同時に、イタリア人のオルガン少年たちも、こうした職業形態の変化に影響を受け、ロンドンの路上から姿を消したのであった。

マダン・ラール・ディングラによるウィリアム・カーゾン・ワイリー暗殺事件とその影響

バッテ・パッラヴィ

一九〇九年七月一日午後一一時頃、インペリアル・カレッジ・ロンドン内のジャハンギール会館において、インド担当国務大臣付き補佐官であったウィリアム・カーゾン・ワイリー（Sir William H. Curzon Wyllie、一八四八～一九〇九年）が至近距離から射殺された。暗殺者は熱情に溢れた二五歳の青年で、インド・パンジャブ州アムリツァルからユニヴァーシティ・カレッジ・ロンドンの工学部に留学していたマダン・ラール・ディングラ（Madan Lal Dhingra、一八八三～一九〇九年）であった。この事件では、上海を拠点として活動していたパルシー教徒の軍医カワス・ラルカカ（Cawas Lalcaca、一八六二～一九〇九年）もディングラを制止しようとした際に銃で射たれ、病院への搬送途中に死亡した。

この暗殺事件から一六日後の七月一七日、在カルカッタ総領事館が外務大臣の小村寿太郎に宛てて「従来此種ノ犯罪屡《しばしば》企図セラレタルニ拘ラズ其英国官吏ニ對シテ目的ヲ達シタルハ今回ヲ以テ嚆矢トスベク殊ニ其犯罪ガ英本国ノ首都ニ於テ行ハレタルガ為メ人心ヲ動カスコト著シク……」（外務省外交史料館所蔵「各国内政関係雑纂・英領印度ノ部」第一巻、Ref. 03050964600）と報じたように、反英運動の一環として強行されたワイリー暗殺が衝撃的な事件として受け止められたのは、それが大英帝国の中枢たるロンドンにおいて引き起こされたからである。

ワイリーの暗殺決行前にディングラが作成していた決意表明書に、「私のような富と智能に乏しい子どもが母国に捧げられるものは、自らの血を除いて他にない。……それ故にこの殉教において私は喜んで死んでいく」（デイリー・ニュース」一九〇九年八月一八日）の一節が見られることから、彼がインド独立運動における「殉教者」になろうと決断していたことは疑いない。しかし事件後のインド国内では、このディングラによる「殉教」行為をめぐって次のような対照的な反応と評価が見られた。ディングラを大英帝国に対して敢然と抵抗した革命家として称賛したのは、主に過激派の学生たちである。その一方、穏健派はディングラの行為を徹底的に非難した。また、パンジャブ州において影響力を有する名家であり、なおかつインドにおけるイギリス権力と緊密な関係を築いてきたディングラ家は、英領インド政府の副王に対して、マダン・ラールの行為は全く憎悪すべきものであり、彼は著しく常軌を逸した人間であると伝えた。

その後、ディングラによるワイリー暗殺事件は、当然ながらヨーロッパにおけるインド独立運動の展開に影響を与えることになる。ロンドンにおける運動家の拠点であったインディア・ハウスは、イギリス政府の運動家に対する監視・尋問の強化に伴って閉鎖を余儀なくされ、ロンドンにおける運動の勢いは一時的に低調になった。しかし、同時に運動家たちがパリ、ベルリン、ジュネーブなどに進出して新たな拠点を次々に形成し、運動を継続した。結果的にディングラの事件は、インド独立運動が地域的に拡大し、世界に広く認知される契機となったのである。

さらにこの事件の影響は、エジプトにおける民族主義運動にも波及したことが知られている。一九一〇年二月二〇日、エジプトの首相ブトロス・ガーリ（Boutros Ghali　一八四六〜一九一〇年）は、当時二三歳であった薬理学専攻の大学院生イブラヒム・ナーシフ・アルワルダーニ（Ibrahim Nassif al-Wardani）によって射殺された。この事件が対外的にディングラによる暗殺事件の影響として見做されたことは、事件翌日発行の「エジプシャン・ガゼット」紙が「ディングラの教え子たち？」という見出しで事件を報じた通りである。実際、アルワルダーニは一九〇八年のロンドン滞在中にディングラと面識を得ていたことが明らかにされている。

カーゾン・ワイリーを殺害したマダン・ラール・ディングラは、大英帝国にとって、そして帝国権力と密接な関係を築いていたディングラ家にとっての叛逆者であった。インドにおける穏健派にとっても同様である。しかし同時にディングラは、自ら認めていたように、母国の独立のために自身の生命を捧げた「殉教者」であり、彼の行為は世界中で活動する革命家たちの士気を高める結果をもたらした。

海軍技師仲野綱吉の洋行

中西須美

戦艦大和など日本海軍の主力戦艦の設計に携わった帝国海軍技師仲野綱吉は、日本が英国ヴィッカーズ社に発注していた巡洋戦艦「金剛」の建造を監督するため一九一一～一三年に英国に駐在した。手記から引用する。

　近藤計画主任から遊びに来ないかとの御話があって御家をお訪ねした。奥様がニコニコして迎えられ座に就くと、「此の度はお目出度う」と云われて何事やら分からず大いに面食らっていると近藤さんが出てこられて、「洋行して貰う事になった、其の中辞令が出るが其の積もりで英会話の準備をするがよい」と云われた。実に嬉しかった。其れは異例の抜擢である。任官後十数年を経た先輩は何人も居り成績抜群でも大抵十年位経なければ洋行は出来ぬのが例であるのに、僅か任官三年余の私が英国出張とは誰も考え及ばぬ事である。仕事は英国へ建造注文を発した軍艦「金剛」の監督で、洵に光栄の至りである。

この数年後のシーメンス事件で明らかになるが、日本が英国へ巡洋艦を発注した背景には海軍高官への贈賄が絡んでいる。一九一〇年、ヴィッカーズは当時の艦政本部長松本和中将に三井物産経由で約四〇万円の賄賂を贈っていた。造船会社間の国際競争は激しく、受注の謝礼を贈るのは慣例になっていたもののほぼ全てが収賄として高官の懐に入り、ロンドンの銀行には秘密口座があった。

「金剛」建造監督のため異例の抜擢で洋行を命じら

れた仲野は製図工見習いからのたたき上げのエンジニアであり英語は独学で習得した。遺された手帳に「貧乏に生れたが不平だからとて富貴に生れ替る事は出来ない。努力して富貴に達すればよい」「技術家が機械を発明して生活必需品を之に製作せしめ労働時間を極小し極楽世界を地上に現出せしめんとする努力も現在の制度では却って失業者を出して居る」という記述があり、生涯勤勉努力をモットーとした。

仲野綱吉は一八七八年神奈川県葉山の農家に生まれた。一七歳で横須賀海軍工廠に製図工見習いとして採用され、二二歳で海軍造船工練習所造船科入学、二五歳で造船科を首席で卒業、工手《こうて》となった。二七歳で結婚、二九歳で技手《ぎて》に昇進、任官して艦政本部勤務となり東京に移転、翌年長女美保子が誕生、三三歳で「洋行」を命じられる。辞令は一九一一年一月二一日付で発令され、妻と娘を葉山の親戚にあずけて二月一五日に神戸港から乗船、四月一四日にロンドンに到着した。再び手記から引用する。

自分は船に弱いのが心配であった。五十数日間の乗船は可成りの不安である。それが為遺書を書いた。窃かに死を賭して居るのだ。又留守中の出来事を予想して之を処理する方法も書いて、自分の出発後披見すべく妻に残した。案ずるより産むが易しとの言葉どうり、僅か二日間船酔いしただけで無事英国に着いた。先着友人の案内でロンドンを見物した。芝居も寄席も見せてもらった。見るもの聞くもの唯驚く事計りである。窃かに思った。浦島太郎が竜宮城に行ったというのは恰もこんな事ではなかったかと。

仲野は『ビュー・アルバム・オブ・ロンドン』View Album of London という写真集を購入し、表紙の裏に「明治四十四年九月二十四日『ロンドン』ニテ父ヨリ美保子ニ送ル」と記し日本に残して来た三歳の娘に送った。また、流行りのシガレットカード・コレクションを始め、収集用アルバムにせっせとためた。花や美女の絵柄が多く、これも娘への英国土産となる。ストランド街九番 Strand 9 の時計店S・スミス&サン S. Smith & Son では金時計を一三ポンド七シリング九ペンス £13/7/9 で購入した。領収証の宛先は T. Nakano Esq. 28n Alexandra Rd, Chiswick、日付は一九一二年一月一一日となっている。同年四月にグラスゴー勤務となる。

明治四十五年にはグラスゴウに在勤していた。明治天皇の崩御があって大正元年となり、又乃木大将の殉死が伝わった。英人には殉死の意味は分からないらしい。自殺は罪悪であるとの先入観があるかららしい。

仲野は一九一三年パリ、マルセイユ経由で帰国、その後「山城」「長門」「陸奥」を設計、一九一九年技師に昇進、一九二三年船体補強材「ストリップライナア」を考案する。防御装甲板を船体に取り付けるのではなく初めから船体の一部として設計するため形状を工夫した結果の発明だった。一九三四年軍令部の要求で「大和」の設計が始まる。仲野は翌年五七歳で退官後も嘱託として艦政本部に残り、一九三六年「大和」の設計原案完成を見届けて海軍省嘱託解除となる。大戦中は陸軍省嘱託（勅任官待遇）として潜航輸送艇を設計指導監督、一九四七年六九歳で病没した。本稿に引用した手記は「孫達が見て面白かろう」と書かれたもので未刊だが、その孫の一人が筆者の母である。仲野綱吉の遺品のうち戦艦の設計技術に関するものはすべて呉市海事博物館（大和ミュージアム）に寄贈されている。

第四部

南方熊楠のイギリス

Eccentric People in Britain

H・P・ブラヴァツキーと南方熊楠の宇宙図

橋爪博幸

1．人間の本性

人類の起源や本質をめぐる議論は、キリストの誕生をさかのぼること数千年前から今日まで、それこそ無数の賢者によって重ねられてきた。そもそも人類はどこから来て、どこへ向かおうとしているのか。ナグ・ハマディ文書のひとつ『真理の福音』のなかでは「認識する者」が[1]、あるいは『ヨハネによる福音書』のなかではイエス・キリストが、この問いに対する答えを知っていると答えているが、それから約二〇〇〇年を経た今なお、われわれはその答えを見つけだせずにいる。眼にみえる世界がすべてであると考えるわれわれの世界認識と異なり、真理の探求者はしばしば認識できない世界にこそ本質が隠されていると捉えている。本論ではこのうち一九世紀末に、すれ違いざまに英国ロンドンに滞在した表題の二人の人物に着目する。いずれも人間の根本に霊魂を、その背後に幾層にもわたる神々の世界を構想した人たちである。

ヘレナ・ペトロヴナ・ブラヴァツキー（以下、ブラヴァツキー、HPBと略記する）は、ロシア貴族の娘として一八三一年にウクライナで生まれた。一八四八年にN・ブラヴァツキー将軍と結婚するが、ほどなくして彼のもとを去り、その後は世界各地を転々としている。ニューヨークにたどりついた翌年の一八七四年、のちに神智学協会の設立でタッグをくむH・S・オルコット大佐と出会っている。一八七七年に『ベールを脱いだイシス』(*Isis Unveiled*)を英語で執筆してアメリカで刊行し、初版一〇〇〇部を九日間で完売した。[2] 近代でなく古代の、西洋でなく東洋の科学と宗教・神学・哲学についてまとめられた二巻からなる本書はアメリカ社会で賛否両論のうちに迎えいれられた。英国ロンドンでの短期滞在ののち一八七九年に彼女はインドのボンベイに渡っている。数年後、インドにおける活動を調査した英国心霊調査会(SPR)によって、彼女が詐欺をはたらいたとする「ホジソン報告」が公表された。彼女は公の場でこれに反論することはなかった。そして一八八七年にふたたびロンドンへと向かう。翌年、古代の数々の秘教にある叡智を体系づけた『シークレット・ドクトリン』を出版し、一八九一年にロンドンで五九年間の生涯を閉じた。

その翌年に、南方熊楠はニューヨークを出立し大西洋をわたりロンドンの地を踏んでいる。ブラヴァツキーと南方とが直接まみえる機会はなかったが、両者に縁のある者同士がロンドンの神智学協会で対面している。土宜法龍《とぎほうりゅう》とA・ベサントである。神秘思想に関心のあった土宜はベサントから神智学のエッセンスについて聞くことができず、協会への訪問は物足りなく思われた。[3] しかし、土宜のオカルティズムへの関心はかえって募る一方であり、ロンドンで南方と出会ってまもなく、土宜は「オッカルチズムのことを〔貴殿はあれこれと〕言う。予は決してこれに転宗するにあらず。ともかくにも研究して見たく思うのみ」[4] と力を込めて語っている。

表題にある二人の人物、ブラヴァツキーと南方熊楠との関わりについて、先行研究ではほとんど論じられていない。しかし二〇〇三年に栂尾山高山寺（京都市）で、当時大学院生であった神田英昭が、これまで知られていない土宜法龍あて南方書簡を発見し、これによって両者のつながりがおぼろげながらみえてきた。(5) その後、筆者による調査で（公財）南方熊楠記念館所蔵の未公刊資料『南方熊楠叢書』のなかに、ブラヴァツキーの『ベールを脱いだイシス』の読書メモが含まれていることが判明した。このノートは、『課餘随筆』と並んで、南方が青年期に和漢洋書や新聞記事から書きためた研究のための資料集であり、全一〇冊が現存している。(6) 本稿ではまず、南方がブラヴァツキーの著書『ベールを脱いだイシス』のいかなる部分に興味を抱いていたのかを明らかにし、ついで両者が描いた宇宙論を比較検討し、南方が独自の宇宙図を描く際に、ブラヴァツキーの宇宙観・人間観から少なからぬ影響を受けていたことを例証しようとするものである。

2. 『ベールを脱いだイシス』購入の背景

南方がHPBの『ベールを脱いだイシス』を買い求めたのはアメリカ時代のことであった。本書の購入時期と方法について、一九九〇年代に南方熊楠旧居（田辺市）の蔵書調査を行なった川島昭夫は次のように指摘している。

入手が困難な希少本を他都市の古書店に、わざわざもとめて購入することもこの時代に開始している。データでわかる限りその最初は、一八八八年の六月にフィラデルフィアの書店から購入した、ホレス・ウェルビーの『生と死、来世の秘密』（一八六一年）である。同じ月のうちに今度はニューヨークの書店から神智主義者ブラヴァツキー夫人の『ヴェールを脱いだイシス』二巻（一八八七年）を得ている。一つ一つ遠くからたぐりよせるような集書の方法は、こうしたやや秘教めいた分野から始まったことになる。(7)

おりしも一八八八年四月に南方は遊学先のアメリカで『ポピュラー・サイエンス・マンスリー』から、T・H・ハクスレーとE・グラッドストンの進化論論争をノートに丁寧に書き写している。そのなかでは『創世記』にもとづく最初の七日間の記述が地球史的な史実を物語ると主張するグラッドストンに対し、ハクスレーは生物学者として地球史を考えるならその見解には賛同できないとし、長い年月のあいだに生物が少しずつ変化してきたことを示す科学的事実があると言って反論している。生物学や進化思想に傾倒していた南方が、この論争に関心をよせたのは当然のなりゆきであった。

このとき南方は、生物の進化だけでなく、人類の進化とその起源についても並々ならぬ興味を抱いていた。じっさい、右引用で川島昭夫が紹介する洋書はいずれも、人間存在の根幹を論じる著作である。そもそも人類は、動物から進化してきた地球上の「サラブレッド」なのか、それとも『コリント人への第一の手紙』にあるように、はるか彼方の未知なる天界に人間の起源が別のものとしてあり、それが動物から進化した肉体に宿ったものなのか。この二者択一の難題に、グラッドストンもハクスレーも明確に答えていなかった。南方はこうした状況を踏まえたうえで「西洋の哲学は今方、無神論と有神論の戦いなり。これは仏徒の関することにあらず。しかれども、希わくはこの適従するところなき無神論者をして帰するところの正を得せしめたきことなり[8]」と記し、何とかしてこの問いに決着をつけ、宗教に無関心な人々に真正なる教えを伝えたいと思った。他方で、ブラヴァツキーもダーウィンの進化論や西洋世界を席巻するキリスト教ではなく、古代の秘密を探ることにより宇宙と人間の真実が明らかになると考えていた。両者の考え方には古代インドの教えに注目するなど共通点もみられるが、しかし南方は最初、ブラヴァツキーが牽引するオカルティズムに対して否定の立場を表明している。

　オッカルチズムのことは小生も少々読みしが、名ありて実なきようのことにあらずや。〔中略〕ブラヴァツキのこのことの傑作前後二篇四冊〔正しくは二冊〕のうち二冊、ずいぶん大著なるが、前年読みしも、ただかかる奇体なことあり、かかる妙な行法あり、というまでにて〔中略〕一向核のなきことなり[9]。

ブラヴァツキーの『ベールを脱いだイシス』二巻を読んでみたが、そこには奇異なこと、不可思議な修行法が書かれているばかりで、少しも得るところがないと南方は記している。そもそもオカルティズム——この顕現世界では認識できない超自然的な宇宙、形而上学で構想する上位世界について実在を確信しその構造を解き明かし、あわせて人間の起源と目指すべき到達点とを啓示する思想——には価値がないと一蹴している。右引用文につづけて彼は、神秘思想のひとつカバラなどから得るところは何もなく、仏教徒がこの教えを借用することには賛成できないとさえ述べている。

オカルティズムから距離を置きながらも、それでも南方は次第にブラヴァツキーの展開する古代の秘教にもとづく宇宙観に魅せられていった。おそらく南方は、彼女が過去に記録された数々の神話や聖典を丁寧に引用していることや、当時（一九世紀末）の進化思想など自然科学分野における最先端の知識まで幅広く目くばりしつつ議論を戦わせていることに感づいたのだろう。そう気づいたのは、英国博物館の円形ドーム型の図書室——南方より先にブラヴァツキーも資料の調査をしたことのある同じ場所において、南方が『ロンドン抜書』を作成している最中のことだったのかもしれない。じっさい『ロンドン抜書』には、ブラヴァツキーも言及するカルデアのユダヤ人の、秘教や魔術を題材にするフランス語の文献などからの抜き書きが含まれている。(10)

3. ——南方メモ①

南方が次に『ベールを脱いだイシス』二巻を手にしたと確認されるのは、日本に帰国後の一九〇一年六月、和歌山で酒造業を営む弟・常楠宅で居候をしているときのことだった。同年六月一四日付の日記に「終日在宅。ブラバツキのアイシス・アンヴェールドを読む」とあり、つづいて一八日に「在宅、読アイシス・アンヴェールド（ブラバツキの）読畢る」(11) など（ヴラバツキの）」、七月三日「アイシス・アンヴェールド（ブラバツキの）読畢る」(11) などとある。半月余りで全二巻にざっと目通ししたのだろう。このとき記録されたものと思われる『ベールを脱いだイシス』からのメモ書きが、（公財）南方熊楠記念館所蔵の『南方熊楠叢書』巻六のうち二一か所でみられる。ひとつ目を「南方メモ①」として以下で紹介する。

進化論の事
Isis Unveiled p.148　神造の人の子　巨人の子に婚する事　吾邦にもかかること多し　古瑞典《〔スウェーデン〕》巨人　左腕より男女　足より子出し事　p.151　メキシコのポポルヴッに人族は芦より出し事　p.159　St. ジエロムがアレキサンドリアにて見し山羊の尾あるサチルは豕人　主啼の類にや　p.162　logos in every mythos, logos 真言　これは真言と訳すべし　ビユルノフの宗教史にもかかることといへり、p.543　Archytas　木鴿《〔ハト〕》作ること(12)

これは『ベールを脱いだイシス』一巻から抜粋した、世界各地の天地開闢の神話に関わるメモである。スカンジナビアの伝説に、超越したボルが堕落した巨人族の娘べスラと結婚する話がある。この描写は南方に、日本神話で神々が次々と誕生する神代譚を想起させたのだろう。また、北欧神話の『エッダ』にも宇宙生成の神話がある。眠っている巨人ユミルが汗をかくと左腕のくぼみから男女が生まれ、巨人の足から息子が生まれる。南方はメモしていないが、『ベールを脱いだイシス』ではつづいて、インドの『ヴェーダ』から同類の宇宙生成伝説が、つまり至高神であるヴァガバットから創造力を授かったブラフマーの神生みの物語が紹介されている。南方メモ①ではつづいて、メキシコのマヤ神話『ポポル・ヴウ（Popol-Vuh）』で、「人族」つまり人類が葦から創られたことがメモされている。おそらく南方は、日本神話で天常立尊《あまのとこたちのみこと》が葦から誕生する場面などを想起したものとみえる。

『ベールを脱いだイシス』では、カバリストのいう元素霊（elemental spirits、あらゆる事物のスピリチュアルな場にあるプロトタイプ、原型）に関する注記に、サチュロスのことが出ている。それは聖ジェロムがアレキサンドリアにおいて、サチュロスが相当長いあいだ見世物にされていたと証言しているくだりであり、山羊の尾をもつ半人半獣のサチュロスがピクルス漬けにされてコンスタンティヌス帝のもとに運ばれたとある。南方メモ①に「豕人」とあるのは pickled を pig と読み間違えたものか。

つづいてのメモは「ロゴス」に関わる。「いかなる神話であれ、かならずロゴスが存在する。個々のフィクションには真実の基本原理が存在する」(13)と、ブラヴァツキーは数々の神話を比較考察したあとでいう。この文を受けて南方はロゴス＝真言であると注記している。宇宙万物にゆきわたる理法としてのロゴスを、真言密教で偽りなき真実の言葉を意味する真言と同一視している。イタリア・タレンテュムのレクタスは、機械じかけで動く木製の鳩を製作し、それは羽を広げて長時間にわたり空中を飛んだという。古代における高度な科学技術の一例として南方は「木鴿《ハト》作ること」と書きとめたのだろう。

4. 南方メモ②

『南方熊楠叢書』巻六ではつづいて一九〇二年六月一七日付の大阪毎日新聞で泉州の山奥で発見されたナメクジに似た生物のメモなどが見られるが、これらを挟みこむように『ベールを脱いだイシス』の読書メモがつづいている。ふたつ目を「南方メモ②」として次に紹介したい。判読不能文字は■で表示した。

影より神出ること

○Isis　Unveiled. II. p.225　ナザレーン派人の父たりしAbatur　闇水場に、自〔分〕の影〔を〕うつしてFetahilを出すことあり　檍原のことに似たり

○p.240　キッダー（ビショプ）教師の所為を以って信せんには耶〔蘇〕教は最後のものなるへしと言及　ピーブル　カシュガルに耶〔蘇〕教入らぬこと祈ること、p.248 Aura placidaを二尊者とし槍とクロークをSt. Longimus & Amphibolusとする事　これは蜀山の所謂■■■宮のるいなり、p.259　秘露《ペルー》の最上神　Viracocha海泡の義　p.298　gematria　は桂林漫録に出たる謎の一種か(14)、

こちらでは『ベールを脱いだイシス』二巻から、神話やキリスト教に関連する項目が列挙されている。まずグノーシス主義のマンダ教で聖典のひとつとされる『ギンザー』から、水面に映る影よりフェタヒル神を生みだす天地開闢の場面がメモされている。ブラヴァツキーの原文には「ナザレ派の人たち〔the Nazarenes〕の天地創造システムについて見てみたい。〔中略〕アバトゥル（Abatur）は父であり、最初のアダムを創造する。アダムはつづいて第二のアダムを生む。アバトゥルは門を開け暗い水（カオス）のもとに歩いてゆき、その中をのぞき込む。すると暗い水面は彼自身の面影を映しだす。見よ、すると息子が形づくられる。〔息子とはつまり〕ロゴスまたはデミウルゴス、つまり物質世界の建設者であるフェタヒル（Fetahil）であり、ロゴスが存在へと導かれるのだ」とある(15)。南方はここで「影より神出ること」とインデックスを付け、「檍原のことに似たり」と注記している。日本神話神代で、黄泉の国から伊奘諾尊《いざなきのみこと》が逃げ帰ったとき、橘之檍原《たちばなのあわきはら》で禊祓をした場面を想起したのだろう。なおブラヴァツキーも一八八八年にロンドンで出版した主著『シークレット・ドクトリ

ン』において『コデックス・ナザレウス』のグノーシス神話で七つの霊が生まれる場面と、日本神話神代で語られる七代の神々の誕生する場面とを併記し、両神話が関連づけられると述べている。(16)

つづいてのメモは、キリスト教を軽視あるいは蔑視する二人の西洋人の記述である。原文には「じつにビショップ・キッダーが語るところでは、かりに賢者が既存宗教のうちからひとつを選択するなら、キリスト教は選ばれる宗教のなかで最後のものになるだろう」とあり、つづいて「医師であるJ・M・ピーブルスは、高潔で幸福にみえるヤルカンドとカシュガルの住民を対象とした暮らしむきと教化に関する記事を引用して、『幸福な異教徒のタタール諸族から、キリスト教の宣教師をどうか遠ざけておいてくれ』と声を大にして言う(17)」云々とある。HPBと同様、南方もキリスト教をしばしば批判しているが、キリスト教が流布する国々でもそれに背信する立場が表明されている例としてメモしたものと思われる。とくに後者の記事では、ウイグル族のカシュガルにキリスト教が入らないように祈る、とある点が意識されている。

もともと「穏やかな風」を意味するにすぎない「アウラ・プラシダ」という言葉を、キリスト教では聖アウラ、聖プラシダと擬人化し列聖することや、槍とマントを聖ロンギムス、聖アムフィボラスのように神格化したことを、ブラヴァツキーが皮肉を込めて紹介している。南方はここでも何らかの類似例を想起したようである。

つづいて南方メモ②には、インカの神話に登場する創造神ビラコチャが元来「海の泡」を意味すると書きとめられている。HPBは、ヒンズー教にいう美の女神ラクシュミーが乳海攪拌の際に泡から生まれる場面に触れ、奇異なことにビラコチャも同じ意味を有すると指摘している。メモの最後にある「ゲマトリア」とは、数字に隠さ

れた真実の意味を読みとくカバラの数秘術であるが、南方はここで江戸時代の『桂林漫録』にある「謎」を想起している。(18)

5. ――ユダヤ人の宇宙構造図

京都の高山寺で発見された土宜法龍あての南方書簡、とくに一九〇二年に綴られた八通の書簡に、これまで知られていなかった人間の霊魂に関する考察が含まれていたことが話題をよんだ。二〇世紀初頭の日本帝国は、一八九五年の三国干渉後からロシア帝国に対する敵愾心が募り、翌年に日露戦争が勃発している。国家はきわめて緊迫した国際情勢下にあった。しかし、世間の喧騒をよそに、両者のあいだでは人間の由来と心の平穏が議論されていた。南方の書簡では形而上学が扱われ、人間の根本にあるとされる霊魂の実在性について、図像を交えて次のように語られている。

> これ〔図1〕は猶太教の密教の曼陀羅ぢや。像画をかかず、又泰山府君とか黒天女とかいうものもなきものを入れぬだけ日本の真言よりはよい。扨無終無始の霊魂が精神に化し、精神が諸元素に接して父母の体より人の体と人の心を生ず。(19)

われわれの認識が及ばないところにあるとされる本質をなす宇宙像について、とくにそのなかに人間の位置づけをふくむ宇宙図は、古代から世界各地で宗教美術画のひとつとして多々描かれてきた。南方が「日本の真言」と右引用文で触れているように、奈良時代に空海が請来した真言密教のマンダラのひとつ大悲胎藏界曼荼羅は、宇宙のあらゆる事象が最高位の大日如来の顕現であることを説いているし、ネパールのチャクラ図では巨大な人間の身体が横たわるうちに天界・地上・地下の三階層の世界が重ね合わされている。[20] インドの須弥山を中心とした世界図や、[21] 数年前に日本国内において初確認され話題となったマニ教の完全なる宇宙図などにおいては、[22] いずれも明確な界層構造のもとで、最上部には天界が、最下部には地獄界が描き込まれ、人間の進むべき道が色あざやかに示されている。

さて右引用のなかで南方はいかにも得意げに「猶太教の密教の曼陀羅」を紹介してみせているわけであるが、幾何学模様で示されるこの人間の起源図（図1）は、南方のオリジナルではない。南方は言及していないが、われわれは同様の構図を、ブラヴァツキーの『ベールを脱いだイシス』二巻にある「カルデア在住のユダヤ人による宇宙構造図」、換言すれば「カバラの宇宙図」にみることができる（図2）。[23] 説明するまでもなく、両図では骨格となる図形が相似の関係にある。上部に二つの三角形が位置し、そこからいくつもの直線が放射状に伸びている。中央部には大円で囲まれた五芒星が、最下部には小円の領域が付加されている。なお『ベールを脱いだイシス』では、同じ箇所にほぼ同じ構成で、リグ・ベーダにもとづく「ヒンズー教の宇宙図」が示されている。

6. ——原初の人間「アダム・カドモン」

それではHPBが注目したカルデアのユダヤ人は、いかなる宇宙観を抱いていたのだろうか。最上部に三角形のかたちでエン・ソフ——万物に先立つかたちなき源泉、唯一なる最高原理が位置づけられている。そこから四方八方に作用が及び、その下に別の三角形——最初にあらわれる全知の世界、すなわち全能の創造神——が形成される。さらにそこから「世界にあらわれた最初の光」が、「父なる光」と「母なる光」として照射されている。これはロゴスの顕現と表現されている。この作用によりひきつづき「アダム・カドモン」が生じる。ブラヴァツキーによれば、これは「創造神と宇宙精神を統合した全体をなす人間性の型」(24)であり、両性具有の真正なる人間、原初の宇宙霊を意味する。

「アダム・カドモン」は六芒星の中央に据えられているが（図2）、二重の円で囲ま

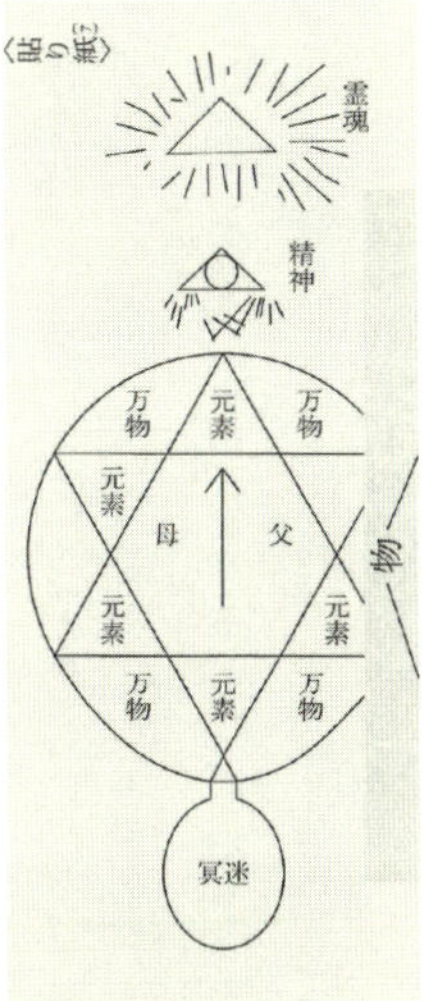

図1　南方が描いたユダヤ教（密教）のマンダラの模式図

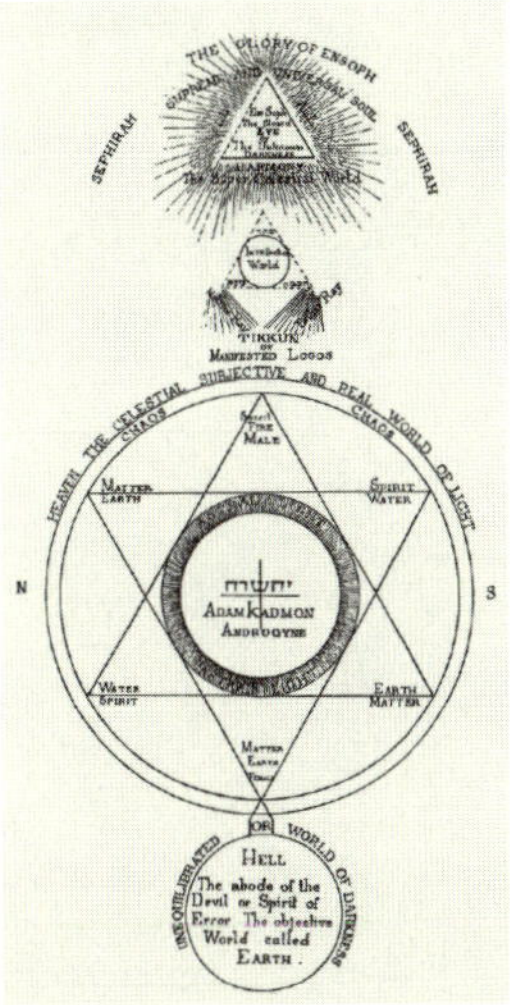

図2　カルデアのユダヤ人による宇宙構造図。
ブラヴァツキーの作図による

れた灰色の領域すなわちアストラル光で遮られ、その内部に到達することは容易でない。同時に「アダム・カドモン」は六つの三角形——宇宙の根源なる元素、地水火で縁どられている。これら諸元素は、われわれが認識する物質世界の水素やヘリウムなど百あまりの元素とは異なり、真言密教でいう六大と同類のものである。六芒星にかこまれた二重円の内なる世界こそ、実体がないものの真実の世界であり、創造神により顕在化された第二のロゴス界である。われわれ人間の帰還すべき故郷であり、南方が「霊魂」と呼ぶ至高なる存在は、まさしく「アダム・カドモン」に相当する。

最下部に位置する円で描かれた世界は「投影された影」であり「暗黒界」を意味する。ほかでもなくそこは、われわれの住む地球であり「冥土」でもある。上の六芒星が真実の光の世界であるのに対し、こちらは影なる夢幻の世界である。ブラヴァツキーが掲げる「ヒンズー教の宇宙図」では「マーヤー（幻影）」と表記されている。ブラヴァツキーは主著『シークレット・ドクトリン』でも、この宇宙図をカバラのスフィロートの構図を交えつつ変形させて活用しているから(25)、彼女もまたこの宇宙構造図に対して強い思い入れがあったとみえる。

ところで両者の宇宙図において、人間はどこに位置づけられるのだろうか。ブラヴァツキーは、ショーペンハウアーと同じく地球における人間世界を暗黒の幻影とみなし、最下部の小円の領域に含ませている。これに対して南方は、人間を六芒星の中心に据えている。人間が身体を脱して精神となるとき六芒星の上方の三角形に移行し、それが個別性を脱すると霊魂すなわち最上部の三角形へと昇華する。ブラヴァツキーの図でこれら二つの三角形は「アダム・カドモン」に先立つ創造神と、それを生み出す無限なるものを意味するから、南方の図ではそれらが描かれていないことになる。

この点について、ブラヴァツキーが掲げる天界に関する南方の理解は、浅いものと言わざるをえない[26]。図の下方に注目すると六芒星から下降するルートがある。われわれ個々の人間は一本のはかない葦であるから、ときに心が悪に染まり蛇蝎のごとくなることもある。ブラヴァツキーの見解とこの点でも異なるが、南方は「冥迷」の領域をこうした悪人の行きつく場所としてしか捉えていない。

人間肯定の意識が強かったためであろうか、ブラヴァツキーの『ベールを脱いだイシス』で描かれている天界を中心とした宇宙論をもとに、南方は少々強引な解釈をこころみて、人間を中心とした霊魂論を創案して土宜法龍に伝えたのだった。ともあれ南方もまたブラヴァツキーと同様、人間を「万物の霊長」としてではなく、宇宙の中心に住まう創造の源泉から流出し、物質化した身体をまとう存在として捉えている。

7. 「事の学」とコスモロジー

右でみてきたように、南方が人間の起源論を展開する際に、ひそかにHPBの『ベールを脱いだイシス』を参考にしていたことは明らかであろう。もちろん真言密教に心酔していた南方であるから、彼の宗教観の根本に大日如来が座していたことは疑いがない。周知のように彼は、一九〇三年八月の土宜法龍あて書簡で「胎蔵界大日中に金剛大日あり[27]」と記し、「金剛大日」と同じ円のなかに「心」を添えて図示した。つまり人間の「心」が、宇宙の根本をなす大日如来と一如であることを簡潔な包含図で示したのである。

ところで、人間の本質を霊魂（soul）とし、そこから個別性をおびた精神（spirit）となり、それが肉体に宿り心（mind）をもつ人間を生じたとする魂の流出説については、HPBが『ベールを脱いだイシス』のなかで繰り返し説いており、それを読んだ南方はHPBの説を援用しつつ、土宜あて書簡で「霊魂」「精神」「心」の三様態の関係性について、いくつかのたとえ話を用いて示したものと想定される。われわれはここで、この見解をさらに発展させ、南方が描いた包含図の一部を省略し、その代わりに「霊魂」と「精神」とを「心」の上位に位置づけてみたい。するとここに、南方が思い描いていたと想像される宇宙図が完成する（図3）。

この包含図のなかには同時に、「事」の生成についても明示されている。南方は「心」と「物」とが出会うとき、「心」に「事」が生じるといい、「事」を探究する「事の学」を提唱した。これは「心」の実在とその作用に重点をおく学問であり、「物」の示す諸現象にのみ価値をおく自然科学とは対極をなす。ここで「事の学」に触れるわれわれは、中村雄二郎が「臨床の知」として掲げる現場の科学を想起せねばならない。なぜなら、この学問は「シンボリズム」や「パフォーマンス」とともに、「コスモロジー」を含むことを特徴のひとつとしており[28]、このことがまさに図3において明示されているからである。すなわち、胎蔵界曼荼羅のなかに座す大日如来の作用によって「物」、つまり物質やエネルギー界が生じ、それと霊魂に通じている「心」とが関係して「事」が生じる。「事」とはつまり、大日如来の形成作用によって生じた「物」（万物）と、霊魂から派生している「心」とが奏でる協奏曲にほかならず、その楽曲を味わい楽しむことこそ「事の学」の真髄なのである。

二〇世紀最大のオカルティストであったブラヴァツキーは、これまでさまざまな分野で多大なる影響を与えてきた。英国心霊調査会のF・W・H・マイヤーズをはじめ、英国レッチワースに田園都市を誕生させた建築家のE・ハワード、深遠なる宇宙の営みを一遍の詩のなかに注ぎこんだ詩人のW・B・イェイツ、明治から大正時代に真言宗を牽引した土宜法龍もそうだし、博物学者にして東洋と西洋の諸学に通じた学者・南方熊楠もまた、ブラヴァツキーの宇宙論から影響を受けていたことが明らかになった。アメリカ滞在中にわざわざ遠くから取りよせて手にした『ベールを脱いだイシス』は、一九〇〇年に南方が日本に戻ったのちに彼自身のマンダラの思想を体系づけていく過程で、欠くことのできない資料のひとつでありつづけた。

ブラヴァツキーと南方にはともに放浪癖があり、無類のタバコ好きで知られた。加えて二人は意識の力、たとえば眼力や真言の力、意志が秘める力についても確信していた。南方は千里眼に興味を抱いていたし、ブラヴァツキーも千里眼を題材とした短編小説を遺している[29]。加えて二人は、神秘的な世界への強い関心があり、その永遠なる真理に向かう姿勢を涵養する学問こそ哲学であるとする固い信念があった。哲学と

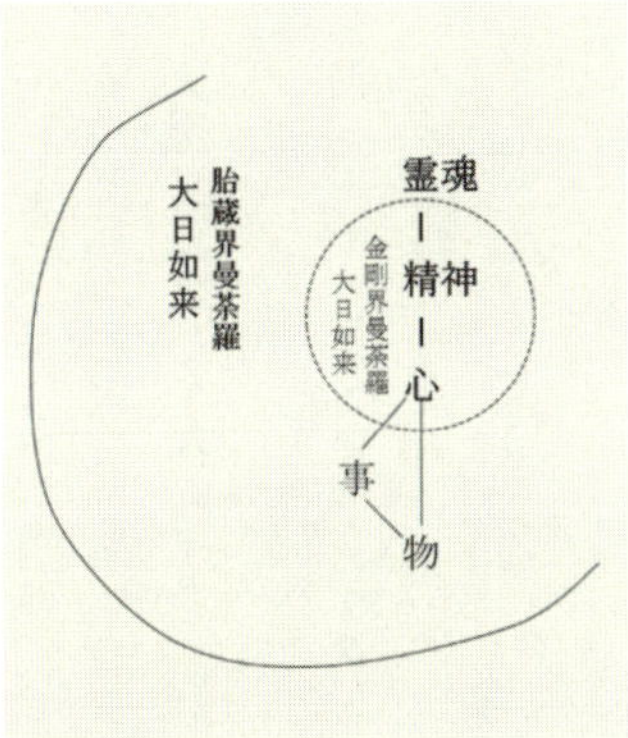

図3　南方が描いた独自の宇宙構造図。原図の一部を書略するなどし、「精神」と「霊魂」とを書き加えて作図した

はたんに先哲の言説を比較し論じることではないのだ。

物質文明を謳歌し、パンを食すだけを楽しみに暮らすわれわれ現代人は、大地や海や天空が安定して存在する奇跡への、そこに住み暮らす無数の生命が繰り広げる神秘へのまなざしを失って久しい。神々の世界をかたる宗教に背を向けるわれわれに警鐘を鳴らすかのように、ブラヴァツキーは「神も霊魂もないですって？　なんと恐ろしくも破滅的な考えでしょう！」[30]と記し、南方もまた「宗教を笑ふべきに非ず」[31]と、短くも心にひびく言葉を残している。ここでいう「宗教」とは、なにも特別なものではない。それは日々生活するなかで万人に共通の基盤をなす光であり、あらゆる事物に関わる生き生きとした摂理のことである。南方がみずからの宇宙図で描いているように、いついかなるときでも、われわれの存在を根底から支え保持している宇宙の原理にほかならない。心の奥深くにひそむ霊魂の存在に、神羅万象を顕現させている眼にみえない神々の世界に、われわれはもう一度、意識を向けるべき段階に来ているのかもしれない。

注

（1）荒井献『原始キリスト教とグノーシス主義』岩波書店、一九七一年、三四七頁。

（2）H・マーフェット（田中恵美子訳）『H・P・ブラヴァツキー夫人——近代オカルティズムの母』神智学協会ニッポンロッジ、一九八三年、一九〇頁。

（3）神田英昭「南方熊楠・土宜法龍とチベット——一八九三年〜一八九四年における往復書簡を中心に」『南方熊楠とアジア』勉誠出版、二〇一一年、一三二頁。

（4）飯倉照平・長谷川興蔵編『南方熊楠 土宜法竜 往復書簡』八坂書房、一九九〇年、一七四頁。本書

は以下で『南方土宜往復書簡』と略記する。

（5）拙稿「南方熊楠と現世肯定」（『文明と哲学』第三号、二〇一〇年、燈影舎、一四頁）を参照のこと。

（6）『南方熊楠記念館蔵書目録 資料・蔵書編』㈶南方熊楠記念館、一九九八年、二〇頁。

（7）川島昭夫「熊楠と洋書――蔵書目録の作成を通じて」『南方熊楠――ナチュラルヒストリーの文体』平成一七年八月号、學燈社、二〇〇五年、三六頁。

（8）前掲注（3）『南方土宜往復書簡』五三頁。

（9）同前、二一頁。

（10）たとえば『ロンドン抜書』にフランス語文献のひとつ『カルデア人の魔術』が含まれる（月川和雄・松居竜五篇「南方熊楠ロンドン抜書目録」『現代思想』七月号第二〇巻第七号、青土社、一九九二年、ix頁）。

（11）『南方熊楠日記2』八坂書房、一九八七年、二〇六―二〇八頁。

（12）『南方熊楠叢書』巻之六。（公財）南方熊楠記念館所蔵の未公刊資料（記念館番号A1-048）。

（13）H. P. Blavatsky: *Isis Unveiled. A master-key to the mysteries of ancient and modern science and theology*: vol.1, California: Theosophical Univ. Press, 1988, p. 162.

（14）前掲注（12）に同じ。

（15）HPBはマンダ教の聖典『ギンザー』から、フェタヒル誕生の場面に、神智学でいうロゴスや、プラトンが『ティマイオス』のなかで宇宙の設計者として掲げるデミウルゴスを加えるなど、いくぶん脚色して引用していることが判明する（大貫隆訳・著『グノーシスの神話』一九九九年、岩波書店、一九六頁）。

（16）H. P. Blavatsky: *The Secret Doctrine: The Synthesis of Science, Religion, and Philosophy*, Vol.1, Cosmogenesis, London: The Theosophical Publishing Company, Limited, 1888, p. 217.

（17）H. P. Blavatsky: *Isis Unveiled: A master-key to the mysteries of ancient and modern science and theology*: vol.2, California: Theosophical Univ. Press, 1988, p. 240.

（18）「謎」については不明。ただし同書には一から九までの数字に「毛の尻」「丸ならず」など隠語を使ったじゃんけんが薩州の人のあいだに膾炙していたという記事がみられるので、南方はこれを「謎」として捉えたのかもしれない（桂川中良『桂林漫録』下巻、川内屋源七郎ほか、一八〇三年、二三丁「市語」）。

（19）奥山直司・雲藤等・神田英昭編『高山寺蔵 南方熊楠書翰 土宜法龍宛 1893―1922』藤

原書店、二〇一〇年、二六二頁。図１は同書二六一頁から許諾を得て転載した。本書は、以下『高山寺蔵南方熊楠書翰』と略記する。

（20）『世界大百科事典』三巻、平凡社、二〇〇七年、カラー六三頁。

（21）龍谷大学所蔵の「世界大相圖」（『宗教と科学――仏教の宇宙観と近世の科学書』龍谷大学人間・科学・宗教オープン・リサーチ・センター編、二〇〇三年、四〇頁）など。

（22）二〇一〇年九月二七日付「東京新聞」掲載記事「マニ教『宇宙図』国内に　京大教授ら世界初確認」など。

（23）H. P. Blavatsky: *Isis Unveiled. A master-key to the mysteries of ancient and modern science and theology*: vol.2, Ibid, pp. 264-265.

（24）H. P. Blavatsky, *op.cit.*, p. 270.

（25）H. P. Blavatsky: *The Secret Doctrine: The Synthesis of Science, Religion, and Philosophy*, Vol.1, Ibid, p. 200.

（26）この件に類する指摘として、高山寺で新発見された南方書簡に解説を加えた奥山直司が、インドのバラモン思想で宇宙の根本原理を意味するブラフマンと、宇宙の創造者ブラフマー（人格神）とを南方が区別していなかった点に触れている（前掲注（19）『高山寺蔵　南方熊楠書翰』七一頁）。

（27）前掲注（4）『南方土宜往復書簡』三三三頁。

（28）中村雄二郎『臨床の知とは何か』岩波書店、一九九二年、一三五頁。

（29）H・P・ブラヴァツキー（田中恵美子訳）『夢魔物語』竜王文庫、一九九七年、六一頁。

（30）H. P. Blavatsky: *Isis Unveiled: A master-key to the mysteries of ancient and modern science and theology*: vol.1, Ibid, p.xviii. 前掲注（19）『高山寺蔵 南方熊楠書翰』二七七頁。

謝辞　（公財）南方熊楠記念館で『南方熊楠叢書』の閲覧などでお世話になり、直筆資料の解読では岸本昌也氏と田村義也氏にお世話になり、西欧神秘主義に関して高橋義人氏から貴いご助言をいただいた。記して御礼申しあげます。本稿を作成するにたり平成二七年度科学研究費基盤研究Ｂ「基礎資料に基づく南方熊楠思想の総合的研究」（課題番号：二六二八四〇一七、研究代表・松居竜五）の補助金を活用しました。

「東洋の星座」再論

松居竜五

1.「東洋の星座」の執筆

南方熊楠（一八六七〜一九四一年）が、『ネイチャー』に多くの論文を発表したことはよく知られている。その第一歩となったのが、二六歳の時、一八九三年一〇月五日号に掲載された「東洋の星座」（The Constellations of the Far East）である。二〇代前半のアメリカ滞在中からほぼ毎号目を通してきた一流の学術誌『ネイチャー』に長編の論文が掲載されたことは、自学自習を貫いてきた熊楠にとって、大きな喜びとなったことだろう。

当時の『ネイチャー』誌は、巻頭から数本にわたって依頼原稿と思われる論文があり、そのあとに投稿論文（Letters to the Editor）が続き、巻末にかけて書評・学界短信などが配されるという構成であった。投稿欄は一般の研究者に開かれた場であったが、毎号さまざまな学者の長文の力作が並んでいた（本書志村論文参照）。そうした誰にでも開かれた一九世紀の英国の学術雑誌の透明度の高さが、無名の東洋人青年にも活躍の場を提供することになったのである。

さらに熊楠の「東洋の星座」が掲載されるに至った理由としては、『ネイチャー』誌の創刊者であり、当時の編集長であったロッキャー（Norman Lockyer 一八三六〜一九二〇年）の存在が影響していたという側面もあるだろう。ロッキャーは天文学者として太陽のスペクトルからヘリウムを検出したことで知られるが、古代遺跡と天体観測の関係などにも興味を抱いていた人物である。細馬宏通は、当時の『ネイチャー』には ロッキャーの好みを反映して天文学上の話題が多いこと、そして熊楠がそうした編集長の趣味を熟知しており、「投稿にあたっては、用意周到にその話題を選んだに違いない」ことを指摘している。(1)

実際、熊楠はアメリカ時代からすでに英語で論文を書くことを志しており、特に自分が得意な和漢の知識を紹介しようと考えていた。そこで、武上真理子が指摘するように、アメリカのミシガン州に滞在していた一八八九年一二月二八日には「来年より漢書を洋訳する」という計画を日記に記している。そして『哲学字彙』に付された「清国音符」の四〇〇〇を超える漢字とそのアルファベット表記を、その直後に二日間で書写した。(2) さらに、この頃から英国時代の初めにかけての筆写ノート「課余随筆」には和漢書の短い抜粋が目立つのだが、これは英語圏の論点に合わせた素材を吟味するためのものだったと考えてよいだろう。ロンドン到着後一年という時期に発表した「東洋の星座」は、決して偶然思いついて書いてみたら載った、という性質のものではなく、実はアメリカ時代から数年間の期間をかけて準備されていたのである。

この「東洋の星座」の内容に関して、筆者はすでに一九九一年の『南方熊楠 一切智の夢』（朝日選書）六五〜九六頁において「処女論文『極東の星座構成』について」と題した章を設けて論じている。そこでは、「東洋の星座」は東アジアの科学思想について西洋に伝えたいという若き日の熊楠の抱負を実現するものであったこと。ただし、古代インドと中国の星座を比較して、それぞれが独立に発生したにもかかわらず共通した発想が見られると論じた部分では、主に文献操作の甘さから議論の正確性を欠いていること、の二点を中心にしてこの論文を読解した。

私としては、今日にいたるまで、この論旨自体に関しては、大きな変更の必要はないと考えている。その一方で、この間、新たな資料の発見などもあり、さらに詳細な事情がわかってきていることも事実である。そこで、そうした『一切智の夢』以後の新しい知見の紹介と検討を中心とするかたちで、この論文に関する再論を試みることとしたい。

なお、『一切智の夢』執筆の際には、題の中にある Far East を「極東」と訳したのだが、この言葉は近東を表す Near East、中東を表す Middle East に対応して用いられているため、日本、中国から東南アジアを含む幅広い範囲を指すものとなっている。一方、従来からの訳である「東洋の星座」の「東洋」はあいまいな概念であるが、日本語としての汎用性の低い「極東」よりもこの場合においてはむしろ適切であると考えたため、「東洋の星座」の訳題を採用することとした。

「東洋の星座」においてまず注目されるのは、この論考が、八月一七日の同じ欄に掲載されたロンドン西郊ハイ・ウィカム High Wycombe 在住のM・A・Bという人物の「星をグループ化して星座とすること」(3) という質問に答えるかたちをとっていることである。M・A・B氏の質問は、基本的にはアッシリアからギリシアにいたる星座の異同を問うたものであるが、最後の部分は、その他の民族が固有の星座を持っているか否かという問いかけと、そうした星座の異同をそれぞれの民族の近親関係の判断のために利用できないかという提案から成っていた。

この質問を読んだ熊楠は、八月一七日付の日記に「本日のネーチュールにM.A.B.なる人、星宿構成のことに付五条の問を出す。予、其最後二条に答んと起稿す」と記し、回答を試みようとした。この時の経緯は、後年の自伝「履歴書」中でも「誰も答うるものなかりしを小生一見して」執筆したと書かれており、『ネイチャー』を見たその日に執筆を決意したとする日記の記述と対応している。その後、八月二二日の条に「ネーチュールへノ答文ヲ訳ス　此朝投函ス」といったん書いて抹消された跡がある[4]。また八月二八日の条に「ネーチュールへの答弁稿成」とあり、その脇に「これは二日後のこと」と注記されているから、この間、何度も推敲を重ねて、結局八月三〇日に投稿されたようである。土宜法龍宛の書簡では、次のように「十一日夜かかり」とあるので、一一日間、昼も夜も書き続けて二八日にはほぼ仕上がっていたというのが、もっとも実情に近いようである。

毎度申す通り、去年八月当地の雑誌（『ネーチユール』、世界中え行渡る当国第一の科学雑誌）え天文の疑問出で、小生第一着鞭して之に答へたり。十一日夜かかり、自流のこと故文法上の誤り一ケ処此頃見当れり。誰の紹介とか依頼とかなしに、全く採るべき所あればこそ全文（少し長い）出たり[5]。

実は、この頃熊楠がノート代わりに用いていた「課余随筆」巻之五（九八）には、九頁にわたって日本語および漢文で記された「東洋の星座」の下書きが含まれている[6]。この下書きの七ページ目の上部欄外には、おそらく後年に加えられたと思われる「此篇多少改良ノ上ネーチユール明治二十六年十月五日ノ号ニ出」との書き込みがあり、これが「The Constellations of the Far East」として英語に直して投稿される前の段階のものであることがわかる。おそらく「日記」や「履歴書」にあるように八月一七日に書き始められ、数日かけて日本語版としてある程度完成された後、英語への翻訳が開始されたのであろう。

この「課余随筆」中の下書きは、「東洋の星座」の執筆状況をその場で書き記したと考えられるきわめて興味深い一次資料であるため、ここでは重要部分の翻刻文を掲載しながら、これに沿って論文の内容について解説することにしたい。

まず、『ネイチャー』を読んだ直後に書かれたと思われる最初の部分には、執筆を企図した経緯として、M・A・Bの質問の翻訳が次のように記されている。

八月十七日出ネーチユール巻四十八第三百七十葉ニ M.A.B.（High Wycombe 住）トイヘル人左ノ問ヲ発セリ、汝若クハ汝ノ読者中左ノ疑ニ答ルコトヲ能スルアリヤ（1）アッシリア人埃及人希臘人及波斯人ハ同一ノ方法ヲ以テ星ヲ宿ニ集成セシヤ、若シ然ラハ其列宿ハ各国人ノ同一ノ獣ニ就テ名ヲ命セシモノカ、（2）吾輩ガ希臘風ニ呼ブ列宿名ハアッシリア人ト埃及人之ヲ何ト名シカ、（3）今日支那人多島海島人印度人黒人銅色人等ノ諸異種ハ各固有ノ列宿ヲ有スルヤ、（4）若シ各人種各々特異ノ列宿法アラバ此特性ヲ以テ諸人種諸国民ノ近似ヲ証スルニ足ルカ、予ハ右ノ問題四条（ト余勘定ス）ニ就テ第一第二ニ答ル能ハズ第三ニハ少ク答ルモ能ニシ第四ニハ全ク答ヘ得ベシ

「日記」ではM・A・Bの質問を「五条の問」としているが、ここでは「問題四条」と自分では「勘定」したとなっている。これは、(1)の質問の「若シ然ラハ」以前と以後を二つの問いと見るかどうかという点の違いによる。その際、一度分けたものを元に戻すということは考えにくいので、下書きのこの部分は、「日記」の記述よりも、むしろ時間的に先に執筆され始めた可能性が高いということになる。想像をたくましくすれば、この日の熊楠の行動は、午前中に当日付の『ネイチャー』を入手し、それから夜までかけて下宿に籠って下書きの最初の部分を作成し、一日の終わりに日記を記す、というような流れだったかもしれない。

また、「日記」では「最後二条に答え」るとのみしているが、下書きを見ると「第三ニハ少ク答ルモ能ニシ第四ニハ全ク答へ得ベシ」と、(3)の質問には部分的に、(4)の質問には全面的に答えるという差異を意識していたことがわかる。たしかに「東洋の星座」において、熊楠が(3)の質問の中で実際に答えているのは中国の星座と、中国文献に引用されたインドの星座の例だけだが、(4)の星座を人種間の近親度の判定のために使えるかという議論に関しては、この二つの比較を使って正面から論じようとしている。

2. 中国・インドの星座比較

興味深いことに、この(3)と(4)の質問に対する姿勢の違いは、完成版の「東洋の星座」と「課余随筆」版の下書きの議論の順番にも反映されているようである。完成版では、まず前半に中国の星座に関する一般的な紹介、つまり(3)に対する回答があり、後半に中国とインドの星座の比較、つまり（4）に対する回答が示されるという順序で論が展開されるのだが、「課余随筆」版では最初に（4）の中国とインドの二十八宿のことから話が始まる。つまり、熊楠はM・A・Bの（4）の問いを見て、真っ先にインドと中国の比較を思いついた、そして次に前提として中国の星座の特殊性に関して述べる必要に気付いたということが推測されるのである。その部分を翻刻したのが次の文章と表である。

支那ニ二十八宿アリ、コレハ印度交通（主トシテ仏経渡来ト共ニ）ヨリハルカ上古ニオコリシコトハ宋ノ景公ノ時熒惑訾以其時守心［一字不明］ニハ黄帝占参応七将等ノ論アルニテ知ルヘシ　而シテ印度ニモ亦二十八宿アルニヤ、唐朝ノ段成式（字柯古文昌之子会昌時人博学強記多奇篇秘籍酉陽雑俎書数十編官終太常少卿）ガ酉陽雑俎巻三ニ二十八宿ノ印度ニテノ短キ記載（姓、形、祭ニ用ル品）ヲ挙タルヲ和漢三才図会ノ記スル支那ノ記載ニ比スルニ

	酉陽雑俎（仏経ヨリ抜筆セルヘシ）	和漢三才図会（登壇必究ノ抜筆カ）
○	牛如牛頭	似牛有両角
○	尾形如蠍尾	（支那ニモナニカノ尾ニ比セル名ナラン）
○	胃形如鼎足	状似鼎足天之厨
□	觜形如鹿頭	（觜ハ毛角［木兎等ノ］也、嘴ニ非ズ）
□	柳形如蛇	状曲頭垂似柳

星形如河岸　形如鈎
軫形如人手　形似張翼（車ノ後ノ横木也）
畢形如笠　如爪叉（畢ハ長柄ノ網也）
井形如足跡（井ハ井ニ似タル也）
鬼形如仏胸　似木櫃（因テ案ニ又所司ヲ考ルニ方形ノ内ニ積尸気トイヘル一星アリ主死亡疾病トアリ木櫃ハ棺ノコトナルヘシ）
箕如牛角（箕ハ簸箕也）
斗形如人拓石　形似北斗
△

この部分の記述からは、熊楠がインドの星座については『酉陽雑俎』、中国の星座については『和漢三才図会』によって解説していることが見て取れる。熊楠が「東洋の星座」執筆の際に『和漢三才図会』の知識を中心としたことは、以前から状況証拠によって推測されてきたが、この下書きによってそのことがはっきりと証明されることになったわけである。

さらに熊楠は次のようにこの表を解説しながら、インドの星座と中国の星座の類似に関して一気に独自の結論を出している。

而シテ角亢氐房以下ノ二十八宿ノ名ハ前ニモイヘル如ク印度交通ノ前ニアリ、（晋書ニ至順帝時張衡又制渾象具内外規南北極黄赤道列廿四気廿八宿中外星官及日月五緯云々トアリ、順帝ハ西洋紀元百二十六年ヨリ百四十四年ニ至ル間治世ナリ、二十八宿ハ此前古クアリシナリ、）而シテ右ノ十二宿（酉陽雑俎及和漢三才図会共々ニ見ユ若クハ漢名ニテ意味知レヤスキモノ）ノ内支那印度共ニ同一ノ記載ナルモノハ三ニシテ相異ナレル記載アルハ九ナリ、因テ考ルニ列宿ノ命名見様ニハ、星ノ位置宿ノ形状単ニシテ分明ナルモノハ二国同一ノ物ノ名○又ハ相似タモノ、名ヲ命ジ□、星ノ数多ク混雑シヤスキモノニハ全ク異様ノ物ノ名ヲ命セシナラン、（印度人酉陽雑俎ニ挙タル記載ノ通リノ物ニ頼テ名ヲ命セシトスレハ）星軫ノ如キハ支那ニテモ後代ノ人最初何ニヨリテ名シヤヲ解セザルニ及ヘルナランカ、

この部分で熊楠が主張していることを整理してみよう。まず熊楠は、インドと中国では共に星々を二十八宿に分けていたとする。しかし、これらの二十八宿が形成されたのは、「印度交通ノ前」、つまり中国とインドの両文明が交流を始めた頃よりもずっと前に遡る。この点は、『晋書』中の順帝の治世に張衡によって二十八宿がまとめられたという引用でも補強されている。だから、インドと中国の二十八宿はお互いの影響を受けることなく独立に発生したのだというのが、熊楠の議論の大前提である。

その上で熊楠は、二十八宿の中からインドと中国の対応関係がはっきりしている十二宿を選び、それらについて比較した。そして、○をつけた三つ（牛、尾、胃）に関しては同じ記述、□をつけた二つ（觜、柳）については似たような記述がされていること、△をつけたその他の星宿は異なる記述であることを指摘する。もちろんここで熊楠が意図しているのは、中国とインドの例を用いて「もしそれぞれの民族が独自のグループ化による星座を用いているのならば、それらを各民族や国々の近親性を判断するために使えないものだろうか」というM・A・Bの質問に答えることである。

つまり熊楠が言いたいことはこうである。たとえば、「胃」という星宿は、中国で

も「鼎の足に似て」、インドでも「鼎の足のごとし」と同じように形容されているし、中国では「柳」と名付けられた星宿は、インドでも「蛇」という似た形のものにたとえられている。「牛」という星宿も両国に共通しているし、「觜」という星宿にしても、「みみずくの毛角」とする中国と「鹿の角」とするインドは同じ発想から星座を作っている。このように、中国とインドのように異なる民族が偶然に同様の星座を作り出すことがあるのだから、星座が似ているからといって民族が近い関係にあるなどとは言えない。したがってM・A・B氏の提案は実用性のないものである、と。

3.「東洋の星座」の立論の甘さとその自覚

しかし、筆者が『一切智の夢』ですでに論じたように、この熊楠の指摘は、学問的には問題点を抱えていると言わざるを得ない。たとえば「東洋の星座」の五年前の一八八八年に出た『エンサイクロペディア・ブリタニカ』第九版の「黄道帯 zodiac」の項目(7)には、インド、中国を含む世界の星宿に関する解説が付けられている。この項目を書いたクラーク(Agnes Mary Clerke 一八四二〜一九〇七年)は初期の女性学者として活躍し、『一九世紀天文学史』(8)などの著書がある。この項目における、インドの星座(ナクシャトラ)についての解説は一頁半にわたるたいへんていねいなものであり、文献的にも内容的にも「東洋の星座」よりずっと学術的と言えるだろう。

クラークも中国とインドの星宿がそれぞれ独立に発生したことは認めており、そのかぎりでは「東洋の星座」の結論を決定的に否定するものではない。しかし、クラークが論じる次のような事情は、インドと中国の星宿のいくつかが「独立発生なのに似ている」、という「東洋の星座」における熊楠の論点を限りなく怪しくさせるに十分なものである。

インドの黄道上の星座は、今日知られているような中国の「星宿」よりも、前の時期に属している。しかし、後者は独立して成立したものであり、それだけでなく、新たな編成の中でのナクシャトラが、可能な限りこれに似せられたこともほぼ確かである。基準となる星が「宿」をまねたものであることは疑いない。紀元六世紀のインドの天文学者たちは、かなり異なる意図で作成された中国の星宿の表を見て、簡単にまごわされてしまったのである。(9)

そして、クラークはフランスの天文学者ビオ（Jean-Baptiste Biot　一七七四～一八六二年）のインドと中国の天文学に関する研究(10)を参照しつつ、「中国の宿を決める星と比べると、八つの基準星がかなり近いもので、七つが一致する」としている。つまり、クラークによれば、熊楠が独立して発展したと考えた二つの地域の星座は、実はある時代以降は直接の影響関係を持ったものであったということになる。熊楠は一九〇〇年九月二二日に発表した「神跡考」の中で、「天体と足跡を結びつけて宇宙のなりたちを説く神話(11)」の例を挙げるためにこのクラークによる「黄道帯」の項目を使っており、その頃までに読んでいたことは確実である。それがいつの時点かはわからないが、自らの立論に対して、一気に自信をなくしたことだろう。

さらに、「東洋の星座」で問題なのは、熊楠がインド星宿の説明としては明らかに間接的な情報である『酉陽雑俎』を、原典を知らずに使っていることである。熊楠が、そうした文献的な問題について、執筆後にかなり気にしていたことは、土宜宛の書簡から読み取ることができる。まず、一八九三年一二月上旬に書かれたと推測される手紙では、「前日、当地にて、ある学者、列宿のことにつき問い五条を雑誌に出し、小生第一鞭を著けてその二条を答え、ちょっと長文を出し、すなわち印板になりて世に公布し[12]」たとして、「東洋の星座」の内容を紹介する。しかし、その一方で一二月一一日付書簡では「されど今日迄其証とすべきことはただ右の段成式の一書のみで、それもたしかなることに非ず[13]」としており、インドの星宿に関して『酉陽雑俎』のみを出典としたことに対する不安感が窺える。

熊楠はまた、「東洋の星座」の発表後に『ネイチャー』に寄せられた「印度にある一土官よりの書牘[14]」から、現在のインドでは天を二八ではなく、二七に分割するということを知らされていた。このことを土宜に確認しようとして、次のように問いを発している。

> 仁者先日の話には、二十八宿ということはインドにもありしが、天を二十八天に割るということはなきようなり。しかし、大乗仏経に二十八天ということ多く見ゆ。この二十八天ということは、支那の二十八宿の分野をもって天を分かつことにならって作りしものにや、あるいは支那に入らぬ前よりインドに二十八天とありしことか……[15]

前出のクラークの解説によれば、この質問への明確な回答としては、「支那に入らぬ前よりインドに二十八天とありしこと」は事実であるが、ある時期以降は「支那の二十八宿の分野をもって天を分かつことにならって」作り替えられた、ということになるだろう。熊楠は、一二月一一日の土宜宛書簡に「但し右の文中、「……少くとも一時は支那と同く天を二十八に分ち、一分野毎に一宿ありて、之に隷属せる諸星群ありしことは保証すべし」と記せしは、仁者の言に拠て考るに、多分ちと吹き過たるかとも思ふ。何にしろ今一度しらべて、正誤すべければ正誤を出すべし[16]」と書いており、土宜にも教えられてこの頃には自説の怪しさについて自覚していたようである。

さらにこの『ネイチャー』宛のインドからの通信は、インドの星座を二十八ではなく二十七に分けた仏典『宿曜経』を参照する必要性を感じさせたようで、熊楠は土宜に「『宿曜経』は……一般にインドにありしを漢訳せるものというか、あるいは支那で偽作せるものというか、御一答を乞う[17]」と聞いている。これに対して土宜は「インド二十八宿のことは、『宿曜経』に説けり[18]」と記すのだが、この『宿曜経』におけるインド星座の記述は『酉陽雑俎』と相当に異なるものであり、熊楠の説にこれまた一つの打撃を加えただろう。

結局、『酉陽雑俎』の原典については、土宜が『法苑珠林』から決定的な証拠を見つけてくれた。そのことを土宜は、一八九四年一月二七日着の書簡で「第一に『大集経』を引き、驢脣仙人が二十八宿を説くことを明かす。二十八宿の形も説けり[19]」と熊楠に教示している。『大集経』とは『大方等大集経』のことで、『酉陽雑俎』のインド星宿の情報はここから引用されたものであった。熊楠は、一月二七日付書簡で「星宿の儀は甚難有候。これはなほ次便に述べし[20]」といったん回答を保留した後、三月四日付書簡で「仁者が書き抜かれたる驢脣仙人の星宿のこと、全く『酉陽雑俎』と同文、一字たがえず[21]」と、全面的に認めることになる。

このことを受けて、熊楠は五月一〇日号の『ネイチャー』に「蜂に関する東洋の俗信」(Some Oriental Beliefs about Bees and Wasps) を掲載した際に、「付記」として「東洋の星座」に関する文献的な補足情報を次のように載せることになる。

「東洋の星座」についての拙文(『ネイチャー』四八巻、五四二頁)のなかで私は、星座の類似に関連して、インド人の想像していた事物の一覧を、段成式の『酉陽雑俎』から引用した。この三月に尊敬する友人のアチャーリア・ダルマナーガ〔土宜法龍師〕が親切にもパリから送付してくれた『大集経』に記された驢脣《ろしん》仙人の星座についての講義の抜粋を参照したところ、いくつかの異伝を除いて、ほぼ両者の記述は一致していた。したがって、中国人の手になる『酉陽雑俎』の一覧は、上記のインドの仏典に依拠したものと考えられる。(22)

この付記の掲載について土宜本人に報告した五月一四日付の手紙の中で、熊楠は「ただ小生は印度の事を支那の雑家の書のみ引たるばかりでは他日疑ふ人もあるべしと思ひ、其真に出処正きことを示したるばかり(23)」と書いている。

土宜もまた、インドと中国の二十八宿の関係については詳しくはわからなかったようで、「二十八宿の配当の違うには、少々迷惑致し候。ただしこの二十八宿も実はその説小説同様なり。支那の説といずれが古きか、御参照ものと察せられ候(24)」とするばかりである。しかし熊楠はそうした問題はあるとしても、自説の正しさは「大体に於ては」変わらないと考えていたようである。

小生の論文は此支那の二十八宿を印度の二十八宿と比較せるにて、二国の二十八分野と二十八分野とをせるにも非ず、又一国の宿と他の一国の宿及隷属の諸星の総計を比較せるにも非れば、大体に於ては動きなし。(25)

さらに熊楠は、自分の立論は確かに甘いが、それを西洋人が指摘できないのは、東洋のことをまったく知らないからだとも言い放っている。

但しこれほどのことすら一人の弁駁するもの今日迄出ざるは、ただ小生の文中「大乗徒の経典に見る如く云々」の法螺に驚き、そんなもの見たものなければなり。此一事にて西洋の人、口にかれこれいへど、中々印度以東のことに通じおらぬこと察すべし。(26)

しかしこの文章、特にその後半は単なる強がりとしか言えない。後に『エンサイクロペディア・ブリタニカ』のクラークによる「黄道帯」を読んだ際には、このような強弁は粉砕されてしまったことだろう。自慢癖のある熊楠が、自分の出世作であるはずの「東洋の星座」の内容について、後半生においてほとんど語らなかったことは、こうした事情によるものだと推測される。

さて、熊楠は和歌山中学の頃に家族とともに高野山を訪れているが、その際に「星曼陀羅」を見たようで、土宜に対して「然れども二十八宿といふことは印度にもありしと見えて、其星像を高野にて見たることあり」(27)と書いている。奥山直司が指摘するように、(28)『ネイチャー』誌上でM・A・Bの質問を見た際、熊楠がすぐさま中国とインドの星座比較という発想を思いついたのは、この体験に遠因があったという可能性が高いだろう。しかし、一方ではその拙速さこそが、「東洋の星座」の立論の甘さにつながったとも考えられるのである。

4.――「東洋の星座」の可能性とその後の英文執筆

とは言え、「東洋の星座」に語られているのは、中国とインドの星座比較という問題だけではない。「課余随筆」の下書きでは、中国を中心とする非西洋圏の星座を詳しく解説することで、欧米とは異なる発想法が存在することについて紹介しようとする強い意図も見ることができる。まず、この下書きの前半部分の上部欄外には、おそらく執筆の初期の発想として書き付けた次の三つのアイデアが見られる。

鬼ハ蟖カヘルキユールス宿タリ
Delphinus、Cancer、Cetus 等海辺ノモノ見エズ
吾国多少ノ固有名ヲ星ニ附スルハ牽牛イヌカヒボシ昴スバルボシ参カラスキボシノ如シ、サレハ同時ニ織女タナバタツメ、牽牛ヒコボシ等ハ支那伝来也、

これらの三つの発見のうち、最初のものについては、ヘラクレス座に当たるのは「鬼」宿ではなく「危」宿であると判断したようで、完成版ではこれらの星座がともにひざまずいた人をかたどっているとして、発想の類似を示唆している。しかし、実際には「鬼」宿も「危」宿もヘラクレス座とは関係のない位置にあるようで、(29)この類

似性の指摘はいずれにしても成り立たない。

二番目は「いるか座」「くじら座」「かに座」という西洋式の星座で用いられている海に関連する呼称が、中国では見られないことを指摘したものである。(30)このことは、下書きの後半部分で、「蟹、鯨類、海豚等海産物ノ名ナシ是レ支那ノ開化海ニ遠キ地ニ起リシヲ証スルニ足ル」として、中国の古代文明は北方の内陸部で誕生し、その後南方に移動・展開して海にたどりついたとする説に結びつけられている。

田村義也の発見によると、「東洋の星座」におけるこの熊楠の説は、二〇世紀半ばになってジョゼフ・ニーダム（Joseph Needham 一九〇〇〜一九九五年）によって取り上げられ、評価されている。周知のようにニーダムの『中国の科学と文明』は、中国における科学史の一大発掘作業として歴史に残る大著であるが、その第三巻「天と地の科学」で、中国の星座には海に関係するものがないという南方の指摘について「要点をついていた」と記されている。田村が言うように、「南方の論考が、半世紀後になってニーダムらによる先行研究調査に拾い上げられたのは、それが他ならぬ『Nature』誌上に公刊されたものだったから」(31)であろう。

三番目は日本における星座名について、「いぬかいぼし」「すばる」「からすきぼし」の三つを挙げたものである。熊楠はこの記念すべき最初の投稿で、中国とインドの比較だけでなく、日本の例も挙げたかったようである。この部分については、下書きの後半に「日本輩是也、今日ニ至ルモ尤多クノ星名ハ支那ノ跡ヲ襲ヒテ、古書中ニ自国名アル星ハ僅カニ過ズ　外ニ固有ノモノト見ユ、タトエハ昴、参ノ如シ、思フニ只星宿命名不十分ナル内ニ他国ノ名ヲ輸入セシナラン」という指摘がなされている。これは完成版では「日本人は、はるかな祖先とのつながりを神話に託しているが、そうした独特の神話に満ちている国でありながら、固有の星座をほとんどもたないことは奇妙である[32]」というようなやや愛国的な説明になっている。

「課余随筆」における下書きは、この後「支那ノ星学ハ特異ノ風アルベシ、其故ハα β等ヲ用テ星ヲ記セズ一星若クハ数星ヨリ成レル小宿ニ各々名ヲ命ジ更ニ之ヲシテ二十八宿ニ属セシメタリ　二十八宿ハ最初ニ知ラレタルモノニテ其後追々知レ来ルニ及ヒ名ヲ命セシナルヘシ」として、中国の星座の詳しい解説に入る。

この部分では熊楠は『和漢三才図会』を基に、中国の星座を「他ノ天象」「神ノ名」「気候学上ノ事」「建物」「官職」「徳行」「人体」「地理」「国名」「人ノ所作」「人倫」「動物」「具」「人名」「植物」に分類して行く。この部分は、この後推敲されて、「天文」「天象」「地文」「地理」「動物」「農産物」「人体」「親族」「職業」「建築」「器具」「宮制及官位」「英雄上人名」「道義法理上ノ性質及動作」「古宗教ノ神名」という十五の範疇に分けられることになる。この分類は、完成版でもほぼ踏襲されている。

次に、「一星ニ名アル場合」、「集合群ニ名アル場合」、「集合群ニモ名アリ但シ星ニモ亦名アル場合」といった問題、また星を多く含む星座とそうでない星座といったちがいなど、中国式の星座の特徴が手際よくまとめられている。さらに「星宿体生於地而精成於天」という『五雑組』の言葉が引かれているが、これは完成版では「星は精である」（Sing（the star）is Tsing（the spirit））という、中国人の星というものに関する根本的な考え方として紹介されることになる。ここまでが「課余随筆」巻之五（九八）の「東洋の星座」の下書きの前半で、いったん（未完）と書かれてから、（九九）の記事を挟んで、後日書かれたと思われる（九八（二））に続いている。

この後半部で熊楠は、中国の星座に見られる重要な特徴についてまとめている。そして結論として、まず「彼等ニ固有ナル宗教道義法理上ノ無形ノ事ノ名アリ」とする。つまり、中国の星座が宗教や道徳などの概念までも星座にしているという指摘で、これは西洋の星座と比べれば違いは明らかであろう。次に「古代帝国ノ政治構造ニ合セル但シ周末列国ノ名及周漢ノ間ノ官名朝制多ケレハ漢迄ニ大成セシナルヘシ」という、中国の古代王朝の政治に対応する星座が多いことから、そうした政治体制が続いていた漢代までに完成したという指摘がなされている。

そして、下書きにおける結論として、熊楠は次のように記す。

因テ余ハ言ントス　各国ノ列宿語ト人類学上ノ事ヲ論スルニ当リ多少ノ力ハ出ルヘシ、タトエバ女ノ宿箕ト同形ナル故箕箒ノ例ニヨリ女ト名シ如シ　サレトモ之ヲ人種近遠ノ判断ニ用ルニハ余程ノ用心ヲ要ス　何トナレハ前文イヘル如ク印度支那ホト相異ナル民スラ同一ノ観察ヲ生シ偶合スルノミナラズ時トシテハ一個ノ民他ノ一国ノ民ヨリ星ノ名若クハ意味ヲ伝ルコトアリ　是レ日本ノ民ニ於テ見ル所ニシテ支那ノ牽牛星ヲ犬飼ヒ星ト古クイヘルハ自国製ナルヘキモ同ク古クヨリ彦星トイヘルハ其星ガ七月七日ニ織女ト銀河ニ相逢フトイヘル小説ノ意味ヲトリテ作出セル名ニ過サル也、

この部分では、中国とインドの星座が、独立発生にもかかわらず「偶合スル」という点のみではなく、むしろ中国から日本への例のように、星座という知識が伝播しやすいものであるという点が、星座を「人種近遠ノ判断ニ用ルニハ余程ノ用心ヲ要ス」という結論のための根拠として用いられている。古来日本人が、牽牛星（アルタイル、

わし座α）を「犬飼い星」という固有名で呼んでいながら、織女星と出会うという中国の七夕神話に引きずられて「彦星」という名をあらためて付けたという経緯の紹介は、完成版では用いられていないが、星座における伝播の一例として秀逸なものであると言えるだろう。

以上見てきたように、この「課余随筆」における下書きはかなりの量に達するもので、記述としても理路整然としている。おそらく熊楠は、この後に英文に翻訳することを意識しながら、この下書きを執筆していたのであろう。結果として、叙述の順番はやや異なるものの、完成版の英文「東洋の星座」と比べてみると、ほぼその内容をすべて尽くしたものとなっている。

しかし、このような日本語下書きから英文の完成版へという執筆のプロセスについては、この後、英文論考を書き慣れていくうちに、徐々に変わって行ったことが推測される。たとえば、一八九八年に英国科学振興協会での発表のために書かれた「日本におけるタブー体系」（The Taboo-System in Japan）に関しては、まず日本語でメモ的な草稿［自筆 382］が作成された後、二種類の英語の草稿［原稿 0055］［原稿 0056］が執筆された跡が残されている。また、一九〇三年の「燕石考」（The Origin of Swallow-Stone Myth）においては、A本からC本の三種の英文草稿［原稿 0038］～［原稿 0042］が残されており、熊楠が英文から英文へと推敲しながら稿を改めていったことが明確にわかる。

つまり、二六歳の時の「東洋の星座」や翌年の「蜂に関する東洋の俗信」では、まず日本語で完成形に近い論文をまとめてから、それをほぼそのまま英文に訳していった。それに対して、後の英文論考の場合、熊楠は簡単な日本語のメモを用いるか、場合によっては最初から直接に、英文で論を書き始め、しかる後に英文での推敲を重ねていったことが推測されるのである。このことは、英語で文章を書く際の熊楠の上達を示すものだと言って差し支えないだろう。

こうした英文執筆力の研鑽という点については英国人の友人の手助けも大きい。特に、一八九八年頃に知り合った小説家のアーサー・モリソン（Arthur George Morrison 一八六三～一九四五年）は、熊楠の英文を親身になって手直ししてくれたようである。モリソンは、一八九四年に出版した『貧民街の物語』*Tales of Mean Streets* や一八九六年の『ジェイゴーの子供』*A Child of the Jago* でロンドンの下層社会を描いて好評を得、作家として認められるようになった人物である。一八九四年から始めたマーチン・ヒューイットを主人公とする探偵小説は人気を博し、当時はシャーロック・ホームズのライバルと呼ばれたほどであった。また日本美術のコレクターでもあり、熊楠とはそうした縁で知り合ったのではないかと思われる。

モリソンは一八六三年生まれだから熊楠よりは四歳年上で、いろいろな面でたいへんよく面倒を見てくれる兄貴分であった。気取らない人柄で、熊楠は日本に帰国するまでモリソンが有名作家であることに気づかなかったくらいである。モリソンが熊楠の英文を高く評価していたことは、次の述懐からもわかるところである。

この人、平生小生の英文を見、ロンドンにある外人中、貴公ごとく苦辛して英文を書くものはあるまじ（これは小生一文作るに、必ず字書をしばしば見、なるべく同意味の語に異文字を多くつかうなり。かくせざれば長文は人が見あくなり）、今十年も修煉せば大文章家となるべし、マクス・ミュラルなど学問はえらいが、英文は軽忽にかくゆえ、熊楠の文ほご煉れおらずとて、その例を示されし長文の状、今も保存す。これはお世辞として半分に聞かれんことを望む[33]……

また、南方熊楠顕彰館に残された来簡などからは、モリソンが熊楠の英文を添削してくれていたことがよくわかる。一九〇〇年九月一日の帰国の船に乗る日の『ノーツ・アンド・クエリーズ』に掲載された「神跡考」を、後に柳田国男のために邦訳した際、熊楠は冒頭に「原英文は、今も有名なる小説家アーサー・モリソンの校正を経たり[34]」と書き付けている。「東洋の星座」以降、急速に進歩していった熊楠の英文論考執筆能力を考える場合には、こうした名文家を添削者として得たという幸運も、考慮に入れる必要があるだろう。

注

(1) 細馬宏通「投書家熊楠と投書空間としての『ネイチャー』」『ユリイカ』二〇〇八年一月号、青土社、九六〜一〇二頁。
(2) 武上真理子『科学の人・孫文』勁草書房、二〇一四年、一六六〜一六七頁。
(3) M.A.B, "The Grouping of Stars into Constellations," *Nature*, 17 August, 1893. 飯倉照平監修、松居竜五・田村義也・中西須美訳『南方熊楠英文論考［ネイチャー］誌篇』集英社、二〇〇五年、二六頁に訳出。
(4) 顕彰館資料［自筆 238］。なおこの抹消は『南方熊楠日記』八坂書房、一九八九年、一巻三二一頁には反映されていない。
(5)『高山寺蔵南方熊楠書翰土宜法龍宛 1893-1922』、藤原書店、二〇一〇年（以下、『高山寺書翰』と表記）、一〇〇頁上段。
(6) 和歌山県立公文書館マイクロフィルム資料 [A1-060-0172] 〜 [A1-060-0176]。

（7）*Encyclopaedia Britannica*, Ninth Edition, vol.24, pp.791-796, "Zodiac" なお、『一切智の夢』ではこの項目の表題を「十二宮」と訳したが、今回「黄道帯」に改めた。

（8）Agnes Mary Clerke, *A Popular History of Astronomy during the Nineteenth Century*, Edinburgh, A. & C. Black, 1885. なお、この本の第三版の書評が「東洋の星座」掲載の一カ月後の『ネイチャー』一八九三年一一月三日号に掲載されており、熊楠が目を通した可能性が高い。

（9）*Encyclopaedia Britannica*, Ninth Edition, vol.24, p.794.

（10）Jean-Baptiste Biot, *Etudes sur l'astronomie Indienne et sur l'astronomie Chinoise*, Michel Lévy Frères, Paris, 1862.

（11）飯倉照平監修、松居竜五・田村義也・志村真幸・中西須美・南條竹則・前島志保訳『南方熊楠英文論考〔ノーツ・アンド・クエリーズ〕誌篇』集英社、二〇一四年、七四頁。

（12）『南方熊楠・土宜法竜往復書簡』八坂書房、一九九〇年、二〇頁下段～二一頁上段。

（13）『高山寺書翰』四六頁上段。

（14）この通信は、前後の『ネイチャー』誌に掲載された形跡がない。あるいは、雑誌には出なかったが、こうした情報があるということを熊楠は私的に知らされたのかもしれない。

（15）『南方熊楠・土宜法竜往復書簡』二一頁上段。

（16）『高山寺書翰』四六頁上段。

（17）『南方熊楠・土宜法竜往復書簡』二一頁下段。

（18）『南方熊楠・土宜法竜往復書簡』二四頁下段。

（19）『南方熊楠・土宜法竜往復書簡』一一四頁下段。

（20）『高山寺書翰』一一九頁上段。

（21）『南方熊楠・土宜法竜往復書簡』一六一頁上段。

（22）『〔ネイチャー〕誌篇』二六頁。

（23）『高山寺書翰』一七四頁上段。

（24）『南方熊楠・土宜法竜往復書簡』一一五頁上段。

（25）『高山寺書翰』四六頁上段。

（26）『高山寺書翰』四六頁上段～下段。

（27）『高山寺書翰』四五頁下段。

（28）『高山寺書翰』六六頁上段、注（103）を参照。

（29）たとえば、鈕衛星『西望梵天』（上海交通大学出版社、二〇〇四年）では「鬼」をかに座、「危」をペガサス座とみずがめ座にまたがるものと同定している。

(30) 熊楠はこの説について、一八九四年六月二六日付の土宜法龍宛書簡でも詳述している（『高山寺書翰』一八三頁下段）。

(31) 田村義也「南方熊楠と『Nature』誌」『科学』二〇一三年八月号、岩波書店、八九九頁。

(32) 『南方熊楠英文論考〔ネイチャー〕誌篇』、二七頁。

(33) 全集八巻四三七〜四三八頁。

(34) 全集八巻一〇五頁。

南方熊楠と『ネイチャー』誌における天文学

「東洋の星座」投稿をめぐって

志村真幸

はじめに

南方熊楠は『ネイチャー』誌に五一篇の論文を寄せているが、デビュー作となったのは、一八九三年一〇月五日号の投稿欄に掲載された「東洋の星座」[1]であった。執筆のいきさつについては、一九二五年に書かれた矢吹義夫宛書簡（いわゆる「履歴書」）で、熊楠自身が「其時丁度ネーチユール（御承知通り英国で第一の週刊科学雑誌）に天文学上の問題を出せし者ありしが誰も答ふるものなかりしを小生一見して下宿の老婆に字書一冊を借る、極めて損じた本でAからQ迄有てRよりZ迄全く欠けたり、小生その字書を手にし答文を草し編輯人に送りしに忽ちネーチユールに掲載されてタイムス以下諸新紙に批評出で大に名を挙げ」と自慢げに語っている。「字書」が本当にそんな不完全なものであったかはわからないが、すぐさま一〇月九日の『ペルメル・ガゼット』紙の「科学欄」で紹介され（「タイムス」は熊楠の記憶違い）[2]、インペリアル・インスティチュートで開催されたインド学会に招待される[3]など、高い評価を得たのはまちがいない。

しかし、熊楠自身が「東洋の星座」の学問的な価値に満足していたかは疑問視されている。(4) 掲載そのものについては自慢げに語るのだが、その後、研究を発展させたようすはない。熊楠はみずからの英文論文の多くを日本語に訳したり、邦文論文中に引用したりしているのだ(5)が、「東洋の星座」に関しては、そうした形跡が見られないのである。そもそも熊楠は大学で天文学に関する学問的研鑽を積んでいたわけではないし、アマチュア天文学者として活動した経験もない。そうした「素人」が初めて投稿した論文が、なぜ『ネイチャー』という雑誌に掲載されえたのか。「東洋の星座」については、再検討する必要があるだろう。

本稿では、「東洋の星座」が掲載された一八九三年一〇月五日号の『ネイチャー』、さらにその号がふくまれる第四八巻（一八九三年五月四日号から一〇月二六日号までの計二六週分で構成）(6) の誌面全体を分析の対象とする。そして第一に、当時の『ネイチャー』がどのような空間であったのかを、誌面構成、投稿者、質疑応答などの側面から検討し、とくに投稿欄の位置づけをあきらかにする。つづいて、『ネイチャー』における古天文学(7)の話題に焦点をあて、他の投稿や記事との関係性を示すことで、「東洋の星座」へ新たな光をあてたい。

一．『ネイチャー』と熊楠

『ネイチャー』の創刊は一八六九年一一月四日のことであり、これは科学誌のなかではけっして早いものではない。イギリスの初期の科学誌といえば、王立協会の『フィロソフィカル・トランザクションズ』（一六六五年創刊）があるが、基本的には会員によってのみ執筆されたものであった。しかし、一九世紀中葉から一般読者をも対象とし、購読料によって支えられた科学誌が出現する。いわゆるポピュラー・サイエンスの流れにあるもので[8]、新興のミドルクラスが購読層の中心をなした。彼らにとって科学は、歴史、文学、社会、芸術などと並んで、身につけるべき教養のひとつであり、そのためにわかりやすく噛み砕いて教えてくれる入門的な雑誌が必要だったのである。ただし、『ネイチャー』は一般読者への啓蒙とともに、最先端の科学誌という側面も備えることを目指しており、第一線の科学者たちによる投稿も多かった。

創刊者のノーマン・ロッキャーはウォリックシャのラグビー出身で、大学等の学歴はないものの、陸軍省に事務官として勤務のかたわら、アマチュアの天文学者として名をあげ、一八六九年に『ネイチャー』を立ち上げると、一八七一年にケンブリッジ大学講師、一八八五年にケンジントン太陽物理天文台所長となり、やがてはイギリス科学振興協会会長や王立協会副会長を務めるまでにのぼりつめた。天文学者としては、太陽観測に業績が多く、ヘリウムの存在を予言、命名したことで知られる。一方で、古代エジプトの天文学を扱った『天文学の曙』（一八九四年）のような文化史的な研究もある。ロッキャーは亡くなる前年の一九一九年まで約五〇年間にわたって『ネイチャー』の編集指揮をとりつづけ、その影響は誌面に色濃くあらわれていた。熊楠がそのことを知ったうえで「東洋の星座」を投稿したのではないかとの指摘もある[9]。熊楠はロッキャーと面識があり、大英博物館を追放された際には取りなしを頼みに行っている。しかし、すげなく断られたようで、のちに上松蓊宛書簡で「ロッキャーは小生も会いしことあるが、実に倨傲無比の老爺なり」（一九一一九年九月三日付）とくさしている。

熊楠が初めて『ネイチャー』を手に取った時期は定かでない。アメリカのアナーバー時代に、『ポピュラー・サイエンス・マンスリー』などとともに定期購読を始め、ロンドン時代、そして日本へ帰国後も、若干の中断はあるものの、一九三二年末に購読を停止するまで約四五年間も読みつづけた。なお、熊楠のもとに届いた最終の一九三三年一月二一日号にも書き込みが残されており、最後まで目を通していたことがわかる。

2. 『ネイチャー』の誌面構成

一八九三年当時の『ネイチャー』は、週刊で、各号二四頁（増頁となる号もある）であった。誌面は、①科学諸分野の入門的な書籍を取り上げて紹介する文章（欄の名前はない。通常計二篇。依頼原稿と編集部によるものが混在）、②書評欄（Our Book Shelf 編集部によるものが多いが、依頼原稿や投稿もある）、③投稿欄（Letters to the Editor）、④彙報欄（雑報、学会近況など）となる。分量的には、一〇月五日号を例にとれば、①が記事二篇で二頁半、②が書評二篇で半頁、③が論文六篇で三頁半、④が一七頁半を占めている。④はさらに細分され、Ⓐ研究報告、短信、国内外の学会での発表の紹介、Ⓑノート（新聞や雑誌記事の紹介、人事、公開レクチャーなど）、Ⓒ天文学コラム、Ⓓ地理学ノート、Ⓔ大学および研究機関人事ほか、Ⓕ科学誌、Ⓖ協会と学会、Ⓗ寄贈された書籍、パンフレット、雑誌、Ⓘ各協会の日ごよみとなる。このうちⒷⒸⒼⒽは毎号欠かさずあるが、他の項目はない週もある。順番が入れ替わったり、名称が微妙に異なることもある。④が誌面の七〇％以上を占めていたことからすると、科学界にまつわる情報交換や連絡が『ネイチャー』の大きな役割だったことがわかる。基本的に④は編集部による記事となるが、Ⓐなどに署名記事がふくまれることがある。この署名記事（イニシャルのみのものもある）は性格がまちまちで、ロッキャーが天文学にまつわる連載をしたり、アメリカやヨーロッパの研究事情が紹介されたり、新しい科学機器の解説が出たりと、雑多な内容としか言いようがない。ただし、署名記事のかたちをとっているものも、そのうちかなりは、学会や研究会での報告を編集部が要約したものである。

さて、一〇月五日号を詳しく見ていくことにしよう。①の巻頭記事は、Dというイニシャルのみの書き手による「珪藻の学問」で、F・W・ミルズ著『珪藻学入門』をわかりやすく解説している。なお、Dの正体は不明である。つづいて編集部記事（署名なし）の「電気エネルギーの伝播」があり、ハインリヒ・ヘルツ著『電気エネルギーの伝播に関する分析』が紹介されている。こうした記事が巻頭に置かれていた点からは、一般読者を対象とした性格が読み取れるだろう。

そして②の書評欄では、まず編集部記事としてヘンリー・フロウド著『聖書研究への手助け』、それからGというイニシャルのみの評者がジョゼフ・エドワーズ著『初心者のための微分学』を取り上げている。こちらも入門的な色合いが強い。①との違いは、紹介のみにとどまり、短くまとめられていることにある。

そして「東洋の星座」が掲載された③の投稿欄だが、毎号冒頭に編集部により「編集部は投稿者の示す意見には責任を負わない……」と注記されている。一〇月五日号には六篇が出ており、一篇目はホルムズド・ラッサムというイギリス在住のアッシリア人考古学者による「アッシリアの遺物の盗難」で、以前の号に出た編集部記事への反論である。二篇目は、スコットランド出身の論理学者、物理学者、数学者で、テキサス大学教授などを務めたアレクサンダー・マクファーレンによる「ベクトルと四元数」という数学の論文、三篇目はダブリン出身の天文学者で王立協会会員のロバート・S・ボールによる「天体写真」で、八月二四日号掲載のレイリー卿による天体写真撮影機器に関する論文への反論である。四篇目が南方熊楠の「東洋の星座」で、五篇目は数学者で王立協会会員でもあるA・B・バセットによる「ラヴ氏の弾性の取り扱いについて」で、ラヴの著作の誤りを指摘する内容となっている。六篇目は、スミソニアンの学芸員などを務めたアメリカの民族学者オーティス・T・メイソンの「ニューカレドニアの製陶」で、『人類学雑誌』に出たアトキンソンという人物の投稿に対する質問となっている。なお、マクファーレンはシカゴ、メイソンはワシントンから投稿している。

六人全員が現在まで名の残る高名な学者で、内容もきわめて専門的なものとなっている。他の号を見ても同様の傾向で、アルフレッド・ラッセル・ウォレスやレイリー卿など一流の科学者の名前が目につく。活発な議論が行われていることからも、誌面で最先端の科学を担っていたのが、この欄だったことがわかる。従来の熊楠研究では、この欄は「読者投稿欄」や「通信欄」と解され、低く見られる傾向があったが、けっしてそのようなことはなかったのである。(10)

査読制度についても言及しておくと、『ネイチャー』で公式に採用されるのは一九六七年で、一九世紀の段階では基本的に編集部が取捨選択していたようである。

もうひとつ指摘したいのは、掲載されているのが現在の狭い意味での自然科学の論文だけではないことである。ラッサムのものは考古学であり、メイソンのものは民族学であった。熊楠の『ネイチャー』への諸論文もけっして場違いではなかったと考えられるのである。

ラッサムの論文について、もう少し踏みこんでおきたい。これは実は一連の議論の三番目にあたる論文であり、発端となったのは、八月一〇日号の彙報欄に編集部記事として出た「アッシリア遺物の盗難」で、ラッサムが大英博物館のW・バッジを相手取って名誉毀損の裁判を起こしたと報じたものであった。ラッサムはモースルに生まれたキリスト教徒のアッシリア人で、一八七〇～八〇年代にA・H・レヤードの助手としてバビロニア遺跡の発掘に携わり、マルドゥク神殿、太陽の神殿などで貴重な遺物を発見した。そのうちキュロス・シリンダーなど多くが大英博物館に収められたのだが、これに関してバッジが、実は発掘品のうち優れたものは縁者を使ってこっそり国外へ運び出して金に換え、残りの「がらくた」のみを大英博物館に高い値段で売りつけたのだと発表したため、怒ったラッサムが訴えたのであった。この八月一〇日号の記事がどちらかというとバッジに同情的な調子だったためか、ラッサムは九月二一日号の投稿欄に長い論文を寄せ、そのような事実はないと反論し、つづけて一〇月五日号にも再び抗議の論文を出した。しかし、一〇月二六日号の投稿欄にはユニヴァーシティ・カレッジ・ロンドンのW・M・フリンダース＝パトリーが「遺物の盗難」と微妙にタイトルを変えて論文を出し、エジプトなど国外の発掘現場では現地人による盗難が頻繁に起こっていると述べることになる。ともかく、このように記事と論文の垣根を越えた、複数の投稿者による議論が存在したのである。

3.——「東洋の星座」

それでは、「東洋の星座」の中身に踏みこんでいきたい。一八九三年八月一七日号の投稿欄に、M・A・Bというイニシャルのみの投稿者が「星をグループ化して星座とすること」と題する質問を寄せた。「編集部あるいは貴誌読者のなかに、次の質問に答えてくださるか、これらの件に関してどこで情報が得られるかを教えてくださる方はいないだろうか」[11]として五つの質問を並べたもので、最初の三つはアッシリア、エジプト、ギリシャ、ペルシアの古代の星座の共通性、動物の星座の有無について問うていた。そして第四に、中国人、ポリネシア人、インド人、アフリカ人、アメリカ先住民などは固有の星座をもつか、第五に、そうした星座の異同を、各民族の近親性を判断するのに利用できないかとした。

残念ながらM・A・Bの素性や投稿の目的はあきらかになっていない。ただし、投稿の末尾にテリアーズ・グリーン、ハイ・ウィカムと住所が明記されており、バッキンガムシャの住人だったことがわかる。また、八月一一日と投稿の日付があり、すぐ掲載されていることもわかる。M・A・Bの『ネイチャー』への投稿はこれ一篇のみである。

M・A・Bによる質問を見た熊楠は、「本日のネーチュールにM・A・Bなる人、星宿構成のことに付五条の問を出す。予、其最後二条に答んと起稿す」と即座に回答を準備しはじめ、「課余随筆」巻五に質問を訳出し、『酉陽雑俎』からメモをつくるなどして準備を進め、八月三〇日には「ネーチュールへの答弁稿成」と完成させている。九月二一日には「ネーチュールに予の星宿論を出すに付、印刷所よりプルーフを送らる」、そして翌二二日に大英博物館でA・W・フランクスに英文添削をしてもらい、二三日には「印刷所にプルーフをかえす」と返送した。そして、一〇月五日号に掲載され、この日の日記に、「今日のネーチュールに、予のジ・コンステレーションズ・オブ・ジ・ファールイースト出る」とある。(12)

「東洋の星座」の内容を見ると、前半では主として『和漢三才図会』を用いて、中国星座の紹介を行ない、ギリシャなどとは異なること、中国の社会制度を反映していること、数字、形状、動物、家屋、英雄などが星座となっていることが述べられている。後半は漢籍の『酉陽雑俎』を用いて古代インドの星座を中国と比較しており、よく似ているものが多いことから、人間の想像力の共通性を指摘している。ただし、あくまでもそれは偶然で、両者は独自に発生したのだと結論づけ、第五の質問に対しては否定している。

『ネイチャー』でこうした質疑応答が行なわれたことを奇異に感じるむきもあるようだが、実際には情報交換や議論はありふれたものであった。一〇月五日号でも、ラッサムとボールの論文は先行する記事や論文への反論であり、バセットとメイソンのものは単行本や他誌掲載論文への反論や質問であった。自由で開放的な議論のネットワークが『ネイチャー』の内外を問わず張り巡らされていたのである。これは一九世紀後半イギリスの知的世界／雑誌に広く見られたものであり、(13)さらに言えば質問への回答として投稿されることで、より掲載されやすくなったとも考えられる。なお、M・A・Bの「星をグループ化して星座とすること」から「東洋の星座」へというタイトルの変更も、先のラッサムの例にもあったように、珍しいことではなかった。

それから、さきほど一〇月五日号の投稿欄の六人はすべて高名な科学者と書いたが、厳密に言えば「東洋の星座」を投稿した当時の熊楠は、無名のアマチュアであった。これもまたけっして特別なことではなかった。[14] おそらくM・A・Bもアマチュアであったと考えられるし、第四八巻全体を見ても、投稿欄に出た全一七七篇のうち、イニシャルまたは変名での投稿は九篇が数えられる。フルネームで出している投稿者にも正体のつかめない人物がいる。投稿欄は専門の科学者たちによって最先端の科学が議論される場であったが、アマチュアが参入することも可能だったのである。そもそも当時のイギリスにはアマチュアの科学者が多かった。『ネイチャー』創刊時のロッキャー自身がそうだし、ダーウィンやウォレスも大学等の研究職には就いていない。アマチュアとは、単なる素人ではなく、土地や債券などによる収入があったり、ほかに専門的な職業をもったりしたうえで、科学的な活動に加わった人々であり、専門家以上に知識や技術を備えた人物も多かったのである。『ネイチャー』には一般向けの入門記事や公開講演会の告知が出ている一方で、大学人事や学会の連絡のコーナーもあり、一般読者と専門の科学者が共存していた。というよりもむしろ、両者が厳密には分離されていない時代だったというべきかもしれない。

以上、『ネイチャー』の誌面を俯瞰し、投稿欄の性格を明確にしたことで、熊楠の「東洋の星座」の位置づけがあきらかになったであろう。しかし、実はこれではまだ半分でしかなく、もうひとつ確認すべき要素がある。

4. 『ネイチャー』における天文学

「東洋の星座」は、アジアの知識を西洋世界へ紹介した貴重な論文とされてきたが、[15]

実際には熊楠の述べた事柄は一九世紀初めからヨーロッパで既知であり、中国とインドの星座の関係性についても議論されてきていた[16]。また、熊楠がインドの星座について漢籍しか用いていないのはものたりないし、両者の類似を偶然と片付けている点も強引すぎる。どうして「東洋の星座」はこのような内容でも掲載されたのか。そもそも熊楠が「東洋の星座」によって『ネイチャー』へのデビューをもくろんだのはなぜだったのか。

ところで、熊楠はM・A・Bの質問の四と五にしか答えていない。では、一～三は誰も答えることなく忘れられてしまったのか。たしかに、投稿欄を追っていっても、回答が掲載されたようすはない（熊楠の論文に対して、誰かがさらなる投稿を寄せた形跡もない）。しかし、『ネイチャー』における投稿欄は誌面の一部でしかなく、他の欄の記事と応答関係をなすこともあったのは、前述のラッサムの例のとおりである。

そのようにして誌面全体をチェックしていくと、一八九三年九月七日号の彙報欄冒頭に、ロッキャーによる署名記事「初期の星座Ⅰ」が発見された。さらに、九月二八日号に続編、一二月二八日号に続々篇が掲載されている。「初期の星座Ⅰ」冒頭には、「そんなに何年も前というのではないが、中国と日本の文学は封印された書物であり、エジプトのヒエログリフやバビロニアの楔形文字はいまだ解読されておらず、天文観測の最初期をあきらかにするにはギリシャ文学やシリア文学に頼るしかなかった[17]」と書かれ、以下、『ヨブ記』やホメロスにおける大熊座やオリオン座をスタート地点として、バビロニアとエジプトへさかのぼり、考古学の成果を盛りこみながらさまざまな古星座について詳述されていく。動物の星座への言及が目立つ点もふくめて、M・A・Bへの回答となっていることはあきらかで、すなわち熊楠に先立ってロッキャーが答えていたのである。なおかつ、九月はじめには熊楠の投稿がすでに編集部に届いていたはずで、「中国と日本の文学が」といった表現は、ロッキャーが「東洋の星座」の原稿を目にしていた可能性も感じさせる。ともかく、M・A・Bの質問にはまずロッキャーの回答が出て、熊楠の「東洋の星座」はそれを補完するものとして掲載されたのであった。

翌一八九四年にロッキャーは、「初期の星座」などをもとにした単行本『天文学の曙――古代エジプト人の神殿での礼拝と神話についての研究』を刊行している。古天文学に関する初期の研究書として現在でも著名なもので、エジプトの太陽・月・星々と宗教や信仰の問題が論じられ、またピラミッドや神殿の向きや位置が、星の動きと関連づけて分析されている。しかし、何カ所かに中国やインドの天文学の話題が出てくるのだが、熊楠の名は見つからない。ただし、「最初期の中国の記録からすると、中国人は完璧に世俗的な民族で、地上のことに関してはできるだけ星々を除外するようにしたことがわかる[18]」と中国では星々を礼拝した形跡がないことを述べた箇所があり、これは「東洋の星座」で熊楠が、中国ではむしろ世俗の現象を天界にあてはめた[19]としている点を想起させる。

さて、そもそもM・A・Bの質問は、彼の独自の関心によるものだったのか。ロッキャーが創刊し、編集長として君臨していたこともあり、天文学は『ネイチャー』の重要なコンテンツとなっていた。創刊号でも、巻頭にはトマス・ハクスレーによる「ネイチャー――ゲーテのアフォリズム」が置かれたが、三本目にロッキャー自身の「近年の皆既日食」が出ている。彙報欄には編集部による「天文学コラム」のコーナーがあり、ウィーンでの天文学会議のようすが報告されている。「天文学コラム」は以後、欠かせないコーナーとなり、一八九三年一〇月五日号には「惑星状星雲BD+41°4004の視差」と「トリノの太陽・月の天体暦」が掲載されている。第四八巻では、①、投稿欄、彙報欄にも天文学の話題は多く、毎号のように天体観測、流星、天文台建設といった記事・論文が出ている。

そのなかで、一八九〇年代前半の誌面に目立つのが古天文学や天文学史にまつわる話題なのである。古天文学とは、古代の天文学、太陽信仰、天体観測の技術などについて考古学の成果を用いてあきらかにしたり、古記録のなかの日食や彗星の記録から年代特定を試みたりする学問だが、牽引役となったのはロッキャーであった。彼は第四八巻に計六篇の署名記事（いずれも彙報欄に掲載）を寄せているのだが、五月一八日号の「初期の神殿とピラミッドの建造者たち」、八月三日号の「オンとテーベの天文史」、八月一七日号の「オンとテーベの天文史Ⅱ」、八月三一日号の「ギリシャの神殿の方位におけるエジプトの影響」、九月七日号の「初期の星座」、九月二八日号の「初期の星座Ⅱ」と、すべてエジプトとギリシャの古天文学に関する内容なのである。

実際にはこうした傾向は第四七巻以前から見られ、それらをM・A・Bが読んでいたのはまちがいないだろう。でなければ、「星をグループ化して星座とすること」の冒頭で、「編集部あるいは貴誌読者のなかに、次の質問に答えてくださるか……」と問いかけるはずがない。すなわち、M・A・Bが質問を投げかけた第一の相手は編集部のロッキャーであり、ロッキャーもきちんとそれを読み取って、それまで神殿建設を中心に書いていたのからやや方向転換し、「初期の星座」を執筆したのであった。しかし、質問の後半にふくまれる中国やインドの星座については手に余ったようで、そこをちょうどカバーしてくれたのが熊楠の「東洋の星座」だったのである。もちろん熊楠の側でも古天文学の論文や記事が多いことは把握していただろう。「履歴書」で述べている「編輯人に送りし」というのも、編集者一般ではなく、ロッキャー個人を指すものと考えるべきかもしれない。

もう少し広げて見ておくと、第四八巻の最初の号にあたる五月四日号には、①の二本目に無署名の「バビロニアのコスモロジー」があり、シュトラースブルク（当時はドイツ領）のP・ジェンセン著『バビロニアの宇宙観』を解説・紹介している。八月一七日号には、巻頭にA・Tによる「古い天文学・新しい天文学」があり、前年に出たリチャード・A・プロクターの同題の著作が紹介されている。これに対しては、九月七日号の投稿欄にS・D・プロクター＝スミス夫人が応答となる論文を寄せ、さらに編集部からも詳細な注記がなされている。一〇月一二日号の投稿欄には文筆家のR・G・ハリバートンによる「プレアデスの方角を向いた神殿」があり、カイロ滞在中に『ネイチャー』のバックナンバーを読んでいたところ、年《ねん》という単位や概念の発生を扱ったロッキャーの「年の始まり」という文章があり、エジプトの神殿が取り上げられていたのに刺激され、エジプト、ギリシャ、キリスト教における星と暦の起源について考察してみたと述べている。一〇月一九日号の「天文学コラム」には「パレスチナ・ファッラーヒーンの天文学」としてアラブ人の星座や星の呼び名がリスト化され、おおくま座やプレアデスにあたるものが出ている。これもM・A・Bへの回答だったのかもしれない。

当時の『ネイチャー』は、このような状況にあり、熊楠の「東洋の星座」が執筆・掲載されたのにも充分な理由があったと言えよう。

付け加えるならば、天文学の論文のなかでも、本格的な観測や理論的なものは天文台等に勤める科学者が書いているが、古天文学、それから流星の目撃談、彗星の観測といったものにはアマチュアが多い。そもそも天文学とはアマチュアの目立つ分野で、そのなかに熊楠と「東洋の星座」も位置づけられるのである。また、ラッサムら考古学者によるエジプトやバビロニアでの発掘が進み、古代文明についてあきらかになりつつあった状況が、古天文学の発達を促した側面も見逃せない。考古学の論文・記事が掲載されたのにもロッキャーの意向があったのかもしれない。

おわりに

最後にカンハイヤラルという人物について取り上げておこう。ラホール（現在はパキスタン）から投稿しており、文章からすると現地のインド人と判断されるが、詳細はわかっていない。『ネイチャー』への投稿も一八九三年の以下の二篇のみである。

七月一三日号に出た「奇妙な霰」は、友人から聞いた話として、数日前にペシャワールのダデュザイという村で嵐があり、霰が降ったが、まったく冷たくなく、食べると砂糖の味がしたという事件を紹介している。

八月三一日号の「数学者へのアピール」はかなり長めのもので、自身が長年にわたって『ラーマーヤナ』を研究してきたことから語り始め、従来の研究者たちによる年代考証の不正確さに苦言を呈す。そして、「近年のエジプト学者たちの採用している方法を賞賛せざるを得ない。……古い手稿から、ある王の治世における特徴的な彗星や日食、あるいは建物が天上のある星に向けて建てられたことを見つけ出し……その王に関して信頼できる日付を計算することができるのである[20]」と述べ、古代インド史にももっと「数学的な天文学」をもちこむべきだとする。たとえばラーマ王子が誕生したときの月、太陽、水星～土星の位置は明記されているのだから、専門の心得のある数学者に計算してもらえば年代が特定できるのではないかという。そして最後は、「インドの宇宙体系についても多少のデータがあり、お知りになりたいという紳士には喜んで提供する」[21]と結んでいる。なお、投稿の日付は八月八日であり、M・Bの質問を読んでから書かれたわけではないが、関心としては非常に近いものを感じさせる。

カンハイヤラルの二篇の論文は、当時の『ネイチャー』や、アジアからの投稿、熊楠の「東洋の星座」について考えるにあたって、きわめて示唆的だと思われる。「変わった霰」はちょっと信じがたいような内容で、しかも伝聞である。一八九三年とはいえ、『ネイチャー』にこのような論文が出たのは驚きだが、気象に関する現地からの珍しい報告ということで許されたのだろうか。のちの熊楠の『ネイチャー』や『N&Q』への投稿に奇譚が多い点も想起させる。

一方の「数学者へのアピール」は、「東洋の星座」ときわめて位置づけが近い。古天文学の論文が同時期にアジアから投稿されていたのである。カンハイヤラルも熊楠同様、天文学の専門家ではなかったと思われるが、『ラーマーヤナ』という古典を扱い、東洋の知識を西洋世界に提供することで、知的ネットワークへの参入を試みているのである。

ロッキャーは、『ネイチャー』という投稿空間を設置し、古天文学にまつわる話題を盛り上げるなどして、イギリスのみならず各国からの投稿者を生み出していた。「熊楠」的な存在は実は世界中にいたのである。

注

(1)「東洋の星座」については、本書収録の松居竜五「『東洋の星座』再論」も参照のこと。

(2)「タイムス」とあるのは熊楠の記憶違いで、『マンチェスター・タイムズ』に「動物の保護色に関する中国人の先駆的観察」が紹介されたのと混乱していると思われる。松居竜五「英国の新聞記事から見る南方熊楠のロンドン時代」『龍谷大学国際社会文化研究所紀要』一五号、二〇一三年、一五六頁。

(3)一一月一四日の日記に「今夜、インペリアル・インスティチュートにて、印度学会夜会より招待状を送られしが、風雨等にて行を果さず」とある。

(4)松居竜五「東洋の星座」『南方熊楠大事典』松居竜五・田村義也編、勉誠出版、二〇一二年、五四四—五四五頁。

(5)拙稿「南方熊楠は『ノーツ・アンド・クエリーズ』誌をどのように利用したか？——邦文論考との関係から」『歴史文化社会論講座紀要』一〇巻、二〇一三年。

(6)当時のイギリスの週刊誌は、一一〜四月、五〜一〇月の二期制をとるものが多く、半年ごとに一巻(あるいは一集。英語ではヴォリュームないしシリーズ)としてまとめられ、索引や総目次も作成された(年二回刊の雑誌も五月と一一月に発刊されるケースが目につく)。ノンブルも五月四日号が一〜二四頁、翌週の五月一一日号は二五頁から始まって四八頁までというように半年間積み重ねられていき、第四九巻に入った一一月二日号で一頁に戻る。ちなみに、『ネイチャー』は日付けどおりの日に発行されていたようである。

(7)考古天文学、天文考古学、歴史天文学などとも呼ばれるが、一定の呼称にはおちついていない。なお、学問分野としての本格的なスタートは一九六〇年代で、一九六三年一〇月二六日号の『ネイチャー』に出たジェラルド・ホーキンスのストーンヘンジに関する論文が火付け役となったとされる。

(8)ポピュラー・サイエンスと熊楠の関係については、橋爪博幸「南方熊楠と『ポピュラー・サイエンス・マンスリー』」『熊楠研究』九号、二〇一五年を参照のこと。

(9)細馬宏通「投書家熊楠と投書空間としての『ネイチャー』」『ユリイカ』二〇〇八年一月号。

(10)この点については、拙稿「南方熊楠と『ネイチャー』——東洋の星座」掲載をめぐって」『歴史文化社会論講座紀要』一三巻、二〇一六年で詳述している。

（11）M.A.B. 'The Grouping of Stars into Constellations', *Nature*, Augst 17, 1893, p. 370.

（12）詳細な執筆過程については、松居「『東洋の星座』再論」を参照のこと。

（13）拙稿「まえがき」『南方熊楠英文論文［ノーツアンドクエリーズ］誌篇』飯倉照平監訳、松居竜五・田村義也・志村真幸・中西須美・南條竹則・前島志保訳、集英社、二〇一四年。

（14）拙稿「『ノーツ・アンド・クエリーズ』誌と大辞典の時代——『オックスフォード英語大辞典』、『イギリス人名事典』、『エンサイクロペディア・ブリタニカ』と南方熊楠」『歴史文化社会論講座紀要』八巻、二〇一一年。

（15）『ネイチャー』における日本人の天文学への貢献としては、熊楠以前にも、一八八七年八月一九日に起きた皆既日食に関するものが知られている。アメリカから日食観測の大家デイヴィッド・P・トッド博士が来日し、新潟の永明寺山で観測を行ない、『ネイチャー』一八八七年一〇月二七日号の彙報欄に「日本での八月の皆既日食」として報告を出した。協力者として多数の日本人が挙げられ、文部省編輯局長であった伊沢修二によるスケッチも掲載されている。

（16）『南方熊楠英文論考［ネイチャー］誌篇』飯倉照平監訳、松居竜五・田村義也・中西須美訳、集英社、二〇〇五年、二三頁。

（17）Norman Lockyer, 'The Early Asterism I', *Nature*, October 12, 1893, p. 439.

（18）Norman Lockyer, *The Dawn of Astronomy: A Study of the Temple-worship and Mythology of the Ancient Egyptians*, 1894, p. 4.

（19）『南方熊楠英文論考［ネイチャー］誌篇』二八頁。

（20）Kanhaiyalal, 'An Appeal to Mathematicians', *Nature*, August 31, 1893, p. 415.

（21）*ibid.*, p. 416.

アカデミズムへの羨望

熊楠研究の転換点

安田忠典

南方熊楠の立ち位置

南方熊楠研究という立場から、川島昭夫先生の仕事に導かれて考えたことを一つ紹介させていただきたい。長い間続いた南方邸の悉皆調査のなかで、川島先生は主に南方の蔵書、とくに洋書の調査を担当されていたのだが、調査の副産物として田中長三郎という農学者から寄せられた書簡の翻刻をも手掛けられた。その田中書簡の解題に以下のような考察が付されている。

……なによりも研究所〔田中と一緒に構想した植物研究所のこと〕は熊楠が生涯、敵に回してきたアカデミズムの制度である。これほどの条件が重なって、しかもきわめて憂鬱な面相をつきつけつづけながら、結局は研究所設立に同意し、やがては自ら出撃して、アカデミズムの擬態をとることになったのはなぜだろうか。回答の困難な謎に思える。

経済的な基盤の確立だけではあるまい。おそらくはアカデミズムがそれ自体として検証と評価のシステムであることを、結局は羨望する心が熊楠のどこかにあったということであろうか。陋巷のリテラーリとして自適しえない不満や鬱屈が、いつかはその評価にあずかる期待を抱かせていたのだろうか。……

〔『熊楠研究』第四号所収「田中長三郎書簡と『南方植物研究所』〔承前〕」二〇〇二年〕

十数年が経過した現在でも、南方の独特の立ち位置や方法論を説明するには、この見立てが最も妥当だと筆者には思われる。そして今年、奇しくも川島先生ご退職の年に、筆者は再びこの問題と相対する機会を得ることとなった。

羊の話が短い理由

生前、まとまった著作をあまり残さなかった南方の代表作といえば、平凡社の東洋文庫に収録されている『十二支考』を思い浮かべる方が多いのではないだろうか。ところが、ここ十数年の傾向からいうと、主要著作であるはずのこの『十二支考』に関する作品研究はほとんど進むことがなかった。この間、研究者たちのまなざしは、膨大な未公刊資料や、南方マンダラに代表される形而上の議論、そして社会活動としての神社合祀反対運動などに向けられていたのだった。

そこで、現在、南方熊楠研究の拠点となっている田辺市の南方熊楠顕彰会では、毎年の年男、年女に当たる研究者がその干支の章を読むという「十二支考輪読」を企画した。そして二〇一五年、めでたく四八歳を迎えた筆者に「羊に関する民俗と伝説」を読むという大役が回ってきてしまったのである。「これは困った」といろいろと調べまわった結果、「羊に関する民俗と伝説」が他の干支の話と比べてずいぶん短いその理由についての仮説をお話するということで落ち着いた。

一〇年におよぶ連載のうち、「兎」と「羊」の回が一月号のみの掲載で、平凡社版『全集』に占める頁数からみても際立って短い。「兎」については、第一次世界大戦の最中で関連記事が多いため短くしてほしいという依頼が、当時の編集担当であった鈴木徳太郎から寄せられている。では、「羊」が異様に短いのはなぜなのだろうか。まず、南方自身の証言を見てみよう。

> 先づ十二支獣の話だけは丑年の分をいそぎ拵え完成せばどうかこうか出板に堪る筈に候が従来出せし分の内に削除を要する箇処多少あり（中）又羊の話は小生多忙の為め一回しか出さざりし故多少補ひ足さざる可らず
>
> 〔大正十三年四月八日付　中村古峡宛書簡〕

本人が忙しかったというのだから信じるほかないが、もう少し詳しく見てみたい。「十二支の話」の連載は、年末に新年号の原稿を送り、年が明けてから逐次追加原稿を送って二月号以降に分載するというやり方であった。『太陽』の原稿締め切りは前月の一五日。南方が住む田辺からは、どうしても一三日には発送しなければならなかった。南方は、ほぼ毎回、だいたい一週間前あたりから書き始め、最後は徹夜を繰り返して一三日に投函するという工程をとっていた。それなのにこの年に限っては、前年の暮れに一月号の原稿はなんとか入稿したものの、三賀日が明けても追加の原稿を書き始めることができず、デッドライン前日の一月一二日まで動いた気配がない。そして、一二日になってようやく重い腰を上げて動き出すも、その日のうちにギブアップしてしまったことが日記から読み取れる。

一月十二日〔日〕雨　暖
朝早起。午後、松枝、田村へ之く。中略　予は終日羊の事しらべる。羊の話、『太陽』へ到底十五日しめ切り迄間に合ぬ故、鈴木氏へことはりハガキ書き、夜毛利氏を訪、右のハガキ新報社前の函に投ず。
〔『熊楠研究六』所収　大正八（一九一九）年の日記より〕

このギブアップのハガキに対する鈴木編集長からの返信は見つかっていないため断定することはできないが、どうやらこの時点で「羊の話」については打ち切りとなったようである。というのは、これ以降の「日記」には、羊の事を調べたという記述は出てこないし、博文館と通信したという記述も年末の猿の話の打ち合わせまで出てこないのだ。それゆえ、二月号に向けた原稿を書けなかった理由が、そのまま羊の話が短くなってしまった理由であるとみてよさそうである。

南方自身は「多忙だった」と述懐しているが、いったいなにがそんなに忙しかったのであろうか。少なくとも、前年の一二月半ばに最初の原稿を入稿して以降の日記を確認しても、とくに多忙な様子はうかがえない。むしろ、二日酔いで「終日臥す」とか「火鉢を抱えて読書する」とか、日々ぼーっと過ごしているのである。

ただ、一つ気になることがある。前年の九月に南方は、『牟婁新報』に連載中だった「南方先生百話」で隣村（湊村）の個人を名指しで中傷したため、名誉棄損で告訴されているのである。そのため南方は、一二月三日に田辺の地方検事局にて審問を受けることになる。一〇年ぶりに袖を通す洋服の直しまで含めて入念な準備をして臨んだ南方は、舌鋒鋭く検事をやりこめ、果ては訴えた当人を裁判所まで呼びつけ、告訴を取り下げさせてしまう。しかし、南方の怒りはおさまらなかった。その後も、村役場や裁判所へ怒鳴り込み同然の権幕で押しかけ、告訴騒ぎの記録を発行せよと無理難題をふっかけるなど、まるで駄々っ子のように暴れ続けたのであった。

田中長三郎とスイングル

では、なぜ南方はそこまでつむじを曲げたのだろうか。前後の日記などから詮索すると、どうやら米国のスイングルと、田中長三郎という二人の農学研究者が関わっているようなのである。スイングルは、この三年前に南方を訪ねており、そのときには田中も同行していた。スイングルは南方に渡米して共同研究を進めようと誘ったのだが、南方は固辞し、代わりに田中が渡米している。そしてこの年、スイングルが再び来日、六月に滞在していた東京から南方へ手紙を出し、一〇月以降に再訪したいと伝えてきていたのである。また、一二月一三日には、そのスイングルに呼び戻される形で帰国していた田中からも手紙が届き、南方の心は揺れ動いた。なぜなら、その手紙には「貴方を館長にして我が国にも西欧に匹敵するような博物館をつくろう」という、南方の研究環境を一変させるような魅力的な提案が綴られていたのである。

そのようなタイミングでの告訴騒ぎで、南方の焦燥は頂点に達したのであろう。苛立つ南方の癇癪をもろに受け止めざるを得ない人物といえば、松枝夫人である。じつは、この年末から翌年始にかけて、日記には「松枝に話すところあり」とか、それを「石友の妻が泣いて制止する」とか、穏やかではない記述が目立つ。

十二月十六日　月　晴

夜松枝ヲ書斎へ招キ、田中長三郎氏来状ヲ示シ、談ス所アリ、同人聞ズ、下女入湯ニ之シ間ニ又聞スモ聞入レズ、二子ヲ予ト同室ニ寝所トリ、自分ハ別室ニ臥ス、予今福湯へ之帰ルニ文枝ト二人臥アリ、予熊弥ト一室ニ臥ス、終夜不眠。〔後略〕

田中の手紙の内容から推察するに、南方はその夢のような博物館の創設事業に出馬したいと話したのではないだろうか。冒頭の川島論文でも同様に推測している。翌日も南方は説諭するが、結局、松枝夫人は説得を受け入れなかったようである。南方もいったんはあきらめたのか、この後、一家は平穏な年の瀬を迎えたように見えた。

ところが、明けて元日の早朝、松枝夫人が反撃に出る。そして、翌二日もごたごたは続き、盟友毛利清雅にとりなしてもらった様子がうかがえる。これで自棄になったのか、南方は翌三日に新年会よろしく討死し、その後は二日酔いでぐずぐずしつつ、また松枝夫人と話すものの進展はなく、そうこうするうちに、「太陽」の締切日が近づき、ギブアップとなったというわけである。

巨人の小心

ここまでは、日記のわずかな記述や手紙のやりとりの記録等、小さな点をつないだだけの、あくまでも推論にすぎない。くわえて、この年の題材であった「羊」は外来種ゆえ日本にその説話がほとんどないことや、キリスト教やユダヤ教に説話が多く、南方にとっては書きやすいものではなかったという指摘もある。が、しかし、南方が執筆のペースを崩してしまうほどの影響力が、確かにスイングルと田中にはあった。それは、定職を持たず、アカデミズムからも距離を置いていた南方にとって、プロの研究者になれるかもしれないという、わずかな希望の「つて」であったのだ。

事実、この年から南方と田中との関係は急激に深まり、四月には田中が南方を訪ねている。さらに南方は、五月にも和歌山の実家で常楠を交えて田中と会い、そして二年後の大正一〇(一九二一)年には、ついに植物研究所の設立に向けて動き出すことになるのである。

ところが、その後、研究所の方向性等をめぐって、南方と田中は袂を分かってしまう。研究所自体も、できたのか、できなかったのかさえはっきりしないような結果に終わってしまった。しかし、それらはすべて結果論であって、妻子を抱えているにもかかわらず無職で、弟からの送金に依存していたというこの時期の南方の心境を斟酌すれば、田中らの一言一句に右往左往せざるを得なかったのも致し方なかろうと思える。

南方といえば、近代に活躍した人物であるにもかかわらず「巨人」「天才」など多くの伝説や誇張に彩られてきたが、そのような豪傑のイメージとはかけ離れた慎重で小心な南方の逡巡ぶりが、前掲の川島論文と、それに先立つ最初の田中長三郎書簡とその解題(『熊楠研究』第二号所収「田中長三郎書簡と『南方植物研究所』」二〇〇〇年)に、克明に描き出されている。以後の研究の行方を示唆するものであった。

このように、『十二支考』の輪読という義務を果たそうと迷走するうちに、図らずもまた川島先生の仕事に行きあたったのであった。ついでに拙文も堂々巡りで最初に戻ろう。

川島先生ご自身が「回答の困難な謎に思える」と慎重な姿勢をとっておられるにもかかわらず、いささか強引かつ端的にいってしまえば、アカデミズムとアマチュアリズムの間で逡巡するという南方の心情やそれを生むかれの性格は、集めた説話を並べ続けるという『十二支考』を代表とするようなその論述スタイルや、多くの標本を集め続けて発表しないというその自然史研究の方法に色濃く反映されているとみてよいのではあるまいか。すなわち、アカデミズムによる評価を正面から受け止める覚悟はないが、さりとてそこから遥かに逸脱する勇気もない。

そんな南方について論じるのに、アカデミズムの技法である論文は似つかわしくないのではないかと川島先生はおっしゃった。筆者は未だに逡巡し続けている。

あとがき

本書は、京都大学大学院人間・環境学研究科および総合人間学部で長年教鞭をとってこられた川島昭夫先生が、二〇一六年三月末で退職されたことを記念する論文集である。執筆陣には、大学院生として川島研究室に所属して直接の薫陶を受けたもののほか、ゼミへの参加者、私的な読書会のメンバー、近代社会史研究会やイギリス都市生活史研究会の会員、先生主催の京都英国史研究会での報告者などが集まっている。先生のご専門がイギリス史であるため、イギリス関連の論文やコラムが並ぶこととなったが、いっぽうで第四部は南方熊楠がテーマとなっている。これは先生が和歌山県田辺市の南方熊楠旧邸の資料調査に参加され、熊楠関西研究会での日記翻刻作業にも携わってこられたためである。

編者を担当した私は大学院の修士課程、博士後期課程を川島研究室で過ごした。先生のお人柄もあってか、研究室の院生たちはみな自由にテーマを選んで研究していたが、墓場を専門にしていようが、サッカーをやっていようが、料理を扱っていようが、どこかの研究会や学会で自己紹介すると、「ああ、なるほど、川島先生のお弟子さんだね」と納得されてしまうのであった。川島先生の守備範囲の広さというか、懐の広さというか……。ともかく、その結果として、本書にもきわめて多様な論文とコラムが集まることとなった。

「異端者」というテーマを与えて下さったのも先生である。参加予定メンバーのあまりの多様さに、統一テーマの設定は無理かと諦めかけていたとき、異端者ならいけるのではとアドバイスして下さったのだ。たしかにイギリス史を専門としていると、史料の端々で異端的な人物にめぐりあう。投稿魔だったり、盲目の旅行家だったり、詐欺師すれすれの人物だったり。魅力的な存在なのはまちがいないのだが、研究や論文に使えることはまれで、記憶の片隅に留めるのみがほとんどだ。しかし、これだけ異端者が多いということは、むしろイギリスの本質がそちら側にあるからではないか。イギリス人には安定と中庸を尊ぶイメージがあるが、そうしたひとたちだけでは、歴史は動いていかない。異端を見ることで、イギリスを知ることができるかもしれない。実際、一冊の本としてまとめてみると、この予感は的中したように思える。本書を読んで下さった方にも、納得していただけるのではないだろうか。

そしてもちろん、書いているこちら側（執筆陣）も、みな異端的な存在であることは言うまでもない。たとえば、イギリス史の某研究会では、終わったあとにいつもお茶をするのが習慣になっていたのだが、あるとき、フランス史の研究者にその話をしたら、信じられないという顔をされた。なぜ酒を呑みに行かないのかというのである。その場では、紅茶を飲み、ケーキを食べながら激論を闘わせてもいいではないかと反論したが、よく考えてみると、そこがイギリス研究者の異端的な側面なのかもしれない。「お茶をする」という行為自体は一見まともだし、非常にイギリス的だろう。しかし、本当に研究会のあとにすべきことなのか。ところが、それを疑うことなく受け入れてしまうのが、イギリス史の研究者たちなのだ。そして、そのなかに君臨してきたのが川島先生なのである。

最後にエピソードをひとつ。私が大学院への入学を志し、学部四回生の夏休みに先生の研究室を訪ねたところ、挨拶や自己紹介はそこそこに、「きみ、古本は好きかね」と質問され、うなずくと、「じゃ、行こうか」とそのまま二条通にある某古書店に連れていかれ、どんな本を買うかチェックされたのである。いま思うと、あれが先生なりの「入試」だったのかもしれない。ともかく無事に大学院入試をパスした私は、川島先生が古本業界でも有名な存在であることを知り、その指導のもとに各地の古書店や古書市をまわる大学院生活を送ることになったのであった。

そして、狭い下宿に天井まで積み上げられた古書と、同様に集められた異端的な仲間たちのおかげで、本書は完成したのである。

志村真幸

執筆者について

志村真幸（しむら・まさき）
一九七七年生まれ。専攻は、比較文化史。京都外国語大学非常勤講師。

＊

以倉理恵（いくら・りえ）
専攻は、観光学・文化政策学。大阪府立大学非常勤講師。

石井昌幸（いしい・まさゆき）
一九六三年生まれ。専攻は、スポーツ史。早稲田大学スポーツ科学学術院准教授。

大谷　誠（おおたに・まこと）
一九六七年生まれ。専攻は、西洋史。同志社大学嘱託講師。

鍵谷寛佑（かぎたに・かんすけ）
一九八四年生まれ。専攻は、近代イギリス史。関西学院大学大学院研究科研究員。

加藤昌弘（かとう・まさひろ）
一九七七年生まれ。専攻は、スコットランド現代史、メディア文化研究。名城大学人間学部助教。

金澤周作（かなざわ・しゅうさく）
一九七二年生まれ。専攻は、イギリス近代史。京都大学大学院文学研究科准教授。

川口美奈子（かわぐち・みなこ）
一九八〇年生まれ。専攻は、イギリス近世史。

川村朋貴（かわむら・ともたか）
専攻は、経済史。東京大学大学院人文社会系研究科特任研究員。

久保洋一（くぼ・よういち）
一九七二年生まれ。専攻は、イギリス近代史。同志社大学人文科学研究所嘱託研究員（社外）。

小関 隆（こせき・たかし）
一九六〇年生まれ。専攻は、イギリス・アイルランド近現代史。京都大学人文科学研究所教授。

小林久美子（こばやし・くみこ）
一九八〇年生まれ。京都外国語大学非常勤講師。

坂元正樹（さかもと・まさき）
一九七四年生まれ。専攻は、イギリス近代史、スポーツ史。神戸市外国語大学客員研究員。

坂本優一郎（さかもと・ゆういちろう）
一九七〇年生まれ。専攻は、ヨーロッパ経済史。大阪経済大学准教授。

スガンディ・アイシュワリヤ（Aishwarya Sugandhi）
専攻は、比較文化史。

妹島治彦（せじま・はるひこ）
専攻は、イギリス近代史、食文化史。

薗田章恵（そのだ・あきえ）
一九五六年生まれ。専攻は、イギリス文化史。クレヨン小児科事務長、奈良女子大学付属小学校英語講師。

田中健太（たなか・けんた）
一九九一年生まれ。専攻は、スコットランド史。会社員。

中西須美（なかにし・すみ）
専攻は、多元文化論・共生文明論。名古屋大学大学院非常勤講師。

乃村靖子（のむら・やすこ）
一九八〇年生まれ。専攻は、イギリス・アイルランド史。

橋爪博幸（はしづめ・ひろゆき）
一九七〇年生まれ。専攻は、哲学・環境思想。桐生大学短期大学部講師。

貝原（橋本）信誉（かいばら／はしもと・のぶよ）
一九八五年生まれ。専攻は、西洋社会史。高校教員。

バッテ・パッラヴィ（Pallavi Bhatte）
専攻は、グローバル・ヒストリー。京都大学大学院人間・環境学研究科特定講師。

林田敏子（はやしだ・としこ）
一九七一年生まれ。専攻は、イギリス近現代史。摂南大学外国語学部准教授。

藤井翔太（ふじい・しょうた）
一九八一年生まれ。専攻は、近現代イギリススポーツ史。大阪大学特任助教。

布施将夫（ふせ・まさお）
一九七一年生まれ。専攻は、アメリカ史。京都外国語大学・京都外国語短期大学専任講師。

堀内隆行（ほりうち・たかゆき）
一九七六年生まれ。専攻は、南アフリカ史、イギリス帝国史。金沢大学歴史言語文化学系准教授。

松居竜五（まつい・りゅうご）
一九六四年生まれ。専攻は、比較文学比較文化。龍谷大学教授。

森山貴仁（もりやま・たかひと）
一九八三年生まれ。専攻は、アメリカ史。フロリダ州立大学博士課程院生。

門田園子（もんでん・そのこ）
一九七三年生まれ。専攻は、近代デザイン史。横浜市立大学ほか非常勤講師。

安田忠典（やすだ・ただのり）
一九六七年生まれ。専攻は、体育学・身体文化論。関西大学人間健康学部准教授。

山本範子（やまもと・のりこ）
一九五八年生まれ。専攻は、イギリス近世史。同志社大学他非常勤講師。

異端者たちのイギリス

二〇一六年四月一〇日初版第一刷印刷
二〇一六年四月一六日初版第一刷発行

編者……志《し》村《むら》真《ま》幸《さき》
発行者……下平尾 直
発行所……株式会社 共和国 editorial republica co., ltd.
東京都東久留米市本町三-九-一-五〇三　郵便番号二〇三-〇〇五三
電話・ファクシミリ　〇四二-四二〇-九九九七
郵便振替　〇〇一二〇-八-三六〇一九六
http://www.ed-republica.com

印刷……精興社
ブックデザイン……宗利淳一
編集協力……木村暢恵

ISBN978-4-907986-24-7　C0022　© Masaki SHIMURA　© editorial republica 2016